Automatisierte Kundenakquise Dank Online Marketing Strategie

Mehr Wachstum & Umsatz für Startups, Selbstständige, kleine und mittelständische Unternehmen

Danilo Erl

Vertiebsberater E-Commerce / Marketing

Haftungsausschluss

Impressum

Automatisierte Kundenakquise Dank Online Marketing Strategie

Mehr Wachstum & Umsatz für Startups, Selbstständige, kleine und mittelständische Unternehmen

von Danilo Erl

© Danilo Erl 2018

ISBN Taschenbuch: 978-1790968046

Verlag und Druck: tredition GmbH, Halenreie 40-44, 22359 Hamburg

ISBN Taschenbuch: 978-3-7482-1219-5

ISBN Hardcover: 978-3748212201

1. Auflage

Autor: Danilo Erl

Autor: Marc Hermanus

Kontakt: Danilo Erl Am Eichelberg 5 64385 Reichelsheim

Kontakt: anfrage@the-traffic-guide.de

Web: www.the-traffic-guide.de

Covergestaltung: Samuel John

Coverfoto: shutterstock.com

2 Einleitung

Der Traffic im Fokus: die wichtigste Kennzahl im gesamten Online-Business-Kosmos

Es war alles so gut durchdacht und fast schon minutiös geplant. Bei Deinem Aufbau oder Release der eigenen Seite konntest Du dir ein verschmitztes Lächeln kaum verkneifen. Was sollte auch schon schiefgehen? Dann die Ernüchterung: Du generierst kaum Einnahmen oder Anfragen, die Investitionskosten und die laufenden Aufwendungen können in keiner Weise amortisiert werden; von Gewinn ganz zu schweigen.

Ein solches Szenario erleben einige Unternehmen, Unternehmer, Onlineshops, Website-Betreiber oder auch Blogger nahezu täglich. Knackpunkt dabei ist die Frequentierung der Seite, das Traffic-Aufkommen. Denn der Besucherstrom ist quasi die wichtigste Kennziffer im Online-Business und dann erst die Conversion. Du kannst noch so kreative Ideen entwickeln, gute und Mehrwert bietende Inhalte einstellen oder auch clevere Einnahmequellen erschließen - mangelt es Deinem Internet-Auftritt an Besuchern, wirst Du mit Deiner Website oder zum Beispiel mit Deinem Online-Shop keinen wirklichen Erfolg feiern können. Denn im Internet fließen Einnahmen nur spärlich oder sogar überhaupt nicht, wenn Du nicht genügend Traffic auf Deine Seiten oder Deine Produktdetailseiten bringst.

Entscheidend ist dabei aber nicht die Quantität. Vielmehr kommt es auf den richtigen Traffic an. Das berühmt-berüchtigte Gießkannenprinzip ist hier absolut fehl am Platz. Ganz im Gegenteil - es kommt auf die Fokussierung an. Was nützen dir 10.000 Besucher im Monat, wenn diese überhaupt nicht in Dein Zielgruppen-Portfolio passen? Diese User werfen einen Blick auf Deine Seite, interessieren sich aber nicht wirklich für das, was Du an Produkten oder Leistungen anbietest. Da sind lediglich 5000 Besucher besser, die Deiner Zielgruppe entsprechen. Denen bietest Du auf Deiner Website Mehrwert. Du kannst sie aufgrund der thematisch übereinstimmenden Interessenlage gezielt für Interaktionen begeistern und dir als Experte auf Deinem Gebiet einen guten Ruf erarbeiten.

Wir werden dir in diesem Ratgeber entscheidende Tipps & Tricks beschreiben, wie Du eine entsprechend zielgruppenspezifische Ansprache und Vermarktung realisierst.

Ein interessantes Thema sind auch die so bezeichneten Traffic-Netzwerke (Netzwerkmarketing) wie zum Beispiel: „die Traffic Quelle euroclix.de", die zusehends an Popularität gewinnen. Zwar rümpfen viele eingefleischte Internet-Marketer immer noch die Nase angesichts etwa der Buchung von Klicks, aber diese Ansicht greift ohne Frage zu kurz.

Denn die Traffic-Netzwerke haben durchaus Potenzial. Allein schon die Reichweite, die Kooperationsmöglichkeiten mit verschiedenen Unternehmen oder auch die Beteiligung von Seitenbesuchern am unternehmerischen Erfolg offerieren dir echte Erfolgsfaktoren.

Grundsätzlich dient dieser Ratgeber dazu, dir funktionelle Quellen, Instrumente, Ideen und Methoden an die Hand zu geben, mit denen Du eine effektive Traffic-Optimierung realisieren kannst. In diesem Kontext werden wir dir Strategien & Taktiken vorstellen, die dir Vorteile von Corporate Blogging aufzeigen oder auch die emotionalisierende Wirkung sowie den positiven Identifikationseffekt von bestimmten Traffic-Optimierungsmaßnahmen wie beispielsweise das zielgruppenspezifische Geschichten erzählen erläutern. Und das alles anhand von weiter über 160 + effektiven Kostenfreien & Kostenpflichtigen Traffic-Quellen / Methoden und Ideen, die Deiner Website und somit deinem Online Business einen regelrechten Boost bescheren können.

Die Basis stellt dabei immer deine eigene Webseite (Online Shop, Blog und Co.) dar. Ist diese schlecht programmiert oder minderwertig designt und somit nicht ansprechend für die User und Suchmaschinen, wird es schwer werden online erfolgreich zu werden.

Erklärung was ist Traffic:

Das Besucheraufkommen welches als Traffic bezeichnet wird, stellt die Intensität und Menge dar welche durch die Besucher einer Webseite erzeugt wird.

Diese Anzahl der Datenmenge wird an Hand der sogenannten Page Impressions (PI) gemessen.

3 Deine Basis: Die Keyword Recherche im Online Marketing

Welche Bedeutung haben Keywords in den Suchmaschinen, auf Plattformen als auch auf der eigenen Webseite - und warum sind Keywords im Online Vertrieb & Marketing und vor allem im Inbound Marketing so wichtig?

Die Antwort: Keywords sind die zentrale Grundlage für alle im Online Business wichtigen Marketing & Wertschöpfungs-Aktivitäten und schon für den grundlegenden textlichen und inhaltlichen Aufbau der Seite wirklich wichtig. Kurz gesagt - ohne Keywords gibt es kein funktionierendes Online-Marketing.

Informationen werden im Internet vor allem über Schlagworte gesucht - und auch gefunden. Nur durch Verschlagwortung von Inhalten können Suchen überhaupt erfolgreich sein.

3.1 Sind Keywords Technik von gestern?

Immer wieder hört man, dass wegen der 'semantischen Suche' und den neuen technischen Möglichkeiten Keyword- Marketing schon fast überholt sei und zunehmend unwichtiger werde. Semantische Suche bedeutet, dass die Suchmaschine ganze Sätze und ihren Inhalt richtiggehend versteht, und darauf mit passend angezeigten Ergebnissen reagiert. Das klingt ein wenig nach Star Trek, zugegeben - aber erste Schritte für eine "verstehende" Suchmaschine gibt es tatsächlich schon lange. Mit dem Hummingbird-Update hat Google schon mal eindeutig die Richtung angezeigt, in die es gehen soll - und seitdem schon einiges an Fortschritten hingelegt. Das wird also irgendwann Realität.

Die Frage, die man sich allerdings stellen muss, lautet: Auf welche Weise kann eine Suchmaschine komplexe Anfragen von Usern, die als ganze Sätze kommen, verarbeiten? Indem die Suchmaschine die relevante Information wiederum in relevante Keywords zerlegt und analysiert, auf welchen Seiten die meisten Informationen über dieses Thema vorhanden sind und die mit dem Anfragethema verknüpften Informationen dann anzeigen.

Genauso würde es ein Bibliothekar machen, wenn du ihn nach Informationen über zystische Fibrose fragen würdest: Er würde durch die Regale gehen - Wissenschaft-Medizin-Innere Medizin-erbliche Krankheiten und dann das Buch herausziehen, in dem die meisten Informationen zu Mukuviszidose (der gebräuchlichere Name der Krankheit, dass weiß der Bibliothekar bereits aus anderen Büchern) zu finden sind. Und wenn du nach der Lebenserwartung bei dieser Krankheit gefragt hättest, würde der Bibliothekar in eben diesem Buch im Verzeichnis nach den Begriffen Prognose und Lebenserwartung nachschlagen und Ihnen das Ergebnis vorlesen. Erkennst du, dass hier ebenfalls ausschließlich Keywords am Werk sind, um relevante Informationen zu finden?

Und wie sollte eine Suchmaschine nun Seiteninhalte analysieren, aufbereiten und bewerten - wenn nicht anhand von Schlüsselbegriffen, Themen und Über-Themen, in die es sie einordnet?

Es geht nicht ohne Keywords - auch nicht bei semantischen Anfragen. Im Gegenteil: je mehr Informationen die Suchmaschine aus den User-Anfragen herausfiltern und einzelne verarbeiten muss, desto wichtiger werden Keywords sogar. Und darum werden auch gute Keyword-Strukturen auf der Seite und gutes Keyword-Marketing in Zukunft noch viel wichtiger werden, wenn User-Anfragen zunehmend komplexer werden.

Keyword-Marketing wird auch zukünftig - noch mehr als heute schon - der Erfolgsfaktor schlechthin im Marketing sein - darum dieses Buch.

3.2   Was sind Keywords überhaupt?

Keywords sind im Wesentlichen Schlüsselwörter oder Begriffe in bestimmten Themenbereichen. Einen großen Teil davon machen die Suchphrasen aus, die Nutzer in die Suchmaschine oder in Portalen eingeben - das ist aber nur ein Teil des Keyword-Spektrums. Auch Marken, Themen oder Überbegriffe in bestimmten Themenbereichen stellen Keywords im eigentlichen Sinn dar.

Ein paar Beispiele für unterschiedliche Keywords:

User können   Outdoorhose in die Suchmaschine eingeben, aber auch   Outdoorhose kaufen oder   Outdoorhose Herren MarkeXY kaufen.

In allen drei Fällen handelt es sich um Keywords im klassischen Sinn. Aber auch   Flüchtlingswelle, Planeten im Sonnensystem, oder VW Käfer 1972 stellen Keywords dar, ebenso wie Begriffe die Ereignisse/Ereignisse bezeichnen - etwa   Black Friday.

Keywords können also bloße 'Themen' sein, aber auch sehr spezifische Suchanfragen nach ganz bestimmten Produkten, Dienstleistungen und Informationen.

3.3 Die Bedeutung von Keywords

Dass Keywords der zentrale Grundbaustein im Internet (E-Commerce & B2B + B2C Online Marketing und Co.) sind, damit einerseits Informationsgehalte sinnvoll zu strukturieren und andererseits um bei bestimmten Suchanfragen dann auch gefunden zu werden, haben wir schon eingangs erwähnt. Für den User haben Keywords den Nutzen, sehr gezielt nach etwas suchen zu können - und dann auch genau passende Ergebnisse zu erhalten.

Keywords haben - gerade für Webseitenbetreiber - aber noch eine weitere Dimension: nämlich im Bereich der Marktanalyse und wenn wir tiefer in die Materie eintauchen sogar bis in die gesamte Wertschöpfungskette hinein. Das folgt der Logik "Kenne die Bedürfnisse deiner Kunden".

Die Auswertung von Suchanfragen gibt Auskunft darüber, wie viele Menschen wonach genau suchen - es wird also die potenzielle Marktgröße überhaupt erst ersichtlich. Märkte zu bedienen, auf denen kaum Nachfrage herrscht (etwa beheizte Mützen) ist selten lohnend. Manchmal stellen größere und umfassende Bereiche (beheizte Kleidung) oder verwandte Teilbereiche (beheizte Handschuhe) ein sinnvolleres Geschäftsfeld dar. Das kann man schon allein aus einer Keyword-Recherche und einer nachfolgenden Analyse der Suchanfragen als auch den dazu gehörigen Synonymen bestimmen. Es zeigt, welche Geschäftsfelder überhaupt lohnend sind und wie die Strategie der Online Vermarktung aufgebaut werden sollte. Auf eine solche Analyse die bis in den Nischenbereich hinein geht, kann sinnvollerweise wohl kaum jemand oder ein Unternehmen verzichten.

Ein weiterer wichtiger Marktfaktor wird aus der Analyse von Keywords und Suchanfragen ebenfalls deutlich: die Konkurrenz auf dem Markt und auf den Suchergebnisseiten der Suchmaschinen und den Online Portalen. Man erkennt, wie viele Konkurrenten um ein Keyword/Marktsegment kämpfen, welche Anzeigenpreise (Klickpreise) für einzelne Keywords berechnet werden müssen und kann sich so auch einen guten Eindruck darüber verschaffen, gegen welche Konkurrenz man sich in einzelnen Bereichen durchsetzen muss und welches Werbebudget man ansetzen sollte.

Zudem werden oft auch Nischen erkennbar: Bereiche mit vergleichsweise hohen Suchanfragen oder großem Interesse und wenig Konkurrenz. Nischenbereiche sind sehr häufig überaus lohnend, wenn man sie gezielt bedienen kann und wenn man weiß wie diese zu finden sind.

3.4 Warum Keywords auch Offline wichtig sind

Im Offline-Marketing macht man sich recht selten Gedanken um Keywords - dabei spielen solche Schlüsselbegriffe auch für das Branding im Offline-Bereich eine wichtige Rolle. Nicht nur die Marke oder der Produktname an sich spielen eine Rolle, sondern auch verknüpfte Begriffe spielen eine Rolle.

Sehen wir uns einmal ein Beispiel an:

Ein Produkt, bei dem das Branding insgesamt sehr gut gelungen ist, ist der bekannte Thermomix. In den Köpfen der Menschen ist der Produktname Thermomix sehr gut verankert - fast jeder kann mit dem Begriff etwas anfangen. Die genaue Produktbezeichnung, nämlich TM 5 kennen ebenfalls noch viele Menschen. Das Unternehmen selbst, Vorwerk kennen „nur wenige Menschen" - das ist wohl auch gut so, weil der Firmenname eher in Verbindung mit Staubsauger-Vertretern an der Haustür in Verbindung gebracht wird. Daneben hat das Unternehmen auch zentrale Dinge rund um den Thermomix mit einzigartigen Namen versehen - etwa die Cook Keys, Rezept-Chips oder die Rezepte-Datenbank Cookidoo und gut bekannt gemacht.

Das Branden von möglichst vielen Begriffen ist sehr hilfreich, weil man damit gut und zielsicher vorherbestimmen kann, wonach Menschen später suchen. Die Wichtigkeit von solchen einprägsamen Brand-Begriffen wird in der Praxis häufig unterschätzt. Wichtige Keywords aber bereits offline zu formen und auch in der Offline Werbung zu nutzen und einprägsam zu verstärken ist aber eine sehr erfolgversprechende Methode, gerade im Handel.

Die zuvor geprägten Brand-Begriffe stellen dann sehr wertvolle Keywords für das Online-Marketing dar, die einem noch dazu ganz allein gehören (Wettbewerbsvorteil).

Kleine und mittelständische Unternehmen (Händler, Online Shop Betreiber, Ladengeschäfte als auch Hersteller) greifen auf diese Techniken auf Grund von Unwissenheit oder aus Kostengründen viel zu wenig darauf zu. Nachhaltige Digitalisierung von Online Vertriebs und Kommunikationsprozessen welche im Unternehmen und auf der eigenen Webseite beginnen, sind und werden immer wichtiger um langfristig am Markt als auch im regionalen, nationalen und internationalen Wettbewerb bestehen zu können!

3.5   Welche Arten von Keywords gibt es?

Es gibt zahlreiche unterschiedliche Möglichkeiten, wie man Keywords einteilen kann. Suchmaschinen tun das häufig nach folgendem System:

DO - Keywords   Konversions-Keywords, hier möchte der User etwas konkretes Unternehmen, beispielsweise etwas kaufen, etwas herunterladen oder sich irgendwo anmelden   KNOW - Keywords   informational Keywords, hier geht es vor allem um die Vermittlung von Wissen, die Suche nach Informationen oder Beantwortung von Fragen   GO - Keywords   navigational Keywords, hier möchte der User an einen genau bestimmten Ort gelangen - etwa auf die Support-Seite eines Unternehmens oder in ein bestimmtes Forum   KNOW SIMPLE - Keywords   short informational Keywords, einfache Fragen, die in ein bis zwei Sätzen im Wesentlichen zu beantworten sind   REGIONAL Keywords   Der User möchte hier speziell etwas in seiner näheren oder einer anderen bestimmten Umgebung finden   TOPICAL Keywords Der User möchte in diesem Fall überblicksartige Informationen über einen gesamten, größeren Themenbereich erhalten.

Regional Keywords werden in der Regel von Suchmaschinen aber zu den DO - Keywords gezählt, die TOPICAL Keywords dagegen im Allgemeinen zu den KNOW - Keywords.

Suchmaschinen klassifizieren Keywords also häufig nach der dahinter stehenden Suchabsicht oder Suchintention des Suchenden.

3.5.1   Praxisrelevante Einteilungen von Keywords

Für den Online-Marketing Bereich ist diese Einteilung zwar interessant, in der Praxis aber selten wenig hilfreich jedoch im gesamten Prozessverlauf sehr wichtig. Hier versucht man, zu praxisnäheren Einteilungen zu kommen und Keywords nach bestimmten Kriterien zu unterteilen.

Einteilungen von Keywords kann man dabei vornehmen nach:

•   ihrer Länge bzw. Komplexizität (Short Keywords, Long Tail Keywords, etc.)

•   den CPC-Kosten (cost-per-click, Klick-Kosten bei AdWords und CO.)

•   nach Suchvolumen für das jeweilige Keyword

•   nach der Konkurrenz für das jeweilige Keyword

•   nach kaufaffinen Keywords

•   nach Content Keywords

Hier bieten sich also verschiedene Möglichkeiten. Für die Praxis beim Keyword-Marketing sind bestimmte Gruppen von Keywords allerdings besonders interessant. Genau diese Gruppen wollen wir uns deshalb einmal etwas genauer ansehen:

- Short Keywords

- Head Tail Keywords

- Tail Keywords/Long Tail Keywords

- Brand Keywords

- Kaufaffine Keywords

- Navigationsbezogene Keywords

3.5.1.1 Short Keywords

Short Keywords sind, wie der Name schon sagt, besonders kurze Keywords. In der Regel handelt es sich dabei um Ein-Wort-Keywords. Sie werden manchmal auch als "Shorthead-Keywords" bezeichnet.

Kennzeichnend für Short Keywords ist vor allem, dass sie stark umkämpft sind und bei Short Keywords meist enorme Konkurrenz herrscht. Shorthead-Keywords haben in fast allen Fällen ein hohes Suchvolumen.

Sie sind dabei aber auch sehr allgemein und bringen für das Marketing nur wenig spezifischen "Business Value" mit sich. Hinter solchen Einwort-Keywords kann man wegen der großen Allgemeinheit kaum bis schlecht eine bestimmte Suchabsicht erkennen.

Beispiele für Short Keywords:

Ein Beispiel für ein Short Keyword wäre etwa „Hosen". Hier ist nicht klar, welche Suchabsicht der User verfolgt: Möchte er Hosen für Herren oder für Damen kaufen, benötigt er Arbeitshosen, möchte er wissen, wie man Hosen schneidert oder möchte er historische Informationen über die Hose als Kleidungsstück?

Umgekehrt wird aber jeder Outdoor-Hersteller versuchen, auf das Thema Hosen zu optimieren, daneben aber auch der gesamte Modehandel und der Handel für Arbeitsbekleidung sowie jeder Do-it-Yourself-Nähkurs. Damit entsteht ganz natürlich eine sehr hohe Konkurrenz.

Short Keywords weisen ein enorm hohes Suchvolumen auf und bringen damit - wenn man es schafft, in den Suchmaschinen für dieses Keyword zu ranken - auch dementsprechend hohe Mengen an Traffic auf die Seite.

Um zu so umkämpften Keywords zu ranken muss man aber natürlich hohe CPC (Klick-Kosten) in Kauf nehmen und sich gegen sehr viel Konkurrenz auch im SEO-Bereich durchsetzen. Den theoretisch sehr hohen möglichen Traffic zu diesem Keyword wird man in der Praxis also nur schwer und mit hohem Aufwand und Kapitaleinsatz auf die eigene Seite bekommen.

3.5.1.2 Head Tail Keywords

Ein bisschen mehr Suchintention (Suchabsicht) erhält man dann schon bei Head Tail Keywords. Sie werden auch Short Tail Keywords genannt. Hier kommt zum eigentlichen Keyword noch ein bedeutungseinschränkender Begriff (oder gegebenenfalls auch weitere Begriffe) dazu.

Die Trennung, was nun tatsächlich noch "Short", "Short Tail" und was bereits "Long Tail" ist, kann man dabei nicht so einfach treffen. Die Übergänge sind hier gewissermaßen fließend. Oft sind auch mehrere Wörter nötig, um eine Bedeutung exakt einzuschränken (New York Times würde man in der Regel eher auch selbst als Short Keyword sehen oder als Brand, denn als Einschränkung zu Times).

Beispiele für typische Short Tail Keywords:

Wenn wir unser Beispiel von vorhin noch einmal aufgreifen, wäre ein zum Short Keyword Hosen passendes Short Tail Keyword etwa Hosen Herren oder Hosen schwarz, ebenso wie Hosen Outdoor und Hosen Shop. Die bedeutungseinschränkenden Wörter können auch auf eine Suchintention hinweisen wie etwa Hosen kaufen oder Hosen reparieren. Ein informational Short Tail Keyword könnte beispielsweise lauten: Hosen Geschichte oder Geschichte der Hose.

Interessant sind Short Tail Keywords vor allem im Hinblick auf die regionale Suchmaschinenoptimierung und das Marketing als auch den Vertrieb. Nach Short Tail Kombinationen wie Hotel München oder Pension Aschaffenburg wird sehr häufig gesucht, dabei ist die Konkurrenz durch die Einschränkung des Ortes naturgemäß gering beziehungsweise geringer: je nach Wettbewerb.

3.5.1.3 Mid Tail Keywords und Long Tail Keywords

Bei Mid Tail und Long Tail Keywords wird das zentrale Keyword nicht nur durch einen, sondern bereits durch mehrere "angehängte" (daher die Bezeichnung Mid Tail und Long Tail) Begriffe genauer bestimmt. Hier kann man bereits eine recht gute Vorstellung von der Suchintention des Users gewinnen - man erkennt, was er möchte.

Die Konkurrenz ist hier natürlich deutlich geringer (je nach Marktsegment), da die vielen möglichen Überschneidungen, wie bei den Short Keywords, bereits wegfallen. Dementsprechend sind auch die Kosten für Anzeigekampagnen geringer und die Chance wird größer, dass man sich bei solchen Keywords auch gegen die Konkurrenz durchsetzen kann.

Beispiele für Mid Tail Keywords:

Wenn wir weiter bei unserem Beispiel von oben bleiben, könnte ein passendes Mid-Tail Keyword etwa lauten: Hosen Herren Outdoor wasserdicht oder Damenhosen schwarz Größe 54. Hier sind wir schon deutlich in einer bestimmten Produktkategorie - unsere Konkurrenz besteht dann nur noch aus Händlern, die die gleichen Produktsortimente anbieten wie wir selbst.

Auch Informationskeywords sind dann bereits sehr spezifisch, wie etwa Hosen Geschichte Mittelalter.

Beispiele für Long Tail Keywords:

Die Mid Tail Keywords aus dem obigen Beispiel können wir auch noch durch zusätzliche Angaben erweitern: Herrenhosen Outdoor Fjällräven Größe 48 oder Hosen Geschichte Mittelalter Materialien. Hier sind wir in den meisten Fällen bereits bei einer sehr geringen Auswahl von Produkten oder bereits recht spezifischen Informationen, die der User möchte.

Interessant ist, dass durchaus ein sehr großer Teil aller Suchanfragen Long Tail Keywords sind. Dass rührt wohl daher, dass sehr viele User bereits verwöhnt durch die Suchmaschinen sind um an Informationen zu kommen.

Die Konkurrenz - und damit die Werbekosten - sind hier schon „recht gering". Da die User sehr spezifische Wünsche haben, ist der entstehende Traffic auch sehr zielgerichtet und die Chance, den User als Kunden zu gewinnen, weil man seine Bedürfnisse erfüllen kann, recht hoch, da es sich hier nicht mehr um 100% kalten Traffic handelt.

Man sollte aber in jedem Fall nur dann auf die entsprechenden Long Tail Keywords optimieren, wenn man die entsprechenden Voraussetzungen auch in allen Punkten erfüllen kann.

Auf das Keyword Hotel Fichtelgebirge Kinderbetreuung sollte man nur dann optimieren, wenn man nicht nur ein Hotel im Fichtelgebirge betreibt, sondern tatsächlich auch Kinderbetreuung anbietet.

Ansonsten besteht eine hohe Gefahr, dass man User verärgert und sich auf lange Sicht kein gutes Image erwirbt. Suchintentionen der User sollte man auf jeden Fall versuchen zu respektieren.

3.5.1.4 Brand Keywords

Brand Keywords enthalten immer einen Firmen- oder Markennamen. Dabei kann es sich um Short Keywords handeln (es wird nur der Firmenname gesucht wie zum Beispiel: Amazon) oder um Mid oder Long Tail Keywords.

Bei einem Short Brand Keyword ist die Suchintention meist klar: Es handelt sich hier um ein Navigation Keyword, das heißt der User möchte einfach auf die entsprechende Seite des Unternehmens gelangen.

Andere Beispiele für Brand Keywords:

Die Brand-Bezeichnung kann entweder ein Firmenname, ein Markenname oder ein Händlername sein: „Eudora Waschmaschine", „Thermomix TM5 Vorteile" (ein informational Keyword!), Hose Herren, Outdoor Amazon oder Amazon Hosen.

Brand Keywords haben eine besondere Bedeutung für Google AdWords. Marken-Keywords kann man gut durch Offline-Marketing auslösen (wie wir bereits im ersten Abschnitt am Beispiel der Thermomix-Zusatzprodukte gezeigt haben). In der Regel ist Brand Traffic sehr wertvoller Traffic.

Oft wird missverständlicherweise angenommen, dass alle User bei der Eingabe eines Brand-Keywords, auch wenn es sich nur um einen Produktnamen handelt, automatisch auf die Webseite der jeweiligen Marke gelangen möchte. Das ist aber nicht immer so. In manchen Fällen möchte sich der User auch über bestimmte Produkte oder die Marke unvoreingenommen informieren (Beispiel: Amazon Erfahrung). Bei der Suchintention muss man - vor allem bei Short und Short Tail Keywords also immer unterscheiden, ob der User eine Navigations-, eine Informations- oder eventuell auch eine Kaufabsicht hat.

3.5.1.5 Kaufaffine Keywords

Bei kaufaffinen Keywords kann man eine klare Kaufabsicht des Users erkennen oder zumindest schlüssig mit hoher Wahrscheinlichkeit annehmen.

Beispiele für kaufaffine Keywords:

Socken kaufen, Zelt Trekking gebraucht oder Herrenrasierer Onlineshop deuten sehr schlüssig auf so etwas hin. In der Regel kann man bei machen Brand Keywords auch von einer Kaufabsicht ausgehen:

Rotorpumpe Amazon, Kabel Conrad oder Brennholz Ebay kann in sehr vielen Fällen ebenfalls auf eine Kaufabsicht in einer Produktkategorie hindeuten - muss das aber nicht in jedem Fall.

Auf kaufaffine Keywords sollte man natürlich immer ganz besonders achten - hier handelt es sich um sehr wertvollen Traffic, weil der User klar äußert, dass er auch die Absicht hat, etwas zu erwerben, in der Regel also nicht mehr vom Kauf sondern nur noch von den Produktvorteilen als auch vom Preis und denn Lieferbedingungen überzeugt werden muss.

3.5.1.6 Navigationsbezogene Keywords

Auf der einen Seite können navigationsbezogene Keywords sich auf ganze Webseiten beziehen (etwa: Heimwerkerforum XY) weil der User dorthin gelangen möchte.

Auf der anderen Seite spiegeln auch Kaufabsichten in Verbindung mit einer bestimmten Produktkategorie eigentlich einen Navigationswunsch dar. Wenn ein User nach Unterwäsche Herren kaufen sucht, möchte er höchstwahrscheinlich in eine entsprechende Kategorie eines Shops gelangen.

Hier ist es natürlich am Shop-Betreiber, die eigene Seite für solche Kategoriewünsche möglichst zu optimieren, indem man häufig gesuchte Kategorien auch tatsächlich anbietet und mit entsprechenden Kategorietexten und Co. versieht.

Je mehr relevante Kategorien man in einem Shop oder au feiner Webseite schafft, desto mehr von diesem navigationsbezogenem kaufaffinen Traffic wird man auch tatsächlich gewinnen können.

Ein Beispiel aus der Praxis:

Ein Onlineshop für Outdoor-Bekleidung bietet das gesamte Spektrum an Outdoor-Bekleidung für alle Jahreszeiten und Witterungen an. Die Kleidung ist sortiert nach den Kategorien   erste Bekleidungsschicht, mittlere Bekleidungsschicht und   obere Bekleidungsschicht.

Eine durchaus häufige und sinnvolle Suchanfrage wie   Skiunterwäsche Herren kaufen wird kaum in diesem Shop landen, da es keine Kategorie Skiunterwäsche gibt, obwohl diese Produkte sogar in großer Zahl im Shop angeboten werden. Wird aber eine entsprechende Kategorie geschaffen und mit einem sehr relevanten Text versehen, lässt sich durchaus sehr viel von diesem stark gerichtetem und wertvollen Traffic gewinnen.

Selbiges zählt bei Herstellern, Klein und Mittelständischen Unternehmen, auch B2B, welche über eine Webseite mehr Reichweite, Aufmerksamkeit und letzten Endes mehr Umsatz produzieren wollen.

3.6   Was bedeutet Keyword Density?

Die Keyword Density (deutsch: Keyword-Dichte) bezeichnet die Häufigkeit, mit der ein Keyword innerhalb eines Textes vorkommt. Wenn das Keyword Gitarre kaufen innerhalb eines 1.000 Worte langen Textes 12 mal vorkommt, entspricht das demnach einer Keyword-Density von 1,2 %.

In den Anfangszeiten der Suchmaschinenoptimierung war die Keyword Density das Kriterium für Texte schlechthin. Es ging nur darum möglichst alle relevanten Keywords in möglichst hoher Dichte in Texten unterzubringen - je mehr desto besser. Keyword-Dichten von 3 % oder sogar darüber waren eher die Regel als die Ausnahme.

Das führte in der Folge häufig zu kaum mehr lesbaren und nur sehr wenig informativen Texten.

Das kann man anhand eines Beispiels recht deutlich herausrechnen:

In einen 1.000 Worte langen Text sollen die Keywords Gitarre kaufen, Westerngitarre kaufen und   Kindergitarre kaufen mit einer Keyword-Dichte von jeweils 3% einfließen. Ein durchschnittlich schwieriger Text hat in der Regel im Schnitt 15 - 20 Worte pro Satz - unser Text besteht also rund 50 - 60 Sätzen.

Jedes dieser Keywords soll bei einer Keyword Density von 3% mindestens 30 mal vorkommen, insgesamt haben wir also 60 Sätze und 90 Keywords. In jedem einzelnen Satz kommt also mindestens 1 - 2 mal eine Phrase mit   ...Gitarre kaufen vor.

Es ist nicht schwierig sich vorzustellen, dass so ein Text überhaupt nicht mehr lesbar und für Leser völlig unattraktiv ist.

Wenn in jedem Satz die Rede von "Gitarre kaufen" ist, will dass niemand mehr lesen. Und selbst dem geschicktesten Texter gelingt es nicht, in einem solchen Text auch nur irgendeine minimale Menge an sinnvoller Information unterzubringen. Selbst die Hälfte der Keywords macht den Text immer noch völlig unleserlich.

Von einem solchen Vorgehen kann nur dringend abgeraten werden. Keyword Dichten sind schon längst nicht mehr das Maß der Dinge - ein Keyword-Stuffing wie im obigen Beispiel wird von den meisten Suchmaschinen auch abgestraft, dabei wird nicht zimperlich vorgegangen.

3.7   Beleidige nicht die Intelligenz der Suchmaschinen

Die Absicht hinter dem Keyword-Stuffing ist natürlich, die Suchmaschine davon zu überzeugen, dass es sich hier um den relevantesten Text überhaupt zum Thema "Gitarre kaufen" handelt.

Suchmaschinen sind allerdings nicht auf den Kopf gefallen (oder zumindest ihre Programmierer nicht) - und Keyword-Stuffing wird längst als Spam und nicht mehr als Zeichen für Relevanz gewertet.

Der Fokus liegt heute viel mehr auf lesbaren, für Menschen tatsächlich interessanten und informativen Texten, die ein Themengebiet möglichst umfassend abdecken. Dafür kommen ganz andere Faktoren in Betracht, als das bloße Vorhandensein einer kleinen Anzahl von (lediglich im Interesse des Verkäufers liegenden) Sell-Keywords.

Spätestens seit dem Panda-Update räumt Google gnadenlos auf mit Keyword-Stuffing und zu großer Keyword-Nähe (Keyword-Proximity, der Abstand einzelner Keywords zueinander). Wer Keywords in seine Texte stopft (oder stopfen lässt) wird mit aller Härte abgestraft und bekommt suchmaschinentechnisch mit seiner Seite garantiert kein Bein mehr auf den Boden.

Welche Faktoren genau erfüllt sein müssen, damit Suchmaschinen einen Text tatsächlich als "hoch relevant" einstufen, ist immer noch das große Geheimnis der Suchmaschinen und wohl die spannendste Frage der gesamten SEO-Branche. Vermutlich tragen viele Faktoren mit dazu bei - angefangen von Aufbau und Gliederung bis hin zum Vorhandensein von Listen, Aufzählungen und Bildern, die den Text informativer und leichter lesbar machen.

Eine ganz große Rolle spielt höchstwahrscheinlich auch die sogenannte Termgewichtung, als Ersatz für die früher maßgebliche Keyword Density. Dazu kommen wir aber in einem späteren Abschnitt noch einmal genauer.

3.8   Holistischer Content als Leitlinie

Dass Keyword-Stuffing out-of-date ist, haben wir im letzten Abschnitt eindeutig klargestellt. Vielen Content-Marketern der alten Schule ist damit aber jedes Beurteilungskriterium für Texte ("je mehr Keywords desto besser") abhanden gekommen, ein neues ist nicht in Sicht. Was ist "guter Content" - und wie misst man das?

Holistischer Content ist eine mögliche - und recht brauchbare - Antwort auf diese Frage. Im Wesentlichen geht es bei holistischem Content darum, zu einem einzelnen Thema die bestmögliche und umfassende Antwort auf einer einzigen URL (Unterseite) zu geben. Der Begriff holistisch bedeutet in der Übersetzung dabei so viel wie "ganzheitlich" oder auch "den Menschen umfassend betreffend". Wir finden beide Interpretationen recht gelungen und zutreffend.

Ein Beispiel, um das zu verdeutlichen:

Sie betreiben eine Handwerksseite und sehen sich die häufigen Suchanfragen einmal an. Dabei fällt ihnen das Keyword   Betonoptik selbst streichen ins Auge. Weil Sie holistischen Content bereitstellen wollen, schaffen Sie nun eine neue Unterseite zum Thema "Betonoptik selbst streichen - so geht's".

Auf dieser Unterseite erklären Sie dem Leser Schritt für Schritt, wie er vorgehen muss, welche Werkzeuge und Materialien er braucht, was er dafür ausgeben muss, etc. Die Anleitung bebildern Sie auch und versehen sie zusätzlich mit Videos, Skizzen und Zeichnungen.

Das wäre ein gelungenes Beispiel für holistischen Content, der noch dazu gut gestaltet ist. Keyword Density spielt hierbei nicht mehr so sehr eine Rolle (sollte aber nicht vernachlässigt werden), wichtig ist, dass das Thema erschöpfend und umfassend behandelt wird.

3.8.1   Warum holistischer Content Sinn macht

Auch Suchmaschinen entwickeln sich weiter, insbesondere, was ihre Algorithmen angeht. In den letzten Jahren wurde verstärkt Wert darauf gelegt, dass die Suchmaschine Texte "wie ein Mensch" wahrnimmt - und sie auch aus diesem Blickwinkel heraus beurteilt.

Google ging es wegen der zunehmenden "Verspammung" des Internets vor allem darum, nützliche, lesenswerte und besonders so informativ wie möglich gestaltete Texte und Informationen für Menschen zu fördern, und reine Linkbaustellen und mit Links und Keyword-Müll durchsetzte bloße Worthaufen ans untere Ende der Suchmaschinenergebnisliste zu verbannen.

Welche Faktoren man dabei in die Beurteilung der Textqualität einfließen lässt, ist bis heute ein Geheimnis - nach den Erfahrungen der letzten Jahre und den zunehmend hervorragenden Inhalten auf den oberen Plätzen der Suchergebnislisten (SERPs) kann man aber davon ausgehen, dass Google sehr schnell gelernt hat, die Qualität von Texten (Inhalten) zielsicher und sehr menschenähnlich zu beurteilen.

Keyword-Müll und leere Worte schaffen es auch nicht einmal ansatzweise mehr nach oben - Tendenz immer weiter abnehmend. Die Qualität der Inhalte, die Google und Co. auf eine Suchanfrage präsentiert, nimmt dabei in den letzten Jahren immer noch weiter zu.

Ein weiterer Grund, der für holistischen Content spricht, ist die Tatsache, dass die Suchmaschine mittlerweile gelernt hat, ein wenig mitzudenken und hinter unterschiedlich formulierten Suchanfragen gleiche Suchabsichten zu erkennen. So macht es für Google beispielsweise keinen großen oder „keinen Unterschied mehr", ob der User Betonoptik selber streichen oder lediglich Betonoptik streichen in das Suchfeld eintippt - Google erkennt, dass die User-Intention in beiden Fällen die gleiche ist.

Dadurch braucht man unterschiedliche Formulierungen nicht in allen Varianten abdecken, sondern kann sich darauf verlassen, dass Google auch unterschiedlich formulierte Suchanfragen mit gleicher Suchintention gebündelt an die eigene Unterseite übergibt.

3.8.2   Worauf es bei holistischem Content ankommt

Ein Leitfaden für die Praxis

Die beiden wichtigsten Aussagen zu holistischem Content sind: ein Thema

1.   angemessen umfassend behandeln und

2.   helfen ein Problem des Nutzers bestmöglich zu lösen oder eine Nutzerfrage bestmöglich zu beantworten.

Beides stellt natürlich einige Herausforderungen an den Verfasser eines Textes - sei es nun der Webseitenbetreiber selber oder ein bezahlter Texter.

Es ist praktisch unumgänglich, dass sich der Verfasser zumindest grundlegend mit der Materie auskennt und sich in effizienter Weise möglichst viel Wissen zu einem einzelnen Thema oder einer Fragestellung besorgen kann.

Fachleute sind dafür nicht immer nötig - Texter mit journalistischem Wissen, einer angemessenen Fachkenntnis und hervorragenden Recherchefähigkeiten tun es auch. Wobei natürlich die hohe Qualität der Suchmaschinen-Ergebnisse die Recherche heute ungemein erleichtert.

Eine Frage, die dabei immer wieder auftaucht, ist, was unter umfassend zu verstehen ist. Das bedeutet nicht automatisch eine besonders hohe Textlänge - immerhin steht das Wörtchen "angemessen" davor. Wer eine 3.000 Wörter lange Abhandlung zum Keyword Fingernägel schneiden (das übrigens erstaunlich häufig gesucht wird) verfasst, liegt höchstwahrscheinlich daneben und tut dem Leser wohl kaum einen Gefallen.

Das Maß aller Dinge liegt im Grunde darin, einem Leser schnell, übersichtlich, verständlich und konkret eine Antwort auf seine Suchintention zu bieten. Dabei sollten aber keine relevanten Informationen ausgespart bleiben (Vorteile, Nachteile, Ursache, Wirkung) - alles was für den Leser von Bedeutung sein könnte, sollte man trotzdem erwähnen.

Dem Thema Übersichtlichkeit sollte man im übrigen auch bei der Gestaltung der Texte Rechnung tragen:

• kurze Absätze, die nur aus wenigen Sätzen bestehen

• kurze Sätze, hoher Verständlichkeitsgrad (zum Beispiel nach dem Flesch-Index)

• so viel wie möglich gliedern, aussagekräftige Zwischenüberschriften mit thematischem Bezug verwenden

• Informationen wann immer möglich in Listen oder Tabellen strukturieren, das ist deutlich übersichtlicher

• Bilder und Grafiken verwenden, wann immer das sinnvoll ist

Damit schafft man gut lesbare Texte (User "scannen" also überfliegen Texte in der Regel im Internet eher, als sie tatsächlich zu lesen) und macht sich nicht nur den User, sondern auch die Suchmaschine zum Freund.

Insgesamt sollte man übrigens darauf achten, dass sich eine Domain möglichst mit einem Thema beschäftigt anstatt mit einem riesigen Themenfeld (also besser "DIY Arbeiten - Malen" als "DIY Arbeiten irgendwo im Haus"). Das muss zwar nicht zwingend immer gelten, empfiehlt sich aber bei den meisten Themenbereichen in der Regel.

3.9   Was ist eine WDF*IDF Analyse?

Der letzte Abschnitt über holistischen Content und die "neuen" Voraussetzungen für gute Texte und wertvollen Content im Internet haben dir wahrscheinlich ein wenig die Augen geöffnet, worum es geht.

Der eine oder andere hätte es aber dann vielleicht doch gerne etwas "handfester" oder technischer - immerhin sind bei holistischem Content sehr viele Voraussetzungen von mehr oder weniger subjektiven Beurteilungen abhängig.

Wer ein technisches Hilfsmittel für die Relevanz von Texten möchte, ist bei Termgewichtung - und damit bei der WDF*IDF Analyse in der Regel gut aufgehoben. Sie liefert an Zahlenwerten nach, was man ansonsten bei der Textqualität und -relevanz recht subjektiv beurteilen müsste.

3.9.1 Die Grundlagen der WDF*IDF Analyse

Die Abkürzungen WDF und IDF stehen für "within-document-frequency" und "inverse-document-frequency". Sie beziehen sich dabei auf die Häufigkeit, auf die bestimmte Terme (also Wortgruppen und Ausdrücke) einerseits in Dokumenten vorkommen, andererseits auf die Häufigkeit, mit der bestimmte Terme in Verbindung mit bestimmten Themenbereichen vorkommen.

Das klingt erst einmal sehr theoretisch - darum wollen wir das an einem kleinen Beispiel erläutern:

In drei verschiedenen Dokumenten zu unterschiedlichen Themen versuchen wir, herauszufinden, welches Dokument am nächsten zum Thema der Suchanfrage   Maler Preis pro m² passt.

Dazu müssen wir erst alle vorhandenen Dokumente sichten und stellen fest, dass die Terme "m²", "Maler" und "Malerleistungen" in manchen Dokumenten überwiegend häufig vorkommen. Sie scheinen also für bestimmte Dokumente über Malerpreise Sinn zu machen (IDF).

Daraus können wir schließen: Dokumente, in denen die Terme "m²", "Maler" und "Malerleistungen" in einem bestimmten Verhältnis zueinander und in einer bestimmten Häufigkeit vorkommen, sind für dieses Thema also relevant. (WDF).

Das ist das grundlegende Konzept für die Werte WDF und IDF. Die Berechnung ist dabei deutlich komplizierter, sie enthält auch Logarithmen und einige andere mathematische Korrekturfaktoren, um das Ergebnis um einige mögliche Fehler zu bereinigen. Die Berechnungsmethode geht übrigens bereits zurück auf ein Konzept in den Siebzigern, bei dem Informationsgehalte von Dokumenten in einem bestimmten Umfeld berechenbar gemacht wurden.

Für die Termgewichtung werden der jeweilige WDF-Wert und der IDF-Wert jedes einzelnen Terms miteinander multipliziert - daher die Bezeichnung WDF*IDF.

Am Ende erhält man eine Aussage, welches Gewicht jeder einzelne Term in einem relevanten Dokument haben sollte. Zugleich wird deutlich, welche Terme für welches Thema überhaupt Bedeutung haben, und welche Terme besondere Bedeutung (hohe Gewichtung) haben.

3.9.2 Die WDF*IDF Analyse in der Praxis

Wenn wir in ein WDF*IDF Berechnungstool nun also ein Thema (etwa: Fingernägel schneiden) eingeben, erhalten wir als Ergebnis eine Kurve und eine Liste.

Die Liste zeigt an, welche Terme wie relevant für ein Thema (in unserem Beispiel: Fingernägel schneiden) sind, und in welchem Verhältnis sie vorkommen und zwar

- wo die maximale Häufigkeit bei jedem Term liegt

- wo die Mindest-Häufigkeit bei jedem Term liegt

- wo die durchschnittliche Häufigkeit bei jedem Term liegt

Dabei werden meist unzählige Terme ausgewertet, die Liste ist fast immer endlos lang oder aber sehr lang.

Basis für die Berechnung ist dabei eine bestimmte Zahl von bereits als relevant eingestuften Dokumenten: In der Regel sind das die ersten 10 bis 20 Ergebnisse in den Suchmaschinenergebnislisten. Da die Suchmaschine sie nach oben gestuft hat, kann man davon ausgehen, dass die Inhalte für das jeweilige Thema als hoch relevant anzusehen sind.

Die Texte dort werden also analysiert und die Gewichtungen für jeden einzelnen wichtigen Terme für das Thema werden ausgeworfen. Damit erhält man einen technischen Anhaltspunkt, welche Begriffe wie oft in einem Term auftauchen müssen, damit er zu einem bestimmten Thema relevant ist.

Einige Terme kommen dabei besonders häufig vor, haben also ein hohes Gewicht (Top Ten oder Top Twenty). Andere Terme haben wieder weniger Termgewicht.

Sortiert man die einzelnen Terme nach ihrer durchschnittlichen Gewichtung und trägt den Wert jedes Terms in absteigender Reihenfolge in eine Grafik ein, erhält man eine Reihe von Punkten, die verbunden eine Kurve ergeben. Weitere Kurven zeigen jeweils die maximale und die minimale Gewichtung für jeden Term an.

Die jeweils für das Thema wichtigsten Terme findet man immer auf der linken Seite der Grafik, dort, wo die Kurve die höchsten Werte aufweist. Je weiter nach rechts man auf der Kurve geht, desto geringer wird das Gewicht der einzelnen Terme und damit ihre Bedeutung.

Für die praktische Arbeit eignet sich anstatt der Kurve meist eher die Liste mit den Termgewichten. Sie wird in der Regel auch von oben nach unten nach absteigender Gewichtung sortiert, das heißt, die wichtigsten Terme finden sich immer schon am Anfang der Liste.

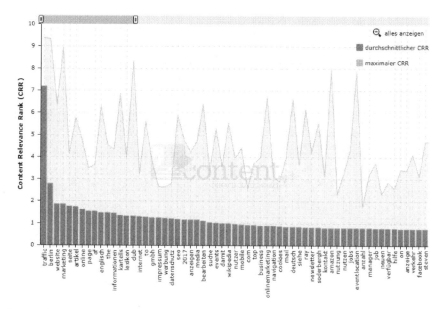

Screenshot der CRR-Analysen „Keyword Traffic" für WDF*IDF-Texte am 06.12.2018

3.9.3 Texte optimieren nach der WDF*IDF Analyse

Salopp gesagt zeigt die WDF*IDF Analyse also auf, worum es in Texten primär gehen sollte und welche Begriffe unbedingt in einem relevanten Text vorkommen sollten. Das kann man gut als Hilfe zum Schreiben verwenden. Daher ist die Keyword Recherche mit all und in all Ihren Facetten so extrem wichtig!

Wichtig ist dabei aber, dass man beim Schreiben oder Optimieren nicht der Versuchung erliegt, sich exakt an irgendwelche Häufigkeitsvorgaben zu halten und mit Gewalt alle möglichen Terme in der exakten Häufigkeit in den Text zu "zwängen". Das würde Texte holprig, schlecht lesbar und inhaltlich unrund machen.

Die WDF*IDF Analyse ist lediglich ein technisches Hilfsmittel, um sicherzustellen, dass alle wichtigen Begriffe und Terme im Text auch vorkommen und alle relevanten Aspekte des Themas ausreichend berücksichtigt werden. Die Terme mit den höchsten Gewichten (in der Regel die ersten 10 Terme) sollten den inhaltlichen Schwerpunkt des Textes setzen.

Trotz aller in die Berechnung integrierten Fehlerkorrekturen können WDF*IDF Analysen manchmal wenig aussagekräftig oder widersprüchlich sein, oder Begriffe enthalten, die nicht zum Kontext passen. Sehr häufig sind das Begriffe wie "Impressum", "AGB", "Onlineshop" oder Ähnliches, die auf Internetseiten im Allgemeinen recht häufig auftauchen. Solche Terme sind für das Thema Verhütungsmethoden Alternative Pille natürlich nicht sinngebend und brauchen auch nicht berücksichtigt zu werden.

In manchen Fällen können auch andere Begriffe auftauchen, die ganz offensichtlich nicht zum thematischen Kontext passen - solche Terme kann man ganz einfach ignorieren. Äpfel haben mit Autoreifen im Allgemeinen nichts zu tun, auch wenn es einen „reifen Apfel" geben mag. Solche kleinen Feinheiten und Bedeutungsunterschiede kann ein Elektronengehirn aber nicht auseinanderhalten.

3.9.4   Tools für die WDF*IDF Analyse

Im Web stehen einige Tools bereit mit denen man - kostenlos oder kostenpflichtig - eine WDF*IDF Analyse zu bestimmten Keywords oder Themen durchführen kann.

Zwei Tools finden Du hier:

http://www.wdfidf-tool.com/   kostenlose Analyse und auch Editor zum direkten Schreiben von Texten nach WDF*IDF Vorgaben http://www.onpagedoc.com   komplettes SEO-Tool mit kostenlosem 14-Tage-Test, mit an Bord sind hier ebenfalls eine WDF*IDF Analyse und ein entsprechender Texteditor für das Schreiben WDF*IDF-optimierter Texte.

Gratis-Tools sind nicht immer sehr zuverlässig und neigen auch gerne dazu, abzustürzen. Dazu kann die Zahl möglicher Abfragen unter Umständen begrenzt sein. Wer sich ernsthaft mit WDF*IDF-Optimierung beschäftigen möchte, kommt deshalb in der Regel nicht um ein kostenpflichtiges Tool herum.

3.10   Die CRR-Analyse und W-Fragen-Analyse?

Die CRR-Analyse ist im Wesentlichen nur eine modernisierte Form der WDF*IDF Analyse, bei der noch ein paar Randfaktoren zusätzlich in die Termgewichtung mit einfließen. Die Ergebnisse einer CRR-Analyse decken sich jedoch sowohl inhaltlich als auch in der Form meist weitestgehend mit den Ergebnissen einer klassischen WDF*IDF Analyse.

Beide Analysen sind jedoch - wie bereits vorhin schon erwähnt - mit entsprechendem Augenmaß für den Gesamtinhalt des Textes zu betrachten.

Die W-Fragen-Analyse stellt dagegen eine wertvolle Ergänzung zu den beiden technischen Analyseformen WDF*IDF Analyse und CRR-Analyse dar: es handelt sich dabei um die typischen Journalisten-Fragen: "Wer?", "Wie?" "Warum?" "Womit?" "Wie viel?" und ähnliche Fragen. Sie sind dazu geeignet, Themen tiefergehend zu beleuchten und Inhalte zu hinterfragen und zusätzliche, wichtige Antworten zu finden.

Wer sich mit W-Fragen an einen Text macht (alle Fragewörter, die mit einem "W" beginnen), wird in der Lage sein, Themen sehr umfassend zu beleuchten und alle wichtigen Aspekte eines Themas zu erkunden.

Um diese Arbeit zu erleichtern gibt es auch W-Fragen-Tools. Diese Tools werden weitestgehend gespeist aus Suchanfragen von Usern. Sie stellen alle gestellten Userfragen zu einem bestimmten Thema in Form einer Liste dar. Wenn man eine solche Liste beim Schreiben von Texten zu Rate zieht, kann man sicher sein, dass man mit dem Text höchstwahrscheinlich alle relevanten (und möglicherweise auch die weniger relevanten) Userfragen zu einem Thema beantwortet.

Wir wollen die Liste einmal in Bezug auf ein Beispiel-Thema zu Rate ziehen, nämlich: Haus verputzen.

Als Ergebnis erhalten wir (auszugsweise) dann folgende Ergebnisse:

Haus verputzen außen Kosten, Haus verputzen auf altem Putz, Haus verputzen außen Anleitung, Haus verputzen Anleitung, Haus verputzen auf Klinker, Verputzen im Haus Arten, Haus verputzen aber wie, Haus verputzen bei Frost, Haus verputzen bei Regen, Haus verputzen bis wieviel Grad, Haus verputzen Baugenehmigung, Fassade verputzen Betonoptik, Bruchsteinhaus verputzen, Haus alleine verputzen, Haus verputzen Armierung, Fassade verputzen ausbessern, Fassade verputzen Arbeitsschritte, Fassade verputzen Aufbau, Haus verputzen ohne Dämmung, Haus verputzen mit Dämmung Kosten, Haus verputzen muss ich dämmen, Haus farbig verputzen, Fassade verputzen Farben, Haus verputzen EnEV, Fassade verputzen Gewebe, Haus verputzen Kosten pro m², Haus mit Lehm verputzen, Haus verputzen modern, Haus verputzen Maschine, Fassade verputzen mit was, Haus verputzen Pflicht, …

Auch wenn das Ergebnis für das oben angeführte Themen-Beispiel: Haus verputzen nur auszugsweise wiedergegeben wurde, wird wahrscheinlich klar ersichtlich, wie viele unterschiedliche Aspekte bei dem Thema es gibt und wie viele relevante Fragen von Nutzern eine W-Fragen-Analyse tatsächlich aufwerfen kann.

Das sollte beim Schreiben eines Textes enorm hilfreich sein, wirklich alle relevanten und für Nutzer wichtigen Aspekte zu berücksichtigen oder einen Text auf relevante Fragestellungen hin zu optimieren.

User-Abfragen mit besonders großem Volumen sollte man dann am besten auch entsprechend ausführlich berücksichtigen - sie stellen meist die Kernfragen zu einem Thema dar, die Nutzer haben.

In unserem Beispiel wird etwa die minimal nötige Außentemperatur für ein Verputzen des Hauses besonders oft und in vielen unterschiedlichen Formulierungen immer wieder nachgefragt.

Eine konkrete, klare Temperaturangabe, ab wann ein Außenputz möglich ist, sollte also auf keinen Fall im Text fehlen. Damit beantwortet er eine Frage, die von vielen Nutzern sehr häufig in Bezug auf das Verputzen gestellt wird.

#	Keyword
502	haus verputzen worauf achten
501	haus verputzen womit
500	womit fassade verputzen
499	warum haus verputzen
498	warum haus verputzen
497	haus verputzen welche farbe
496	haus verputzen was beachten
495	was kostet qm haus verputzen
494	was kostet haus verputzen innen
493	mit was haus verputzen
492	was kostet haus verputzen
491	wie teuer ist haus verputzen
490	wie lange dauert haus verputzen
489	wie oft haus verputzen
488	wie haus verputzen
487	ab wann haus verputzen
486	wann fassade verputzen
485	wann haus verputzen
484	warum haus verputzen
483	haus verputzen worauf achten
482	haus verputzen womit
481	womit fassade verputzen
480	warum haus verputzen
479	warum haus verputzen
478	haus verputzen welche farbe
477	haus verputzen was beachten

Screenshot der W-Fragen zum Thema "Haus verputzen" vom 06.12.2018 über 500 W-Fragen. Diese User-Abfragen stellen wieder potenziellen organischen Traffic dar!

3.11 W-Fragen-Tools im Web

W-Fragen-Tools finden sich im Web - auch kostenlos - von vielen verschiedenen Anbietern, nicht alle Tools liefern dabei aber die gleiche Menge an Antworten.

Im Zweifelsfall kann man durchaus mehrere Tools parallel nutzen, die Antworten stammen immer aus originalen User-Suchanfragen, nur dass einige Tools mehr Ergebnisse auswerfen als andere. Suchvolumina zu den einzelnen Abfragen werden dabei aber leider von den wenigsten Tools mit angezeigt.

In der Praxis erkennt man aber bedeutsame und wichtige Fragen meist daran, dass sie sehr häufig und in vielen unterschiedlichen Formulierungen gestellt werden, wie in unserem Beispiel mit der Temperatur für den Außenverputz. Das reicht für die Praxis in der Regel bereits aus, um alle wichtigen und bedeutsamen Fragestellungen herauszufinden.

Zwei bekannte W-Fragen-Tools sind

*   https://www.advertising.de/oneproseo/w-fragen-tool/

*   http://www.oneproseo.com/w-fragen-tool/

3.12 WDF*IDF optimierte Texte direkt beauftragen

Wer seine Texte auf Texptlattformen beauftragt, kann dort je nach Anbieter direkt bei der Auftragsvergabe ein W-Fragen-Tool nutzen und
daneben auch eine CRR-Analyse für den jeweiligen Textauftrag erstellen lassen. Der beauftragte Texter kann dann die Analyse-Ergebnisse
direkt zum Schreiben des Artikels verwenden.

In der Praxis funktioniert das so, dass man nach erfolgter CRR-Aus-
wertung als Auftraggeber bis zu 10 Terme auswählen kann, für die ein
Autor dann eine hochgerechnete Keywordvorgabe erhält, die er zwingend einhalten muss. Die CRR-Kurve ist für den Texter ebenfalls sichtbar, er kann seinen Text dann entsprechend der Kurve gewichten, kann
notfalls aber auch leicht abweichen, um einen lesenswerten Text garantieren zu können.

Die Beschränkung auf maximal 10 Terme ist sinnvoll, um einerseits
einen inhaltlichen Schwerpunkt zu setzen und deutlich zu machen, andererseits aber keine unerfüllbaren Vorgaben an den Texter zu stellen.
Texte, bei denen 20 oder 30 Keywords mit ihren entsprechenden Dichten zu berücksichtigen sind, sind in der Regel kaum mehr flüssig lesbar.
Sie werden zu einem uneinheitlichen und holprigen Stückwerk, das
kaum mehr die Voraussetzungen an einen gut lesbaren und wirklich informativen Text erfüllen kann.

Eine mögliche Alternative ist, beauftragten Textern und Autoren einen
Zugang zu einem WDF IDF-Editor zur Verfügung zu stellen und den
Text so gestalten zu lassen, dass er sich am Ende inhaltlich ungefähr in
die Kurve der CRR-Analyse oder WDFIDF Analyse einfügt.

Für gute Texter, die über ausreichend Hintergrundwissen und Recherchefähigkeiten verfügen, ist das in der Regel aber gar nicht nötig. Sie
liefern, sofern ein thematischer Schwerpunkt vorgegeben ist, fast automatisch mit einem guten Text auch immer einen Text ab, der ganz natürlich die wichtigsten Termgewichtungen in angemessener Weise berücksichtigt.

Zu beachten ist hier auch der Kostenfaktor: Kaum ein Texter wird bereit
sein, sich zusätzlich zum Aufwand, den es bedeutet, einen guten Text

zu verfassen, noch die Mühe machen, stundenlang an seinem fertigen Text herumzupuzzeln, ohne dafür extra entlohnt zu werden.

Entweder man bezahlt die zusätzliche Arbeitszeit (in der Regel Stunden) die notwendig ist und treibt damit die Kosten für seine Texte in wenig wirtschaftliche Höhen - oder man verlangt die zusätzliche Leistung des Texters ohne zusätzliche Bezahlung. Das ist allerdings nur wenig fair und für den Texter (vor allem auf längere Sicht) völlig unwirtschaftlich.

Schon verlangte Formatierungen oder komplizierte Briefing-Vorgaben strapazieren das durch die Bezahlung vorgegebene Zeitbudget des Autors meist enorm. Werden weitergehende Arbeiten im Bereich von einer Stunde oder mehr verlangt, springt der Texter höchstwahrscheinlich irgendwann ab oder macht den höheren Zeitaufwand durch qualitativ schlechtere und hastig geschriebene Texte wett. Beides kann nicht im Sinne des Auftraggebers liegen.

In der Regel ist die bessere Strategie, einem Texter lediglich den Themenschwerpunkt für den Text vorzugeben und einen möglichst stark auf das vorgegebene Thema fokussierten Text zu beauftragen, bei dem alle relevanten Aspekte des Themas berücksichtigt sind. Gute Texter wissen dann meist schon, was sie tun - und schaffen das auch ohne stundenlange, unnötige Nacharbeiten.

3.13   Was bringen semantische Keywords?

Keywords existieren fast immer in einem bestimmten Kontext - und innerhalb dieses Kontexts gibt es auch weitere, verwandte Keywords. Ein einfaches Beispiel dafür wäre etwa:

Das Keyword: Angina pectoris (plötzlich auftretende Herzengegefühle) ist ein Symptom für Herzkrankheiten, und steht damit thematisch sehr eng in Verbindung mit dem Begriff/Keyword: Koronare Herzkrankheit.

Google versucht in den letzten Jahren, Nutzer immer besser zu verstehen (Stichwort: semantische Suche) und versteht daher immer besser, welche Begriffe in einer gewissen Nähe zueinander stehen.

Thematische Nähe bedeutet dabei auch semantische Nähe - das heißt, wenn ein Begriff fällt, wie im obigen Beispiel: Angina pectoris, ist meist auch schnell von anderen Begriffen die Rede, wie hier von Koronarer Herzkrankheit.

Da die Suchmaschine solche Beziehungen analysiert hat und viele wichtige Zusammenhänge bereits kennt, fällt es ihr leicht, bei einer Webseite festzustellen, ob die wichtigen und üblichen nahestehenden Keywords vorhanden sind.

Ist das nicht der Fall, ist die Webseite sehr einseitig oder wenig relevant zu einem Thema. Wenn von Angina pectoris die Rede ist, aber das Stichwort Koronare Herzkrankheit fehlt, ist der Nutzen für den User geringer. Ihm wird ein wichtiger semantischer Zusammenhang vorenthalten und Google stuft die Seite automatisch als weniger relevant ein.

Vor diesem Hintergrund sind auch Analysen wie die WDF*IDF Analyse zu sehen: Sie stellen sicher, dass dem Dokument keiner der wichtigen und bereits bekannten nahestehenden Terme fehlt.

Daneben können auch noch weitere wichtige Verbindungen aufgezeigt werden, das ist kein Problem. Wichtig ist nur einmal vor allem, dass kein bedeutsamer Begriff im thematischen Kontext völlig fehlt oder wichtige Zusammenhänge nicht untergewichtet werden.

Für die gesamte Seite (aber auch für größere Textmengen) kann es sich lohnen, eingehend das semantische Umfeld zu untersuchen, in dem sich ein Text bewegt, und relevante nahestehende Begriffe herauszufinden.

Auch der Einsatz von semantischen Suchmaschinen kann helfen, wichtige Beziehungen zwischen Begriffen aufzudecken. Diese neu gefundenen "semantischen Keywords" sollte man unbedingt auf der Seite mit einbinden - neben den ohnehin schon grundlegend notwendigen Beziehungen, die Google bereits kennt. So wird ein starkes Signal im Hinblick auf eine hohe Relevanz des Textes gegeben.

Aus diesem Grund ist es bei beauftragten Themen auch so wichtig, dass ein Texter zumindest ein wenig Hintergrundwissen zum gefragten Thema hat. Nur so kennt er die wichtigen Fachbegriffe des Themenbereichs und setzt automatisch gleich viele verbundene Begriffe und Bezüge daneben.

Ohne entsprechendes Hintergrundwissen ist das nur schwer möglich, allenfalls bei sehr allgemeinen Themen.

3.14 Was sind Suggest Keywords?

Der Begriff "Suggest Keywords" leitet sich vom gleichnamigen Tool 'Google Suggest' ab, das Keyword-Vorschläge zu bestimmten Themen macht. Mittlerweile gibt es noch viele weitere Tools auf dem Markt, die das Gleiche machen.

Die Vorschläge von Google Suggest und allen anderen Tools beruhen ausschließlich auf dem Google Autocomplete: Wenn Sie einen Suchbegriff in Google eintippen, schlägt die Suchmaschine (auch andere Plattformen) automatisch dazu passende Erweiterungen vor.

Tippt man etwa: Suggest in das Google Suchfeld, werden als Vorschläge angezeigt: Suggest Keywords, suggest deutsch, Suggestion und   Suggestivfrage. Google kennt bei einem Short Keyword die Userintention nicht und macht daher verschiedene Vorschläge aus unterschiedlichen Themenbereichen.

Diese Vorschläge ermittelt Google durch die Auswertung früherer Nutzeranfragen.

Jedes vorgeschlagene Mid Tail Keyword oder Long Tail Keyword hat also eine gewisse Relevanz, da es bereits früher von Usern gesucht wurde und von Google in die Liste möglicherweise relevanter Vorschläge aufgenommen wurde.

Tippt man ein Mid Tail Keyword ein, ergänzt Google die Vorschläge zu unterschiedlichen Long Tail Keywords, die im passenden Zusammenhang gesucht wurden.

Auf diese Weise erhält man eine sehr genaue Vorstellung darüber, welche Suchanfragen User zu einem bestimmten Themenumfeld gesucht haben, was User also besonders interessiert, Erweiterungen zum Suchwort oder Spezifikationen.

3.15 Nutzen für die Praxis

Wer Vorschlagstools nutzt (es gibt davon eine ganze Menge im Web, eine Liste findest du weiter unten) kann sich also die Nutzerinteressen selbst zunutze machen und so gut wie möglich den Nutzerfragen und -Bedürfnissen mit seiner Seite oder seinem Content entsprechen. Das erkennt dann auch Google.

Besonders dann, wenn man Content neu in einem Themenfeld aufbaut, oder nicht weiß, welcher Content für eine Seite noch relevant sein könnte, sind Vorschlagstools eine wertvolle Hilfe, ersetzten jedoch nicht die menschliche Kreativität und das Denkvermögen.

In der Regel lohnt es nicht, wenn man versucht, wirklich allen Useranfragen gerecht zu werden und auf alle vorgeschlagenen Keywords hin zu optimieren - das würde häufig den Content-Umfang sprengen.

Auch hier kann man aber - wie schon bei der W-Fragen-Analyse - darauf setzen, dass häufig und in verschiedenen Formulierungen auftauchende Fragen eine vergleichsweise hohe Relevanz haben, dass Google aber unterschiedliche Formulierungen "versteht" und als eine einzige Nutzerintention interpretiert.

3.16 W-Fragen-Analyse und Suggest Tools

Das W-Fragen-Tool und die Suggest Tools liefern häufig sich überschneidende Ergebnisse - das ist nicht verwunderlich, stammen beide doch aus der Auswertung früherer Nutzeranfragen in der Suchmaschine.

Die Ergebnisse sind allerdings nie völlig deckungsgleich. Bei Suggest Tools kommt der Vorteil dazu, dass die Ergebnisse nach einem gewissen Schema sortiert sind:

Short Keyword -> Mid Tail Erweiterung 1 -> Long Tail Erweiterung 1.1 -> Long Tail Erweiterung 1.2 -> Mid Tail Erweiterung 2 -> Long Tail Erweiterung 2.1 -> Long Tail Erweiterung 2.2 usw.

Das erleichtert vor allem bei größeren Ergebnismengen die Übersicht aber auch die Verarbeitung enorm. Man kann auf die passend erscheinenden Mid Tails optimieren und dabei die Aspekte, die sich durch die einzelnen vorgeschlagenen Long Tail Erweiterungen ergeben so gut als möglich berücksichtigen. Das stellt ein sinnvolles, übersichtliches und effizientes Vorgehen dar.

3.17 Keyword Suggest Tools

Einige wertvolle Tools, neben Google Suggest, sind beispielsweise:

Ubersuggest

-https://neilpatel.com/ubersuggest/

Answer the Public unter der URL: -http://answerthepublic.com (Eine sehr schöne Sortierung und grafische Aufbereitung der Ergebnisse)

Hypersuggest unter der URL: -https:hypersuggest.com   und Suggestit unter der URL: -http://www.suggestit.de

3.18 Wie funktioniert eine Keyword Recherche?

Wie wir bereits mehrfach erwähnt haben, ist es für den Erfolg eines Online Shops und seiner Produktpalette, einer Firmenseite einer Webseite im allgemeinen - und allein schon für das nötige Gefunden werden unerlässlich, sich bereits im Vorfeld über ein Keyword-Konzept für die Seite Gedanken zu machen. Im Nachgang und für den weiteren Ausbau ist diese Arbeit immer noch möglich und sollte auch unternommen werden.

Ohne ausreichend sichtbar für gewisse relevante Suchabfragen zu sein, wird eine Seite nicht in der Lage sein, vernünftigen organischen Traffic und im späteren Verlauf bezahlten Traffic aufzubauen - und ist damit mehr oder weniger wertlos (Wettbewerbsnachteil).

Du kannst zwar Anzeigen schalten und so Traffic einkaufen für deine Produkte, Dienstleitungen/Webseite, jedoch ist das nicht nachhaltig und verursacht als erstes immer Kosten.

Nachhaltigkeit erreichst du über entsprechenden Content auf deiner Seite. Die organische Sichtbarkeit und Relevanz erreicht man eben nur über das Vorhandensein von adäquaten, passenden und gut ausgewählten Keywords und Synonymen.

Auch der Bereich der Marken, der Produktbeschaffung im E-Commerce und das Cross-Selling ist oder wird zum Teil von einer Keyword Recherche beeinflusst.

Das Keyword-Gerüst der Webseite und somit für deine Firma, stellt dann die nachhaltige Grundlage für viele weitere Dinge dar:

•   für die Struktur der Webseite

•   für die notwendige Navigation auf der Seite

•   für die Content-Strategie der Seite

•   für den zukünftigen Ausbau der Webseite

•   für Adwords-Anzeigen und viele weitere Anzeigen Optionen

- für mehr Aufmerksamkeit

- für mehr Sichtbarkeit

- für mehr Reichweite

- für den Reputationsaufbau

- für mehr Neukunden-Akquise & Neukundenkontakte

- für mehr Wettbewerbsvorteile

- für mehr Autorität

- für mehr Umsatz

Aus diesem Grund ist eine umfassende Keywordrecherche eine unerlässliche Voraussetzung vor dem Start und den Ausbau einer jeden Webseite und Firma. So kannst Du langfristig und nachhaltig Deine Firma über das Medium Internet ausbauen.

Neben den allgemeinen Überlegungen zum Thema und Aufbau der Seite ist es daher notwendig, den Content aufgrund von Themenrelevanten als auch suchaffinen Keywords und passenden Synonymen zu planen.

Das macht man am besten in oder über eine Excel-Liste, in der man für jede geplante Unterseite eine eigene Spalte verwendet.

In die ersten Zeilen trägst du dann den Seitentyp, das grundlegende Thema der Seite und weitere für dich wichtige Informationen ein.

Den Rest der Spalten kannst du dann jeweils mit relevanten Keywords zum Seitenthema füllen - so behältst du immer die Übersicht über dein gesamtes Seiten-Projekt.

Denk auch daran, dass du eine ganze Reihe von Keywords - passend zum Hauptthema der Seite - möglichst auf allen Unterseiten gleichmäßig berücksichtigen solltest.

Trage diese Keywords gleich zu Anfang in jeder Spalte ein.

3.19 Strategie für die Keyword Recherche

Wir erklären dir hier einmal die grundlegenden Schritte einer optimalen, umfassenden Keyword-Recherche. Wir verwenden in unserem Beispiel das Keyword-Tool von Ahrefs (https://ahrefs.com/keywords-explorer) - bei anderen Tools von anderen Herstellern laufen die Schritte aber grundlegend ähnlich ab.

Schritt 1 – Vorarbeiten:

In diesem Schritt überlegst du dir, wie der Cornerstone-Content für dein Thema aussieht. Unter Cornerstone-Content versteht man das inhaltliche Fundament, das User zu deinem Thema haben sollten: Dinge, die sie unbedingt verstehen und wissen müssen.

Auf dieser Grundlage wird dann weiterer Content auf deiner Seite geschaffen. Mach dir Notizen und mache eine Liste mit allen wichtigen Begriffen in diesem Bereich und stecke somit den Cornerstone-Content für deine Seite ab.

Schritt 2 - die grundlegenden Kategorien finden:

Teile deinen Cornerstone Content in möglichst sinnvolle Kategorien und Überbegriffe ein, versuche alle wichtigen Unterthemen zum Hauptthema deiner Seite zu finden.

Hier geht es um nichts technisches, sondern eher darum, wie Menschen denken und das Thema instinktiv kategorisieren würden.

Füge diese Kategorien deiner Liste an Cornerstone Begriffen hinzu. Nun hast du deine wichtigen und grundlegenden Anfangskeywords.

Schritt 3 - die Analyse der Anfangskeywords:

Füge die Liste deiner Anfangskeywords in den Keyword-Explorer (oder ein ähnlich arbeitendes Tool) ein und lass dir die Metriken zu den einzelnen Keywords anzeigen.

So bekommst du einen Eindruck davon, welches Suchvolumen mit den Keywords zu erwarten ist, aber auch gleich einen ersten Eindruck davon, wie viel Konkurrenz herrscht (abhängig von den Funktionen des Tools, das du für die Keywordrecherche verwendest).

Schritt 4 - Keywordvorschläge integrieren:

Die meisten Tools bieten zu deiner grundsätzlichen Keywordliste noch weitergehende Vorschläge an und auch passende Kategorie- oder Überbegriffs-Keywords sind möglich. Übernimm die Vorschläge in die Liste, die zu deiner Cornerstone Beschreibung passen oder die für dich interessant aussehen.

Orientiere dich dabei nicht allzu sehr am angezeigten Suchvolumen, sondern mehr daran, ob die angezeigten Vorschläge inhaltlich Sinn machen.

Schritt 5 - die Konkurrenz analysieren:

Lass dir von deinem Tool anzeigen, wo deine Konkurrenten sind, zu welchen Keywords sie ranken und bei welchen Keywords sie jeweils besonders viel Traffic gewinnen.

Schaue dir dabei jeden Konkurrenten einzeln an. Übernimm passende und wertvolle Keywords, bei denen deine Konkurrenten gut ranken und alle Keywords, wo viel Traffic zu erwarten ist. Füge sie deiner Keyword-Liste hinzu.

Schritt 6 - die Länderanalyse:

Überzeuge dich davon, in welchen Ländern welche Keywords besondere Bedeutung haben und welche weniger. Im deutschsprachigen Raum können Keywords in Deutschland, Österreich oder der Schweiz unterschiedlich bedeutsam sein.

Behalte das im Hinterkopf, wenn du später optimierst, oder stimme deine Keywordliste konkret auf dein Zielland ab, wenn du das möchtest.

Schritt 7 - die erneute Konkurrenzanalyse:

Da sich deine Keywordliste nun wahrscheinlich stark verändert hat, lasse eine neuerliche Konkurrenzanalyse laufen und wiederhole Schritt 5.

Nun hast du in der Regel ein gutes Bild davon, wie deine Nische aussieht und in welchem direkten Wettbewerb du tatsächlich mit deinem Projekt stehst.

Schritt 8 - die Lücke schließen:

Wenn dein Tool eine solche Funktion hat, lass dir anzeigen, wo die "Content Lücke" zu deinen Mitbewerbern liegt.

Das sind Bereiche, für die deine Konkurrenten Keywords haben, du aber noch nicht.

In den meisten Fällen wird dir die Software Vorschläge für zusätzlichen Content und zusätzliche Keywords machen, die du noch abdecken solltest. Übernimm diese Vorschläge, wenn sie passen. Du hast nun bereits eine sehr brauchbare Keywordliste.

Schritt 9 - deine Keywords weiter qualifizieren:

Füge deine Keywords in eine Excel-Tabelle ein und versuche jedes einzelne Keyword noch weiter zu qualifizieren. Lege dir am besten entsprechende Spalten an und trage die Ergebnisse jeweils neben dem entsprechenden Keyword ein. Überlege die folgenden Dinge:

a) Was ist die Suchintention für dieses Keyword?

b) mit welchem Content-Typ kann ich diese Suchintention am besten abdecken? (Stichpunkt-Liste, Ratgeber-Artikel, Kategorie-Übersicht, etc.)

c) mit welchem Seitentyp kann ich diese Suchintention am besten abdecken? (kommerzielle Landingpage, Informationsseite wie ein Blog oder Glossar mit Text, Kategorie-Übersicht,...)

Schritt 10 - die Top 3 Analyse:

Analysiere für jedes Keyword die Top 3 Ergebnisse in den SERPs. Die Top 3 entsprechen in der Regel immer sehr genau der Suchintention der User.

Sieh dir an, wie diese Seiten aufgebaut sind, ob Text oder Bilder vorherrschen, und was genau dort geboten wird. Das sollte ungefähr deine Leitlinie sein, wie du dein Keyword-Content am besten umsetzt.

Mache dir dazu in deiner Excel-Tabelle Notizen und versuche die Suchintention der User noch genauer einzugrenzen. Analysiere auch, wie die SERPs genau aussehen. Das verrät dir oft auch viel über die Userintention:

• wenn eine Shoppingleiste vorhanden ist, handelt es sich höchstwahrscheinlich um eine kommerzielle Suchintention

• wenn eine Bilderbox sehr weit oben vorhanden ist, dann sind Bilder auf deiner Seite möglicherweise sehr wertvoll um zu ranken

• wenn eine Snippet Box vorhanden ist, versuche zu analysieren, welcher Inhalt dargestellt wird um es besser zu machen (eine Snippet

Box zu bekommen ist im Allgemeinen noch wertvoller als ein organischer Platz 1 in den Suchergebnissen)

Schritt 11 - analysiere die Keyword Difficulty für jedes Keyword:

Die Keyword Difficulty zeigt dir an, wie schwierig es ist, für ein bestimmtes Keyword unter den Top Ten zu ranken. Nicht alle Werte aller Tools sind für den deutschsprachigen Raum zuverlässig.

Ich musste in unserem Beispiel auf ein anderes Tool ausweichen, um realistische Werte für unsere Keyword Difficulty zu erhalten. Lasse die Ergebnisse dann auch in deine Content Planung einfließen.

Schritt 12 - semantische Keywords und Suggest Keywords einfügen:

Mache dich auf die Suche nach passenden semantischen und Suggest Keywords und füge die Ergebnisse deiner ursprünglichen Keywordliste noch hinzu.

Am sinnvollsten ist es, wenn du die entsprechenden Ergebnisse der Analysen, des W-Fragen-Tools und der Suggest-Keywords jeweils direkt beim entsprechenden Keyword notierst.

Nun kannst du dich an die Content-Planung in deiner ursprünglichen Excel-Liste machen und deine Keywords jeweils passend auf deine Unterseiten verteilen. Es geht also an das sogenannte Keyword-Mapping.

3.20   Suchvolumen als Kriterium?

Immer wieder taucht die Frage auf, bis zu welchem Suchvolumen ein Keyword überhaupt noch lohnend ist. Das ist eine Frage, die man natürlich nicht pauschal beantworten kann.

In der Regel sollte man sich bei seiner Keyword-Auswahl immer ein wenig beschränken - zu viel ist meist unüberschaubar.

Es ist besser, die Seite nach und nach dann später zu erweitern was auch sehr sinnvoll ist. Bis zu welchem Suchvolumen man dann Keywords außer Acht lässt, ist immer eine eigene Entscheidung und kommt in der Regel auf die Branche, Warensegmente, den Wettbewerb und die Webseite selbst an.

Abhängig ist das immer auch vom Gesamt-Traffic und von den Möglichkeiten, die der Themenbereich bietet. Bewährt haben sich in den meisten Fällen folgende Richtwerte:

• thematisch sehr große Nische = Keywords ab einem Suchvolumen von >500 /monatlich

• kleinere Nische = Keywords ab einem Suchvolumen von >100 /monatlich

• regionale oder sehr kleine Nischen = Keywords ab einem Suchvolumen ab 10 - 20 /monatlich

Was man bei diesen Zahlen allerdings bedenken sollte: Nach aktuellen Statistiken führen nur rund 70% der Usersuchen danach auch tatsächlich zu einem Klick auf einen Link in den SERPs. Bei den angezeigten Suchvolumina muss man also in jedem Fall schon einmal um mindestens 30 % reduzieren so der pauschale Richtwert.

3.21 Den herrschenden Wettbewerb einschätzen?

In unserem Beispiel zuvor haben wir auch bereits die Keyword Difficulty ermittelt, um abschätzen zu können, welche Möglichkeiten für ein Ranken zu einem bestimmten Keyword (auf den Top Plätzen) sind.

Dieser Wert, der nicht von allen Tools ermittelt und von einigen recht unzuverlässig ermittelt wird, liefert zumindest schon einmal einen groben Anhaltspunkt, dabei handelt es sich immer um eine Schätzung / Einschätzung (letzten Endes entscheiden die Suchmaschinen).

Natürlich kann man die Ranking-Chance aber auch auf andere Weise einschätzen. Ein recht verlässlicher anderer Faktor, der ein schnelles Einschätzen ermöglicht, ist die Domain Popularität der Seite (nicht der Domain, lediglich der Seite!) die den ersten Platz belegt. Liegt die Domain Popularität unter 40 ist es meist leicht zu ranken. Darüber wird es schwieriger, es dauert länger und kostet mehr.

Bei Seiten mit hoher Autorität (etwa Amazon) ist es praktisch unmöglich (sehr schwierig), an die erste Stelle zu gelangen. Seiten mit einer derartigen Autorität sind im SEO Wettbewerb niemals (schwer) zu schlagen.

Wenn man sich seine Ranking Chancen zu einem Keyword genauer ansehen möchte, muss man allerdings etwas mehr Arbeit investieren: Man muss sich jeden einzelnen Kandidaten der Top 3 sehr genau ansehen um individuell herauszufinden zu können, warum die Seite rankt.

Je nachdem, was diese Analyse ergibt, kann man sich dann überlegen, ob man ihn schlagen kann, oder nicht (oder ob man das Budget aufwenden möchte oder muss, seine Backlinkstruktur und Onpage Faktoren zu übertreffen und ähnlich teure Dinge zu unternehmen).

Einen guten zusätzlichen Hinweis auf Ranking Chancen bieten übrigens auch Tools, die Bewegungen innerhalb der SERPs über gewisse Zeiträume hinweg aufzeichnen und ausgeben.

In der Regel sind die Top 3 bei den meisten Keywords recht statisch, auf den Plätzen 4 - 10 findet man meist nur leichte Bewegung, erst ab Platz 20 herrscht viel Veränderung. Ist dagegen bis an die Spitze im

Zeitverlauf immer viel Bewegung zu sehen, kann das ein Zeichen sein, dass es durchaus leichter möglich ist, sich bis an die Spitze vorzuarbeiten.

3.22 Wettbewerb innerhalb der Top 10

Auf den vorderen Plätzen der SERPs (Suchmaschinen-Ergebnisseiten) spielen, wenn man einmal dort angelangt ist, in der Regel andere Ranking-Faktoren eine Rolle: Klickrate und Aufenthaltsdauer werden hier wichtig, auch die möglichst perfekte Gestaltung von Title und Meta Tags.

Einer der allerwichtigsten Rankingfaktoren auf den vorderen Plätzen ist aber, wie gut die Seite die Suchintention des Users tatsächlich abdeckt. Die Platz 1 Seite schafft das am besten, die nachfolgenden immer weniger gut.

In der Regel kann man aber davon ausgehen, dass die Top 3 den Suchintentionen der User noch sehr gut gerecht werden, allerdings von oben nach unten im absteigenden Maß. Das kann auch einen Anhaltspunkt dafür geben, wohin die eigene Optimierung gehen sollte.

Unterschiede kann es zwischen den Top 3 auch darin geben, wie gut sekundäre Suchintentionen mit abgedeckt werden.

Selbst wenn alle der primären Suchintention des Users hervorragend gerecht werden gewinnt am Ende dennoch der, der es schafft, die meisten sekundären Suchintentionen auf die bestmögliche Weise mit abzudecken. Am Ende entscheidet jedoch der Suchmaschinen Algorithmus der jeweiligen Suchmaschine.

3.23 Was macht der RankBrain und wie kann man das einschätzen?

Hinter RankBrain verbirgt sich eine künstliche Intelligenz, die Google beim besseren Verstehen von Suchanfragen hilft. RankBrain ist seit 2015 aktiv und wird vor allem bei den Suchanfragen eingesetzt, die völlig neu sind und die es zuvor noch nie gab.

Mit der Hilfe von RankBrain gelingt es Google dabei, der primären Suchintention des Users überraschend genau gerecht zu werden, selbst wenn neue, unbekannte Begriffe auftauchen. Das sind etwa 15% aller Suchanfragen.

Als echte künstliche Intelligenz (KI) ist RankBrain selbstlernend und entwickelt sich in rasend schnellem Tempo weiter.

Seine Leistung war allerdings schon zu Beginn seiner Tätigkeit erstaunlich: RankBrain schlug beim Zuordnen von neuen, unbekannten Suchanfragen zu bestimmten Suchintentionen sogar menschliche Konkurrenten. Die erreichten in Tests eine Trefferquote von 70%, RankBrain lag von Anfang an bei knapp 80% Trefferquote.

Relevant ist RankBrain auch bei komplexen Long Tail Keywords mit vielen unterschiedlichen Begriffen, weil es dort höchstwahrscheinlich auch eingesetzt wird.

Welchen Effekt RankBrain genau hat, lässt sich aber nicht sagen - das ist, wie viele anderer Ranking-Faktoren, lediglich ein Gegenstand unterschiedlichster Spekulationen. Plausibel erscheint auch, dass RankBrain aus Nutzerreaktionen auf bestimmte Suchergebnisse lernen kann und so immer genauer erkennt, was Nutzer zufriedenstellt und was weniger.

Diese Erkenntnisse, die RankBrain gewinnt, werden sich wohl auch in gewisser Weise in den Rankings niederschlagen.

Der Effekt von RankBrain lässt sich also nicht vorhersagen oder bestimmen. In der Regel wird man mit holistischem Content und echtem

Usernutzen, der den tatsächlichen Userbedürfnissen so gut wie möglich entspricht, praktisch immer richtig liegen. Dagegen kann auch Rank-Brain nichts einzuwenden haben.

3.24 Warum lohnen sich Keyword Recherchen bei Ebay, Amazon und Youtube?

Der Grund ist ganz einfach: Man bekommt so ein Gefühl dafür, mit welchen Worten Menschen nach Produkten oder ähnlichen Produkten oder dem Content, den man auf Youtube und Co. anbietet, tatsächlich suchen.

Darüber hinaus geben solche Analysen natürlich auch Aufschluss darüber, wie groß die eigene Reichweite auf den entsprechenden Plattformen maximal sein kann, und mit wie viel möglichen Suchvolumen und Wettbewerb im allgemeinen man überhaupt rechnen kann und muss (also der Nachfrage: werden meine Produkte oder Dienstleistungen auf diesen Plattformen gefragt/gesucht).

Solche Werte sind immer recht hilfreich, wenn es darum geht, das vorhandene Marktpotenzial zu Produkten und Dienstleistungen realistisch einschätzen zu können.

Gerade Amazon gilt als die Verkaufsplattform Nummer 1 ("größte Produktsuchmaschine der Welt") - viele Menschen suchen erst gar nicht mehr über Google bei physikalischen Produkten, sondern beginnen direkt auf Amazon.

Damit bleibt ein gewisser Anteil des tatsächlichen Suchvolumens für ein bestimmtes Produkt oder eine Produktkategorie tatsächlich unentdeckt.

Die potenziellen Suchvolumina auf Amazon und Ebay kann man dann zum Suchvolumen so zu sagen auf Google ruhigen Gewissens addieren, wenn man auf diesen beiden Plattformen und anderen Plattformen vertreten ist.

Bei Amazon kommt übrigens noch ein sehr kniffliges "Matching" dazu: Auf Amazon wird man nur gefunden, wenn man alle vom Kunden eingegebenen Suchbegriffe auch tatsächlich bei den eigenen Keywords hinterlegt hat.

Fehlt auch nur eines, wird das eigene Produkt nicht angezeigt.

Genau aufpassen muss man übrigens auch bei der Keywordeingabe: Überschreitet man die von Amazon festgelegte 250 Byte Grenze, die neu für die Keywords gilt, werden alle Keywords missachtet.

Das kann natürlich erhebliche Einbußen beim Vertrieb bedeuten, deshalb sollte man hier immer sehr sorgfältig sein.

Bei Youtube geht es mehr um die mögliche Reichweite (Aufmerksamkeit) und die dadurch mögliche Traffic Steuerung, die man mit bestimmten Keywords erzielen kann.

3.25   Ebay, Amazon & Youtube Tools

Für Keywordrecherchen in Bezug auf solche Plattformen kann man natürlich nicht die herkömmlichen Recherche-Tools verwenden - sie beziehen sich in der Regel immer nur auf Suchvolumina auf Google.

Nur wenige Tools bieten auch spezielle Keywordanalysen für Plattformen an. Einige sehr interessante Tools haben wir nachfolgend für dich gelistet.

http://keywordtool.io

bietet neben Google-Analysen auch Analysen auf Amazon, Ebay und Youtube

http://sonar-tool.com/de

Sonar-Tool ist ein kostenloses Tool, das Keyword-Recherchen auf Amazon ermöglicht

https://amz.sistrix.com/de/keywords/search

das kostenlose Amazon Tool von Sistrix ist eines der bekanntesten Tools für die Keyword-Recherche auf Amazon.

Ob diese Tools in der Realität wirklich an die Suchvolimina auf den Plattformen rankommen ist nicht bekannt. Ein Indiz für tatsächliche Abverkäufe auf den Plattformen stellen die an den Produkten / Artikelseiten vorhandenen Ränge dar und die Information, wie oft das Produkte bereits gekauft worden ist, welche bei der Recherche sehr nützlich sind.

Auf dem Markt finden sich auch noch einige weitere Tools, die Qualität ist aber bei vielen Tools eher mäßig.

3.26 ANHANG: Keyword Recherche Tools in der Übersicht

Keyword-Recherche Tools machen das Leben vielfach deutlich einfacher - gerade wenn man große und umfangreiche Projekte betreut, startet oder ausbaut. Wer öfter Keywords benötigt und die gefundenen Keywords auch umfassend bewerten und analysieren will, ist meist mit Profi-Tools am besten bedient.

Für unser Beispiel einer Keyword-Recherche haben wir das Tool von Ahrefs verwendet, das eine sehr zuverlässige Leistung zeigt und eine hohe Funktionalität mitbringt. Auch SEMrush bietet ein Profi-Tool mit annähernd der gleichen Funktionalität.

Wem es nur allein um die Keyword-Recherche geht, der ist oft auch mit kostenlosen Tools noch recht zufrieden. Bei kostenlosen Tools sollte man aber immer daran denken, dass der Leistungsumfang oft ein wenig eingeschränkt sein kann und solche Tools auch immer einmal wieder offline gehen.

Die meisten Anbieter solcher Tools können es sich auf Dauer nicht leisten, ihre Dienste immer völlig kostenlos zur Verfügung zu stellen, sondern müssen auch Einnahmen generieren. Bezahlte Tools sind außerdem oft auch die leistungsfähigere Alternative.

Ein Wort noch zum sehr bekannten Google Keyword Planner: Das Tool, das man in früheren Zeiten (wie die meisten Google-Tools) kostenlos nutzen konnte setzt nun voraus, dass man Werbebudget einsetzt. Wer kein Werbebudget einsetzen möchte, bekommt keine präzisen Abfragewerte für Keywords serviert, sondern nur noch sehr grobe Schätzwerte.

Allerdings hat sich gezeigt, dass man auch mit sehr kleinem Werbebudget und einem Pausieren der Kampagne nach einigen Tagen offensichtlich doch den vollen Umfang von Google Keyword Planner nutzen kann.

Das kann sich aber jederzeit wieder ändern. Ärgerlich ist es allemal, da nur sehr wenige kostenlose Tools wenn überhaupt an den Funktionsumfang und die Ergebnisse des Google Planners heranreichen. Jedoch solltest du noch wissen: wer sich ausschließlich mit dem Google Keyword Planner beschäftigt, wird mit hoher Wahrscheinlichkeit seinen Mitbewerbern hinterher hinken.

Das ebenfalls sehr beliebte Google Trends unter: https://trends.google.de/trends/ Tool kann man aber immer noch in vollem Umfang und völlig kostenlos nutzen. Man kann damit ermitteln, wie stark das Interesse an einem Keyword im zeitlichen Verlauf zu- oder abnimmt - entweder allgemein oder auf bestimmte Regionen bezogen. Konkrete Suchvolumina werden allerdings nicht angezeigt.

Noch ein Wort zu den kostenpflichtigen Tools

Die Profi Keyword Recherche Tools kosten zwar Geld und teilweise nicht zu wenig, jedoch erleichtern diese die Arbeit beziehungsweise sparen diese Zeit, sehr viel Zeit (und somit sparen diese Tools Geld) und wichtige Informationen werden übersichtlich dargestellt.

Das befreit den Nutzer des jeweiligen Tools, jedoch nicht von der eigenen Kreativität und weiteren Recherche.

Ein Beispiel:

Das Wort Etiketten > Synonyme = Label und Aufkleber

In den richtigen Tools werden die Synonyme zum Teil angezeigt. Wenn dies jedoch nicht der Fall ist, sollte der Nutzer auf die Suchmaschine oder zum Beispiel auf eine Word Datei zurück greifen können um Alternativen/Synonyme zu finden als auch openthesaurus und answerthepublic nutzen.

So ist es Langfristig und Nachhaltig möglich, durch Suchabfragen von Usern und von zukünftigen Neukunden gefunden zu werden als auch seinen Mitbewerbern einen Schritt oder auch mehrere voraus zu sein.

3.27   kostenlosen Keyword Recherche Tools

-answerthepublic.com

-moz.com/explorer

-keywordtool.io

-kwfinder.com/

-hypersuggest.com/

-amz.sistrix.com/amazon/keywords/country/de

-termexplorer.com

-soovle.com/

-suggestit.de/

-openthesaurus.de/

-semager.de/keywords/

-wortschatz.uni-leipzig.de/de

-seolyze.com

-google.com/trends/correlate

-neilpatel.com/de/ubersuggest/

-hypersuggest.com

-seorch.de/html/google-suggest-checker.html

-soovle.com

-semager.de/keywords/

3.28   kostenpflichtigen Keyword Recherche Tools & Co.

-semrush.com/lp/keyword-research-do/de

-xovi.de/keyword_tool_kostenlos_testen

-secockpit.com/de/

-marketsamurai.com

-seosweet.de/tools/keyword-tool/ (Premium Account erforderlich)

-seoprofiler.de/seo/keyword-research

-ahrefs.com/de/

-metrics.tools

-try.alexa.com/marketing-stack/seo-tools/

-www.woorank.com

4 Guter Content ist mehr als nur "ein Text"

In den ersten Anfangsjahren des Internets mag es vielleicht noch genügt haben, "einen Text" zu Westernstiefeln zu schreiben (mit wenig Beachtung des Inhalts) und dabei nur oft genug das Keyword "Westernstiefel kaufen" zu verwenden, um von Google auf die vordersten Plätze gerankt zu werden und jeden Tag 200 Paar Stiefel zu verkaufen. Diese Zeiten sind wie bereits unter der Keyword Recherche erklärt aber schon lang (seit Jahren) vorbei.

Content ist für Menschen, nicht in erster Linie für Suchmaschinen

Nun, genau genommen eigentlich für beide. Das Maß der Dinge ist allerdings immer der Mensch. Nicht umsonst heißt es "Content Sells" und "Content is King" - damit ist aber der RICHTIGE Content gemeint, und echte Inhalte, die einen Mehrwert für den Benutzer darstellen.

Was dem Benutzer gefällt, findet dann in der Regel auch die Suchmaschine gut (positive Nutzersignale SEO & SEM). Keywordzahlen und WDF*IDF Optimierungen sind als technische allgemeine Richtschnur und Orientierungshilfe noch brauchbar - aber keinesfalls das Maß der Dinge. Seit dem Panda-Update von Google zählt praktisch nur noch das, was jeder lebende, wache Mensch auch gut finden würde. Das ist das Maß der Dinge, wenn es um Content geht.

Die drei wichtigsten Regeln für guten Content:

Welche Fragen möchte der Besucher beantwortet haben?

Was MUSS der User wissen (und was nicht)?

Was könnte den User am ehesten motivieren, aktiv zu werden? (weiterzulesen, etwas zu kaufen, etwas zu abonnieren,...)

Menschen sind mit viel Text auf Webseiten häufig überfordert und "scannen" daher Texte häufig nur an den Überschriften und Zwischenüberschriften. Zudem steigt die Zahl der funktionellen Analphabeten (also Menschen, die Schwierigkeiten haben, den Inhalt von Texten zu verstehen) rapide an.

Im Allgemeinen kann man davon ausgehen, dass rund 40% bis 60% der User den Text weniger gut verstehen als der, der ihn schreibt. Daraus leiten sich weitere wichtige Regeln ab:

auf einen gut strukturierten Aufbau mit kurzen Absätzen und vielen Zwischenüberschriften achten

Texte mit Bildern auflockern und mit Skizzen oder Diagrammen einfacher verständlich machen

Aufzählungen und Tabellen verwenden, wo immer es möglich ist und Sinn macht

<u>Fettungen und Hervorhebungen im Text einbauen</u>, damit "scannende Leser" sich besser im Text orientieren können

einfache Sprache mit kurzen Sätzen (Beispiel Niveau Bild-Zeitung: Maximal 12 Worte pro Satz, möglichst wenig Kommata).

Fremdwörter und unübliche Ausdrücke vermeiden (oder diese noch zusätzlich erklären)

Der ganze Text sollte dabei einem "roten Faden" folgen und einen möglichst folgerichtigen Aufbau haben. "Stringenz" (Definition: Schlüssigkeit, Stimmigkeit) nennt das der Fachmann für das Lektorat - eines der Fremdwörter, die man aber beispielsweise schon vermeiden kann.

Content und Redaktion

Nicht nur einzelne Texte sondern vor allem das Zusammenspiel der einzelnen Texte auf einer Seite sollte man sorgfältig planen:

Welche Informationen sind notwendig?

Wo werden sie am besten platziert?

Was ist wichtig, was muss nach vorne?

Wie werden die einzelnen Content-Portionen am besten strukturiert?

Wie kann man sich zwischen den einzelnen Content-Teilen am besten und am folgerichtigsten bewegen?

Guter Content auf der Webseite erfordert immer Planung - und zwar eine Menge Planung. Am Ende zahlt sich das allerdings aus, fast immer auch mit einer deutlich höheren Conversion Rate und einer niedrigeren Absprungrate als auch einer höheren Verweildauer und entsprechend mehr Umsatz.

5   Was ist Inbound Marketing?

Inbound Marketing ist ein Ansatz, bei dem Kunden nicht mehr "gezwungen" werden, sich Werbebotschaften anzuhören - denn sie lassen sich heute kaum mehr zwingen. Ein Klick auf den Zurück Button im Browser und der User und potenzielle Kunde ist weg.

Beim Inbound Marketing wird dagegen echten Interessenten entsprechend ihren Bedürfnissen und Interessen ein Angebot an hilfreicher Unterstützung gemacht, dem sie FREIWILLIG und aus eigener Entscheidung ihre Aufmerksamkeit schenken.

Inbound Marketing ist also eine Form der KALTAQUISE - allerdings eine sehr gezielte und erfolgreiche.

Inbound Marketing hat minimale Streuverluste und bietet damit eine sehr gezielte Kunden- und Interessentenansprache. Ohne dass Kunden jemals davon genervt wären. Diese Strategie erleichtert dem Vertrieb somit seine Arbeit.

Im Gegensatz zum klassischen Outbound-Marketing, das ganz klar eine Form des "Push-Marketings" ist (Werbebotschaften werden mit möglichst viel Druck an die User gepusht) handelt es sich beim Inbound Marketing um ein "Pull-Marketing": es werden (ohne Druck) genau die richtigen User und qualifizierten Leads MAGNETISCH ANGEZOGEN und das letzten Endes von ganz alleine.

Pull-Marketing ist viel effizienter, nachhaltiger und somit Kostengünstiger, nicht unbedingt schneller aber dafür umfassender wirksam und auch kundengerechter als klassisches Push-Marketing. Es ist, angesichts der Veränderungen im Internet in den letzten Jahren, auch das Gebot der Stunde für Unternehmen, Online Shop Betreiber und Co..

Warum eigentlich kein Weg an Inbound Marketing vorbeiführt?

Klassische Werbebotschaften im Internet - in Form von Desktop Bannern, unpassenden Textlinks, Hightowern und Ähnlichem - schaffen es heute kaum noch, Aufmerksamkeit zu generieren.

Mit dem wissenschaftlichen Begriff der "Bannerblindheit" wird ein Phänomen bezeichnet, das beschreibt, wie sehr die Aufmerksamkeit der User für Banner in den letzten Jahren abgenommen hat. Das kann man in klaren Zahlen festhalten:

Die erste Bannerwerbung überhaupt erschien 1994, ein Jahr später betrug die Click-Through-Rate (CTR) bei Bannern knapp 2%. Bis zum Jahr 2003 sank die CTR dann bereits auf einen Wert von allgemein rund 0,6%. Aktuell gehen einige Studien davon aus, dass in manchen Umgebungen bis zu 93% aller Bannerinhalte bewusst oder unbewusst ignoriert werden, und dass mindestens rund 44% des Geldes, das für klassische Internetwerbung ausgeben wird, tatsächlich unnütz ist.

Das entspricht zwar im Wesentlichen dem Grundsatz, den Henry Ford bereits geprägt hat ("Die Hälfte der Werbung ist hinausgeworfenes Geld, man weiß nur nie welche Hälfte") - ineffizient ist es trotzdem. Vergleicht man die ROI (Returns of Investment) bei klassischer Desktop Bannerwerbung und Co. über die letzten Jahre hinweg, erkennt man deutlich, dass sie im Sinken begriffen sind.

Dazu kommt der hohe Störfaktor, den klassische Banner- und Textlink-Werbung bei Usern mittlerweile erzeugt: wer sich auf der Suche nach Informationen im Web befindet und durch irrelevante oder sehr dichte Werbung gestört fühlt, klickt schnell komplett von der Seite weg - und ist genervt oder gar sehr verärgert. Studien zufolge machen das bis zu 84% der User häufig oder regelmäßig. Die Werbebotschaften in den jeweiligen Bannern werden dabei - natürlich - mit entsprechender Verachtung gestraft.

Die hohe Zahl an (oft schon standardmäßig) eingesetzten Adblockern bei Usern und die hohe Nachfrage nach immer perfekter funktionierenden werbeblockierenden Techniken spricht daneben bereits eine deutliche Sprache.

Nutzer wollen auf ihrem Weg im Internet möglichst überhaupt keine Werbung mehr sehen.

Den herrschenden "Krieg" der Marketer mit immer neuen Techniken den dominanten Adblocker zu überlisten, kann am Ende nur einer verlieren: der Marketer. Denn selbst wenn es seine Bannerwerbung schafft, durch den Ad-Filter zu dringen, ist die Chance groß, dass sie am Ende doch nur eine große Menge an Usern verärgert - oder bewusst oder unbewusst einfach ignoriert wird. Auf diese Weise gewinnt man keine Kriege.

Übrigens auch nicht in ihrer Mailbox: einer Studie zufolge haben sich bereits mehr als 90% der Nutzer einmal oder mehrmals bei Firmen vom Newsletter abgemeldet, weil die Werbung für sie zu störend war. Eine große Zahl von Nutzern ignoriert Newsletter-Werbung fast automatisch und öffnet diese Mails gar nicht mehr. Auch hier nehmen die Zahlen in den letzten Jahren deutlich zu. Pure Marktschreierei in den Newslettern ist ebenso nicht mehr gern gesehen.

Durch aufdringliche Werbung oder besser gesagt Marktschreierei erhält man heute also kaum mehr attraktive und nachhaltige Aufmerksamkeit von den Kunden - man läuft eher Gefahr, sich durch aggressive Werbung unter Umständen sogar ein schlechteres Image bei seinen Kunden oder potenziellen neuen Kunden einzuhandeln.

Wenn man User also nicht mehr zwingen kann, die eigenen Werbebotschaften wahrzunehmen - wie erhält man Ihre Aufmerksamkeit dann?

Inbound Marketing und die dazu gehörigen Taktiken und Strategien haben dafür die passende Antwort.

Marketing, dass den Userbedürfnissen entspricht

Das typische Nutzerverhalten im Internet kann man in einem einzigen Satz klar beschreiben:

"Nutzer suchen im Netz nach Informationen um ein bestimmtes Problem zu lösen."

Wer darauf setzt, User bei ihrer selbstgesteuerten Informationssuche zu UNTERBRECHEN und VON IHREM EIGENTLICHEN TUN ABZULENKEN nach dem Gießkannenprinzip mit den eigenen Werbebotschaften zu überhäufen, kann sich sicher sein, dass die meisten User das gar nicht sehr zu schätzen wissen.

Wer dagegen Usern auf unterschiedlichen Kanälen DAS BIETET, WAS SIE SUCHEN, zu dem werden potenzielle neue Kunden VON SELBST kommen, ja du hast richtig gelesen sie kommen von selbst - und der braucht in keinem Fall um ihre Aufmerksamkeit zu kämpfen. Er hat sie ganz von selbst. Es geht also um Information, um die richtigen Informationen und die damit zusammenhängende Aufbereitung und Distribution.

Genau das ist das Prinzip von Inbound Marketing:

Usern möglichst genau die Information zu geben, die sie suchen - und damit ihre ungeteilte Aufmerksamkeit zu haben.

Man zieht also User mit der Information an, die sie bereits selbst und von sich aus suchen oder auf die sie gestoßen sind - anstatt sie zu zwingen, Botschaften anzuhören, die sie NICHT suchen. Hier wird der Unterschied zwischen Push- und Pull-Marketing sehr deutlich klar.

Wer auf diese Weise die Nutzer, User und potenziellen Kunden auf diese Art und Weise auf seine Seite zieht, hat sich bereits eine Menge

Vorschuss-Vertrauen (Trust) bei seinen Besuchern erworben. Und Vertrauen als auch Glaubwürdigkeit ist mehr als wichtig. Aus diesem Grund sind auch die möglichen Conversion Rates (Anteil der Besucher die zu Käufern werden) meist deutlich höher.

Wie Inbound Marketing im Detail umgesetzt wird, und welche Methoden dabei zum Einsatz kommen, wollen wir gleich nachfolgend besprechen. Zunächst wollen wir uns aber die zahlreichen Unterschiede zwischen Inbound- und Outbound-Marketing noch einmal genauer ansehen.

5.1 Inbound Marketing versus Outbound Marketing

Wie bereits erwähnt, ist das klassische Outbound-Marketing ein "Push-Marketing" - das heißt, es werden Werbebotschaften und Produktinformationen DURCH ALLE WERBEKANÄLE NACH AUSSEN zu den Kunden "gedrückt".

Daher leitet sich auch die Bezeichnung ab: Outbound = von innen nach außen, Inbound = von außen nach innen.

Möglichkeiten beim Outbound Marketing sind:

-klassische Banner Ads

-Pop-Up-Werbung

-Textlinks mit einer Werbebotschaft

-Ads in Video-Content

-Massenmails

-Audio Marketing

-aber auch: das sogenannte Kontext-Targeting

Im Offline-Bereich zählen unter anderem folgende Werbestrategien zu den Outbound Marketing Strategien:

-TV-Werbung

-Radiowerbung

-Telefonmarketing (z.B. Akquisen über Callcenter oder den eigenen internen Vertrieb)

-Anzeigen in gedruckten Zeitungen und Zeitschriften

-Postwurfsendungen

-Plakatwände mit Anzeigen

Bei allen diesen Marketing-Formen STÖRT man Kunden also, um ihre Aufmerksamkeit zu bekommen.

Bei Inbound Marketing ist das anders - Kunden geben ihre Aufmerksamkeit dort völlig freiwillig, weil sie ja einen Nutzen (=Problemlösung wollen) davon haben.

Verknappung von Werbeflächen beim Outbound Marketing

Werbeplätze und Sendeplätze sind (weil stark nachgefragt, also aus gutem Grund) fast immer sehr teuer und man kann diese nicht richtig messen. Das hat zur Folge, dass man als Marketer für ein effizientes Marketing möglichst viel Effekt auf sehr kleiner Fläche erzielen muss. Damit entsteht ein hoher Erfolgsdruck für das Marketing: die Werbeanzeige muss auf möglichst kleiner Fläche in möglichst kurzer Zeit große Wirkung erzielen.

Werbung muss also zunehmend aggressiver gestaltet werden, um möglichst viel Aufmerksamkeit und Reichweite zu erzeugen. Gerade das wird von Nutzern aber umso störender empfunden, in der Folge wird Werbung von den Nutzern immer weitgehender ignoriert und ausgeblendet. Bestes Beispiel ist die klassische TV Werbung in den Filmen der privaten TV Sender. Wenn Werbung kommt schaltet man auf einen anderen Kanal oder steht auf und geht auf das WC oder holt sich etwas aus dem Kühlschrank.

Damit entsteht für den Marketer im Lauf der Zeit eine Abwärtsspirale - immer höhere eingesetzte Budgets für eine Marktdurchdringung führen zu immer weniger Ergebnis - der ROI (Return of Investment) fällt immer weiter im Lauf der Zeit. Auch das Problem der Reichweite wird größer, da es immer mehr Anbieter gibt, die um die Gunst und Aufmerksamkeit der Kunden und Zuschauer wetteifern.

Wer Sky schaut also bezahltes TV, wird wohl weniger auf Öffentlich-Rechtlichen Sendern oder privaten TV Sendern wie RTL, Pro7, Sat1 als potenzieller Kunde zu finden sein.

Schon heute ist der ROI beim Inbound-Marketing im Schnitt beinahe DREIMAL SO HOCH wie bei klassischen Outbound Marketing Aktivitäten. Umso länger die Inhalte auf den einzelnen Kommunikationsportalen und den Kommunikationswegen vorhanden ist, um so günstiger wird es langfristig für das Unternehmen. Das bringt uns direkt zum nächsten Punkt.

Die Kosten bei Inbound Marketing und Outbound Marketing

Inbound Marketing ist nachhaltig und vor allem langfristig sehr effizient, daher eine lohnende Strategie. Das schon zu Anfang gewonnene hohe Vertrauen der Kunden (Trust) wirkt auch später noch lange nach. Voraussetzung dafür ist natürlich, dass es für potenzielle Kunden von Anfang an bis zum Ende der jeweiligen Transaktion keine Probleme für den kaufenden Kunden gibt. Content-Seiten welche über Monate und Jahre online sind und bleiben, ob auf der eigenen URL oder als verweisender Content werden immer günstiger im Laufe der Zeit.

Ein Beispiel: Eine Content-Seiten Erstellung mit Text, Bildern und eventuell auch Grafiken und externen Verweisen „kostet einmalig 1.000Euro" je nach Markt, Nische und Wettbewerb. Produziert diese eine Seite Desktop und Mobil Traffic und die Besucher dieser einen Seite konvertieren in einer Mini- Conversion oder Maxi-Konversion je nach Einsatzgebiet zu Kunden, wird diese eine Content-Seite dies auch weiterhin machen.

Das bedeutet: bleibt diese eine Seite online und dies über Monate und Jahre, wird diese eine Content-Seite kontinuierlich neue Kontakte und Umsatz produzieren zu der entsprechenden im Vorfeld erarbeiteten und geprüften Verschlagwortung der Seite. Es ist dann nur noch Kontrolle und eventuelle Nachjustierung je nach Nische und Wettbewerb nötig um zu prüfen ob alles so läuft wie es laufen soll.

Die Kosten der Content-Seiten Erstellung dieser einen Seite nach 12 Monaten beträgt dann: 83,33Euro

Die Kosten der Content-Seiten Erstellung dieser einen Seite nach 24 Monaten beträgt dann: 41,66 Euro

Die Kosten der Content-Seiten Erstellung dieser einen Seite nach 36 Monaten beträgt dann: 27,27 Euro

Aber allein schon bei der Gewinnung von Leads - neuer Kontakte und potenzieller Interessenten aus Onlinemarketing-Maßnahmen - sieht man im Inbound Marketing einen direkten Kostenvorteil:

Einer Vergleichsstudie zufolge hat man bei Outbound Marketing im Schnitt rund 310 EUR an Kosten. Leads beim Inbound Marketing kosten im Schnitt nur 180 EUR. (Je nach Taktik und Strategie unterscheiden sich die Kosten nochmals)

Auch auf dem amerikanischen Markt verhält es sich ganz ähnlich - Outbound-Maßnahmen verursachen dort in einer Studie durchschnittliche Kosten von 373 USD, Inbound Leads dagegen nur 143 USD.

Quelle: https://blog.hubspot.com/blog/tabid/6307/bid/11414/12-Mind-Blowing-Statistics-Every-Marketer-Should-Know.aspx

Oder gib in die Suchmaschinen folgendes ein: Hubspot 12 Mind-Blowing Statistics Every Marketer Should Know

Blickt man ein wenig weiter, erkennt man, dass Inbound Marketing zudem auch von sich aus bereits zu einer deutlich besseren und nachhaltigeren automatisierten Kundenakquise und Kundenbindung führt als Outbound Marketing. Auch das ist ein finanzieller als auch strategischer Vorteil für jedes Unternehmen.

Die merklich höhere Kundenbindung liegt unter anderem im unterschiedlichen Ansatz beim Inbound Marketing begründet. Beim Inbound Marketing wird darauf hingearbeitet, dass man Kunden auch nach dem Kauf noch "begeistert". Dadurch werden sie sehr schnell zu wertvollen Stammkunden mit einer ganz natürlichen, engen Bindung an das Unternehmen. Zusätzlich fungieren sie idealerweise auch noch als zusätzliche, wertvolle Promoter des Unternehmens. Upsales (zusätzliche Verkäufe) als auch Cross Selling bei bestehenden und neuen Kunden sind dadurch deutlich leichter möglich.

Gegenüber dem klassischen Outbound Marketing bietet Inbound Marketing also unter anderem auch deutliche finanzielle & nachhaltige Vorteile für Unternehmen, Online Shop Betreiber, Marketer und Co..

5.2   Inbound Marketing im Detail - was dazugehört und wie es funktioniert

Bislang war das alles sehr theoretisch - jetzt wollen wir uns deshalb einmal Inbound Marketing im Detail und in der Praxis ansehen.

Der Marketingprozess

Beim Inbound Marketing gibt es einen klaren Ablauf, der im Wesentlichen aus den folgenden Schritten besteht:

1. Unbekannte User und potenzielle Kunden anziehen und zu Besuchern machen

2. Besucher in Leads konvertieren

3. Leads/Kontakte zu Kunden machen

4. Bestehende Kunden begeistern und zu Promotern machen

Das heißt, Inbound Marketing beginnt immer mit einer KALTAKQUISE. Das böse Wort im Vertrieb die Kaltakquise. Es wäre doch super, wenn es über das Medium Internet möglich wäre, ein Kunden Kaltakquise-System aufzubauen, welches automatisiert immer wieder neue Kunden und Anfragen bringt. Dazu skalierbar, nachhaltig und letzten Endes einfach Effektiv und immer wieder reproduzierbar ist.

Die Kundenakquise – der Vertrieb – das Marketing - der Einkauf - die Auftragsbearbeitung – die Zahlungsabwicklung – der Support – die Technik - und die Logistik müssen stimmen und auch zusammen Abteilungsübergreifend digital denken, arbeiten und handeln.

Es macht durch aus Sinn, mit den unterschiedlichen Abteilungen gemeinsame Gespräche zu führen -um heraus zu finden, wo es interne Probleme gibt, wie diese gelöst werden können und welchen Probleme es in diesem Zusammenhang bei Kunden gibt. Aus diesen Problemen entstehen dann wiederum mögliche Lösungen und potenzielle NUTZEN welche womöglich für die eigenen Kunden des Unternehmens sehr hilfreich sein können.

Am Anfang des Marketingprozesses stehen Unbekannte, in der Regel aber meist mit einem (einigermaßen) bekannten Problem, Bedürfnis oder Informationsbedarf. Bislang gab es mit diesen "kalten" Prospects noch keinerlei Kontakt. Wie kann das gelingen?

Hier spielen vor allem 3 Dinge eine wichtige Rolle:

1. Suchmaschinen Traffic und Verweise

2. Blogging Traffic und Verweise

3. Social Media Aktivitäten

Suchmaschinen Traffic

Der wichtigste Teil ist sicherlich eine hohe Menge an Suchmaschinen und Verweis-Traffic. Nutzer beginnen einen Kauf praktisch immer damit, dass sie zunächst nach Informationen suchen. Sie haben Fragen, Informationsbedarf, wollen mehr wissen über Produkte, Firmen und Preise vergleichen und sich ganz sicher sein.

Wenn du mit deiner Webseite, deinem Online Shop oder Blog-System ganz oben in den organischen Suchmaschinenergebnissen auftauchst, bekommst du einen Großteil der suchenden Nutzer ganz von selbst auf deine Seite - und hast damit schon einmal wertvolle Besucher generiert, die sich klar für deine Webseite, Produkte, Dienstleistungen - und vor allem für die gebotenen Informationen - auf deiner Seite interessieren.

Um ganz nach oben in die Suchmaschinenergebnisse zu gelangen, ist eine gute Keyword-Strategie beim organischen Suchmaschinen-Traffic und dem Suchmaschinen-Marketing notwendig.

Du musst möglichst genau wissen, wonach deine Nutzer und potenziellen Kunden suchen, welche Begriffe sie dabei benutzen und wonach am häufigsten gesucht wird. Selbst kleine Nischen in deinem Themenumfeld sind von Interesse.

Das lässt sich durch eine umfassende Keyword-Recherche aber meist gut herausfinden.

Um die akquirierten Besucher auch tatsächlich zufriedenzustellen musst du auch die richtigen Inhalte bieten, die deine Besucher tatsächlich interessieren, und die sie fesseln, emotional berühren. Das ist schon weit schwieriger zu bewerkstelligen - dafür muss man seine Kunden einigermaßen gut kennen, eine ungefähre Vorstellung davon haben wer sie sind und wofür sie sich interessieren. Hier ist Sozial Emotionale Intelligenz gefragt, so genannte Soft Skills. Es muss sich in die Lage den potenziellen Kunden hineinversetzt werden um ihn abholen zu können und entsprechend zu steuern.

Wenn du beispielsweise einen Shop für Laufschuhe hast, können deine Kunden ganz unterschiedliche Bedürfnisse haben:

-es können Menschen sein, die abnehmen wollen und deshalb jetzt neue Laufschuhe kaufen, um sich für regelmäßige sportliche Aktivitäten zu motivieren

-es können erfahrene Läufer sein, die vor allem hochwertige und dauerhafte Schuhe für Training in großem Umfang suchen

-es können Manager sein, die nur abends eine Runde zur Entspannung joggen, aber auf eine hochwertige, stylishe Ausrüstung Wert legen

-es können Menschen mit bestimmten Fußproblemen sein, die vor allem hochwertige Schuhe suchen, damit sie beim Laufen keine Probleme und Gesundheitsschäden bekommen

-es können Trailrunner sein, die vor allem robuste Schuhe suchen, die auch die hohen Belastungen eines Geländelaufs gut aushalten können

-und und und...

Du siehst: Kunden können ganz unterschiedliche Menschen sein - die sich auch für ganz unterschiedliche Dinge interessieren. Selbst dann, wenn sie ähnliche Produkte kaufen. Jeder dieser Kunden hat damit auch ganz unterschiedliche Interessen und Interessenschwerpunkte.

Das selbige Prinzip gilt ebenso für den B2B Bereich und somit für den klassischen Mittelstand.

Wer es allerdings schafft, eine große Menge an wertvollen Informationen für die Gruppen von Menschen zu bieten, die zur Zielgruppe gehören, wird ganz von selbst zu deren natürlicher Anlaufstelle - und seine Kunden "magisch" anziehen. Je direkter, gezielter und auch emotionaler die Inhalte und Ansprache auf die per Kaltakquise gewonnen potenziellen Kunden abgestimmt wird, umso besser.

Durch die Informationen erwirbt man sich als Anbieter auch eine hohe Menge an Trust, also an Kundenvertrauen und natürlich Glaubwürdigkeit. Das hilft dann auch beim nächsten Schritt: wenn man die Besucher zu Leads machen möchte.

Blogging

Bloggen ist für Unternehmen eine sehr wichtige Methode, um User an-zuziehen. HubSpot Research zufolge haben Unternehmen, die bloggen, im Schnitt um bis zu 55% mehr Web Traffic als andere Unternehmen. Beinahe 60% aller bloggenden Unternehmen akquirieren dabei auch Kunden direkt aus ihren Blogs. Das sind zwar nur Durchschnittswerte aus einer Studie, sie zeigen aber, wie wichtig und wertvoll Blogging-Aktivitäten tatsächlich sein können. Das wird in der Realität und viel zu oft in der Praxis unterschätzt.

Quelle: https://blog.hubspot.com/blog/tabid/6307/bid/11414/12-Mind-Blowing-Statistics-Every-Marketer-Should-Know.aspx

Über ein Blog gelingt es meist hervorragend, für Nutzer interessante Themenbereiche umfassend zu beleuchten, sich langfristig, nachhaltig Kompetenz und Trust aufzubauen und sehr viele User mit immer neuen oder recycelten interessanten Themen anzuziehen.

Durch die Vernetzung und Verlinkung von anderen thematisch passen-den Seiten strömt laufend neuer Traffic und das 24/7 und 306 Tage im Jahr auf deinen Blog und erhöht den ohnehin schon vorhandenen Such-maschinen und Verweis-Traffic oft noch deutlich.

Blogs enthalten auch viel Content, was wiederum gut für das eigentli-che Suchmaschinen-Ranking des gesamten Webauftritts ist. Du kannst dich speziell zu passenden Themen und Suchabfragen positionieren und erhältst damit auch schnell "Expertenstatus". Auch dadurch steigen Trust und Vertrauen der Kunden in dich und dein Unternehmen, weil du Wertvolles anzubieten hast. Das stellt wiederum eine gute Basis für spätere Abschlüsse dar.

Social Media Aktivitäten

Social Media sind das dritte wichtige Standbein, um potenzielle Kunden anzuziehen. Wie auch beim Bloggen sind hier hochwertige und überzeugende Inhalte notwendig.

Social Media Aktivitäten sollten dabei keine "Einbahnstrasse" sein - gerade beim Inbound Marketing sind im Social Media Bereich ein echter Dialog mit den Kunden und die Pflege des Netzwerks ganz entscheidend. Es geht nicht darum, laufend nur Werbebotschaften über die Social Media Kanäle nach außen zu bringen (das wäre klassisches Outbound-Marketing), sondern vor allem darum, den Usern nützliche, interessante und hilfreiche Inhalte zu bieten. Das können unter anderem auch Studien aus deiner Branche sein, Hersteller Informationen, Gesetzesveränderungen oder gar News zu Themen welche nicht direkt mit deinem Unternehmen in Verbindung stehen sondern über mehrere Ecken.

Social Media können darüber hinaus enorm hilfreich sein, wenn es darum geht, deine Kunden kennenzulernen und herauszufinden, was sie interessiert. Wer bei der Kommunikation gut zuhört und die Kundenstrukturen intensiv analysiert, bekommt ein gutes Bild davon, was seine Kunden und potenzielle Kunden interessiert, wo ihre Fragen und Probleme hauptsächlich liegen und welche Bedürfnisse sie tatsächlich haben. Damit kannst du dann noch zielgerichtetere Informationsangebote erstellen und vor allem die wirklich "wichtigen" Themen aufgreifen. Dein Marketing und auch dein Vertrieb wird dadurch um ein Vielfaches erfolgreicher werden.

Social Media Aktivität kostet Zeit und Arbeit - das ist unvermeidlich. In der Regel ist es aber sehr gut investierter Aufwand, der sich in hohem Maß nachhaltig lohnt.

Weitere Bereiche, die lohnend sein können

Nachdem der Schwerpunkt bei Schritt 1 im Inbound Marketing die Content-Creation ist, bieten sich natürlich noch andere Content-Formate an um hilfreichen und nützlichen Content für User zu schaffen.

Auch damit kann Nutzern geholfen werden, ihre Probleme oder gar ihren Informationsdurst zu lösen und ihre Fragen zu beantworten. Etwa durch:

-E-Books

-Research Papers / White Papers

-Tutorials

-Webinars

-Podcasts

-Videos

-Infografiken

-Online Beratungstools

-Online Informationstools

Nicht alles passt hier in jedem Fall - alle diese Möglichkeiten können aber durchaus nützlich sein. Es ist daher wichtig für dich zu verstehen, was ich aus reinem Text noch alles produzieren kann und welche weiteren Kommunikationswege und Kanäle ich nutzen sollte um weitere User und somit potenzielle Kunden auf unterschiedlichen Portalen zu erreichen. Hier bewegen wir uns bereits im Reichweiten Auf und Ausbau.

Auch ein direkterer Kontakt zu Nutzer kann helfen, Wissen zu vermitteln und damit seinen Expertenstatus herauszustellen und Nutzer auf die eigene Seite zu lenken:

-in Foren aktiv sein und als Experte Rat erteilen

-als Experte in relevanten Foren kommentieren

-auf Experten-Plattformen und Frage-Plattformen Rat erteilen

-Wiki Beiträge auf entsprechenden Plattformen erstellen

Wer hier vor allem die Interessen seiner Nutzer im Blick hat und diese Aktionen an gut sichtbaren Plätzen tätigt, macht viel für sein Marketing und sein Vertrieb. Natürlich muss man aber auch die Zeit für alle diese Aktivitäten erübrigen können. Sie dürfen nicht andere, wichtigere Marketingschritte behindern. Daher sollte man sich Gedanken über das Thema Outsourcing machen, wenn entsprechende Ressourcen in der eigenen Firma nicht oder nicht mehr vorhanden sind.

Hilfen im Outsourcing Bereich sind unter anderem Personen welche als Virtual Assistant (virtuelle Assistenten) bezeichnet werden und können auf Plattformen für einzelne Aufgaben gesucht und gebucht werden.

SCHRITT 2: BESUCHER IN LEADS VERWANDELN

Natürlich kann niemand davon leben, Benutzern nur die bestmögliche Information zur Verfügung zu stellen. Wir müssen auch etwas verkaufen.

Ganz wichtig ist dabei also der zweite Schritt - die Besucher in Leads zu verwandeln. Es muss im Lauf des Marketing-und Vertriebs Prozesses ersichtlich werden, dass auch DEINE PRODUKTE eine Lösung für das Problem des Kunden sein können - und seinen Bedürfnissen in hohem Maß gerecht werden können.

Im klassischen Outbound-Marketing würde man hier ganz einfach eine entsprechende Werbebotschaft gestalten, die eine positive Emotion oder Assoziation bei Kunden auslöst, und diese Werbebotschaft "mit der Gießkanne" verteilen. Leider funktioniert genau das aber eben heute nicht mehr wirklich - Kunden sind in hohem Maß "immun" gegen solche Art von Werbung geworden.

Im Inbound Marketing bleibt das Ganze eher sachlich, fachlich und kann emotional verstärkt werden. Das Bedürfnis unseres Besuchers ist klargeworden, unser möglicher Kunde ist gut informiert, was er braucht und jetzt geht es darum, den Kontakt zu vertiefen.

In dieser Phase sind zwei Dinge wichtig:

1. Möglichst eine solide Kontaktbasis zum Besucher zu schaffen (etwa indem er seine Email-Adresse oder gar seine Telefonnummer für einen Rückruf in einem Formular hinterlässt)

2. Den möglichen Lead so gut wie möglich zu "klassifizieren"

Wenn wir einen stabilen Kontakt aufgebaut haben, haben wir dann im weiteren Verlauf auch die Möglichkeit, den Kontakt weiter zu vertiefen. Das nennt sich dann 'Lead Nurturing' und ist ein sehr wichtiger, nachfolgender Schritt. Dem so gewonnenen Lead werden weiterhin Informationen angeboten, die genau zu seinen Interessen und Bedürfnissen passen. Auf diese Weise wird die Lead-Beziehung gefestigt und der mögliche Kunde baut eine positive Beziehung zu deinem Unternehmen und deinem Angebot auf. Die Zauberwörter um welche es hier wieder geht ist Vertrauen und Kompetenz.

Die "Klassifizierung" des Leads ist vor allem für dich wichtig - um beim Lead Nurturing auch tatsächlich die RICHTIGEN UND PAS-SENDEN Informationen bieten zu können.

Da auch das alles immer noch ein wenig theoretisch klingt, wollen wir das anhand eines Beispiels etwas näher betrachten. Wir bleiben bei unserem vorigen Beispiel, dem Online Shop für Laufschuhe.

Um Kunden anzuziehen, dient uns ein Artikel zum Thema "Laufschuhe: die ergonomisch richtige Auswahl".

Der Artikel zieht viele Besucher an und ist auch auf diversen Social Media Kanälen zu finden beziehungsweise von dort auf deine Seite verlinkt. Im Verlauf des Artikels kann der Leser zu unterschiedlichen Unter-Artikeln gelangen:

-Laufschuhe bei Fußproblemen

-Laufschuhe für Untrainierte

-Laufschuhe für höheres Körpergewicht

-Laufschuhe für Trailrunner

Unser Beispiel-Besucher klickt auf den letzten Link - damit haben wir etwas über ihn erfahren, nämlich: er ist offensichtlich Trailrunner.

Wir informieren ihn über Trailrunning-Schuhe im Allgemeinen, welche Schuhtypen es gibt, und welche Schuharten sich unter welchen Bedingungen am besten eignen und welche Schuhmerkmale jeweils für Freizeitsportler, ambitionierte Hobbysportler und professionelle Läufer besonders wichtig sind, und wie man diese Merkmale erkennt.

Am Ende oder gar im Artikels selbst kann der Besucher seine Email-Adresse eintragen und unser ausführliches Trailrunning 1x1 als PDF downloaden und unseren Trailrunning-Newsletter mit interessanten Informationen erhalten.

Trägt der Besucher seine Email-Adresse ein, haben wir einen sehr wertvollen Lead (potenziellen Kunden) gewonnen, über den wir auch schon einiges wissen (zuvor war er ein völlig unbekannter und anonymer Besucher).

Wir hätten im Verlauf des Trailrunning-Artikels noch eine weitere Klassifizierung vornehmen können - nämlich in "Trailrunning-Anfänger", "ambitionierter Hobby-Trailrunner" oder "Trailrunning-Profi" - damit könnten wir in der anschließenden Lead-Nurturing-Phase noch gezieltere Informationen zustellen und unsere Abschlusschancen damit noch weiter erhöhen.

Im Lauf der Zeit können wir dann daneben auch eine sachliche Information über die Leistungsfähigkeit unserer Produkte mit einbringen welcher Laufschuh für diesen Kunden aus unserem Sortiment geeignet ist. Auch das ist eine Art von Information: wir erklären dem Kunden sachlich Produktvorteile, den Nutzen unseres Produkts und die Unterschiede bei einzelnen Produkten, bezogen auf die ursprünglichen Bedürfnisse des Kunden. Dieser Prozess ist 24/7 und 365 Tage im Jahr automatisierbar.

SCHRITT 3: LEADS ZU KUNDEN MACHEN

Nachdem wir unsere Leads eine Weile mit genau passenden und hilfreichen Informationen versorgt haben, wird es Zeit, den Abschluss ins
Auge zu fassen.

Einen Abschluss kannst du tätigen, indem du etwa Email-Marketing
nutzt und deinem Kunden ein besonderes Angebot machst, das genau
zu seinen Bedürfnissen passt.

Möglich sind aber auch andere Kommunikationskanäle - etwa wenn
dein Lead sich gerade in einem Gespräch im Live-Chat oder Webinar
spezielle Informationen holt oder Unterlagen zu speziellen Produkten
anfordert.Wichtig ist dabei, dass du deinen Leads auch die Möglichkeit
gibst, Kaufinteresse zu zeigen oder sich eingehender über bestimmte
Produkte zu informieren.

SCHRITT 4: KUNDEN BEGEISTERN UND ZU PROMOTERN MA-
CHEN

Anders als beim klassischen Outbound Marketing werden beim Inbound Marketing Kundenbeziehungen auch nach dem Kaufabschluss
intensiv weiter gepflegt.

Wenn der Kunde sein Produkt erworben hat, wird er auch weiter noch
mit Informationen und weiteren Nutzungsmöglichkeiten für sein Produkt versorgt und der Kontakt zum Kunden wird intensiv gepflegt.

Neue Produktentwicklungen werden ihm vorgestellt, sein Feedback zur
Produktnutzung wird eingeholt und er erhält Informationen über den
Stand aktueller Projekte im Unternehmen. Auf diese Art und Weise
wird der Kunde sehr eng und dauerhaft an das Unternehmen gebunden.
Wichtig in diesem Prozess ist es, dass keine Marktschreierei stattfindet.

Die Maßnahmen haben zwei Ziele:

1. Der Kunde bleibt begeistert und an das Unternehmen gebunden - das erleichtert langfristig einerseits Upsales mit höherer Marge, die besonders profitabel sind, andererseits trägt der Kunde seine Begeisterung weiter und wird so zum glaubwürdigen "Botschafter" des Unternehmens, der wirksam hilft, wiederum neue Kunden zu gewinnen. Hier fängt der Bereich des Empfehlungsmarketings an.

2. Aus den Rückmeldungen der Kunden lässt sich ein wertvolles Feedback gewinnen, inwieweit die Produkte die Erwartungen der Kunden erfüllen können und wo noch Optimierungspotenzial besteht. Dadurch können Produkte oder Services automatisch besser werden. Negative oder Positive Bewertungen auf Portalen wie Ebay, Amazon oder auch Trusted Shops liefern ein wichtiges Feedback für das Marketing, den Vertrieb als auch den Support und für die Firmenführung.

Upsales sind besonders profitabel, weil sie sehr geringe Kosten verursachen im Vergleich zur Neukundengewinnung. Werden bereits bestehende Kundenbeziehungen sorgsam gepflegt, können mit wenig Kostenaufwand häufig sehr viele Upsales erzielt werden. Gleichzeitig wird die Kundenbindung ans Unternehmen mit jedem neuen Kauf weiter gestärkt.

Ein Kunde, der von seinem Produkt für lange Zeit begeistert ist, sorgt in seinem direkten Umfeld sehr häufig für die Gewinnung neuer Leads oder sogar direkter Sales - ohne dass dafür Kosten entstehen. Ein begeisterter Kunde bewirbt also praktisch freiwillig und umsonst die Produkte und das Unternehmen. Wie wertvoll so ein "Word-of-Mouth" Marketing (im Deutschen nennt man das "Mundpropaganda") ist, ist schon lange bekannt. Bei einem gut angelegten Inbound Marketing entsteht es ganz von selbst.

Bei Kunden mit einem groß angelegten sozialen Netzwerk hat damit automatisch einen "natürlichen Influencer" gewonnen - anders als beim "gewollten" Influencer-Marketing läuft man dabei aber weder Gefahr, gegen Wettbewerbsregeln zu verstossen, noch muss man hohe Kosten und hohen Aufwand ins Influencer Marketing investieren.

Bei intensivem Kontakt mit Kunden nach dem Kaufabschluss kann sowohl positives als auch negatives Feedback gut aufgefangen werden. Negatives Feedback kann man in diesem Fall durch den direkten Kontakt mit dem Kunden häufig noch gut abfangen, bevor es größeren Schaden anrichtet. Solches kritisches Feedback birgt auch immer das Potenzial für Produkt oder Prozessoptimierungen oder Verbesserungen im Marketing-Prozess, dass hatte ich bereits unter Punkt 2 beschrieben.

Direkt erlebtes, positives Feedback kann auch sehr motivierend für die eigenen Mitarbeiter sein, die dann ebenfalls stärker ans Unternehmen gebunden werden und ihre Arbeit gern machen. Dieser Prozess wirkt sich somit auf das Unternehmen und seine Mitarbeiter aus. Das Vertrauen als auch die Loyalität eines Mitarbeiters kann ich mir als Unternehmer nicht durch ein Gehalt erkaufen, ich muss es mir verdienen!

Inbound Marketing erfordert neue Skills

Beim Inbound Marketing sind viele Dinge grundlegend anders als bei klassischen Outbound-Ansätzen. Das erfordert auch viele neue Fähigkeiten von Marketern.

Der Schwerpunkt auf Content- und Informationsmarketing, den Inbound Marketing setzt, macht es für den Marketer, Firmen und Werbetreibenden nötig, eher REDAKTIONELL und QUER ZU DENKEN. Ja du hast richtig gelesen redaktionelles als auch querdenken ist gefragt.

Es geht nicht mehr um "Botschaften" und emotionales Triggern sondern vor allem um Information, Inhalte und Steuerung. Es müssen für

User interessante Inhalte gefunden und auf eine passende Weise dargestellt werden, der Informationsbedarf von Usern muss geklärt werden
und die Kundenbedürfnisse müssen möglichst klar erkannt werden.
Kunden müssen anhand ihrer Bedürfnisse und Interessen sorgfältig seg-
mentiert werden und für jede "Buyer Persona" müssen darauf aufbau-
end dann genau passende Inhalte entwickelt werden.

SEO, Keyword Recherchen, redaktionelles und querdenken spielen
eine zentrale Rolle für das Inbound Marketing - in diesen Bereichen
sollte man sich als Marketer gut auskennen und sie gezielt anwenden
können.

Viele Marketer tun sich mit diesem Ansatz noch ein wenig schwer -
gerade wer aber schnell lernt, wie ein Redakteur oder Medienschaffen-
der zu denken und gezielt mit Content zu vermarkten, sichert sich hier
oft einen entscheidenden Wettbewerbsvorteil gegenüber seiner Konkurrenz auf dem Markt. Am Ende gewinnt immer der, der es schafft,
User am besten und am gezieltesten anzusprechen und ihnen am meisten von dem zu geben, was sie tatsächlich suchen.

Das war im Marketing eigentlich zwar schon immer so - nun haben sich
aber die Voraussetzungen und die Bedingungen geändert beziehungsweise verändert. Wer am besten und am schnellsten mit diesen neuen
Bedingungen zurechtkommt, wird in Zukunft in seiner Nische und auf
dem Markt das Rennen machen.

Marketing Automatisierung

Auf den ersten Blick sieht Inbound Marketing nach einer Menge Arbeit
für den Marketer aus - im Gegensatz zu Outbound Marketing, wo es im
Wesentlichen lediglich darum geht, Werbeträger zu erstellen (bzw. erstellen zu lassen) und durch die einzelnen Marketingkanäle zu "pushen".

Tatsächlich lässt sich aber gerade beim Inbound Marketing vieles automatisieren, mit Hilfe von Tools erledigen oder outsourcen. Marketer übernehmen hier im Wesentlichen nur die wichtigste Aufgabe: die Planung, Organisation und Verteilung des Marketings. Diese Personen sind die Schnittstelle zum Marketing, zum Vertrieb, zum Support, zur Logistik und der Firmenführung. Daher brauchen sie auch viele Informationen über das Unternehmen, die Zahlen und die internen Prozesse und Abläufe. Man kann diesen Bereich auch als Business Development bezeichnen.

Auf das Thema Automatisierung und Outsourcing einzelner Leistungen gehen wir aber in einem späteren Kapitel noch einmal ausführlicher ein.

Analytics und laufende Verbesserung

Inbound Marketing ist nie "fertig". Eine laufende Analyse der Aktivitäten und ihres Erfolgs ist notwendig - sie führt auch zu einer laufenden Optimierung und Verbesserung des Vertriebes und des Marketing-Ansatzes.

Entgegen landläufiger Meinung ist gerade Inbound Marketing sogar sehr gut quantifizierbar und messbar. Damit lassen sich Verbesserungspotenziale sehr gut erkennen und durchgeführte Optimierungen immer sehr exakt in ihrer Wirksamkeit bewerten. Auch dazu kommen wir aber in einem späteren Kapitel noch einmal ausführlicher.

5.3 Für wen eignet sich Inbound Marketing?

Grundsätzlich ist Inbound Marketing für jedes Unternehmen in jedem Bereich geeignet - sowohl im B2B Bereich als auch im B2C Bereich.

Die Art und Weise wie Privatkunden und Entscheider in einem Unternehmen das Internet nutzen und zu Kaufentscheidungen gelangen, ist prinzipiell sehr ähnlich, da zum Beispiel der B2C Kunde auch eine B2B Entscheider sein kann. In beiden Fällen wird zunächst umfassend Information gesammelt - klassische Werbung des Outbound Marketing wird von beiden Gruppen, sowohl von Privatkunden als auch von Unternehmenskunden, zunehmend weniger beachtet und als Störung empfunden.

Es spielt also keine Rolle, ob deine Kunden Privatpersonen oder Unternehmen sind - Inbound Marketing ist in beiden Fällen ein sehr erfolgreicher Ansatz.

Einige marginale Unterschiede beim Marketing gibt es aber zwischen beiden Gruppen dennoch.

Unterschiede zwischen B2B-Marketing und B2C-Marketing

Im B2B-Bereich (Business to Business, also bei Firmenkunden) dauert der gesamte Kaufprozess in der Regel etwas länger als im B2C-Bereich (Business to Customer, also im Privatkundengeschäft).

Das hängt damit zusammen, dass bei Firmenkunden häufig mehrere Entscheider - oder sogar mehrere Ebenen von Entscheidern - beteiligt sind. Dadurch verlängern sich die einzelnen Phasen des Inbound Marketing häufig.

Im B2B-Bereich werden von den Kunden vor allem detailreiche Inhalte geschätzt, die durchaus auch in einer fachlichen Sprache abgefasst sein können. Achte aber dennoch auf den Lesbarkeitsindex deiner Texte. Wichtig ist in diesem Bereich vor allem, den eigenen Expertenstatus gut zu unterstreichen. Auch längere bis sehr umfassende Inhalte sind hier kein Problem.

Im B2C-Bereich sollten Inhalte eher kürzer und leicht verständlich sein, Fachsprache solltest du hier eher vermeiden. Zwar schätzen auch Privatkunden professionell wirkende Inhalte - das darf aber nicht zu Lasten der allgemeinen und einfachen Verständlichkeit gehen. Der Lesbarkeitsindex hat direkte & indirekte Auswirkung auf die Nutzerfreundlichkeit.

Tools:

-https://fleschindex.de/berechnen
-www.psychometrica.de/lix.html
-http://www.schreiblabor.com/textanalyse/

Als Alternative kannst du auch in die Suchmaschinen folgende Suchabfragen eingeben wie:

-Lesbarkeitsindex online Tool

-Lesbarkeitsindex Tool oder SEO Textanalyse Tool

Im B2B-Bereich sind Blogs das stärker gewichtete Medium, während im B2C-Bereich vor allem in den letzten Jahren überwiegend die sozialen Medien der „Hauptvertriebskanal" von Content sind. In der Regel wird aber immer beides bedient - nur die Gewichtung unterscheidet sich geringfügig.

Im B2B-Marketing steht auch der Aufbau einer langfristigen, stabilen Kundenbeziehung noch mehr im Vordergrund „als im B2C-Marketing". Unternehmen schätzen vor allem langjährige Partnerschaften und entscheiden sich häufig nach reiflicher Überlegung gerne für einen festen Partner, dem sie lange treu bleiben. Der Entscheidungsprozess dauert manchmal etwas länger - dafür ist auch die Kundenbeziehung noch stabiler als im B2C Marketing.

5.3.1   Beispiele für B2B und B2C Marketing

Beispiel 1: Fresh Detect

Das Fraunhofer Institut ist seit einiger Zeit mit der Entwicklung von Messgeräten und Chips beschäftigt, die die Frische von Fleisch unkompliziert messbar oder sichtbar machen können. Ein Handscanner ermöglicht eine schnelle Prüfung von Fleisch - darauf eventuell enthaltene Bakterien fluoreszieren sofort unter dem speziellen Licht. Ein Chip misst und speichert bei verpacktem Fleisch Werte über die Lagerzeit, Temperatur, Umgebungsfeuchtigkeit und Lichteinfall und errechnet daraus automatisch den Frischegrad des Fleischs in der Verpackung, den er gut sichtbar anzeigt.

Beide Geräte werden höchstwahrscheinlich bei Serienreife dem Handel angeboten werden. Die Inbound Marketing Strategie kann hier ein sehr erfolgreicher Ansatz sein.

1. Es werden die zahlreichen Fleischskandale in einem Beitrag thematisiert und die negativen Auswirkungen für den Handel besprochen. Gleichzeitig wird versucht, Lösungsmöglichkeiten und Strategien für eine bessere und sichere Fleischqualität von Lieferanten untersucht. Die Schwierigkeiten des Handels, die Qualität von verpackt gelieferten Produkten in der Praxis zu beurteilen, werden ebenfalls thematisiert. Die Folgen muss aber der Einzelhandelsbetrieb dann tragen (Vertrauensverlust der eigenen Kunden in die angebotene Produktqualität).

Der Beitrag betrifft ein großes Problem des Handels - und wird daher höchstwahrscheinlich auf reges Interesse bei maßgeblichen Entscheidern in Handelsunternehmen stoßen.

2. Neben anderen Lösungsmöglichkeiten werden auch die Arbeiten des Fraunhofer Instituts vorgestellt. Damit können entsprechende Leads für das Institut generiert werden.

3. Im Lead Nurturing Prozess wird über die Möglichkeiten der Implementierung der Geräte im Handelsbetrieb gesprochen. Die Einsatzmöglichkeiten in unterschiedlichen Situationen werden gegenübergestellt. In weiteren Beiträgen werden Kosten und Nutzen abgewogen und der Einsatz der Geräte mit anderen Strategien verglichen.

4. Dem Betrieb wird ein konkretes und attraktives Angebot für die Implementierung dieser Prüfgeräte gemacht.

So oder so ähnlich könnte ein Inbound Marketing Konzept für die beiden neu entwickelten Geräte aussehen.

Auch ein Hybridmodell von Outbound Marketing und Inbound Marketing ist durchaus denkbar und macht situationsbedingt strategisch Sinn.

Klassisches Outbound Marketing würde hier sehr wahrscheinlich auf Geschichten erzählen setzen und versuchen, die nachfolgende Kundenzufriedenheit wegen der immer sichergestellten Fleischqualität im Laden herauszustreichen.

Da die bestehende Problematik in den Köpfen der potenziellen Kunden zunächst bewusst gemacht werden muss, die Geräte eine völlig neue Technik darstellen und die Handhabung, die Einsatzmöglichkeiten und die Vorteile stark erklärungsbedürftig sind, bestehen für eine klassische Werbekampagne dabei eher schwierige Voraussetzungen.

Inbound Marketing bietet hier einen deutlich weniger komplexen Marketingprozess und es ist auch deutlich einfacher, die Aufmerksamkeit der Kunden zu gewinnen und sie dazu zu bringen, sich über Lösungsmöglichkeiten für ein bestehendes Problem zu informieren.

Beispiel 2:

Ein Unternehmen hat einen Rucksack entwickelt, der besonders für das Tragen von Lasten auf langen Strecken optimiert ist und der nun vermarktet werden soll.

Zielgruppe sind vor allem Langstrecken-Wanderer und Long-Distance-Trekker oder auch Weltenbummler.

1. Um Besucher anzuziehen veröffentlicht das Unternehmen Beiträge über die Ergonomie des Rucksacktragens, über das optimale Packgewicht von Rucksäcken für lange Strecken, über ideale Packlisten und Packstrategien sowie über wichtige Rucksackmerkmale beim Langstreckeneinsatz.

Dadurch wird Aufmerksamkeit bei der Zielgruppe erzeugt, die genau nach solchen Informationen sucht und den Hersteller als Experten für dieses spezielle Thema wahrnimmt, da der potenzielle Kunde die Wahrnehmung hat, dass der Hersteller sich richtig intensive Gedanken zu diesem Produkt gemacht hat.

2. Für die Lead-Gewinnung werden detaillierte Informationen über den speziellen Langstrecken-Rucksack und seine besonderen Vorteile angeboten.

3. Im Lead Nurturing Prozess werden verschiedene Einsatz-Szenarien und Beispiele von Trekkern, die bereits unterwegs sind sowie Video-

Testberichte realer Nutzer und unterschiedliche Situationen in der Witterung veröffentlicht.

4. Dem Nutzer wird ein attraktives Kaufangebot gemacht.

Mittels klassischem Outbound Marketing hier ausreichend Aufmerksamkeit zu erzeugen, würde sich angesichts der Vielzahl der Rucksackmodelle auf dem Markt höchstwahrscheinlich schwierig gestalten und mit hohen Kosten verbunden sein den Markt zu durchdringen.

Um die tatsächlichen Vorteile des Produkts auch ausreichend wertzuschätzen braucht ein Nutzer bereits ein Mindestmaß an Information über Ergonomie. Das ist über Storytelling oder in einem Werbespot nicht so einfach zu vermitteln ist.

Durch das Inbound Marketing wird der Kunde von Anfang an mit dem Produkt und den wichtigen Eigenschaften und Merkmalen besser vertraut und kann sie als informierter Lead auch deutlich besser würdigen.

Das sind natürlich nur zwei beliebige Beispiele - die aber beide verdeutlichen, wo die Stärken des Inbound Marketing sowohl im B2B-Bereich als auch im B2C-Bereich liegen können.

5.4 Noch einmal kurz zusammengefasst: Welche Vorteile bringt Inbound Marketing?

Der wohl wichtigste Vorteil beim Inbound Marketing liegt darin, dass man nicht GEGEN den Willen von Kunden Aufmerksamkeit erzeugen muss, sondern dass man im Gegenteil Bedingungen schafft, unter denen Besucher FREIWILLIG auf die eigene Seite kommen. Das kann man gar nicht hoch genug einschätzen: bei klassischen Werbemethoden nehmen die Effekte kontinuierlich ab, während du mit Inbound Marketing ein Tool, eine Methode und eine Strategie zur Verfügung hast, mit dem du bei entsprechenden Marketingeinsatz praktisch unbegrenzt und nachhaltig Aufmerksamkeit bei deiner Zielgruppe erzeugen kannst.

Dazu kommen aber noch eine ganze Reihe weiterer Vorteile.

Inbound Marketing ist nachhaltig und langfristig kosteneffizient.

Schon das Gewinnen von Leads ist im Inbound Marketing meist deutlich kostengünstiger als mit den althergebrachten Methoden. Die Kosten, die aufgewendet werden müssen, um einen Lead zu generieren, liegen in der Regel deutlich niedriger als beim herkömmlichen Marketing.

Dazu kommt aber noch, dass ein einmal gewonnener Kunde sehr eng an das eigene Unternehmen gebunden werden kann und mit sehr geringem Kostenaufwand dann später deutlich mehr Upsales und Cross Selling erzielt werden können als beim herkömmlichen Marketing. Wer Outbound Methoden zur Gewinnung von Neukunden einsetzt, muss später deutlich mehr Geld für Kundenbindung aufwenden.

Da beim Inbound Marketing Kunden auch nach dem Kaufabschluss im normal Fall noch begeistert sind, werden sie oft zu sehr wertvollen Promotern (Botschaftern) des Produkts und des Unternehmens. Das ist ein unschätzbar wertvolles Potenzial, da durch die richtigen Kunden das Marketing damit in weiten Teilen fast zum "Selbstläufer" werden kann. Theoretisch ist eine solche "Aftersales-Betreuung" zwar auch dann möglich, wenn man Outbound Marketing betreibt, dort bedeutet es aber einen nicht geringen zusätzlichen Kostenaufwand. Beim Inbound Marketing ist dieser Vorteil schon direkt ins System integriert und benötigt kaum zusätzlichen Aufwand.

Inbound Marketing ist zielgerichtet und effektiv

Beim Outbound Marketing werden Werbebotschaften "mit der Gießkanne" an Orten verteilt, an denen sich die Zielgruppe gerne aufhält - in der Hoffnung, dass jemand zuhört und darauf reagiert. Das ist nicht besonders effizient. Alle Besucher am Werbeort werden aber von Werbebannern oder Ads gestört - ob sie zur Zielgruppe gehören oder nicht. Zudem muss man bei Bezahlmodellen nach Sichtbarkeit (Pay per Impression) dann auch noch für die Kunden mitzahlen, die gar nicht zur Zielgruppe gehören.

Inbound Marketing zieht dagegen ganz von selbst nur Kunden an, die sich auch tatsächlich für deine Produkte oder Dienstleistungen interessieren - der Rest bleibt davon so zusagen unbehelligt. Durch entsprechende Gestaltung des Contents kann man daneben auch sehr gezielt steuern, welche Kundensegmente mit welchen Bedürfnissen man ansprechen möchte.

Indem man verschiedenartige Angebote macht, kann man auch sofort erkennen zu welchem Kundensegment ein Besucher gehört - und ihn entsprechend behandeln und auf die genau passende Weise ansprechen.

Damit lassen sich Besucher sehr viel leichter (und oft auch erfolgreicher) in Leads konvertieren.

Bei Outbound Marketing Methoden muss diese Lead-Sortierung danach erfolgen - was nicht immer gelingt und zusätzlichen Aufwand im Sales Funnel (Verkaufstrichter) verursacht. Besucher, die aufgrund eines Ads auf eine Seite gelangen sind in diesem Moment zunächst einmal nicht zu einem bestimmten Segment zuordenbar. Das gelingt erst, wenn sie auf deiner Seite Aktionen setzen.

Inbound Marketing ist flexibel, dynamisch und skalierbar

Wer den passenden Content in einer angemessenen Form liefert, wird immer Interessenten aus der Zielgruppe anziehen. Selbst wenn Bedürfnisse, Interessen oder Einstellungen sich ändern, kann man beim Inbound Marketing recht einfach und schnell "nachjustieren". Beim Outbound Marketing ist die Werbebotschaft, das Werbevideo oder der Werbebanner dann ganz einfach nicht mehr wirksam und es muss eine komplett neue Kampagne von Null gestartet werden.

Wenn sich neue Zielgruppen oder neue Bedürfnisse auftun, kann man beim Inbound Marketing sehr schnell darauf reagieren. Es muss nur passender Content erstellt und ins bestehende System eingegliedert und verteilt werden.

Die Marketing-Aktivitäten sind beim Inbound Marketing zu 100% skalierbar. Man kann jederzeit frei entscheiden, wie viel Content man generiert und an welchen Stellen man ihn platziert. Auch mit geringerem oder sehr kleinen Budget ist es möglich, Kunden anziehenden Content immer noch relativ gut sichtbar zu platzieren. Beim Outbound Marketing ist man oft gezwungen, eine gewisse Mindestmenge an Werbung zu platzieren, damit diese überhaupt wirksam wird.

Durch gutes Inbound Marketing entsteht natürlicher Trust und hohe organische Reichweite

Wer Nutzern hilft, indem er ihnen passende Informationen zur Lösung ihres Problems liefert, erwirbt ihr Vertrauen. Sogar für Außenstehende, die gar keine Lösung des Problems brauchen, entsteht das Bild des "Experten". Dementsprechend hoch ist der Trust, den du durch Inbound Marketing oft schon nach kurzer Zeit erwerben kannst.

Wenn dein Beitrag über die richtige Auswahl von Laufschuhen bei Fußproblemen beispielsweise in einem Gesundheitsmagazin erscheint, werden dich auch alle anderen Leser automatisch als "Laufschuhspezialisten" wahrnehmen - selbst wenn sie gar nicht vorhaben, Laufschuhe zu kaufen oder wenn sie gar keine Fußprobleme haben. Der Kontakt und der Eindruck welchen der User in diesem Moment hat war jedoch bereits positiv.

Hilfreicher und nützlicher Content lässt sich sehr weitreichend platzieren und wird sehr gerne über soziale Medien geteilt - nicht selten sogar von Menschen, die gar nicht zu deiner Zielgruppe gehören, aber jemanden kennen, den es interessieren könnte. Damit entsteht auf natürlichem Weg eine sehr hohe Reichweite für dein Marketing und dein Vertrieb.

Durch deine Konzentration auf eine möglichst große Menge an Suchmaschinen und Verweis-Traffic steigt deine Reichweite ebenfalls: wer Informationen zum Thema deiner Webseite und deines Shops sucht, muss fast zwangsläufig an dir vorbei, wenn sich dein Content in den Suchmaschinen ganz weit oben findet.

Durch Inbound Marketing wirst du im Web sehr deutlich SICHTBAR - und dein Unternehmen und deine Marke werden ganz von selbst bekannt und den Usern geläufig. Dafür musst du nichts extra tun.

Die Vorteile von Inbound Marketing liegen also auf der Hand: es ist kostengünstig, sehr zielgerichtet, effizient und nachhaltig und verbessert auch noch Trust und Sichtbarkeit deiner Webseite. Das alles kann Outbound Marketing nicht.

5.5 Welche Nachteile hat Inbound Marketing?

Inbound Marketing ist keine reine Magie - sondern lediglich eine intelligente, sehr erfolgreiche und effiziente Strategie. Dementsprechend gibt es natürlich auch einige Schattenseiten zu berücksichtigen.

Eine der wichtigsten "Downsides" (Nachteile) von Inbound Marketing ist, dass es eine Menge ZEIT benötigt:

-Zeit für die Planung und die Strategie-Entwicklung

-Zeit für die Content-Erstellung

-Zeit für die Content-Verbreitung

-Zeit für die laufende Analyse, Erfolgskontrolle und Anpassung

-Zeit, bis sich erste Ergebnisse zeigen

-Zeit, bis sich tatsächlich ein signifikanter Zustrom an qualifizierten Besuchern und Leads einstellt

Im einen Fall bedeutet die Zeit also "Arbeitskraft", im anderen Fall "Wartezeit".

Das erscheint auf den ersten Blick etwas ernüchternd - bei näherer Betrachtung erkennt man aber, dass das alles gar nicht so schwer wiegt, wie es auf den ersten Blick erscheint.

Planung, querdenken und Strategie-Entwicklung sind bei jeder Art von Marketing nötig. Wer eine Outbound Werbekampagne durchführt, muss sich ebenfalls über Strategie und Inhalte grundlegend klar werden - den Rest legt er dann einfach in die kundigen Hände einer Werbeagentur, die dann auch gleich die passenden Werbemittel dazu erstellt. In diesem Fall nimmt sich also auch jemand die Zeit, sich mit Planung und Strategie-Entwicklung zu beschäftigen - als Werbetreibender bezahlt man einfach nur jemand anders dafür. Es gibt keinen Grund, warum man das beim Inbound Marketing nicht auch könnte.

Kaum jemand erstellt heute Content noch selbst - schon allein deshalb nicht, weil es professionelle Content-Agenturen oder Schreiber gibt, die das besser, schneller und kostengünstiger können als man das selbst fertigbrächte. Immerhin sind sie Profis. Sie benötigen ein paar klare Vorgaben - und damit ist der Zeitaufwand erledigt.

Das Platzieren von Content erfordert - gerade am Anfang ein wenig Zeitaufwand - dabei muss man aber bedenken, dass jede Platzierung von Content eine sehr nachhaltige und langfristige Wirkung hat. Dementsprechend benötigt man sehr viel weniger Aufwand als beim (natürlich ebenso erforderlichen) Platzieren von Ads oder Bannern. Guter Content an gut sichtbarer Stelle wird nämlich relativ schnell geteilt - Werbeanzeigen und Bannerinhalte dagegen wohl eher nicht.

Die Analyse und Erfolgsmessung beim Inbound Marketing ist weniger eine Bürde als eher eine Chance zur Optimierung. Je mehr man misst oder messen kann und die Messdaten konsequent verarbeitet, desto erfolgreicher läuft das Inbound Marketing. Jede Analyse ist also in Wirklichkeit die Chance, noch erfolgreicher zu werden, mehr Reichweite aufbauen zu können und mehr Traffic zu produzieren - von daher sollte man diesen Zeitaufwand mit Freude investieren.

Die "Wartezeit" lässt viele oft unruhig werden - aber natürlich dauert es seine Zeit, bis man die vorderen Plätze in den Suchmaschinen erreicht hat oder bis geteilter Content für den ersten Traffic sorgt. Dafür ist Inbound Marketing besonders nachhaltig: wenn es einmal läuft, dann läuft es stabil, solide und der Zustrom von Besuchern und der Trust vergrößert sich von selbst. Wenn dir das immer noch zu langsam geht, kannst du auch mit dem Schalten von bezahlten Werbeanzeigen besser auf deinen Content aufmerksam machen - solche "Paids" sind eine bewährte Strategie, um die Anlaufzeit für das Inbound Marketing deutlich zu verkürzen oder du nutzt zum Beispiel zusätzlich das Affiliate Marketing.

Der Aufwand für die Einrichtung des gesamten Systems auf der Seite fällt auch kaum ins Gewicht: Wer etwas verkaufen will, braucht ohnehin einen Sales Funnel - im Falle von Inbound Marketing ist der klassische Sales Funnel nur unwesentlich aufwändiger zu erstellen. Es müssen lediglich ein paar zusätzliche Landingpages und ein paar "Nebeneingänge" für die einzelnen Besuchersegmente erstellt werden.

Zahlreiche Kompetenzen erforderlich

Ein Nachteil kann sein, dass Inbound Marketing eine hohe Zahl von ganz unterschiedlichen "Skills" erfordert: Redaktionelle Fähigkeiten, Blogging, digitales querdenken, Social Media, Keyword Recherche, SEO, PR,...

Gerade in kleinen Unternehmen ist es kaum möglich, zu jedem Thema einen Experten zur Hand zu haben. Es ist aber auch nicht zwingend nötig - man kann sich eine große Menge dieser Skills auch selbst aneignen und den Rest jederzeit durch Outsourcing zukaufen.

Eigentlich ist das sogar empfehlenswert, denn wenn sich das Team in allen grundlegenden Bereichen einigermaßen auskennt, lässt sich auch die Strategieplanung und die Zielfindung sehr viel zielgerichteter durchführen. Wenn ich kein eigenes Team habe, kaufe ich mir diese einzelnen Punkte Stück für Stück wie ich sie benötige dazu.

Bei sehr großen Unternehmen erfordert Inbound Marketing dagegen eine möglichst reibungslose Zusammenarbeit zwischen mehreren, ganz unterschiedlichen Abteilungen.

Dazu sind erst einmal entsprechende Strukturen nötig, die eine solche Zusammenarbeit überhaupt erst erlauben. Ist das aber einmal geschafft, gibt es meist nur noch wenige Probleme bei der Zusammenarbeit.

Die vermeintlichen Nachteile beim Inbound Marketing wiegen also tatsächlich gar nicht so schwer, wie es auf den ersten Blick scheint. Fast alles an Zeitaufwand lässt sich problemlos umgehen, beim Rest helfen Tools, die eine sehr deutliche Arbeitserleichterung darstellen können.

5.6   Welche Kosten entstehen beim Inbound Marketing?

Inbound Marketing ist - vor allem im Vergleich zum klassischen Outbound Marketing - recht kostenschonend - eine Gratiswerbemethode ist es aber natürlich dennoch nicht. Auch für das Inbound Marketing muss man entsprechend Kosten veranschlagen. Wenn ich alles selber machen würde, geht mir aber Arbeitszeit für andere Dinge verloren und somit kostet auch Inbound Marketing letzten Endes Geld.

Wie hoch die Kosten im Einzelfall liegen, hängt ganz wesentlich vom jeweiligen Unternehmen und von den Marketingzielen ab. Fange ich ganz klein an, dann dauert es eben länger. Daneben bemessen sich die Kosten natürlich auch danach, wie viel man tatsächlich selber macht und wie viel ausgelagert wird. Beim Erledigen von Arbeiten im eigenen Haus muss man dann entsprechend den Zeitaufwand und die Arbeitskosten für die eigenen Mitarbeiter einkalkulieren.

Die wesentlichsten Kostenfaktoren, die du berücksichtigen musst, sind in der Regel:

-die Kosten für die Strategieplanung und die Analyse der Kundeninteressen und der Kundenbedürfnisse

-die Kosten für die Adaptierung (Anpassung) deiner Webseite

-die Kosten für benötigte Tools und Automatisierungslösungen

-die Kosten für die Einrichtung einer Redaktion (gerade bei größeren Projekten ist das auf jeden Fall sinnvoll, wenn ich selbst in der Lage bin redaktionell zu denken und vielleicht auch ein Querdenker bin umso besser)

Das sind allerdings alles nur Einmalkosten.

Dazu können auch noch Kosten für SEO-Optimierung der Webseite samt den notwendigen Recherchen (zum Beispiel Keyword-Recherche) kommen. Auch der Linkaufbau welcher zum SEO dazu gehört sollte hier bedacht werden.

Laufende Kosten entstehen vor allem durch

-die redaktionelle Arbeit und die Content-Erstellung

-die Verbreitung des Contents und Social Media Management sowie

-die laufende Analyse und Auswertung des Erfolgs

In den meisten Fällen hat sich für die Budget-Planung die sogenannte 5-4-1-Regel bewährt:

50 % des Budgets für die Content-Erstellung

40 % des Budgets für die Content-Verbreitung

10 % des Budgets für Analysen und Optimierung

Dazu können noch laufende Kosten für die Tools und die Kosten für "Paids" (bezahlte Anzeigen) kommen, wenn du die anfängliche Anlaufzeit reduzieren oder dir die Arbeit erleichtern möchtest. Es macht unter Umständen auch Sinn erst zu 100% in die Content Erstellung zu gehen und nach einiger Zeit, dann in die direkte Content Verteilung.

Kampagnenbasiertes Arbeiten

Wenn dein Budget kleiner ist, oder du nur wenig Personalzeit zur Verfügung hast, kannst du auch in einzelnen Kampagnen arbeiten.

Du teilst dein Inbound Marketing dann einfach in einzelne Kampagnen auf, die du erst komplett abarbeitest, bevor du die nächste Kampagne in Angriff nimmst.

5.7   Kreative Wege beim Inbound Marketing

Die wichtigsten und grundlegendsten Wege, um deinen Content zu verbreiten, haben wir schon ganz am Anfang aufgezählt.

Nachfolgend wollen wir dir noch einige weitere Möglichkeiten vorschlagen, um deinen Content wirksam zu platzieren oder weiter zu verteilen.

GASTBEITRÄGE in fremden Blogs sind durchaus eine gute Möglichkeit, gleichzeitig mit deinen Marketing-Aktivitäten auch deine Reichweite signifikant zu erhöhen. Die gesamte Leserschaft des fremden Blogs (das natürlich in deinem Themenbereich liegen sollte!) sieht auch deinen Beitrag und nimmt dich als Experten wahr. Jeder Besucher, den der fremde Blog generiert ist dann auch ein potenzieller Besucher für dich. Das kann sich lohnen. Zusätzlich erhältst du auch noch einen meist wertvollen Backlink für deine Seite.

CHECKLISTEN sind sehr einfach zu erstellende Info-Produkte, die für Nutzer aber sehr hilfreich sein können. Checklisten lassen sich zu fast allem erstellen: Von der Profi-Packliste für den Dschungel-Trip bis hin zur empfehlenswerten Ausrüstung der eigenen Hausapotheke und dem Neuaufsetzen eines Linux-Systems. Mit einer Checkliste machst du dir außerdem Nutzer zum Freund: fast jeder weiß eine kurze, schlichte Übersicht, an der man sich sehr einfach orientieren kann, als sehr hilfreich zu schätzen.

Auf Social SPONSORING aufmerksam zu machen, kann ebenfalls eine gute Idee sein. Wenn du einzelne gemeinnützige Initiativen ideell oder vielleicht sogar mit Leistungen aus deinem Unternehmen unterstützt, ist es oft sinnvoll, darauf aufmerksam zu machen. Das kommt einerseits der sozialen Initiative zugute, die du unterstützt, andererseits aber auch dir selbst. Du erzeugst positives Image für dein Unternehmen und generierst Aufmerksamkeit für die Initiative und für dich selbst.

Sei einfach kreativ, und frage dich immer was deine Besucher oder Leads interessieren oder fesseln könnte und was für sie hilfreich ist zu erfahren.

5.8 Wann greift Inbound Marketing?

Das ist tatsächlich eine Frage, die sehr häufig gestellt wird. Und man kann sie nicht mit einer klaren Zahl beantworten.

In aller Regel musst du mit rund 3 - 6 Monaten rechnen, bis du erste Erfolge durch das Inbound Marketing siehst und wirklich eine substanzielle Menge an qualifizierten Leads durch Inbound Marketing aufgebaut hast. Das ist ein ungefährer Erfahrungswert aus der Praxis.

Einige Unternehmen versprechen dir dagegen, dass du schon innerhalb eines Monats qualifizierte Leads über Inbound Marketing erhalten kannst.

Das ist jetzt nicht schlichtweg gelogen - in manchen Fällen kann das sogar durchaus realistisch sein, vor allem dann, wenn bei deiner Webseite bereits recht günstige Voraussetzungen vorliegen oder gewisse Nischen der Nischen bearbeitet werden. Im anderen Fall wäre es eher ein recht haltloses Werbeversprechen das so nur mit Mühe zu halten sein wird.

Die Moral von der Geschicht: Eine genaue Zeitangabe gibt es nicht.

Zu viel hängt davon ab, in welcher Branche du mit deiner Webseite oder deinem Online-Shop tätig bist, welchen Content du bereits verfügbar hast wie gut die Marketing-Kernaussage auf deiner Seite ist, wie viel Zeit nötig ist, um deine Webseite zu adaptieren, und und und ...

Schon die Vorbereitungsarbeiten, um Inbound Marketing zu etablieren können enorm umfangreich sein. Wenn du im B2B-Bereich arbeitest, musst du zusätzlich meist mit längeren Laufzeiten in deinem Sales-Funnel rechnen - bis zu den ersten Abschlüssen, die von deinem Inbound Marketing herrühren, wird also noch deutlich mehr Zeit vergehen als wenn du im B2C-Bereich tätig wärst. Das ist aber völlig normal, dass es im B2B Bereich etwas länger dauern kann.

Umgekehrt kann man die Anlaufzeit beim Inbound Marketing durch "Paids" durchaus oft signifikant verkürzen - die Lead Generierung geht dann oft deutlich schneller von statten als ohne diese „Hilfsmaßnahmen". Auch durch den Einsatz von Tools kannst du Abläufe oft beschleunigen und den Aufwand schon am Anfang deutlich verringern.

Wenn deine Konzeptionelle Strategieplanung sehr schnell steht und du einen Großteil der Leistungen (mit viel Zeitdruck dahinter) auslagerst, kann es ebenfalls sein, dass du schon nach kürzerer Zeit Ergebnisse sehen kannst. Das eigentliche Outsourcing ist hier ein weiterer Hebel.

In den meisten Fällen wirst du mit 3 - 6 Monaten Vorlaufzeit gut kalkulieren können.

5.9   Wie kann man Inbound Marketing messen?

Inbound Marketing lässt sich genauso gut messen wie klassische online Outbound Marketing Aktivitäten. Auf den ersten Blick erscheint es zwar abwegig, die "Auswirkungen von veröffentlichtem Content" messen zu wollen - tatsächlich ist das aber nur eine Frage der richtigen Kennzahlen.

Die grundlegenden Kennzahlen für dein Inbound Marketing

Die erste und wichtigste Kennzahl für dein Marketing stammt schon einmal aus deiner Strategieplanung: Du solltest eine klare Roadmap auf ein klar definiertes Ziel haben, wie zum Beispiel den möglichen oder potenziellen Traffic - daneben sollte es möglichst auch eine redaktionelle Planung des Contents im Zeitverlauf geben. Im Idealfall wird laufend gezielt neuer Content erzeugt. Die Kennzahl daraus lautet: WIE

WEIT BIST DU SCHON GEKOMMEN? Wo stehst du in deinem Plan?

Welches Ergebnis hast du bereits - bezogen auf dein Gesamtziel - damit erreicht?

Im Klartext bedeutet dies: Keyword Recherche > potenzieller organischer Traffic über die Suchmaschinen > Content Erstellung > Content Veröffentlichen > Content Verteilung > Content recyceln > in andere Formate packen > Plattformen suchen > Content Veröffentlichen

Diese sehr einfache Kennzahl sollte man nie aus den Augen verlieren. Sie kann in vielen Fällen durchaus recht aufschlussreich sein und schnell verraten, wenn eine Strategie irgendwo ins Stocken gekommen ist.

Daneben gibt es aber natürlich noch andere wichtige Kennzahlen:

-die Zahl der Besucher (über die Besucherzahlen-Auswertung deiner Webseite zum Beispiel mit dem Tool Google Analytics kannst du erkennen, woher die Besucher gekommen sind und wie viele davon auf deine Inbound Marketing-Aktivitäten zurückzuführen sind)

-die Zahl der Leads (wie viele deiner Besucher sind zu Leads geworden?)

-die Zahl der Kunden (wie viele deiner Leads konntest du in Kunden verwandeln?)

-wie hoch ist die Öffnungsrate deiner Emails? Wie hoch ist die Klickrate (wenn du für den Abschluss bei deinen Leads Email-Marketing verwendest)

-wie hoch ist das Engagement bei deinem Content? Wie viele Likes und Kommentare erzeugt der von dir veröffentlichte Content?

-ist der Firmenumsatz steigend

-sind die Paketversendungen steigend

-sind Telefonanrufe von potenziellen Kunden steigend

-steigt die Zahl der Anfragen im Vertrieb oder auch in den Email Postfächern deiner Vertriebler

Alle diese Kennzahlen sollte man natürlich nicht nur erfassen, sondern auch immer versuchen zu analysieren: Was sind die Gründe dafür? Was könnte man besser machen? Wo gibt es offensichtlich Hindernisse?

Gerade die beiden Conversion Rates (Besucher-Leads und Leads-Kunden) geben viel Aufschluss über die Qualität deines Marketings und deines Vertriebes. Langfristig sollte dein Ziel immer darin liegen, die Conversions möglichst zu verbessern. Kleine Stellschrauben zum Beispiel bei den Überschriften, Ladezeiten und Co., das ist aber ein anderes Thema.

Allgemeine Bewertung deines Inbound Marketings

Auch über Geld solltest du nachdenken - das hilft dir ebenfalls im Blick zu behalten, wie erfolgreich und wirtschaftlich dein Inbound Marketing läuft.

Die drei wichtigsten Kennzahlen im wirtschaftlichen Bereich sind die Kosten für die Gewinnung eines neuen Kunden, die Kosten pro Sale und der ROI (Return of Investment).

Die Kosten für einen neuen Kunden kannst du ganz leicht ermitteln, indem du die angefallenen (auf das Marketing bezogenen) Gesamtkosten einfach durch die Zahl der insgesamt neu gewonnenen Kunden teilst.

Die Kosten pro Sale werden höchstwahrscheinlich im Lauf der Zeit geringfügig fallen - hier erkennst du den Effekt von Upsales, die dich in der Regel deutlich weniger kosten als die Gewinnung eines Neukunden. Je geringer die Kosten pro Sale, desto besser natürlich für dich.

Der ROI gibt das Verhältnis zwischen dem gesamten Kostenaufwand und dem daraus insgesamt gewonnenen Erlös noch etwas besser an. Behalte aber im Hinterkopf, es handelt sich um eine langfristige und nachhaltige Strategie.

Alle drei Zahlenwerte zusammengenommen ermöglichen dir einen sehr klaren Blick darauf, wie wirtschaftlich dein Marketing und dein Vertrieb läuft. Die Einmalkosten für dein Marketing kannst du am Anfang noch mit hineinrechnen - sobald sie sich über den erzeugten Umsatz wieder hereingespielt haben, lohnt es sich aber, nur noch die laufenden Kosten für dein Marketing zu berücksichtigen - das ist aussagekräftiger.

5.10 Einrichtung - die grundlegenden Schritte

Inbound Marketing lebt von sorgfältiger Planung, Kreativität, querdenken und einer klaren Strategie. Wer einfach nur planlos Content produziert und veröffentlicht, wird es in den meisten Fällen nicht weit bringen - außer er hat sehr viel Glück und ganz intuitiv das richtige Händchen zum Thema Keyword Recherche, Nische, SEO Wettbewerb und Co.. Darauf sollte man sich aber nicht unbedingt verlassen - Planung oder zumindest eine Schätzung ist in jedem Fall sicherer und bringt einigermaßen vorhersagbare Ergebnisse.

Vorbereitung: Bestandsaufnahme

Wenn du erst ganz neu mit dem Inbound Marketing beginnst, wird in diesem Schritt nicht allzu viel zu tun sein. Sammle aber in jedem Fall einmal Content und Ideen zusammen, denn du für brauchbar hältst oder leicht aktualisieren kannst. Man muss nicht immer alles neu schaffen, was schon da ist.

Sieh dir außerdem deine Webseite an, überprüfe, zu welchen Keywords du rankst und führe eine Keyword-Recherche für dein Kernthema durch, um zu sehen, zu welchen Suchbegriffen du noch besser ranken kannst, wo deine Mitbewerber stark sind und nach welchen speziellen Dingen Menschen in deinem Bereich suchen. Das wird dir helfen, später ein wenig gezielter zu planen.

Schritt 1: Die Buyer Persona

Marketing begann schon immer mit der Festlegung der Zielgruppe. Das ist auch beim Inbound Marketing nicht anders. Die sogenannte "Buyer

Persona" (typischer Kunde) ist dabei nichts anderes als eine Zielgruppendefinition - allerdings etwas moderner und ausführlicher.

Eine Zielgruppendefinition wie "kleine und mittelständische Unternehmen, die Metall verarbeiten" oder "Männer zwischen 20 und 50" bringt dich in der Praxis nicht sehr weit. Etwas genauer sollte es schon sein.

Die Buyer Persona hat vielmehr ein "Gesicht" - du kannst sie dir wie eine typische Person einer Teilzielgruppe vorstellen.

Kehren wir zu unserem Beispiel vom Anfang zurück - zu unserem Online Shop für Laufschuhe. In der Aufzählung dort finden wir schon recht gute Vorlagen für die verschiedenen Buyer Personas:

-der Übergewichtige, der sich mit neuen Laufschuhen zu regelmäßigem Joggen selbst motivieren möchte

-der style-bewusste Businessman der jeden Morgen vor der Arbeit joggt und dabei viel Wert auf sein Aussehen legt

-der ambitionierte Trailrunner, der Herausforderungen und sportliche Grenzen in seiner Freizeit sucht

-und und und...

Versuche, diesen Personen jeweils ein Gesicht zu geben, herauszufinden, was an ihnen typisch ist. Wie würde sich eine solche Person beim Kauf typischerweise verhalten? Worauf legt sie Wert und was ist für diese Personen gerade in der online Kommunikation wichtig. Mache es dem Kunden, deinem Kunden am Ende so einfach und Barrierefrei wie möglich.

Mach dir auch Gedanken über:

-die Probleme dieser Person

-die Ziele dieser Person

-die Bedürfnisse dieser Person

-die Wünsche dieser Person

-die Einwände, die diese Person möglicherweise vorbringen würde (eine auf den Vertrieb bezogene Einwandbehandlung kannst du auch online Umsetzung)

Machen wir das einmal am ersten Beispiel fest.

Das Problem dieser Person ist ihr Übergewicht und die daraus mangelnde Motivation für ein Training. Außerdem bekommt sie schnell schmerzende Füße beim Laufen aufgrund des hohen Gewichts und der mangelnden Fitness.

Ihr Ziel ist, durch regelmäßige sportliche Betätigung das Abnehmen zu beschleunigen, eventuell auch ein paar kleinere Diätsünden durch regelmäßigen Sport wieder etwas aufzufangen.

Das Ziel und das Bedürfnis: Einen Laufschuh zu finden, der sie trotz des hohen Gewichts und der schnellen Ermüdung gut beim Laufen unterstützt und bequem ist, sodass man ihn gerne trägt. Er sollte außerdem sich toll anfühlen und ein echter Hingucker sein und eine animierende Optik haben, die Lust auf Bewegung versprüht.

Der Wunsch dieser Person ist sicherlich, Gewicht zu verlieren und Freude am Sport zu haben. Wenn du es schaffst, sie beim Erreichen von diesem Ziel zu unterstützen und ihr dabei Hilfe anbietest, hast du sicherlich einen Stein bei ihr im Brett. Hier kann es sinnvoll sein, diesen Kunden auch einen Sportplan, Essensplan oder einfach einen Fahrplan zum Abnehmen mit diesen Laufschuhen an die Hand zu geben.

Unter Umständen ist dieser Kunde oder dieses Kundenkliente, sogar bereit entsprechend Geld dafür zu bezahlen. Du hast ein physisches Produkt, eben diese Laufschuhe und kombinierst diese mit einem Digitalen Produkt, welches immer wieder verkauft werden kann (es ist digital), da es produziert ist und keine Lagerhaltung an sich kostet. Auf der Artikelseite wird das digitale Produkt dargestellt und kann dann über das Warenkorb-System deines Shops im Checkout Prozess mit dazu gebucht werden. So viel zum Thema digital querdenken und Kreativität!

Ein Einwand der kommen könnte wäre vielleicht: "Der Preis ist zu hoch." Wenn man sich innerlich nicht überwinden kann und die Laufschuhe nicht mehr ausreichend zum regelmäßigen Training animieren können, bleiben sie im Schrank. Das kann schon nach kurzer Zeit passieren - dann wären sehr teure Schuhe Geldverschwendung...

So erstellt man Buyer Personas. Im Idealfall hast du nur eine einzige - in der Regel aber immer so wenig wie nur möglich. Je mehr unterschiedliche Buyer Personas du beschreibst, desto komplexer wird dein Inbound Marketing.

Schritt 2: Eine Strategie entwickeln

Zunächst geht es dabei um den sogenannten Content Hub - also die zentrale Stelle, an der dein Content erscheinen wird.

Willst du ein Unternehmensblog direkt an die Unternehmensseite hängen oder einen völlig neuen Auftritt mit eigener Marke schaffen? Welche Vision steht hinter deinem Content Hub - was soll er bewirken? Wodurch bereichert er deine Branche / dein Marktsegment? Was ist das Besondere an ihm?

Danach geht es um deine Ziele: Was willst du mit Inbound Marketing erreichen? Mehr Leads und mehr Umsatz? Oder möchtest du eher deine Kunden besser und enger an das Unternehmen binden? Oder möchtest du die Bekanntheit und das Image deines Unternehmens erhöhen? Definiere deine Ziele klar. Mit einem Hybridsystem wird es möglich fast alle Bereiche abzudecken.

Schritt 3: Content-Planung

Welche Botschaft soll in deinem Content unterschwellig wirken? "Ich bin der erfahrene Spezialist für Laufschuhe?" oder: "Ich will Sportbegeisterte unterstützen weil ich selbst auch begeistert bin?" Menschen nehmen diese unterschwelligen Botschaften meist sehr gut wahr - sie müssen in jedem Stück Content vorhanden sein und nichts an deinen Veröffentlichungen darf in eine andere Richtung deuten - das würde sonst als wenig glaubwürdig erscheinen und deine Kunden wären von den widersprüchlichen Botschaften verwirrt. In diesen Bereichen hilft sozial emotionale Sprache sehr.

Sieh dir deine Buyer Personas an und sammle eine Liste von Themen für deinen zukünftigen Content. Du solltest den Content für ungefähr ein halbes Jahr im voraus planen (wenn möglich) - so lange müssen deine Themen reichen. Denke über die Ziele, Wünsche und Bedürfnissen deiner Buyer Personas nach und über ihre Probleme. Von diesen Punkten ausgehend kannst du sehr gut Themen entwickeln die deine Zielgruppe wirklich und brennend interessieren.

Bleiben wir bei unserem Beispiel Laufschuhe - mögliche Themen wären etwa:

-Kann Sport beim Abnehmen helfen?

-Laufen und Übergewicht - welche Verletzungsrisiken bestehen?

-Gelenkschonend laufen durch fortschrittliche Dämpfung

-5 Schuhe, die echt Lust aufs Laufen machen

-das sind die Hersteller welche dich beim laufen unterstützen...

Überlege ob du die Beiträge selber schreiben willst (du bist Fachmann) oder schreiben lassen willst.

Schritt 4: Content-Veröffentlichung planen?

Wo findest du deine Buyer Personas vorzugsweise? (z.B. in den Sozialen Medien). Welche Influencer gibt es in den wichtigen Kanälen, die du nutzen willst?

Recherchiere wichtige Keywords für die jeweiligen Beiträge und überlege ob du "Paids" nutzen möchtest um den Content weiter zu verbreiten. Welche:? Dienstleister und Anbieter findest du unter kostenpflichtige Traffic Quellen.

Schritt 5: Content für alle Stationen

Zuerst hast du nur Content-Vorschläge gesammelt, um Kunden anzuziehen. Du brauchst aber auch Content für das Lead Nurturing, für die

Conversion und für die Begleitung nach dem Kauf. Erstelle ebenfalls Content-Vorschläge für diese Bereiche und separat für jede Buyer Persona.

Schritt 6: Umsetzen

Richte deine Seite passend ein, erstelle die notwendigen Landingpages, aktiviere die Tools, die du verwenden möchtest, und beginne deinen Content-Plan umzusetzen.

Überwache die Kennzahlen und stelle sicher, dass alles so läuft, wie du das geplant hast. Wenn du Probleme bemerkst, versuche dein Marketing weiter zu optimieren und Korrekturen vorzunehmen, bis alles so läuft, wie du es geplant hast.

Lass dir beim Erstellen deiner Strategie Zeit - je besser du sie ausarbeitest, desto erfolgreicher wird später dein Marketing sein.

5.11   Der Workflow im Inbound Marketing

Wenn alles eingerichtet ist, geht erst einmal die Arbeit los. Diese sollte man nicht unterschätzen - im Einzelfall kann bei größeren Projekten der laufende Arbeitsaufwand leicht bei 100 - 300 Stunden im Monat liegen. Je nach Unternehmen und Projekt ist dies aber einstellbar.

Welche Tätigkeiten genau für dein Marketing anfallen, hängt natürlich immer davon ab wie du es gestaltet hast. Nachfolgend wollen wir dir aber eine kurze Liste an die Hand geben, die dir eine kleine Übersicht darüber gibt, welche Tätigkeiten regelmäßig anfallen können:

-1-2 mal wöchentlich Blogbeiträge erstellen (Recherche, Bildersuche, Schreiben und Veröffentlichen)

-1-2 mal monatlich alternativen Content ausarbeiten (Infografiken, Checklisten, Branchen News , relevanter Suchanfragen Content, ev. kurze Ebooks)

-1-2 mal monatlich Analysen, Erfolgskontrolle, Optimierung, Anpassung wenn nötig

-1-2 mal monatlich Newsletter, Emails versenden

-Lead Nurturing planen

-Pflege und Wartung der Tools, Anpassungen

-alle 1 - 2 Tage Social Media Publishing

-wöchentlich Social Media Performance Kontrolle

-ca. alle 2 Monate: Redaktionsplan prüfen / Content-Planung prüfen um neue Themen erweitern, Beiträge schreiben (je nach Unternehmen und Ressourcen ist dies individuell und entsprechend anpassbar)

Das Schreiben von Beiträgen nimmt - wenn du es selbst machst - sehr viel Zeit in Anspruch. Am besten verteilst du den Arbeitsaufwand gleichmäßig auf alle Tage der Woche, und planst für die Performance Analysen und Auswertungen immer feste Zeiten ein. So hast du immer etwas zu tun und kommst mit deiner geplanten Arbeit nicht unter Zeitdruck.

Tools können eine wesentliche Hilfe sein, deine Arbeit komplett zu organisieren und keine wichtigen Dinge zu vergessen. Sie sorgen außerdem für die Automatisation von ansonsten zeitaufwändigen Arbeiten. Auch das stellt oft eine ganz wesentliche Erleichterung dar.

Du brauchst Content übrigens nicht immer völlig neu zu erstellen: Oft genügt es auch, alten Content zu "recyclen" um ihn dann wiederverwenden zu können.

Aus einem Beitrag mit vielen Zahlen kann so eine Infografik oder ein Diagramm werden, Video-Content kannst du als Textbeitrag noch einmal zusammenfassen, oder aus mehreren Beiträgen zu verwandten Themen ein Ebook erstellen. Auch das hilft oft, viel Zeit zu sparen.

5.12   Inbound Marketing: Fragen und Antworten

In diesem Abschnitt beantworten wir Fragen zum Inbound Marketing, die immer wieder gestellt werden.

Wie genau erreiche ich mit Inbound Marketing neue Kunden?

Der direkte Weg:

Der Ansatz beim Inbound Marketing zielt dahin, dass Besucher von selbst aus eigenem Interesse auf deine Webseite kommen - das heißt, ohne dass du sie mit Werbebotschaften dazu "zwingen" musst - ganz einfach, weil sie Informationen suchen. Das geschieht, indem du deinen potenziellen Kunden genau auf sie maßgeschneiderte, hilfreiche Informationen zur Verfügung stellst.

Deinen Besuchern bietest du noch mehr Unterstützung und Information an, wenn sie ihre Kontaktdaten - zumindest ihre Email-Adresse - hinterlassen.

Alle Kunden, die sich mit ihrer Email-Adresse bei dir eintragen, also sich dafür entscheiden, noch mehr Informationen von dir haben zu wollen, sind dann bereits LEADS.

Diese Leads versorgst du weiterhin mit für sie passender, hochwertiger Information (denke hier aber auch Quer) - auch über deine Produkte. Zu gegebener Zeit machst du ihnen ein attraktives Kaufangebot - und du hast höchstwahrscheinlich einen neuen Kunden gewonnen.

Der indirekte Weg

Du versorgst deine Kunden auch nach dem Kaufabschluss mit für sie hilfreichen und nützlichen Informationen und hältst den Kundenkontakt aufrecht. Auf diese Weise bist du bei deinen Kunden ständig präsent und machst sie zu wichtigen Promotern deiner Produkte und deines Unternehmens.

Auch durch diese "informellen Empfehlungsgeber" gelangen wiederum zahlreiche neue, unter Umständen sehr kaufbereite Kunden auf deine Seite. Entweder sie kaufen aufgrund der Empfehlung direkt, oder sie sind hoch qualifizierte und somit warme Leads, die du dann wiederum sehr leicht zu Kunden machen kannst.

Wenn deine Beiträge von Lesern geteilt und weiterverbreitet werden, erhältst du ebenfalls bereits Besucher, die auf indirektem Weg auf deine Seite gelangen und ebenfalls zu Besuchern gemacht werden können.

Wie kann ich Inbound Marketing für den Vertrieb einsetzen?

Inbound Marketing IST eine Vertriebsstrategie über das Medium Internet, die darauf abzielt, die Kaltakquise von hochwertigen Leads einfach und automatisiert zu ermöglichen und das 24/7 und 365 Tage im Jahr.

Am Ende steht beim Inbound Marketing als Ziel aber immer der Vertrieb - das heißt, einen neuen Kunden zu gewinnen und ihm etwas zu verkaufen. Dafür ist Inbound Marketing entworfen worden.

Wie erstelle ich ein Grundkonzept für Inbound Marketing?

Die zwei wichtigsten Dinge, die du für ein Grundkonzept benötigst sind:

-ein klares Ziel

-Informationen über Wünsche, Probleme, Fragen, Bedürfnisse und Ziele deiner Kunden

Ein Ziel kann beispielsweise sein, mehr Traffic zu produzieren, deinen Umsatz zu steigern oder mehr Leads zu gewinnen. Es kann aber auch ein Ziel sein, eine stärkere Kundenbindung zu erreichen oder bekannter zu werden. Das legst allein du fest. Denke an das Hybridsystem welches möglich ist.

Grundlegend für das Grundkonzept ist der zweite Punkt: Du musst wissen, was deine Besucher wollen, und welche Bedürfnisse, Fragen und Probleme sie haben.

Wenn du das in Erfahrung gebracht hast, kannst du deine Besucher in unterschiedliche Gruppen einteilen und sie je nach Gruppenzugehörigkeit für sie hilfreiche und interessante Themen finden.

Danach musst du entscheiden, wo du welche Themen veröffentlichen willst - in einem eigenen Blog, in sozialen Medien, auf thematisch passenden Seiten als Gastbeitrag. Auch zu diesem Thema gibt es viele Möglichkeiten.

Du planst daneben auch noch regelmäßige Analysen der Performance ein, machst dir einen Plan für Lead Nurturing und für eine Sales Strategie und dein Basiskonzept ist fertig und sehr rund. Danach kannst du sofort mit der Umsetzung beginnen.

Was bringt mir Inbound Marketing als Unternehmer, Freelancer oder Webshop-Betreiber überhaupt?

Ausführlich beschrieben haben wir das bereits unter dem Punkt "Vorteile". Noch einmal kurz zusammengefasst:

1. Du bekommst ständig neue Interessenten für deine Produkte und Dienstleistungen auf automatisiertem Weg - ohne (deutlich teurere) Werbung schalten zu müssen

2. Du erhöhst deine Reichweite ganz automatisch

3. Du kannst deine Zielgruppe exakter und umfassender ansprechen

4. Du erhältst mehr Trust und wirst als vertrauenswürdiger Experte, Hersteller oder Händler angesehen

5. Dein Marketing ist sehr nachhaltig und läuft langfristig von selbst immer besser, weil du auch von dem guten Image deines Unternehmens und der Weiterempfehlung deiner Kunden profitierst und laufende neue Interessenten auf die immer mehr und neu produzierten Inhalte generierst.

Das sind nur die wichtigsten Vorteile ganz kurz zusammengefasst. Klassisches Marketing ist dagegen teurer, deutlich weniger nachhaltig und wird von den meisten Menschen vor allem als Belästigung empfunden. Inbound Marketing empfinden die meisten Menschen dagegen als eine Bereicherung für die sie sogar dankbar sind.

Was kann ich bei Inbound Marketing alles outsourcen?

Grundsätzlich kann man fast das gesamte Marketing in die Hände von qualifizierten Dienstleistern legen - ob das allerdings tatsächlich Sinn macht, steht auf einem anderen Blatt. Auch ist hier wiederum ein Hybridsystem denkbar.

Sinn macht es, vor allem die Content-Erstellung an qualifizierte Dienstleister auszulagern, die professioneller und meist auch besser und schneller arbeiten können als Laien. Ein klassische Marketing-Texter wird wohl Probleme haben dies umsetzen zu können.

Gegebenenfalls kann man auch die Platzierung von Content von Dienstleistern erledigen lassen.

Diese beiden Dinge machen erfahrungsgemäß den meisten Aufwand. Strategische Planung, Analyse und Optimierung des Marketings sollte man dagegen am besten im eigenen Haus behalten - falls nötig kann man sich aber auch da professionelle Unterstützung und Beratung zusätzlich holen. Dies macht dann Sinn, wenn das eigene oder interne Marketing mit dieser Art des Vertriebes noch nie zu tun hatte.

Was ist das Hauptziel von Inbound Marketing?

Das Ziel beim Inbound Marketing - das wird oft verwechselt - ist es NICHT Nutzer kostenlos mit hilfreichen Informationen zu versorgen. Das ist lediglich ein Mittel zum Zweck, um Aufmerksamkeit – Reichweite und neue Kundenkontakte zu erzeugen.

Bei klassischer Werbung (etwa bei Bannerwerbung oder bei Pop-Ups) wird Aufmerksamkeit erzeugt, indem man optische Reize setzt und dem User möglichst deutlich eine Lösung für ein Bedürfnis vor Augen führt und eine kleine Geschichte erzählt, in der sich der User mit seinem Problem wiederfinden kann.

Leider ist die Werbedichte heute bereits sehr hoch und User ignorieren jede Art von Werbung immer mehr, weil sie sich davon gestört fühlen, sie stumpfen so zusagen ab. Zudem ist diese Art der Werbung nach dem Gießkannenprinzip noch viel störender für alle jene Kunden, die gar nicht zur Zielgruppe gehören, die Werbung aber dennoch ansehen müssen.

Inbound Marketing verwendet dagegen Inhalte und Informationen, nach denen User ohnehin von sich aus und aus eigenem Antrieb schon suchen - die Informationen, die der User sucht, werden ihm angeboten und er wird damit auf die eigene Seite gelockt/geleitet.

Der User fühlt sich dadurch nicht mehr gestört und ist gern bereit im Austausch für die kostenlose Information seine Daten freiwillig preiszugeben (etwa durch Eintragen in einen Newsletter oder Mailverteiler).

Damit ist ein Lead generiert und beide Seiten sind glücklich - Inbound Marketing schafft also ein Win-Win-Situation anstatt wie klassisches Marketing Menschen mit eindringlichen Botschaften und permanenter Marktschreier zu stören und unter Umständen massiv zu verärgern.

Der Zweck beim Inbound Marketing ist also nicht die Versorgung sondern am Ende das sehr gezielte Gewinnen von wertvollen Leads für die eigenen Produkte. Leads in dieser Qualität können auch später viel einfacher in Kunden konvertiert werden, da sie bereits eine sehr positive Grundhaltung zum Unternehmen besitzen.

Was brauche ich alles, um Inbound Marketing umsetzen zu können?

Im Grunde sind weder spezielle Tools noch Techniken nötig. Wichtig ist guter und zielgerichteter Content, eine gute Strategie mit klaren Zielen, eine gute Kenntnis seiner potenziellen Kunden, querdenken, Kreativität, Verständnis der Zusammenhänge und etwas Fleiß.

Um das Marketing zu steuern, können Tools hilfreich sein - insbesondere um den Arbeitsaufwand zu verringern. Zwingend notwendig ist das aber nicht.

Auch bei den Analysetools, mit denen man die Wirksamkeit der eigenen Marketingaktivitäten überprüfen kann, reichen einfach Standardtools wie Google Analytics im Grunde völlig aus.

Professionelle Keyword-Tools können sehr hilfreich sein, auch hier kommt man in der Regel aber mit kostenlosen Standard-Alternativen bereits sehr weit. Wobei die Profi Tools sehr viel Arbeitszeit einsparen und weitere Informationen preisgeben.

5.13 Inbound Marketing Plattformen und Tools

Wie in vielen digitalen Bereichen machen einem auch im Inbound Marketing Tools das Leben oft entscheidend leichter.

Klar - für die Strategie und den Content muss man selber sorgen (wenn man ihn nicht von professionellen Dienstleistern erstellen lässt) - bei allem anderen aber können professionelle Tools einem sehr viel Arbeitslast abnehmen.

Zwei "Platzhirschen", die als echte Komplettlösungen fungieren, sind Chimpify (zu erreichen unter der URL: https://www.chimpify.de) und Hubspot (zu erreichen unter der URL: https://www.hubspot.de).

Diese beiden Tools managen alle Aspekte beim Inbound Marketing vorbildlich komplett - fachliche Beratung und eine Menge Wissen sind dabei auch noch inkludiert. Für die Komplettpakete muss man allerdings schon recht tief in die Tasche greifen. Je nach Anforderung der persönlichen Bedürfnisse geht der Preis nach oben.

Insellösungen als Alternative:

Wer sich diesen Aufwand lieber ersparen möchte, muss leider auf "Insellösungen" setzen - das heißt, verschiedene Tools für einzelne Zwecke zu verwenden. Das ist nicht ganz so bequem, dafür häufig kostenlos oder zumindest mit sehr geringen Kosten behaftet und bewahrt die Individualität. Ich bin somit nicht abhängig von einem System.

So kann man beispielsweise mit Hootsuite (https://hootsuite.com) kostenlos alle seine Social Media Accounts unter einem Dach und auf einem einzelnen Dashboard verwalten - das gilt für jeweils einen Account bei Facebook, Twitter und Instagram. Für mehrere Accounts und zusätzliche Analyse-Funktionen wird es dann aber kostenpflichtig.

Buffer (https://buffer.com/) ist die für mehr als 3 Accounts etwas teurere, dafür aber auch leistungsfähigere Applikation für diesen Zweck. Dafür unterstützt sie dann auch zeitversetztes Publishing, bietet Trend- und Performance-Analysen für die eigenen Posts und zeigt das Engagement zu jedem eigenen Posting an. Buffer lässt sich auch bequem als Browser-Erweiterung einfügen - was den einen oder anderen Workflow sicherlich vereinfachen kann.

Wer die sozialen Medien gerne noch hinsichtlich gerade angesagtem Content und Influencern analysieren möchte, ist bei Buzzsumo (http://www.buzzsumo.com) möglicherweise gut aufgehoben: Die Social Media Suchmaschine zeigt nicht nur den besten und den am häufigsten geteilten Content in jeder Nische, sondern ermöglicht auch das Suchen von Influencern in allen Themenbereichen. Die Ergebnisse lassen sich auch bequem als Excel Datei exportieren. Buzzsumo bietet vier unterschiedliche, kostenpflichtige Pakete mit jeweils unterschiedlichem Leistungsumfang an.

Newsletter Tools:

Mit Mailchimp (https://mailchimp.com) kann man seine Newsletter bequem verwalten und auch verschicken lassen - bis zu 500 Empfänger sind kostenlos, danach werden recht gemäßigte Kosten fällig.

Active Campaign (http://www.activecampaign.com) ist die umfassende Lösung, wenn es um Email-Marketing und Marketing Automation geht

- leider ist sie auch entsprechend teuer. Mit Active Campaign kann das gesamte Email-Marketing komplett an einer Stelle organisiert werden. Wer allerdings nicht mehr als 1.000 bis 2.000 Kontakte in seinem Verteiler hat und sich mit grundlegendem Funktionsumfang begnügen kann, der kommt bei Active Campaign noch einigermaßen kostengünstig davon.

Blogs einfach erstellen und User-Aktivitäten tracken mit WordPress

Mit dem kostenlosen WordPress-Plugin HubSpot Marketing Free kannst du alle deine Leads recht praktikabel tracken und erfährst so recht gut, was Leads auf deinen Seiten ganz besonders interessiert - und was eher weniger. Das Tool einzusetzen kann sehr lohnend sein, wenn man mehr über deine Kunden und ihre Vorlieben und Interessen erfahren möchte. Es hilft dir auch dabei, deine Seiteninhalte und Themen zu optimieren.

Überdies ist WordPress ohnehin eine sehr gute und vor allem eine sehr bequeme Möglichkeit, ein Blog zu erstellen und zu managen. Der Funktionsumfang der kostenlosen WordPress-Blogs ist sehr professionell, mithilfe zahlreicher Erweiterungen und Plugins kann man die Funktionalität sogar noch deutlich vergrößern.

Analyse-Tools:

Wer hochwertige Analysen über seinen Traffic haben möchte, seinen Werbe-ROI berechnen oder einfach wissen möchte, welche Bereiche seiner Seite besonders frequentiert werden und wie viele Nutzer welche Inhalte teilen, der ist bei Google Analytics (https://www.google.com/intl/de/analytics/features/) immer noch am besten aufgehoben.

Mit dem Google Keyword Planer kann man auch noch immer hervorragend und sogar kostenlos arbeiten (solange man mindestens eine AdWords Kampagne am Laufen hat).

Das Tool, das man unter:

https://adwords.google.com/home/tools/keyword-planner/ findet, glänzt ebenfalls mit hohem Funktionsumfang und wird noch von einigen anderen interessanten Zusatz-Tools, wie etwa Google Trends (zeigt die Trendverläufe eines Keywords in Bezug auf das Suchvolumen an) oder dem Google Reach Planner.

Natürlich gibt es für diese Zwecke auch professionelle Tools - etwa das Moz Keyword Tool (https://moz.com/explorer/) das eines der besten seiner Art ist - kein Wunder, gehört das Unternehmen doch immerhin zu den größten und professionellsten SEO Unternehmen der Welt. Es gibt aber auch von anderen Anbietern entsprechende Alternativen - etwa von Ahrefs.

Für Insellösungen gibt es also genügend Möglichkeiten - hier kann sich jeder zusammensuchen, was ihm nützlich und brauchbar erscheint. Damit lassen sich die vielen nötigen Nebenarbeiten rund um das Erstellen und Platzieren von Content oft schon deutlich schneller erledigen.

6   Texten von Überschriften und Headlines

6.1   Wozu dienen Überschriften überhaupt? Und was ist genau die Funktion einer Headline?

Wenn man sich dem Thema Überschriften einmal sachlich nähert, muss man zunächst einmal zwei grundlegende Dinge auseinanderhalten:

-Überschriften (auch Unter- und Zwischenüberschriften) und

-Headlines (auch Header genannt - auf Deutsch heißt die Headline in den meisten Bereichen ganz einfach "Schlagzeile")

Beide haben eine ganz unterschiedliche Funktion, und für beide gelten auch unterschiedliche Regeln, was Inhalt und Gestaltung betrifft.

Überschriften

ÜBERSCHRIFTEN fassen darunter stehende Inhalte in einer Zeile - idealerweise sogar in wenigen Worten - prägnant zusammen. Das ist ihre wesentlichste Funktion.

Auf diese Weise ermöglichen sie dem Leser die Orientierung innerhalb eines Textes - vorausgesetzt natürlich, es gibt genug Zwischenüber- schriften im Text und unter jeder Überschrift wird jeweils nur ein Haupt-Aspekt, Haupt-Gedanke oder ein Argument besprochen.

Einer der wesentlichsten Fehler vor allem bei Texten für das Web ist eine zu geringe Zahl von Überschriften. Texte werden dadurch zu we- nig strukturiert und sind nur schwierig lesbar. Zu lange Textabschnitte wirken unübersichtlich und ungeordnet und verleiten kaum zum lesen - selbst wenn sie eigentlich einen in sich folgerichtigen Aufbau haben. Es ist die Optik, „die Verpackung für das menschliche Auge" wie bei einem Produkt im Regal eines Discounters die hier vor allem zählt.

Überschriften vs. Gliederung

Überschriften können auch HIERARCHISCH STRUKTURIERT sein. Das heißt, es gibt Über-Überschriften und Unter-Überschriften. Die Headline ist auf jeder Seite oder bei jedem Printprodukt dabei die Über-Über-Überschrift, das heißt, sie steht hierarchisch über allen Überschriften auf der Seite. Dabei hat sie aber eine grundlegend andere Funktion als sonstige Überschriften, sie dient nicht mehr dazu, den Text in irgendeiner Weise zu strukturieren. Dazu kommen wir aber gleich im nächsten Abschnitt.

Setzt man hierarchisch gestaffelte Überschriften ein, kann man einen Text hervorragend strukturieren. Die Über-Überschrift gibt einen bestimmten Bereich vor, die Unter-Überschriften gliedern den Haupt-Bereich in einzelne Aspekte. Zählt man hier die Headline als oberste, über allem stehende Ebene noch mit dazu, hat man am Ende also drei Gliederungsebenen. Für die meisten im Web üblichen Texte ist das optimal. Mehr Unterteilung ist in der Regel nicht sinnvoll und lässt Texte schnell wie eine Liste wirken - was bei Lesern nicht immer so gut ankommt. Zudem steht dann bei den einzelnen Unterpunkten meist schon zu wenig Text zur Verfügung, um eine so starke Gliederung zu rechtfertigen.

Ein Beispiel:

HEADLINE   TENT2000 - TOLLES ZELT FÜR ALLE ZELTCA-MPER

GLIEDERUNGSEBENE 1:   - KOMFORT (ÜBERSCHRIFT)

Mit dem Tent2000 wird Ihr Camping zukünftig um einiges komfortabler. Sie genießen hier alles, was sie bisher bei anderen Zelten vermissen mussten. [...]

GLIEDERUNGSEBENE 2:   - Ausreichend Platz (UNTER-ÜBER-SCHRIFT)

Das Raumangebot beim Tent2000 ist so ausgelegt, dass sie nicht nur Schlafmatten und einen Rucksack unterbringen. Es ist kein Problem, im Innenbereich auch Feldbetten und dazu einen Tisch und Stühle aufzustellen, an denen man bequem und ohne sich beengt zu fühlen, sitzen kann. Mit der durchgehenden Stehhöhe im Inneren gehören gebückte Haltungen im Zelt endgültig der Vergangenheit an.

GLIEDERUNGSEBENE 2:   - Großzügiges Regendach (UNTER-ÜBERSCHRIFT)

Nicht immer ist das Wetter schön - manchmal muss man auch Regentage überstehen. Mit dem Tent2000 müssen Sie sich an solchen Tagen nicht im Zelt verkriechen: dank des großzügigen Regendaches können Sie auch wie an Sonnenscheintagen bequem an der frischen Luft sitzen. Sie sind dabei rundum vor Regen geschützt. Dank dieser patentierten und einzigartigen Konstruktion des Tent2000-Regendachs bleiben sie selbst bei starkem Wind und schräg einfallendem Regen immer trocken.

GLIEDERUNGSEBENE 1:   - AUFBAU (ÜBERSCHRIFT)

Das Aufbauen des Tent2000 geht viel schneller als bei vergleichbaren Zelten. Das Zelt kann problemlos auch von einer einzelnen Person in weniger als 10 Minuten aufgebaut werden.

GLIEDERUNGSEBENE 2: -Snap-in-Gestänge (UNTER-ÜBERSCHRIFT)

Das patentierte Snap-in-Gestänge des Tent2000 macht Schluss mit der schwierigen und wackligen Steckverbindung üblicher Zeltstangen, die gerade bei größeren Stangenlängen zu einem friemeligen Geduldsspiel werden kann. Alle Stangenteile der Tent2000-Stangen rasten mit einem Klick fest ein - die Stange bleibt nach dem Zusammenklicken als ganzes stabil und lässt sich damit ohne Mühe schnell einfädeln.

GLIEDERUNGSEBENE 2: -Standsicher in unter 10 Minuten (UNTER-ÜBERSCHRIFT)

Kein endloses Abspannen, keine zahllosen Befestigungsleinen, die sich ständig verwirren und über die man dauernd stolpert: beim Tent2000 fügen Sie ganz einfach die Stangen in die vorhergesehenen Öffnungen ein und befestigen die Eckpunkte des Zelts mit nicht mehr als 6 Heringen. Mehr ist nicht nötig und das spart Zeit - das Zelt stabilisiert sich durch seine besondere Form dann völlig von selbst. Endloses Abspannen gehört somit der Vergangenheit an.

GLIEDERUNGSEBENE 1: -STURM- UND REGENSICHERHEIT AUCH BEI WIDRIGEN VERHÄLTNISSEN (ÜBERSCHRIFT)

Das Tent2000 glänzt neben allem anderen auch in Sachen Sicherheit. Ob sintflutartiger Regen oder schwerer Sturm - im Tent2000 sind sie immer geschützt.

GLIEDERUNGSEBENE 2:   -Wasserdicht auch bei sinftlutartigem Regen (UNTER-ÜBERSCHRIFT)

Selbst wenn es tagelang regnen sollte, bleiben Sie im Tent2000 immer trocken. Das Spezialgewebe mit 20.000 mm Wassersäule lässt auch bei Dauerregen oder schweren Regenfällen mit hohen Wassermengen keinen Tropfen durch.

GLIEDERUNGSEBENE 2:   -Sturmsicher bis 160 km/h (UNTER-ÜBERSCHRIFT)

Das Tent2000 und die patentierte selbsttragende Struktur wurden von uns in einem externen Labor ausführlich getestet. Selbst bei Windstärken von 160 km/h steht das Tent2000 noch unbeeindruckt aufrecht. Bei einem aufkommenden Sturm bietet Ihnen das Tent2000 also mehr Sicherheit als jedes andere Zelt - und das völlig ohne ein Gewirr von zahllosen Abspannleinen.

[...]

Wie du dir vielleicht schon gedacht hast, handelt es sich bei unserem Beispiel natürlich um ein erfundenes Produkt (das sich so aber wahrscheinlich viele Camper wünschen würden). Wichtiger ist allerdings, der Aufbau der Struktur mit zwei Gliederungsebenen unterhalb der Headline. Der Aufbau des gesamten Textes wirkt so sehr übersichtlich, die Struktur des gesamten Textes kann auf einen Blick erfasst werden.

Würdest du in diesem Fall nur die Unter-Überschriften für den Text verwenden, wird das schnell unübersichtlich, vor allem wenn du bedenkst, dass in diesem Text noch 10 weitere Leistungsmerkmale, die Kosten, die Angaben über die Materialien und ähnliche Dinge zur Sprache kommen würden. Die Zusammenfassung von mehreren, zusammenhängenden Unter-Überschriften unter eine übergeordnete Überschrift macht hier deutlich Sinn, um den Text insgesamt übersichtlicher zu gestalten.

Umgekehrt wäre es aber auch nicht sinnvoll, die Unter-Überschriften noch weiter zu gliedern. Es gäbe dann zu den einzelnen Unterpunkten kaum mehr etwas zu sagen und die Vielfalt an Überschriften würde insgesamt eher Verwirrung stiften als Klarheit und Übersichtlichkeit zu bringen. Bei den meisten Texten liegst du also mit zwei Gliederungsebenen unterhalb der Headline meist richtig.

Wenn du dir die inhaltliche Ausführung der Überschriften ansiehst, erkennst du, dass sie nicht immer alle die gleiche Länge haben - manchmal reicht ein Wort, um etwas treffend zu umschreiben, manchmal möchtest du mit der Überschrift aber auch eine prägnante Aussage treffen. "Regensicher" als einzelnes Wort wäre im unteren Abschnitt als Unter-Überschrift zu wenig konkret, denn regensicher sind mehr oder weniger alle Zelte. Dafür braucht es dann eine präzisere Überschrift um den darunter stehenden Textteil prägnant und treffend wiederzugeben.

Merke dir als Grundregel einfach: "SO WENIG WÖRTER WIE MÖGLICH, SO VIELE WÖRTER WIE NÖTIG".

Wie viele Überschriften brauche ich eigentlich?

Wie vorhin schon erwähnt, kommst du meist mit zwei Gliederungsebenen unter der Headline aus. Das hängt zwar immer auch ein wenig von der Textlänge und der Komplexität des Textes ab, für weitaus die meisten an die Allgemeinheit gerichteten Texte gilt das aber. Ein zu stark hierarchisch gegliederter Text sorgt eher für Verwirrung und Unübersichtlichkeit, zudem wirkt er optisch schon fast eher wie eine Liste - was die Leselust von Menschen nicht besonders fördert - und auch nicht die Lust, sich in der Struktur zurechtzufinden. In einigen wenigen Fällen kann aber eine dritte oder sogar eine vierte Gliederungsebene angebracht sein, wenn der Text vor allem einen sehr weiten Themenbereich abdecken muss. Versuche das in der Praxis aber immer eher zu vermeiden, "KEEP IT AS SIMPLE AS POSSIBLE" lautet hier die Weisheit.

Die Frage, WANN du eine Überschrift setzen solltest, und wie viel Text darunter stehen sollte, ist ungleich schwerer zu beantworten. Das hängt in der Praxis vor allem vom Inhalt deines Textes ab. Wenn du eine lange Argumentationskette aufbauen musst, sind natürlich auch die Abschnitte unter den Überschriften entsprechend länger (etwa: wenn du zu erläutern versuchst, wie es zum Absturz der türkischen Lira in den letzten drei Jahren kam). Im Allgemeinen lassen sich solche längeren Textabschnitte aber auch gut durch Grafiken, Diagramme oder eingeschobenen, hervorgehobene Zitate optisch etwas auflockern. Du brauchst dann nicht unbedingt Zwischenüberschriften zu setzen, die ohnehin nicht besonders gut zum Verständnis und zur sinnvollen Gliederung beitragen würden.

Für die besonders gute Lesbarkeit und Erfassbarkeit von Web-Texten gibt es aber immerhin einige Regeln:

-alle 2 - 3 Sätze einen Absatz (Sätze sollten dabei möglichst nicht länger als 20 Worte sein)

-alle 2 - 3 Absätze eine Zwischenüberschrift (Unter-Überschrift)

Das sorgt für eine ausgezeichnete Lesbarkeit und eine hervorragende Strukturierung des Textes. In der Praxis wird das allerdings nicht immer problemlos bei allen Textlängen und Themen zu realisieren sein. Versuche dich dann aber wenigstens an diese Regel anzunähern und unterbrich einen längeren Text unter der Überschrift nach rund 3 - 4 Absätzen vielleicht mit einem Bild, einem Diagramm oder einem hervorgehobenen Zitat, wenn möglich.

Überschriften bei Bildern, Grafiken und Diagrammen

Ein Punkt, der gerne übersehen wird, sind Überschriften für Grafiken und Diagramme. Für die Suchmaschine, die ja keine Bilder erkennen kann, wird hier oft ein sogenannter Alt-Text (Alternativ-Text) eingefügt - für den menschlichen Leser ist eine Überschrift über einem Diagramm oder einer Grafik aber meist ebenfalls hilfreich - auch wenn sich der Inhalt eines Diagramms aus dem vorangegangenen Text meist herleiten lässt. Du kannst aber nie sicher davon ausgehen, dass alle deine Leser den vorangegangenen Text auch Satz für Satz gelesen haben.

Diagramme, Grafiken und Co. stechen aus Texten deutlich heraus und stehen bei einer oberflächlichen Betrachtung des Textes deshalb in gewisser Weise "außerhalb". Aus diesem Grund sollten sie am besten ebenfalls eine Überschrift erhalten, die kurz und knapp beschreibt, was das Diagramm darstellt (zum Beispiel: "Verfall der türkischen Lira zwischen 2008 und 2016").

Bei Bildern kann es häufig ebenfalls sinnvoll sein, eine Überschrift hinzuzufügen - gerade Stock-Images zeigen oft sehr allgemeine Szenen, die nicht sofort und ohne weiteres mit dem Inhalt des Textes in Verbindung gebracht werden können. (z.B. Frau auf dem Fahrrad, die in den Sonnenuntergang fährt). Eine Überschrift im Bild erleichtert hier, einen Bezug zum Text-Thema zu schaffen (z.B. "mit dem dauerleistungsfähigen ETERNAL Bike-Akku endlich zu echten und großen E-bike-Abenteuern aufbrechen"). Manche Bilder sind dagegen so selbsterklärend, dass sie kaum eine Überschrift brauchen. In der Praxis lohnen sich Überschriften aber auch dann häufig - nämlich um das Bild besonders gut im Kopf deiner Leser zu verankern (Bild + Text = Multimedia).

Headlines als Stop-Signal für Leser

Die wesentliche Funktion einer HEADLINE, ist im Gegensatz zu "gewöhnlichen" Überschriften keine INHALTSANGABE sondern vor allem das ERZEUGEN VON AUFMERKSAMKEIT UND LESEWILLEN. Es muss der Headline gelingen, dem Leser zu vermitteln, dass genau dieser Inhalt für ihn RELEVANT und UNVERZICHTBAR ist und unbedingt gelesen werden muss.

Ohne eine zugkräftige Headline werden Leser in den meisten Fällen nicht dazu bereit sein, den Text überhaupt zu lesen - jede Mühe, die du dir für den Text machst, ist also umsonst, wenn die Headline nicht zugkräftig genug ist, um überhaupt genug Leser IN DEN TEXT ZU LOCKEN. Selbst recht gut gestaltete Headlines schaffen es oft nur, rund die Hälfte der potenziellen Leser dazu zu verleiten, einen Text überhaupt zu lesen oder sich eingehender damit zu befassen. Ist die Headline nicht gut gestaltet, sind das am Ende dann oft nur sehr wenige Menschen, die die Inhalte überhaupt wahrnehmen.

Wie gut oder schlecht Headlines wirken erkennst du auch bereits bei herkömmlichen Printmedien, vor allem Tageszeitungen. Zeitungs- und Zeitschriftenherausgeber verwenden sehr viel Mühe auf die Gestaltung der ersten Seite, insbesondere auf die Formulierung der SCHLAGZEILE (was nur das früher gebräuchliche deutsche Wort für "Headline" ist). Die Qualität der Gestaltung der Haupt-Schlagzeile steht bei traditionellen Offline-Printmedien in direktem Verhältnis zur Zahl der verkauften Exemplare.

Headlines sind mehr als Information

Die Headline ist dabei keine bloße INFORMATION und darf das auch nicht sein. Sie muss den Leser vielmehr PERSÖNLICH ANSPRE-CHEN und ZUM ANKLICKEN & LESEN VERLEITEN. Erkennst du einen Unterschied zwischen "Datenschutzverordnung tritt in Kraft" und "Neue Datenschutzverordnung wird zum Problem für alle Online Unternehmer & Marketer"?

Im einen Fall handelt es sich um eine reine Information, im anderen Fall werden Unternehmer, Marketer und alle Marketing-Interessierten GEZIELT ANGESPROCHEN und dazu gebracht, unbedingt wissen zu wollen, worin denn nun das Problem für das gesamte Marketing besteht - und ob es sie unter Umständen auch selbst betrifft.

Um Headlines ZUGKRÄFTIG UND ANSPRECHEND zu machen, kann man sie auf unterschiedliche Weise gestalten - verschiedene Arten von Headlines werden wir in einem späteren Kapitel dann noch vorstellen.

Daneben können auch verschiedene SPRACHLICHE MITTEL UND STILMITTEL eingesetzt werden, um eine Headline zugkräftiger zu gestalten.

Clickbaiting

Ein sehr gutes Beispiel für die gezielte Arbeit mit Headlines im Internet ist das sogenannte CLICKBAITING. Das Wort leitet sich vom englischen "to bait" ab, dass so viel wie "ködern" bedeutet. Clickbaiting wird vor allem von diversen Online-Magazinen recht häufig eingesetzt.

Als "Click-Köder" dienen hier besonders zugkräftig oder unwiderstehlich gestaltete Headlines, die am unteren Ende eines Beitrags gestaffelt angezeigt werden und auf andere Beiträge verlinken. Sie sind hoch wirksam und zwingen Leser geradezu, darauf zu klicken, um auf den dahinter stehenden Beitrag zu gelangen, weil gezielt Neugier oder dringende Informationsbedürfnisse angesprochen werden.

Wir sind als Menschen genetisch so programmiert, dass wir auf bedeutsam erscheinende Informationen fast immer mit einem unstillbaren Drang reagieren, diese Informationen erhalten zu wollen (der Klassiker: "Warum alle 1973 Geborenen besonders viel Geld sparen können"). Ein anderes genetisches Programm sorgt dafür, dass wir sehr gerne Geheimnisse und private Enthüllungen von Personen erfahren wollen, die uns bekannt sind - und uns dabei instinktiv kaum zurückhalten können (z. B. "Die fünf Dinge, die niemand in Prinzessin Annes Schlafzimmer vermuten würde").

Clickbaiting bedient gezielt diese psychologischen Mechanismen, um Menschen dazu zu bringen, den Links zu folgen. Im Internetbereich gilt Clickbaiting durchaus als problematisch, da sie dem Leser über das Bedienen kaum bewusst steuerbarer psychologischer Mechanismen die Kontrolle über seine Leseentscheidungen großteils entziehen - und ihn damit auch dazu bringen, seine Zeit zu verschwenden, ohne dass er sich dagegen wehren könnte. Zudem enthalten die verlinkten Beiträge dann oft andere Informationen als der Leser aufgrund der Headline erwartet.

In vielen Fällen sind das auch werbliche Beiträge, deren Gegenstand nur sehr oberflächlich mit der ködernden Headline zu tun hat. Clickbaits werden dabei eingesetzt, um große Mengen an Besuchern auf die Werbebeiträge zu lotsen - es geht hier nicht um die tatsächlichen Interessen der Leser, sondern rein um die Erhöhung der Klickzahlen des Magazins oder des geschriebenen Beitrages.

Als so angelegte Taktik solltest du Clickbaiting auf jeden Fall vermeiden - wer gegen die echten Interessen seiner Leser verstößt und versucht Besucher zu manipulieren und sie damit meist auch verärgert, schafft sich keine gute Basis für langfristige Erfolge. Das Rezept dafür kann nur lauten, die wirklichen Interessen seiner Besucher nach echter und wertvoller Information so gut wie möglich zu bedienen. Wenn du dich mit den Formulierungen und der Gestaltung von Clickbait-Headlines aber einmal etwas eingehender auseinandersetzt, kannst du viel für die Formulierung deiner eigenen Headlines lernen.

Die SEO-Perspektive von Headlines und Überschriften

Ob du es glaubst oder nicht: auch Suchmaschinen orientieren sich, genauso wie reale Menschen, vor allem an Überschriften. Genauso wie Menschen geht es auch der Suchmaschine darum, die STRUKTUR eines Textes herauszufinden - um daraus zu bewerten, wie relevant der Text für ein bestimmtes Thema ist und welche der grundlegenden Aspekte des Themas in dem Text berücksichtigt sind.

Je besser und gekonnter die Gliederung deines Textes durch Zwischenüberschriften also ausfällt, desto mehr wirst du auch suchmaschinentechnisch davon profitieren können.

Einzelne Keywords, also Schlüsselbegriffe für dein Thema, wahllos einzustreuen oder etwa gar am unteren Rand aufzulisten nützt heute so gut wie nichts mehr - moderne Suchmaschinen wie Google sind schon längst in der Lage die Struktur eines Textes zu entschlüsseln und die Prägnanz einer Gliederung zu beurteilen - wie richtige Menschen. Die künstliche Intelligenz, die dabei vielfach bereits zum Einsatz kommt, kann das möglicherweise sogar noch besser als "richtige" Menschen.

Regeln wie "jeder Gedanke ein Absatz" und "Zwischenüberschriften, denen sich inhaltlich logisch folgen lässt" gelten auch ganz besonders für die Suchmaschinenoptimierung Version von Texten - auch wenn, oder gerade weil sie Menschen die Orientierung immer deutlich erleichtern.

Je optimaler du deine Texte im Hinblick auf das Thema gliederst und je nachvollziehbarer und logischer die Gliederung deiner Texte ist, desto besser werden das auch Suchmaschinen bewerten und deine Texte als "höher relevant" für das Thema betrachten. Damit steigt dann im Lauf der Zeit auch die Position deiner Seite in den Suchmaschinen-Rankings, mit der Folge, dass immer mehr Menschen deine Seite zu sehen bekommen. Damit können proportional auch deine Einnahmen mit der Seite oder über deine Webseite steigen.

Verstehe mich nicht falsch: natürlich ist es auch wichtig, dass die relevanten Schlüsselbegriffe, die Main-Keywords, für ein Thema in deinem Text vorkommen. Mit der richtigen Gliederung des Textes und der Auswahl der wirklich relevanten Zwischenüberschriften (=Aspekte des Themas) tun sie das aber fast schon automatisch - und meist auf völlig natürliche Weise.

6.2 Welche Rolle Headlines und Überschriften in modernen Medien spielen

Gut gegliederte, übersichtliche Texte und das Wecken von Leseinteresse sind in modernen Medien - und ganz speziell auf Webseiten - eine unbedingte Notwendigkeit. Dafür gibt es zahlreiche Gründe:

-die geringe Größe des sichtbaren Raums

-die Überflutung jedes Internetnutzers mit Informationen

-die Gewohnheit des selektiven Lesens, die sich heute weitaus die meisten Internetnutzer zu eigen gemacht haben (als Reaktion auf das insgesamte Überangebot an Informationen)

Geringe Größe des Leseraums

Schon beim Lesen von Texten auf einem PC oder Laptop hat man bereits Probleme, wenn ein Text nur wenig strukturiert ist. Der verfügbare Raum, innerhalb dessen ein Text dargestellt werden kann, ist hier bereits beschränkt und ein mit Buchstaben gleichmäßig gefüllter Bildschirm ermöglicht nur ein sehr anstrengendes Lesen, bei dem sich der Leser stark konzentrieren muss. Beim Betrachten von Texten und Webseiten auf mobilen Endgeräten - Tablets und Smartphones - über die heute bereits ein Großteil der Internetnutzung erfolgt, ist der verfügbare Raum für die Textdarstellung noch einmal deutlich reduziert im Vergleich zum Laptop oder PC-Bildschirm.

Texte müssen hier zwingend sehr gut strukturiert sein, weil der Leser sonst schnell den Faden verliert und ohne eine sehr kleinteilige Gliederung kaum mehr in der Lage ist, einen längeren Text zu erfassen. Selbst ungegliederte Texte mit einem Wortumfang von 300 - 400 Wörtern werden hier manchmal bereits so unübersichtlich, dass sie nur mit großer Mühe überhaupt zu lesen sind.

Das größte Problem liegt dabei darin, dass Leser einem ungegliederten Text meist nur mit großer Mühe FOLGEN KÖNNEN, wenn der Darstellungsraum sehr klein ist. Eine gut gestaltete, kleinteilige Gliederung ermöglicht bei Texten, dass man sich an ihr wie auf einer Strickleiter entlanghanteln kann und durch Auf- und Abscrollen zwischen den einzelnen Punkten immer problemlos vor- und zurückspringen kann und dabei immer gut erkennt, an welcher Stelle des Textes (auch inhaltlich) man sich gerade befindet. Auf diese Weise werden auch umfangreichere Texte auf den sehr kleinen Displays gut lesbar.

Da dem Leser für seine Leseentscheidung ("ist dieser Text oder Inhalt relevant für mich?") nur sehr wenig sichtbare Textteile zur Verfügung hat und Scrollen sehr viel Mühe bedeuten würde, gewinnen gerade bei kleineren Bildschirmen Headlines als Entscheidungshilfe für den Leser eine sehr wichtige Bedeutung. Sie müssen vor allem bei Webauftritten so gestaltet sein, dass sie dem einzelnen Leser klar und unmissverständlich signalisieren "diese Information ist genau für dich unverzichtbar, das musst du lesen". Wird das Leseinteresse nicht gezielt geweckt, kann es durchaus vorkommen, dass ein großer Teil der Besucher gerade längere Texte einfach "blind überscrollt" und die Inhalte trotz seines Besuchs der Seite gar nicht oder nur minimal aufnimmt.

Informationsüberflutung der Webnutzer

Menschen bewegen sich durch das Internet auf der Suche nach Informationen. Dabei besteht ein sehr großes Überangebot an Informationen - selbst zu eng umgrenzten Fragen oder Themenbereichen. Da Internetnutzer in der Regel ein sehr begrenztes Zeitbudget für Ihre Informationssuche mitbringen, müssen sie gezielt auswählen. Die einzelnen angebotenen Inhalte stehen dabei in direkter Konkurrenz zueinander, ob in den organischen Suchergebnissen der Suchmaschinen oder auf Verkaufsplattformen.

Hier ist es vor allem die Headline, die entscheidet, ob ein Leser dazu bewegt werden kann, zu klicken und einen Text zu lesen - oder den Text auszuschlagen und seine Informationssuche weiterzuführen. In kleinerem Umfang entscheidet auch die optische Gestaltung und die Qualität der Gliederung darüber, ob ein Leser sich davon überzeugen lässt, den Text zu lesen. Da gerade bei kleineren Displays aber meist nur wenig vom Text zu sehen ist, kommt die Hauptbedeutung hier sicherlich der Headline zu.

Gleiches gilt übrigens auch für andere Arten von Medien - etwa Flyer oder Flugblätter. Auch hier entscheidet die Qualität der Headline darüber, ob die Inhalte insgesamt gelesen und wahrgenommen oder als für den Leser nicht relevant ausgeschlagen werden. Welche Wirkung Flyer und Flugblätter insgesamt haben, hängt also ganz wesentlich davon ab, wie ihre Headline in Kombination mit dem Gesamteindruck gestaltet ist. Das sollte man nicht unterschätzen.

Selektives Lesen

In modernen Medien - insbesondere auf Internetseiten - wird nicht mehr Wort für Wort gelesen. So gut wie alle Nutzer "scannen" die Seiten: sie überfliegen einen Text und halten Ausschau nach Worten, Begriffen oder Markierungen im Text, die ihrer Leseabsicht entsprechen, oder nach Aspekten, die sie im Text interessieren.

Ein ganz einfaches Beispiel, wie es vielfach in der Praxis vorkommt:

Ein Nutzer gelangt auf die Internetseite eines Produkts, das ihm nützlich und praktisch erscheint. Er überlegt, ob dieses Produkt nicht auch für ihn sinnvoll sein könnte. Diese "Abwägung" bestimmt sein Leseinteresse.

Auf der Seite, auf die er gelangt, wird das Produkt sehr ausführlich mit all seinen Facetten beschrieben. Der Blick unseres Lesers gleitet über den Text, hält kurz bei der Aufzählung "weitere Vorteile" inne, streift die Liste "weitere Einsatzmöglichkeiten" - eigentlich ist unser Leser aber auf der Suche nach Zahlen: er will eine klare Preisangabe, um erkennen zu können, was das Produkt kostet.

Wenn das Produkt deutlich mehr als 500 € kostet, ist es für unseren Leser uninteressant und er wird es sicher nicht kaufen. Diese "magische Grenze" von 500 € ist der innere "Frame" (Bezugsrahmen) unseres Lesers, den er für sich individuell gesetzt hat. Fast sein ganzes Lese-Interesse ist darauf gerichtet, herauszufinden, ob das Produkt nun INNERHALB seines persönlichen Bezugsrahmens liegt oder nicht.

Im unteren Drittel des langen Textes findet unser Leser nun die gesuchte Preisangabe: 359 €. Damit ist das Produkt für ihn aufgrund seines persönlich gesetzten Bezugsrahmens kaufbar. Er kehrt zurück zum Punkt "weitere Einsatzmöglichkeiten" und liest die Aufzählung, um herauszufinden, ob ihm das Produkt für diesen Preis nicht auch gleich noch mehr Nutzen bringen kann. Danach springt er zum Punkt "weitere Vorteile" und liest auch diese Aufzählung. Das Produkt scheint ihm nun noch mehr nützlich zu sein und für viele Zwecke geeignet.

Danach springt unser Leser zum Punkt "Materialien und Lebensdauer" und liest diesen Absatz, um herauszufinden, ob das Produkt auch stabil genug für die geplanten Zwecke ist und wie lange es ungefähr seinen Zweck erfüllen wird. Danach springt er zum Punkt "Unsere Garantie".....

Was man daraus erkennt - und welche Schlüsse man daraus ziehen kann

Unser Beispiel macht bereits deutlich, wie das typische Leseverhalten im Internet aussieht. Wer selbst Texte verfasst, redet sich oft gerne ein, dass seine Texte so gut und mitreißend sind, dass ALLE Nutzer sie von Anfang bis Ende lesen. In der Praxis ist das aber nur höchst selten der Fall. Nutzer suchen "scannend" zunächst einmal vor allem nach Schlüsselinformationen. Können sie diese in kurzer Zeit auffinden und anhand ihres inneren Bezugsrahmens "verifizieren", fällt erst die Leseentscheidung.

Damit wird klar, warum gute und vor allem sinnvolle Gliederungen gerade bei neuen und digitalen Medien so überaus wichtig sind. Dauert das "Scannen" nämlich zu lange und sind die Schlüsselinformationen nur mit Mühe oder gar nicht aufzufinden, klicken User bald frustriert weg. Wer also meint, mit einem endlosen Textfluss ohne viel Gliederung seine Besucher zum Lesen "nötigen" zu müssen, um ihnen nur ja recht viel Information zwangsweise zu verabreichen, macht sie nicht begeistert sondern meist nur verärgert.

Das entspricht ungefähr dem Marktstandbesitzer, der jeden, der den Fehler macht, stehenzubleiben, mit einem endlosen Sermon voll Lob über sein Produkt zu überschütten. In der Realität trauen sich Menschen dann oft nicht, solche Marktschreier zu unterbrechen, weil das unhöflich wäre - mit dem Wegklicken einer Webseite hat aber keiner ein Höflichkeitsproblem - das geht schnell und ohne nachzudenken.

Überschriften optimieren Texte für selektives Lesen

Überschriften geben klar und prägnant an, worum es im nachfolgenden Absatz geht. Interessiert dieser Aspekt den Leser nicht, kann er direkt zur nächsten Unter-Überschrift springen und nachsehen, ob es dort um etwas geht, über das er sich informieren möchte.

Achte also immer darauf, deinen Text nach den Aspekten zu gliedern, die wahrscheinlich für viele Leser interessant sind. Bei Produkten können das etwa sein:

-die Vorteile des Produkts

-die Einsatzmöglichkeiten des Produkts

-die Wirkungs- oder Arbeitsweise eines Produkts

-der Aufbau oder die Inbetriebnahme des Produkts

-der Preis des Produkts (ganz wichtig!)

-die Kosten, die das Produkt im laufenden Betrieb verursacht

-für wen sich das Produkt besonders eignet

Bei Produkten ist das also ganz einfach - meist kommt man von selbst darauf, welche Punkte für Interessenten bedeutsam und wichtig sind.

Anders sieht das bei reinen Informationstexten aus - dort ist oft nicht von vornherein klar, welche Aspekte an einem Thema viele Menschen interessieren und welche Aspekte eher weniger. Hier kann man sich aber für die Gestaltung der Überschriftenstruktur gut mit einem W-FRAGEN-TOOL behelfen.

W-Fragen-Tool für die Gestaltung der Überschriften-Struktur einsetzen

Nehmen wir an, du möchtest auf deiner Webseite einen informativen Text über Holzfenster veröffentlichen. Zu diesem Thema gibt es allerdings ganz verschiedene Aspekte:

-Holzfenster und Wohngesundheit

-Holzfenster-Verarbeitungsweisen

-Holzfenster und die verschiedenen Holzarten die zum Einsatz kommen können

-maßgefertigte Holzfenster vom Tischler

-den Pflegeaufwand von unterschiedlichen Holzfenstern

-die Kosten für Holzfenster (etwa im Vergleich zu Kunststoff- oder Aluminiumfenstern)

-was beim Einbau von Holzfenstern zu beachten ist

-in welchen Farben es Holzfenster gibt

-worin der Vorteil liegt, Holzfenster mit Aluminium zu verkleiden

-wie man Holzfenster für einen denkmalgeschützten Altbau bekommt

-wann und wie oft man Holzfenster streichen muss, ...

Wie gesagt also viele Aspekte - du wolltest allerdings nur einen informativen Text schreiben und kein Grundlagenwerk über Holzfenster. Damit musst du dich auf die Aspekte beschränken, die auch die meisten Menschen (oder zumindest eine große Zahl von Menschen) beim Thema "Holzfenster" tatsächlich interessieren.

Wir benutzen nun einmal ein Online-W-Fragen-Tool (z.B. www.w-fragen-tool.com) und geben den Begriff "Holzfenster" ein. Das Tool gliedert die Analyse direkt nach W-Wörtern:

-Wer (wer streicht Holzfenster (Mieter oder Vermieter), wer stellt Holzfenster ein, wer verschenkt Holzfenster, wer renoviert Holzfenster, etc.)

-Wie (wie werden Holzfenster geschliffen, wie werden Holzfenster gestrichen, wie lange halten Holzfenster, etc.)

-Was (was muss man bei Holzfenstern beachten, was kosten Holzfenster, was ist besser - Holz- oder Kunststofffenster, etc.)

-Wo (wo Holzfenster kaufen, wo entsorgen, etc.)

-Warum (warum Holzfenster, warum schwitzen meine Holzfenster, etc.)

Bei den Fragen handelt es sich um das Ergebnis einer Auswertung, welche Fragen die meisten Menschen in Verbindung mit Holzfenstern in die Suchmaschine eingeben. Die häufigsten Suchanfragen werden von den W-Fragen-Tools ausgewertet und nach W-Fragen gruppiert. Jedes Tool arbeitet dabei ein wenig unterschiedlich - in der Praxis kann es also hilfreich sein, eine Analyse von mehreren Tools durchführen zu lassen.

Die Ergebnisse zeigen dir, welche Fragen Menschen am häufigsten in Bezug auf Holzfenster haben und welche Fragestellungen sie beim selektiven Lesen auch am schnellsten und zielsichersten wiedererkennen. Du kannst die Suchanfragen also gleich direkt für die Gestaltung einer zugkräftigen Überschriftenstruktur verwenden - etwa:

-Warum Holzfenster?

-Was kosten Holzfenster?

-Wann muss man Holzfenster streichen?

-Wie werden Holzfenster geschliffen und gestrichen?

-Wer renoviert alte Holzfenster?

-Warum Holzfenster manchmal schwitzen können

-Wo man Holzfenster kostengünstig kaufen kann

Auf diese Art und Weise hast du nicht nur einen hoch relevanten Text für sehr viele Leser verfasst, sondern auch einen, der das selektive Lesen bestmöglich unterstützt und alle wichtigen Interessen der Besucher für diese leicht auffindbar macht. Der Informationswert des Textes ist - aufgrund seiner guten Überschriftenstruktur - sehr hoch. Das werden deine Besucher aber auch die Suchmaschine zu schätzen wissen.

6.3 Die Große Bedeutung von Headlines für Marketing und Vertrieb

Gerade im Marketing und im Vertrieb geht es vor allem darum, die AUFMERKSAMKEIT VON KUNDEN ZU GEWINNEN. Kunden werden im Internet permanent mit Informationen und Werbebotschaften konfrontiert und sind praktisch andauernd dabei, für sich zu selektieren, welche Informationen für sie nützlich und wertvoll sind und welche sie ignorieren können (oder möchten). Um die Aufmerksamkeit von Kunden auf die eigene Webseite, das eigene Produkt oder das eigene Angebot zu lenken, muss zwingend eine Headline geschaffen werden, die den flüchtig Lesenden fesselt (anspricht), seine Aufmerksamkeit gewinnt und sein Interesse für die Webseite, das Produkt oder das Angebot entfacht. Dafür steht in der Praxis nicht viel Zeit zur Verfügung: Die Headline muss auf den ersten (flüchtigen) Blick wirksam sein und ihre Botschaft übermitteln. Gelingt das, hat man das Interesse des möglichen zukünftigen Kunden. Erst an diesem Punkt beginnt die tatsächlich Lead-Gewinnung überhaupt erst.

Die Headline ist im Vertrieb und auch im Marketing auch der erste Kontaktpunkt zwischen dem Marketer oder dem Produkthersteller und dem Kunden. Damit ist die Headline nicht nur ein wichtiges Mittel um einen (ersten) GUTEN EINDRUCK beim Kunden zu hinterlassen, sondern sie wird umgekehrt auch von Kunden genutzt, um den Marketer, das Produkt oder den Produkthersteller für sich zu bewerten. Diese Funktion der Headline darf man nicht übersehen.

Über die Gestaltung der Headline DEFINIERT SICH DER PRO-DUKTANBIETER auch sehr nachhaltig beim Kunden (Seriosität, überzogene Versprechen, massiver Werbedruck auf den Interessenten, Sachlichkeit, etc.). Ein misslungener erster Eindruck wirkt dabei oft noch sehr lange nach und beeinflusst viele nachgestellte Prozesse im Sales Funnel (Leadgewinnung, Konvertierung) oft deutlich negativ. Es kostet viel Mühe, einen solchen negativen Eindruck in späterer Folge im Marketing wieder zu korrigieren. Das ist noch mehr ein Grund, sich wirklich Mühe mit der Gestaltung von Headlines und dem gesamten Webauftritt zu geben.

Auch bei der Gestaltung von Vertriebsunterlagen oder Präsentationen kann man auf Headlines nicht verzichten. Für die Texte an sich gilt hier alles, was schon zu Überschriften, Gliederung und Struktur gesagt wurde - auf eine gut gestaltete Headline kann man in den meisten Fällen aber ebenfalls nicht verzichten. Auch hier gilt, dass zunächst einmal das Leseinteresse geweckt werden muss - ansonsten besteht das Risiko, dass die Inhalte gar nicht gelesen werden. Zudem werden durch eine Headline auch der positive Eindruck vom Unternehmen und die Begeisterung für das Produkt noch einmal nachhaltig verstärkt. Dein Kunde (oder Interessent) behält die Schlagzeile während des Lesens im Gedächtnis und interpretiert das Gelesene in Verbindung mit der immer noch präsenten Schlagzeile deutlich positiver, als wenn keine Schlagzeile vorhanden wäre.

6.4 Wie Headlines Inhaltlich gestaltet sein sollten und welche Informationen Sie enthalten sollen

Gute, das heißt wirksame Headlines brauchen viel Überlegung bei ihrer Gestaltung. Mit der Headline steht und fällt gewissermaßen der gesamte Marketing-Prozess, könnte man sehr prägnant sagen. Einige grundlegende Anforderungen für die Gestaltung sind:

-die Headline muss kurz und prägnant sein

-die Headline muss Aufmerksamkeit erzeugen, das heißt sie muss in dem Umfeld, in dem sie sich befindet tatsächlich HERAUSSTECHEN, wenn notwendig auch einzelne Worte in Farbe

-die Headline muss sofort die Aufmerksamkeit des Lesers fesseln

-die Headline muss eingängig sein und sollte leicht im Gedächtnis bleiben können

-die Headline muss dabei gut und leicht verständlich sein (auch wenn mit sprachlichen Mitteln wie Wortspielen gearbeitet wird)

-die Headline muss sich direkt und unmittelbar auf den darunter stehenden Artikel, Verkaufsseite, Pressemitteilung oder die Produktbeschreibung beziehen

-die Headline darf nichts Unwahres oder lediglich Nebensächliches behaupten (auch wenn mit sprachlicher Zuspitzung gearbeitet wird)

-die Headline darf nicht übermäßig übertreiben (bei Superlativen wie "das allerbeste" aufpassen!)

-die Headline sollte möglichst nicht Generalisieren oder Pauschalisieren um sachlich zu wirken

Das sind bereits eine ganze Menge Anforderungen, denen du bei der Gestaltung deiner Headline gerecht werden solltest. Am besten entwirfst du im Vorfeld einige Probe-Headlines und verwendest dann die oben stehende Liste um einerseits unpassende Headlines gleich auszusortieren und bei den verbleibenden Headlines festzustellen, wo du noch Nachbesserungsbedarf hast. Von da ausgehend kannst du dann Stück für Stück weiterarbeiten und die möglichen Schwächen deiner verbleibenden Headlines so gut wie möglich auszumerzen versuchen (es kann nie schaden, am Ende mehrere verschiedene Headlines in petto zu haben - welche davon am besten funktionieren, kannst du dann später durch einen Splittest/A-B Test testen).

Wie du deine Headline sprachlich gestaltest, hängt auch mit davon ab, für welchen Zweck sie später eingesetzt werden soll - wenn es um Marketing oder direkt um Werbung geht, bieten sich vor allem sprachliche Mittel an:

-Wortwitz/Wortspiel (z. B. "Yes, we scan")

-Wortverfremdung (z. B. "Die Vereinigte Stasi von Amerika")

-sprachliche Zuspitzung (z.B. "Größtmögliche Gewinnchance - bester Preis")

Daneben gibt es auch unterschiedliche TITEL-STRATEGIEN für Headlines:

-Geheimnis-Offenbarung ("Das Geheimnis steter und solider Aktiengewinne")

-Verwendung sogenannter aufmerksamkeitsaktiver Begriffe

-Verwendung von bestimmten Reizwörtern

-Verwendung von Zahlen ("7 Dinge, die Sie am XY lieben werden")

-Tipp oder Ratschlag ("Wie sie nie mehr länger als 9 Minuten für den Wohnungsputz brauchen")

-Anleitung geben ("Wie Sie nie mehr Schimmel in ihrer Wohnung finden werden")

-Vorteil herausstellen ("Der leiseste Rasenmäher der Welt")

-Frage aufwerfen ("Kann man eine Garage selber bauen?" - Antwort im Beitrag: Ja, mit Garagenfix Fertiggaragen kein Problem)

-Rhetorische Frage stellen ("Warum muss die Steuererklärung so viel Arbeit machen?" Antwort im Beitrag: Muss sie nicht, wenn man zu XY geht)

Viele dieser Taktiken benutzen ebenfalls unbewusste "Trigger", die die Neugier von Menschen besonders stark anregen. So sind etwa UNGE-RADE ZAHLEN KLEINER ALS 9 sehr starke Trigger für unser Un-

terbewusstsein, auch klare Schritt-für-Schritt-Anleitungen oder sogenannte HowTo's erregen unsere Aufmerksamkeit sehr stark, weil wir
unbewusst ein starkes Bedürfnis nach Ordnung und klaren Anweisungen haben.

Natürlich wollen wir auch keinen Vorteil für uns verpassen oder eine
Frage unbeantwortet lassen (Kann man tatsächlich eine Garage selber
bauen - wir wissen es nicht, also müssen wir lesen). Unbeantwortete
Fragen oder Fragen, deren Antwort wir nicht wissen rattern immer
ziemlich laut in unserem Kopf - ohne dass wir viel dagegen tun könnten. Und den leisesten Rasenmäher der Welt wollen wir natürlich aus
schierer Neugier schon einmal kennenlernen.

Wichtig ist dabei nur: EINE TAKTIK MUSS IMMER ZUM PRO-
DUKT, ZUM UMFELD UND ZUR LESEABSICHT PASSEN.

Im (tages-)journalistischen Bereich wird man dagegen wohl eher aus
besonderen Fakten aus dem Text zurückgreifen, um daraus eine eingän-
gige, Aufmerksamkeit erzeugende Headline zu machen. Etwa: "Neue
Steuererleichterungen bringen Geringverdienern Geld in die Kasse".
Was nicht heißt, dass man hier nicht auch einmal witzig sein könnte -
oder Wortspiele verwenden (wie etwa: "Papst nimmt die Politiker ins
Gebet" wie etwa die BILD-Zeitung einmal 2011 titelte oder „Wir sind
Papst!" Bild-Zeitung am 20. April 2005).

Nicht alle Reizwörter funktionieren wie geplant

Viele Dinge, die sich bei Headlines schon lange eingebürgert haben und als wirksame Trigger gelten, sind das eigentlich gar nicht. Besondere Vorsicht solltest du bei den folgenden Wörtern walten lassen:

-kostenlos

-Tipp

-Trick

-leicht

-erstaunlich

-Heilung

-Wie du... (machst, erreichst, gewinnst, ...)

In vielen Fällen zeigen Untersuchungen, dass gerade diese oder ähnliche Wörter NICHT funktionieren. Das mag durchaus daran liegen, dass sie in der Vergangenheit geradezu inflationär gebraucht wurden und heute deshalb bei vielen Usern intuitiv eine Assoziation mit vielversprechenden Headlines und dann eher mäßigen oder qualitativ sehr schlechten Inhalten wecken. Ohne einen entsprechenden Test der eigenen Headlines (dazu kommen wir dann im letzten Kapitel dieses Ratgebers) lässt sich das aber nie sicher sagen.

Als reine Vorsichtsmaßnahme solltest du generell "typische Marketingbegriffe" wenn möglich eher meiden - die Chance, dass jemand das schon für wenig attraktive oder gar unseriöse Produkte verwendet hat und deine Headline wegen des Stils mit so etwas assoziiert wird, ist relativ groß. Sei lieber kreativ und gestalte deine ganz eigenen, unverwechselbaren Headlines - das tut auch deinem Unternehmens-Image gut.

Wer und Was

Eine allgemein recht gute Taktik, um Menschen möglichst direkt anzusprechen, ist: in jede Headline eine Information einzubauen, die die Fragen WER? und WAS? beantwortet.

Eine solche Headline haben wir in unserem Überschriften-Beispiel verwendet: Tent2000 - tolles Zelt für alle Zeltcamper. In diesem Fall sind die beiden Fragen klar beantwortet:

-wer? = alle Zeltcamper

-was? = tolles Zelt

Sprachlich könnte man an dieser Headline allerdings noch deutlich arbeiten. Das Adjektiv toll ist eigentlich nichtssagend und erweckt sehr wenig Aufmerksamkeit - höchstens bei jenen die tatsächlich jetzt gerade auf der Suche nach einem neuen Zelt sind.

Wir könnten etwa eine Frage aufwerfen:

-Kann ein Zelt so sturmsicher wie ein Wohnwagen sein? oder

-Warum brauchen manche Zelte gar keine Abspannung?

Hier ist dann etwas Kreativität gefragt. Wichtig ist vor allem, möglichst einzigartige Vorteile des Zelts herauszustellen. Regen- und Sturmsicherheit weisen „alle" Zelte auf - das lässt den flüchtigen Leser noch nicht aufhorchen. Das können wir ändern, indem wir zusätzlich mit sprachlicher Zuspitzung arbeiten:

Schweres Unwetter in Deutschland, Windgeschwindigkeit 161 km/h: das Tent2000 Zelt steht noch immer.

Das erzeugt zumindest einmal Aufmerksamkeit (nicht vergessen, möglichst ungerade Zahlen zu verwenden). Das ist schon etwas besser, was noch fehlt ist hier eine persönliche Ansprache mit einem klaren Reiz.

Etwa:

Unwetter, Hagel, Windgeschwindigkeit 161 km/h: Ihr Zelt könnte noch immer stehen.

Du kannst hier gerne der Reihe nach noch weitere Headline-Taktiken ausprobieren und sie nach der Checkliste am Anfang des Kapitels dann auf die notwendigen Voraussetzungen für gute Headlines prüfen. Versuche einmal, für dieses Beispiel fünf möglichst zugkräftige Headlines zu entwerfen.

Headlines und Subheadlines oder Dachzeilen

Nicht nur im journalistischen Bereich, wo sie Quasi-Standard sind, sondern auch im Marketing kommen zusätzlich zu Headlines heute immer häufiger Sub-Headlines und sogenannte Dachzeilen zum Einsatz, die die Headline inhaltlich ergänzen.

Ob du solche Mittel einsetzen solltest oder nicht hängt immer vom jeweiligen Einzelfall, von Zweck und Aussage der Headline und von der Textart ab, über der die Headline steht. Grundsätzlich gilt:

Man kann so etwas durchaus machen, in manchen Fällen ist es auch nützlich - in anderen dagegen eher nicht.

Wir könnten unsere Beispiel-Headline beispielsweise mit einer (kleiner gesetzten) Sub-Headline aufwerten und erweitern:

Unwetter, Hagel, Windgeschwindigkeit 161 km/h: Ihr Zelt könnte noch immer stehen.

Sub-Headline: Beim Tent2000 garantiert das der Hersteller sogar.

Wie gut das im Einzelfall funktioniert, muss man sich immer sehr genau ansehen. Sub-Headlines sind oft nicht nötig, damit eine Headline wirkt. In diesem Fall liegt dann nahe, sie tatsächlich einfach wegzulassen - die Headline allein wirkt dann kompakter, klarer und durchschlagender, eigentlich unnötige Zusätze und Erklärungen können die Wirksamkeit dagegen eher verringern.

Dachzeilen oder einen aus 2 - 3 Sätzen bestehenden (meist fett gesetzten oder anders hervorgehobenen) Teaser, wie bei vielen Tageszeitungsartikeln üblich, kann man einsetzen - hier muss dann aber wirklich jeder Satz sehr sorgfältig formuliert und vor allem sehr knapp gehalten werden. Das ist ein nicht immer ganz leichtes Unterfangen und das Risiko, dass das Gesamtkonstrukt aus Headline und Teaser dann nicht mehr klar und prägnant wirkt, ist sehr hoch.

DACHZEILEN stehen ÜBER der Headline (daher der Name). Sie erklären die Aussage der Headline bereits im Vorhinein.

Etwa:

Von Experten getestetes Tent2000

Unwetter, Hagel, Windgeschwindigkeit 161 km/h: Ihr Zelt steht noch immer.

Dachzeilen sind nicht ganz so üblich (außer bei manchen Magazinen im Print) - gerade das kann aber durchaus ein Grund sein, sie eben deshalb einzusetzen, wo es passt. Die ungewohnte grafische Struktur (Dachzeilen sind wie Sub-Headlines ebenfalls kleiner als die eigentliche Headline und über dieser zentriert) kann durchaus allein schon optisch Aufmerksamkeit erregen. Auch hier hängt es aber wieder ausschließlich vom Einzelfall ab, ob die Kombination aus Headline und Dachzeile auch tatsächlich wirksam ist. Auch hier gilt: wenn die Information aus der Dachzeile auch weggelassen werden kann, sollte man das im Zweifelsfall auch besser.

Kompaktheit ohne Adjektive

Wenn du Headlines kompakter, griffiger und durchschlagender gestalten möchtest, gibt es eine Wortgruppe, die du fast immer weglassen kannst: ADJEKTIVE.

Du konntest das schon in unserem Beispiel vom Anfang sehen: "Tolles Zelt für alle Zeltcamper". Die Beschreibung, dass es sich um ein "tolles" Zelt handelt, hat keinen besonderen Aussagewert und trägt damit auch nicht wesentlich zum Informationsgewinn bei. Adjektive wirken auch oft holprig und wenig geschliffen formuliert - selbst die so beliebten Superlative "beste, günstigste, nachhaltigste, ...".

Manchmal kann man Adjektive oder Superlative natürlich gut einsetzen - du solltest aber immer sehr sorgsam prüfen, ob es nicht auch ohne geht.

Würden wir in unserem Beispiel "tolles Zelt" einfach durch "Zelt" ersetzen verschwindet zwar der werbliche Charakter, dafür ist die Aussage aber deutlich prägnanter. Noch besser wäre natürlich, die schwache Formulierung einfach durch "das Zelt" zu ersetzen. Menschen würden das dann mit einer Betonung auf DAS lesen (also im Sinne von "das Zelt schlechthin") - und das wäre eine ungleich stärkere Aussage als lediglich ein "tolles Zelt".

Du siehst also: an Formulierungen gibt es immer viel zu feilen. Spreche dir deine Headline am besten mehrere Male laut vor - meist hört man dann sehr schnell heraus, an welcher Stelle es noch "holpert" und wo die Formulierung zu schwach klingt.

6.5 Wie Headlines und Überschriften optisch am besten gestaltet werden

Die optische Gestaltung von Headlines und Überschriften spielen ebenfalls eine sehr wesentliche Rolle für ihre Funktion. Je besser Überschriften und Gliederungsebenen sich voneinander und vom umgebenden Text abheben, desto klarer strukturiert wirkt ein Text. Dabei sollte aber immer auch auf ein harmonisches Gesamtbild geachtet werden, da der Text sonst optisch wenig professionell wirkt - das kann dann wiederum auf das Image und die Vertrauenswürdigkeit deiner Seite negativ zurückschlagen.

Bei allen Headlines und Überschriften gibt es eine Reihe von grundlegenden Gestaltungsmerkmalen:

-der Abstand oberhalb der Überschrift oder der Headline

-der Abstand unterhalb der Überschrift oder der Headline

-Schriftgröße(n) bei einzelnen Gliederungsebenen

-Schriftauszeichnung (fett, kursiv, unterstrichen, etc.)

-Schriftfarben

-Schriftarten

-gegebenenfalls in Verbindung mit der Schrift angebrachte Linien (Trennlinien, Umgrenzungslinien, etc.)

Alle diese Merkmale sollten harmonisch aufeinander abgestimmt sein. In der Praxis ist dafür eine ganze Menge typografisches Wissen und Geschick notwendig, um das sauber hinzubekommen - und vor allem in Verbindung mit dem Text einheitlich und harmonisch wirken zu lassen.

Voreinstellungen nutzen (H1 - H6)

Um dir die Arbeit zu erleichtern kannst du beim Erstellen von Texten, Webseiten oder Flyern auf die in Textverarbeitungsprogrammen oder in HTML automatisch hinterlegten Formatvorlagen zurückgreifen. Auf diese Weise kannst du sichergehen, dass alle Abstände, Schriftgrößen und Auszeichnungen harmonisch aufeinander abgestimmt sind und die Überschriften auch sowohl hinsichtlich ihrer Größe als auch hinsichtlich der Abstände und Auszeichnung gut zum Fließtext passen.

Bei Textverarbeitungen haben die Formatvorlagen meist Namen, in html kannst du ganz einfach Header-Tags (<h1> </h1> bis <h6> </h6>) verwenden:

Title/Titel entspricht <h1> ... die Headline (SEO relevant)

Subitle   ... für Subheader und Dachzeile

Title1/Überschrift 1 entspricht <h2> ... für die oberste Gliederungsebene

Title2/Überschrift 2 entspricht <h3> ... für die untere Gliederungsebene

In den meisten Fällen wirst du keine weiteren, darunter liegenden Gliederungsebenen benötigen - falls das doch einmal der Fall sein sollte, kannst du dafür dann einfach Überschrift3 - Überschrift6 oder <h4> bis <h6> verwenden.

Es ist in jedem Fall empfehlenswert, Formatvorlagen oder Header-Tags zu verwenden: das erspart dir nicht nur aufwendiges Formatieren, sondern sorgt auch für ein harmonisches, perfekt abgestimmtes Gesamtbild.

Du kannst natürlich auch deine eigenen Schriftarten und Überschriftengestaltungen verwenden - allerdings musst du dafür schon über eine ganze Menge Wissen über grafische Regeln verfügen und einiges Geschick im Bereich der Typografie mitbringen. Du kannst aber natürlich auch einen Grafiker mit der Typografie deiner Seiten beauftragen - dann wirkt das Ganze am Ende so harmonisch wie bei Verwendung von Formatvorlagen auch und es gibt ganz sicher keine Stilbrüche auf der Seite.

6.6   Rechtliches: Worauf Du achten solltest

Für alle Bereiche des geschäftlichen Lebens gilt in Deutschland das sogenannte Wettbewerbsrecht. Das zentrale Gesetz im Wettbewerb ist dabei das UWG (Gesetz gegen den unlauteren Wettbewerb) - das unter anderem unlautere Werbung verbietet.

Was dabei als unlautere Werbung anzusehen ist, ist in der rechtlichen Praxis dabei sehr eng gefasst. Im speziellen Bezug auf Headlines sind das auch und vor allem:

-unwahre Behauptungen

-irreführende Angaben

-Angaben, die missverstanden werden könnten (von einem durchschnittlichen Marktteilnehmer, sagt das Gesetz)

-alle unvollständigen Angaben, die auf den ersten Blick vollständig wirken

Bei einem Verstoß gegen das Wettbewerbsrecht kann man abgemahnt werden. Das bedeutet nicht nur teurer Rechtsanwaltskosten für die Abmahnung selbst, sondern kann im Falle einer geforderten Unterlassungserklärung auch einen enormen finanziellen Schaden anrichten. Wer eine Unterlassungserklärung unterzeichnet, verpflichtet sich im Fall eines neuerlichen Verstoßes eine hohe Vertragsstrafe zu bezahlen - hier werden oft Summen von mehreren hunderttausend Euro gefordert. Begeht man einen solchen oder ähnlichen Verstoß zukünftig noch einmal, wird die Vertragsstrafe fällig - das kann für viele Unternehmer den finanziellen Ruin bedeuten, zumal unter Umständen die Vertragsstrafen von mehreren Verstößen fällig werden können.

Im Eifer eine möglichst zugkräftige, überzeugende Headline zu schaffen, schießt man hier oft schnell übers Ziel hinaus - auf die rechtliche Seite solltest du bei deinen Headlines also immer achten.

Wenn wir unsere Beispiel-Headline einmal heranziehen, wird deutlich, wie schnell man hier in eine der Stolperfallen getappt ist:

Tent2000: Das sturmsichere Zelt

Die Angabe ist nicht zutreffend, oder zumindest unvollständig: Das Zelt wurde lediglich in einem Labor auf seine Standsicherheit bei Windgeschwindigkeiten bis zu 160 km/h getestet. Es ist also nicht immer automatisch und jederzeit in jedem Sturm sicher. Zudem könnte der Eindruck entstehen, dass es sich bei dem Zelt um eine Art mobilen Schutzraum bei Stürmen handelt. Einen solchen Zweck erfüllt das Zelt sicherlich nicht. Ein Kunde, der das so versteht, und dabei zu Schaden kommt, könnte im Ernstfall sogar vor Gericht bringen und du müsstest, wenn das Gericht diese mögliche Sichtweise bestätigt, sogar Schadenersatz leisten.

Hier würden wir uns rechtlich schon auf sehr unsicherem Terrain bewegen. Um keine Abmahnung zu riskieren sollten wir also so formulierte Aussagen besser unterlassen.

Ein großes Problem stellen auch Superlative dar:

"Das beste Zelt von allen".

Hier ist nicht angegeben, nach welchen Kriterien und mit welchen anderen Zelten hier verglichen wurde. Zudem könnten einzelne Zelte in bestimmten Punkten durchaus bessere Leistungen erbringen. Es handelt sich also entweder um eine unwahre, aber zumindest um eine unvollständige Behauptung, die zudem noch den Käufer in die Irre führt. Wenn alle anderen Zelte ohnehin schlechter sind, kann er eigentlich nur dieses Zelt kaufen. Bei einer wahrheitsgemäßen Darstellung würde er das möglicherweise nicht tun. Damit ist der Tatbestand eines Wettbewerbsverstoßes bereits weitgehend erfüllt.

Superlative - und auch Übertreibungen - sind also im Hinblick auf mögliche Abmahnungen eine durchaus gefährliche Sache. Am besten vermeidest du solche Stilmittel wo immer du kannst. Für die Ehrlichkeit und Fairness gegenüber deinen Kunden ist das auch auf jeden Fall besser. Übertreibungen und vollmundige Versprechungen wirken zudem auch meist nicht besonders seriös.

Achte in jedem Fall also darauf, dass trotz dem Bedürfnis, mit deiner Headline Aufmerksamkeit zu erzeugen, keine unwahren oder unvollständigen Behauptungen enthalten sind - und nichts was deine Kunden eventuell falsch verstehen KÖNNTEN (zu ihrem Nachteil). Das ist immer Sache der Formulierung.

6.7 Überschriften-Vielfalt: Diese Arten von Headlines gibt es

Wir haben schon weiter oben die grundlegenden Gestaltungsmöglichkeiten von Headlines besprochen. Im nachfolgenden Abschnitt wollen wir dir noch eine grundlegende Einteilung von Headline-Kategorien mitgeben, damit die Vielfalt der Möglichkeiten nicht ganz so verwirrend ist. Die am häufigsten verwendeten Headline-Stile sind:

Negative Headlines

Hier wird nicht mit Positivem geworben, sondern mit dem Gegenteil - mit negativ formulierten Aussagen. Die wichtigsten Reizwörter sind hier: Fehler, Nachteil, Schaden,...

Einige Beispiele:

-5 Fehler, die du bei Aktienanlagen nicht machen solltest

-Diesen Fehler solltest du bei einem Zeltkauf nicht machen

-3 schwerwiegende Nachteile, die eine mangelhafte Krankenversicherung für dich hat

-Warum du nicht auf eine Berufsunfähigkeitsversicherung verzichten kannst

Negative Headlines erzeugen oft viel Aufmerksamkeit: Natürlich sind wir alle bestrebt, Schaden und Nachteile zu vermeiden und von uns abzuwenden - wenn uns jemand darauf aufmerksam macht, lesen wir das oft sehr gerne und bereitwillig. Zudem fallen negative Formulierungen in der Masse der überwiegend positiv formulierten Headlines oft deutlich auf und erzeugen damit gute Aufmerksamkeit.

Skandal-Headlines

Warum gibt es überhaupt Nachrichten? Weil wir allesamt nur allzu begierig sind, negative Schlagzeilen und vor allem Skandale zu hören. Eigentlich würden uns gute Nachrichten besser tun - Skandale verkaufen sich aber deutlich besser.

Man findet sie im übrigen zuhauf in der realen Welt: wieder einmal ein Lebensmittel-Skandal, der Skandal, dass die Dienstwägen der Regierung zum Teil wahre Spritfresser sind und kein bisschen ökologisch, der Skandal dass Promi XY ihr Make-Up einfach weggelassen hat und ihr Baby später in die Waldorfschule schicken will, ... Nicht alle Skandale sind tatsächlich ernste Skandale - ein Skandal ist immer, was man als solchen darstellt oder was eben die Massen (höchstwahrscheinlich) als unhaltbaren Zustand beurteilen.

Die Sucht nach Skandalen kann man gut dafür nützen, um mit einer Skandal-Headline Aufmerksamkeit zu generieren:

-Skandal: So viel Rente bleibt Ihnen, wenn Sie nichts tun

-Skandal: Die meisten Hunde in Deutschland sind nicht krankenversichert

-Schock-Nachricht von Energie-Experten: Strom wird 2030 möglicherweise über 50 Cent kosten

Anleitungs-Headlines

Wie schon vorhin einmal erwähnt, haben wir alle ein unbewusstes Bedürfnis nach Ordnung und Sicherheit - und nach klaren Anweisungen.

Jeder, der uns klare Anleitungen für etwas verspricht, ist damit zunächst einmal schon unser Freund.

Schlüssel- und Reizwörter für diese Headline-Kategorie sind: sicher, erreichen, erzielen, werden, schaffen, ...

Einige Beispiele für diese Kategorie:

-So kannst du mit 50 in Rente gehen

-Auf diesem Weg erreichst du mehr Zufriedenheit und Glück im Alltag

-Diese 3 Schritte helfen dir, am Arbeitsplatz ab sofort produktiver zu sein

Headlines mit Witz oder Wortspiel

Über Witze und Wortspiele ("Yes. We Scan" und den Papst, der die Politiker "ins Gebet" nimmt) haben wir weiter oben schon gesprochen. Wenn du sprachlich kreativ bist, und Spaß daran hast, mit Wörtern und Wortbedeutungen zu spielen, findest du vielleicht auch für deine Headline ein passendes Wortspiel.

Ganz unproblematisch sind Wortspiele und Spiele mit der Wortbedeutung aber nicht immer: die Doppelbedeutung muss von den meisten (durchschnittlichen) Benutzern auch klar verstanden werden - was nicht immer der Fall ist.

Das "Yes. We Scan" aus dem obigen Beispiel bezieht sich auf einen vielgehörten Slogan des ehemaligen Präsidenten Barack Obama, der ihn zum Motto seiner Präsidentschaftskampagne 2008 machte. Als während seiner Amtszeit dann das Ausmaß der Geheimdienstüberwachung und Bespitzelung gewöhnlicher amerikanischer Bürger bekannt wurde, hat eine Zeitung den Slogan dann sarkastisch zu "Yes. We Scan." umgedeutet. Um dieses Wortspiel tatsächlich verstehen zu können, ist also schon einiges an Hintergrundwissen nötig. Das kann man in diesem Fall sicherlich nicht von jedem voraussetzen (etwa nicht von jüngeren Menschen, die auch sonst kaum Nachrichten verfolgen). Bei den Zeitungslesern wurde aber die richtige Zielgruppe damit angesprochen, bei der man weitestgehend das Grundwissen voraussetzen kann, um das Wortspiel zu verstehen und wo man auch annehmen kann, dass der Slogan bekannt war.

Umgekehrt können sich wirklich kreative Wortspiele auch verselbständigen und dann zum "geflügelten Wort" werden, das plötzlich in aller Munde ist. "Yes. We Scan" ist heute sogar oft hierzulande die sarkastische Aussage vieler, wenn sie sich auf ein Übermaß an elektronischer Überwachung beziehen. Wenn du es schaffst, dass aus deinen Wortspielen ein kreatives, "geflügeltes Wort" wird, hast du natürlich enorm viel für deine Markenbekanntheit getan. Wenn du das Wortspiel ursprünglich für dich reklamieren kannst und in der Headline deiner Seite führst, ist das auch für das Image und das Ansehen deiner Seite ein gewaltiger Schub nach vorne.

Achte, wie gesagt, bei Wortspielen aber immer darauf, welches Hintergrundwissen für das Verständnis notwendig ist, und was du an Hintergrundwissen bei deiner Zielgruppe tatsächlich weithin voraussetzen kannst. Menschen, die Deutsch nicht als erste Muttersprache sprechen (auch wenn sie es vergleichsweise gut beherrschen) werden häufig nicht in der Lage sein, etwas komplexere Wortspiele sofort zu verstehen. Diese (gar nicht so kleine und oft wichtige) Gruppe grenzt du mit kreativen Wortspielen oft weitgehend aus - das muss dir bewusst sein.

Headlines als Versprechen von Problemlösungen oder Nutzen

Das sind sehr kompakte und vielfach sehr gut funktionierende Headlines, die deinen Besuchern sehr geradlinig und ohne große Umschweife klar macht, dass es lohnt, den Text zu lesen. Wenn du dir vor Augen führst, dass Menschen im Internet ja gerade auf der Suche nach einer Lösung für ihr Problem sind und Antworten suchen, wird klar, warum diese Art von Headlines oft hervorragend funktioniert.

Ein paar Beispiele für diese Gruppe von Headlines:

-Nie wieder Kalkflecken im Bad!

-Das endgültige Aus für hässliche Moos- und Algenbeläge auf dem Dach

oder, direkter und kundennäher formuliert:

-Du suchst eine bessere Alternative zum Lackstift für das Auto? Wir haben die Lösung!

-Das Dach deines Gartenhauses ist undicht? Mit dieser einfachen und kostengünstigen Reparaturmaßnahme schaffst du ein dauerhaft dichtes Dach.

Oder, ganz gezielt und direkt, mit Wer- und Was-Information:

-Problem: schon wieder ein Platten am Fahrrad. Die 3-Sekunden-Lösung in der Hosentasche: Pocket-Airseal (ja, das ist ein Fantasieprodukt)

Grundlegend dafür, dass diese Headlines funktionieren ist, dass es tatsächlich ein (mehr oder wenig bedeutsames) Problem von möglichst vielen Nutzern gibt - und vor allem nicht ohnehin schon zahllose Alternativlösungen. Produkte und professionelle Lösungen zur Balkonabdichtung gibt es bereits zuhauf auf dem Markt - die xte Alternative dafür wird also kaum in der Lage sein, nennenswerte Aufmerksamkeit zu erzeugen.

Fokussiere dich bei deiner Problemsuche vor allem auf Probleme, die viele Menschen haben - und die bisher kaum oder nur mit Mühe lösbar waren. Das müssen nicht so "große" Dinge wie Altersarmut sein, das kann auch durchaus etwas kleines, aber sehr störendes sein - wie ein ständig verstopfter Gullydeckel beim Kellerabgang. Die meisten Produkte existieren ja ohnehin nur deshalb, weil sie ein bestimmtes Problem von Menschen lösen (idealerweise). Wenn man sie auch so vermarktet und dass in der Headline voranstellt, ist das an und für sich also nur stimmig.

Wenn du allerdings Mühe hast, eine wirklich durchschlagende und Interesse überzeugende Problem-Lösung-Kombination zu finden, solltest du lieber auf eine andere Headline-Kategorie ausweichen.

Headlines im journalistischen Bereich

Im journalistischen Bereich werden, wie schon zuvor kurz einmal erwähnt, sehr häufig Kombinationen aus Headline-Subheadline oder Headline und Teaser verwendet. Das ist der Klassiker, manchmal kommt auch eine Dachzeile über der Headline zum Einsatz.

Der Grund ist, dass im journalistischen Bereich die Headline vor allem "die Nachricht über der Nachricht" darstellt, wie das ein Journalist einmal so treffend formuliert hat. Um die Schlagzeile in ihrer Bedeutung besser einordnen zu können und die Relevanz der Nachricht erkennen

184

zu können, ist dann oft einmal etwas mehr Raum nötig. Zudem sollen nach dem journalistischen Prinzip der umgekehrten Pyramide immer die wichtigsten Dinge und der Kern der Nachricht ganz oben stehen. Das passt selten alles in eine Zeile.

Ein Beispiel:

Die "Schwarze Null" ist gekippt. Die Sparzeiten sind vorbei.

Wie gestern der Finanzsprecher der Bundesregierung bekanntgab, wird in der zukünftigen Haushaltspolitik die "Schwarze Null", also das Festhalten an der Vermeidung Neuverschuldung im öffentlichen Haushalt, aufgegeben. Die Begründung dafür liege darin, so der Sprecher, dass Deutschland mittlerweile das einzige EU-Mitgliedsland sei, das seine Neuverschuldung konsequent bremse. "Das ist nicht tragbar, und bringt uns im Wettbewerb nur Nachteile", so der Sprecher. Kritiker meinen, es wäre in den Zeiten der Niedrigzinsphase immerhin möglich gewesen, die Gesamtverschuldung massiv zu reduzieren, sodass eine zukünftige Neuverschuldung weniger schwerwiegende Auswirkungen auf den Haushalt hätte.

(Hinweis: Das ist natürlich eine fingierte Nachricht. Die "Schwarze Null" gibt hierzulande ganz sicher niemand auf).

Der Teaser setzt hier die Headline erst in den richtigen Bezug, damit er in seiner Bedeutung verstehbar wird. Zudem werden alle wichtigen Fakten (wer? was? wann? warum?) bereits im Teaser genannt, sodass ein komplettes Bild der Nachricht und eine vollständige Information entsteht. Zudem wird der zugrunde liegende Konflikt ("einziger EU-Staat der spart, daraus Nachteile im Wettbewerb) gleich mit thematisiert und die wichtigste Kritiker-Aussage ebenfalls gleich angeführt. Mehr als den Teaser braucht man also nicht zu lesen, um komplett informiert zu sein. Das ist der Sinn es Teasers.

Die Headline selbst fokussiert sich hier auf einen unerwarteten und aufrüttelnden Vorgang - das erzeugt das Interesse. Damit hätte niemand gerechnet - deshalb steht dieser Teil der Nachricht in der Headline - dieser unerhörte Umstand erzeugt die Aufmerksamkeit.

Dieses Spiel mit dem Erzeugen von möglichst viel Aufmerksamkeit, ultra-knapp gefassten Informationen und einer möglichst vollständigen Darstellung aller Umstände setzt natürlich hohes Formulierungskönnen voraus. Wünschenswert für noch mehr Aufmerksamkeit wäre gewesen, in der Headline noch deutlicher die Auswirkungen für den einzelnen Bürger herauszustellen, so dass jeder erkennt, dass es auch ihn betrifft. Das hätte man in diesem Fall noch besser machen können. Man kann aber bei der Zielgruppe möglicherweise so viel Grundwissen voraussetzen, dass sie sich über die Tragweite des Geschehens durchaus bewusst ist - das hängt davon ab, wo und für welche Zielgruppe dieser Artikel geschrieben wird.

Headlines im journalistischen Stil bieten sich - mit und ohne Teaser - nicht nur für Blogs und Magazine an, sondern durchaus für werbliche Texte. Nachrichten sind ein vertrautes Medium und eine ähnliche Aufmachung erzeugt immerhin das Vertrauen, dass es sich um eine bekannte Darstellungsform handelt, der man gewöhnlich Seriosität oder zumindest faktisch richtige Darstellung unterstellt (bis auf einige wenige Wutbürger möglicherweise).

Wenn es dir darum geht, vor allem mit Fakten zu werben, kann es durchaus sinnvoll sein, sich eine so gestaltete Headline zu überlegen - und einmal auf journalistisch etablierte Darstellungsformen zu setzen. Der Inhalt sollte dann in Stil und Informationsgehalt aber ebenfalls dieser Darstellungsweise entsprechen.

Verführerische oder emotionale Headlines

Emotionen anzusprechen ist natürlich auch immer ein Weg. Emotional verführerische Headlines suggerieren dem Leser die Aussicht auf ein bestimmtes Wohlgefühl oder sie spielen mit Emotionen.

Anders als bei kompakten, kurz und knapp gehaltenen Headlines sind Adjektive hier Programm - sie sollten sogar möglichst umfassend eingesetzt werden.

Einige Beispiele für diese Kategorie sind:

-Kuschelige Wohlfühlbettwäsche, die für ein echtes Luxus-Gefühl im Schlafzimmer sorgt

-Essen und Ambiente, die alle Sinne verwöhnen

-Verwöhn-Urlaube mit besonderem Luxus-Feeling

6.8   Wo Du welche Headlines am besten Einsetzen kannst

Headlines sind also, wie wir gesehen haben, für fast alle Arten von Medien bedeutsam. Je nach Art des Mediums werden sich aber einzelne Headline-Kategorien besser und andere weniger gut eignen. Die nachfolgende Übersicht zeigt dir, was wo am besten passt.

Werbetexte und Marketing

Hier kannst du - abhängig vom Inhalt deiner Headline und dem beworbenen Produkt oder der Dienstleistung - grundsätzlich alle Headline-Kategorien einsetzen, bis hin zur journalistischen Darstellungsform. Achte aber immer darauf, was auch zum Produkt und zur Marketing-Argumentationskette passt, wie beschrieben.

Headline auf der eigenen Webseite

Wenn es sich um eine Shop- oder Produktwebseite handelt, gilt hier das zuvor gesagte uneingeschränkt. Für reine Informations-Webseiten richtet sich das nach dem Informationsthema - ein grundsätzlich recht neutraler und fast immer passender Ansatz ist der Kundennutzen.

Kategorieseiten im Shop System

Jede Kategorieseite sollte natürlich eine eigene Headline bekommen. Besonders stimmig wirkt deine Seite, wenn du für jede Kategorieseite den gleichen Headline-Typ (z.B. Kundennutzen / Vorteile / Problemlösung) verwendest.

Blogartikel

In den meisten Fällen werden sich journalistische Darstellungen gut eignen, weil es sich bei vielen Blogs auch tatsächlich um ein journalistisches Medium handelt. In manchen Fällen kann man aber durchaus auch mit Kundennutzen-Headlines oder Problemlösungs-Headlines viele Leser zum Lesen der eigenen Beiträge verleiten. Eventuell kommen je nach Art des Blogs auch noch andere Headline-Typen zum Einsatz. Was auch hervorragend funktioniert, ist Zahlen einzubauen oder klare Anleitungen, Listen oder Checklisten in Aussicht zu stellen. Auch dafür eignen sich Blogs gut.

Zeitschriften

Wie bei Blogs werden auch hier die journalistischen Darstellungsformen überwiegen - und damit auch journalistisch aufgemachte Headlines. Da in Offline-Medien meist der gesamte Artikel sichtbar ist (anders als auf einem Bildschirm) kann sich der Leser schon von vornherein ein Bild vom Artikel machen. Der Fokus von Headlines sollte daher eher auf dem Wert des Inhalts (Kundennutzen, Erklärung, offene Frage beantworten) liegen.

Plakate

Je nach Art des Plakats können hier ganz unterschiedliche Headline-Kategorien zum Einsatz kommen - bis hin zu emotionalen und verführerischen Headlines und sogar die kurzen, knappen journalistischen Headlines. Bild(er), Bildaufmachung und Headline müssen hier aber unbedingt ein stimmiges Ganzes ergeben - sonst wirkt das Plakat "unrund".

Werbeflyer

In weitaus den meisten Fällen wird sich hier sicherlich eine Kunden-nutzen- oder Produktvorteil-Headline eignen - der Flyer soll gelesen werden, um sich über ein bestimmtes Produkt oder eine bestimmte Dienstleistung zu informieren. Die primäre Motivation dafür ist natürlich, dass der Empfänger einen persönlichen Nutzen von dem Produkt oder der Dienstleistung hat.

Postwurfsendungen

Hier gilt im Grunde das Gleiche wie für den Flyer - ein Flyer ist ja eigentlich lediglich eine Postwurfsendung ohne Postzustellung, anders ist also nur der Vertriebsweg.

Presseartikel

Presseartikel werden in den allermeisten Fällen - wenn das nicht ohnehin durch das Medium zwingend vorgegeben ist - journalistischen Darstellungsformen folgen. Das macht aufgrund der Struktur der Informationen und der Informationsabsicht auch absolut Sinn. Wer auf eine journalistische Darstellungsform verzichtet, wo sie eigentlich angebracht wäre, kann ein Problem mit der Seriosität und Glaubwürdigkeit seines Beitrags bekommen - hier heißt es also immer sorgfältig abwägen, wie "werblich" man seine Headlines dann gestaltet.

Landingpages

Die Landingpage ist ein Teil einer Webseite oder eines Webauftrittes - und genauso sollte man sie auch behandeln. Man kann aber, wo der Nutzer nun schon einmal hier gelandet ist, gut mit einer sehr zugkräftigen Kundennutzen-Headline dafür sorgen, dass er auch erkennt, welchen Vorteile er davon hat. Das bietet sich oft an, um die Motivation des Kunden zu stärken, auf der Seite zu bleiben, nachdem er zum Beispiel aus den organischen Suchergebnissen der Suchmaschinen gekommen ist.

Salespage

Hier geht es vor allem darum, einen Kauf vorzubereiten, den Traffic richtig aufwärmen - das geht natürlich am besten, wenn man noch einmal klar den Kundennutzen oder Vorteile herausstellt. Auch ein Hinweis darauf, wie man mit dem Produkt Schritt für Schritt etwas erreicht oder ein Problem löst, kann ein guter Weg für eine Headline sein.

Videopages

Ähnlich wie bei Blogs richtet sich die Wahl der Headline hier stark danach, welche Art von Video-Content geboten wird (Tutorials, Unterhaltung, Produktvideos oder Verkaufsvideos). Im einen Fall ist die Information das Ziel, im anderen, das Produkt zu erleben oder seine Vorteile kennenzulernen. Dementsprechend sollte dann auch die Headline gewählt werden.

Email-Marketing

Im Email-Marketing geht es vor allem darum, Interesse für ein Produkt, eine Dienstleistung oder auch für ein Informationsmedium, wie ein Blog oder eine Zeitschrift zu erzeugen. In den meisten Fällen wird man hier mit dem konkreten Nutzen oder Vorteil für den Empfänger der Email vermutlich am besten fahren - besonders kreative Newsletter können aber durchaus eine andere Headline-Taktik ins Auge fassen.

Um über neue Blogbeiträge in Informationsmedien zu informieren eignen sich auch journalistische Darstellungsformen sehr gut. Auf Click-baiting-Ansätze solltest du aber auf jeden Fall verzichten - das wirkt sehr unseriös und führt dazu, dass eine Email-Newsletter sehr schnell nicht mehr geöffnet wird (außer Menschen ist wirklich sehr langweilig oder es handelt sich um Verkaufsmails).

Broadcast

Auch Broadcasts sind im Grunde Journalismus - in den meisten Fällen wirst du also mit journalistischen Darstellungsformen und journalistischen Headlines am besten fahren. Wenn sich mit gebroadcasteten Tutorials oder Infobeiträgen ein klar erkennbarer, konkreter Nutzen verbinden lässt, kann auch das als Headline dienen - hier musst du allerdings darauf achten, ob du das tatsächlich stimmig umsetzen kannst.

6.9   Wie Du Headlines auf Ihre Wirksamkeit Testen kannst

Aller - noch so guten - Theorie gegenüber steht der praktische Test. Er zeigt schonungslos und klar, was funktioniert und was nicht. Die Theorie erklärt dann möglicherweise, warum etwas funktioniert. Manchmal kann sie das auch nicht, und warum etwas funktioniert oder nicht funktioniert bleibt für immer ein Rätsel.

Langer Rede kurzer Sinn: auf der wirklich sicheren Seite bist du immer, wenn du deine Headlines auch tatsächlich TESTET. Sinn macht es vor allem, unterschiedliche Headlines GEGENEINANDER ZU TESTEN, um herauszufinden, welche Headline dir den meisten Erfolg (Klicks) und die meisten Besucher bringt - die dann möglichst auch das auf deiner Seite tun, was du möchtest (sich ein Artikel ansehen, einen Feed abonnieren, einen Newsletter bestellen oder ein Produkt direkt kaufen...).

Die Lösung für diese Art von Testläufen ist das sogenannte A/B-Testing oder Split-Testing. Dabei werden zwei parallele Versionen von Webseiten online gestellt, mit jeweils unterschiedlicher Headline. Nach einem ausreichend langen Testlauf (mindestens einige Wochen lang um entsprechend viele Besucher zu haben) kannst du dann die CTR (Click-Trough-Rate, die Durchklickrate) beider Varianten miteinander vergleichen und am besten auch das Ergebnis (bestellte Newsletter, abonnierte Feeds, etc. aber natürlich auch ganz schlicht Sales). Das verschafft dir oft unerwartete Einblicke - manchmal funktionieren Dinge, von denen du es nicht erwartet hättest, während umgekehrt Headlines, denen du sehr viel zugetraut hattest, nur sehr wenig Erfolg bringen.

Umfangreichen Split-Tests von größeren Content-Plattformen ist es auch zu verdanken, dass wir heute wissen, dass viele beliebte Reizwörter wie "Top", "Kostenlos" oder Ansätze in der Art von "Wie du..." heute oft nicht mehr sehr erfolgreich sind, sondern im Gegenteil, oft recht schlechte Ergebnisse bringen und scheinbar oft Ablehnung erzeugen. Solche Informationen sind natürlich für jeden Marketer unschätzbar wertvoll. Die richtigen und "funktionierenden" Headlines können deine Conversion Rate enorm steigern - und damit auch deinen Umsatz und deinen Gewinn sehr nachhaltig vergrößern.

A/B-Testing-Tools sind gerade für hauptsächlich textbasierten Content sehr einfach einzusetzen. Sie schicken einfach einen festgelegten Prozentsatz des eingehenden Contents durch die eine Variante und den Rest durch die andere Variante. In der Praxis solltest du aber in jedem Fall immer nur wenige Varianten gegeneinander testen und danach erst einmal die Ergebnisse auswerten und umsetzen, bevor du wieder neue Varianten testest. So optimierst du deine Headlines immer Stück für Stück und kannst am Ende auch ein "Feintuning" deiner Headlines vornehmen, indem du von großen Unterschieden am Anfang zu immer kleiner werdenden Veränderungen vorgehst, die oft noch einmal deutliche Unterschiede bringen können. Das geordnete Vorgehen von großen hin zu kleinen Schritten bringt dir am Ende den meisten Erfolg beim Optimieren.

Werte, die du dir im Zuge der Auswertung ansehen kannst, sind:

-die CTR (Click-Through-Rate / Klickrate)

-die Absprungrate (ein Signal, dass dein Content nicht zu den Erwartungen passt, die die Headline bei den Lesern weckt)

-die Zahl von Shares (wie oft dein Content geteilt wird)

-die Zahl von Newsletter-Bestellungen (grundlegendes Interesse ist geweckt)

-die Zahl von abonnierten Feeds (wenn du welche anbietest)

-die Zahlen von gewonnenen Leads oder Sales bei beiden Varianten ganz allgemein je nach Einsatz Gebiet der Seite

Je genauer deine Auswertung ist und je mehr Werte sie berücksichtigt, desto aussagekräftiger wird dein Test. Natürlich steigt mit der Menge des Traffics auch die Aussagekraft jedes Split-Testings. Solltest du vergleichsweise wenig Traffic haben, musst du die Laufzeit des Tests verlängern, um zu einem tatsächlich statistisch relevanten Ergebnis zu gelangen und nicht relevante Schwankungen auszugleichen. Aus diesem Grund solltest du auch immer nur möglichst zwei oder maximal drei Varianten gleichzeitig gegeneinander testen - ansonsten läufst du Gefahr, dass das Ergebnis von zufälligen Schwankungen zu stark beeinflusst wird.

Split-Tests für deine Headlines sind aber in jedem Fall zu empfehlen - wirklich sicher weißt du - unabhängig von jeder Theorie - immer nur, was du selbst getestet hast. Du musst natürlich nicht immer das Rad neu erfinden - aber ein gesundes Maß an Experimentierfreude kann dir oft sehr viele und sehr wertvolle Einsichten verschaffen. Überdies können auch Theorien manchmal schlicht nicht stimmen - oder im Einzelfall nicht zutreffen. Testen macht dich immer sicher.

6.10 90 Premium Headlines Vorlagen

1. „Sie, ein _____? Ja, ich zeige Ihnen wie!"

„Sie, ein Ebookautor? Ja, ich zeige Ihnen wie!"

„Sie, ein Börsenmakler? Ja, ich zeige Ihnen wie!"

2. „Was würden Sie lieber tun: _____ oder _____?"

„Was würden Sie lieber tun: Webseiten designen oder wirkliches Geld verdienen?"

„Was würden Sie lieber tun: Essen so viel Sie wollen oder den ganzen Tag hungern?"

3. „Der _____ Weg zum/um _____!"

„Der schnelle, unkomplizierte und sorgenfreie Weg zum Reichtum!"

„Der günstigste, effektivste und schnellste Weg zur Schönheits-OP!"

4. „_____ Wege um _____

„24 Wege um 50% mehr Verkäufe zu erzielen"

„10 Wege wie Sie schlank werden ohne zu hungern"

5. „Die Menschen, die dieses Buch/diese Webseite/diesen Brief lesen, werden sich mit Ihrem _____ davonmachen"

„Die Menschen, die diesen Brief lesen, werden sich mit Ihrem Geld davonmachen"

„Die Männer, die dieses Buch lesen, werden sich mit Ihrer Frau aus dem Staub machen"

6. „Verwandeln Sie Ihr _____ in ein/eine _____ "

„Verwandeln Sie Ihr Lächeln in ein Karrieresprungbrett"

„Verwandeln Sie Ihr Emailpostfach in eine Geldmaschine"

7. „Die Kunst / die Macht des _____ und wie auch Sie _____ "

„Die Kunst des Flirtens und wie auch Sie jede Frau rumkriegen"

„Die Macht der Gedanken und wie auch Sie alles erreichen können"

8. „_____ entdeckt wie man mit der Hilfe von _____ "

„Stuttgarter Rentner entdeckt wie man mit der Hilfe der Regierung Geld verdienen kann"

„Mediziner entdeckt, wie man mit der Hilfe von tropischen Kräutern den Alterungsprozess verlangsamen kann"

9. „Was Ihnen der/die _____ nicht sagt, kann Ihnen _____ einsparen / kosten!"

„Was Ihnen Ihre Versicherung nicht sagt, kann Ihnen 40% bei Ihrer Prämie einsparen!"

„Was Ihnen Ihr Vermieter nicht sagt, kann Ihnen 20% Mietkosten einsparen!"

10. „_____ in 7 Tagen oder Geld zurück"

„Mehr Selbstbewusstsein in 7 Tagen oder Geld zurück"

„10 Kilo weniger in 7 Tagen oder Geld zurück"

11. „Bringen Sie sich selbst _____ in _____ bei"

„Bringen Sie sich selbst das Programmieren von Webseiten in nur 3 Tagen bei"

„Bringen Sie sich selbst die Kunst des Überzeugens in nur 5 Stunden bei"

12. „Der schnellste Weg, den ich kenne, um _____"

„Der schnellste Weg, den ich kenne, um die perfekte Ehefrau zu finden"

„Der schnellste Weg, den ich kenne, um Multi-Millionär zu werden"

13. „Wir suchen _____ , die _____ "

„Wir suchen Leute, die viel Geld im Internet verdienen wollen"

„Wir suchen Mütter, die eine neue Karriere starten wollen"

14. „Die _____-ste, die Sie jemals _____ oder Geld zurück"

„Die leichteste Brille, die Sie jemals tragen werden oder Geld zurück"

„Die einfachste Art abzunehmen die Sie jemals probieren werden oder Geld zurück"

15. „Die Geheimnisse / Das Geheimnis _____ "

„Das Geheimnis immerwährender Schönheit"

„Die Geheimisse der reichsten Menschen der Welt"

16. „Sie lachten als ich _____ - aber als ich _____ "

„Sie lachten als ich meine erste Webseite veröffentlichte, aber als ich Ihnen meine Einnahmen zeigte …"

„Sie lachten als ich mich ans Klavier setzte, aber als ich zu spielen begann…"

17. „Ist Ihnen das _____ wert?"

„Ist Ihnen das Leben eines Kindes 10€ wert?"

„Ist Ihnen ein Leben in Wohlstand 2 Stunden am Tag wert?"

18. „Was Ihnen _____ nicht mitteilen / nicht sagt - Sie können _____ "

Was Ihnen Anwälte nicht mitteilen - Sie können eine eigene GmbH in nur 30 Minuten, in jeder Stadt, mit nur 200€ gründen"

„Was Ihnen Ihr Finanzbeamter nicht sagt - Sie können legal Ihre Steuern um 20% senken"

19. „Steigern Sie _____! _____ Geheimnisse können auch Ihnen helfen."   „Steigern Sie Ihre Gedächtnisleistung! Kasparows Geheimnisse können auch Ihnen helfen"

„Steigern Sie Ihre Potenz! Die Geheimnisse der alten Chinesen können auch Ihnen helfen"

20. „Wie man / Sie _____, die _____ "

„Wie Sie Gedichte schreiben, die Ihrer Liebsten Tränen der Rührung in die Augen treiben"

„Wie Sie Rosen züchten, die Ihre Nachbarn vor Neid erblassen lassen"

21. „Wie Sie _____ in nur _____"

„Wie Sie Ihr erstes Ebook in nur 5 Tagen schreiben und veröffentlichen können"

„Wie Sie mit nur 10 Minuten Training pro Tag in nur 1 Woche 10 kg abnehmen"

22. „Wenn Ihr _____ nicht, dann _____" „Wenn Ihr Auto hinterher nicht wie neu aussieht, dann wollen wir Ihr Geld nicht"

„Wenn Sie mit dieser Methode kein Geld verdienen, dann zahlen Sie keinen Cent dafür"

23. „Wie man _____ in nur _____ in _____ verwandelt"

„Wie man 100€ in nur 5 Monaten in 55 000€ verwandelt"

„Wie man 15 kg Übergewicht in nur 3 Monaten in pure Muskeln verwandelt"

24. „Wie Sie mehr _____ und weniger _____"

„Wie Sie mehr Energie haben und weniger schlafen"

„Wie Sie mehr Geld verdienen und weniger arbeiten"

25. „Die _____-ste _____ , die Sie jemals _____ o-
der Ihr Geld zurück"

„Die angenehmsten Schuhe, die Sie jemals getragen haben oder Ihr
Geld zurück"

„Die schnellste Internetverbindung, die Sie jemals genutzt haben oder
Ihr Geld zurück"

26. „Zu beschäftigt mit _____ um _____?"

„Zu beschäftigt mit Diktieren um zu delegieren?"

„Zu beschäftigt mit Arbeiten um Geld zu verdienen?"

27. „_____ macht einzigartige Entdeckung, die _____ verändert"

„Wissenschaftler macht einzigartige Entdeckung, die das Leben auf
unserem Planeten für immer verändert"

„Mediziner macht einzigartige Entdeckung, die das Leben älterer Menschen verändert"

28. „ Wie man GRATIS _____ im Wert von _____ erhält"

„Wie man GRATIS ein Ebook und Videos zum Abnehmen im Wert
von 99€ erhält"

„Wie man GRATIS einen MP3-Player im Wert von 120€ erhält"

29. „Machen Sie diese Fehler auch im/beim _____?"

„Machen Sie diese Fehler auch beim Affiliatemarketing?"

„Machen Sie diese Fehler auch bei Vorstellungs-Gesprächen?"

30. „Das Geheimnis um _____ ist einfach _____!"

„Das Geheimnis um sein Unterbewusstsein zu aktivieren ist einfach die richtigen Wörter zu verwenden!"

„Das Geheimnis um Geld im Internet zu verdienen ist einfach die erfolgserprobten Tricks der Profis zu kennen"

31. „Was jeder _____ über _____ wissen sollte"

„Was jeder über Reichtum wissen sollte"

„Was jeder Unternehmer über den Umgang mit dem Finanzamt wissen sollte"

32. „Wer will _____?"

„Wer will Geld im Schlaf verdienen?"

„Wer will die Frau / den Mann seiner Träume kennenlernen?"

33. „Der Weg des faulen Mannes zu _____ "

„Der Weg des faulen Mannes zum Reichtum"

„Der Weg des faulen Bloggers zu großartigen Artikeln"

34. „WARNUNG: Lesen Sie das nicht wenn Sie (nicht) _____ !"

„WARNUNG: Lesen Sie das nicht wenn Sie nicht reich sein wollen!"

„WARNUNG: Lesen Sie das nicht wenn Sie wenn Sie weiterhin vom Staat abgezockt werden wollen!"

35. „Wenn Sie über/unter _____ sind, ist das die wichtigste _____, die Sie für Ihr _____ tun können"

„Wenn Sie über 30 sind, ist das die wichtigste Investition, die Sie für die Zukunft Ihrer Kinder machen können"

„Wenn Sie unter 20 sind, ist das die wichtigste Entscheidung, die Sie in Ihrem Leben treffen werden"

36. „Ich habe ein _____ gefunden, um _____ "

„Ich habe einen einfachen Weg gefunden, um abzunehmen"

„Ich habe ein geniales System gefunden, um im Internet Geld zu verdienen"

37. „ACHTUNG! _____ - zerstörende/erschaffende _____!"

„ACHTUNG! Fett-zerstörende Nahrung!"

„ACHTUNG! Wohlstand-erzeugende Gewohnheiten!"

38. „Die erstaunliche Geschichte vom _____ das so wenig _____ erfordert, dass Sie es _____ "

„Die erstaunliche Geschichte von einem Geschäft, das so wenig Zeit erfordert, dass Sie es vom Flugzeug aus führen können"

„Die erstaunliche Geschichte von einer Geschäftsidee, die so wenig Geld erfordert, dass Sie sie als Obdachloser umsetzen könnten"

39. „Haben Sie den Mut um _____?"

„Haben Sie den Mut um wirklich mit dem Rauchen aufzuhören?"

„Haben Sie den Mut Ihr Leben selbst in die Hand zu nehmen?"

40. „Das Geheimnis vom/des _____ "

„Das Geheimnis des Wohlstands"

„Das Geheimnis immerwährender Schönheit"

41. „Ihr _____ will nicht, dass Sie diese Anzeige/diesen Report/dieses Ebook lesen"

„Ihr Steuerberater will nicht, dass Sie dieses Ebook lesen"

„Ihr Vermieter will nicht dass Sie dieses Buch lesen"

42. „Sie können in nur _____ mit _____ !"

„Sie können sich in nur 8 Minuten am Tag schlanker und gesünder fühlen mit der Diät 341!"

„Sie können in nur 3 Monaten Ihren Job kündigen und Ihr Geld im Internet verdienen!"

43. „WARNUNG: _____ Sie kein anderes _____ bis Sie nicht diesen GRATIS _____ haben"

„WARNUNG: Kaufen Sie kein anderes Ebook bevor Sie nicht diesen GRATIS Report gelesen haben"

„WARNUNG: Beginnen Sie keine andere Diät bis Sie nicht dieses GRATIS Video gesehen haben"

44. „Welche von diesen _____-Problemen / Sorgen wollen Sie loswerden?"

„Welche von diesen Rückenproblemen wollen Sie loswerden?"

„Welche von diesen Geldsorgen wollen Sie loswerden?"

45. „Kostenlos! 99 geniale _____, die Sie _____ können!"

„Kostenlos! 99 geniale Geschäftsideen, die Sie sofort nutzen können!"

„Kostenlos! 99 geniale Rezepte, die Sie in nur 10 Minuten zubereiten können!"

46." Warum hat Ihnen _____ über _____ niemand erzählt?"

„Warum hat Ihnen diese Geheimnisse über Reichtum niemand erzählt?"

„Warum hat Ihnen die Wahrheit über die Manipulation durch die Medien niemand erzählt?"

47. „Von _____ zu _____ in nur _____!"

„Von 2 Schachteln am Tag zu keiner einzigen Zigarette am Tag in nur einer Woche!"

„Von Kleidergröße 44 zu Größe 36 in nur 2 Wochen"

48. „Hat dieser Mann/diese Frau einen Weg gefunden um _____?"

„Hat diese Frau einen Weg gefunden um den Alterungsprozess um 10 Jahre zu verlangsamen?"

„Hat dieser Mann einen Weg gefunden um schneller zu lernen als jeder andere?"

49. „Seltsam / Unglaublich, neue _____ wie verrückt!"

„Seltsam, neue Diät aus Afrika lässt die Pfunde wie verrückt purzeln!"

„Unglaublich! Neue Entdeckung lässt Ihre Haut um Jahre jünger aussehen!"

50. „Wie Sie erhalten/erreichen/bekommen, was _____!"

„Wie Sie erhalten, was die Regierung Ihnen schuldet!"

„Wie Sie alles erreichen, was Sie sich jemals erträumt haben!"

51. „Sie können über_____ lachen, wenn Sie _____ befolgen!"

„Sie können über Geldsorgen lachen, wenn Sie diesen einfachen Plan befolgen!"

„Sie können über Gewichtsprobleme lachen, wenn Sie diese einfachen Ernährungstipps befolgen!"

52. „Wollen Sie wirklich _____?"

„Wollen Sie wirklich reich sein?"

„Wollen Sie wirklich ewig jung sein?"

53. „Würden Sie gerne ein _____ haben?"

„Würden Sie gerne einen Haufen Geld auf dem Bankkonto haben?"

„Würden Sie gerne den Partner haben, den Sie sich schon immer er-träumt haben?"

54. „Die einzigen zwei Wege zu _____ und wie Sie _____ "

„Die einzigen zwei Wege zu seriösem Vermögensaufbau und wie Sie der Millionärs-Elite beitreten"

„Die einzigen 2 Wege um dauerhaft abzunehmen, und wie Sie diese Geheimnisse jetzt für sich nutzen"

55. „_____ zu einem _____ !"

„Essen Sie sich zu einer neuen Traumfigur!"

„Klicken Sie sich zu einem Vermögen!"

56. „Würden Sie gerne _____ haben?"

„Würden Sie gerne das schönste Haus der Stadt haben?"

„Würden Sie gerne ein finanziell sorgenfreies Leben haben?"

57. „Hören Sie auf zu _____ und _____!"

„Hören Sie auf zu arbeiten und beginnen Sie Geld zu verdienen!"

„Hören Sie auf zu hungern und nehmen Sie endlich ab!"

58. „An Leute, die _____ , aber nicht wissen _____ "

„An Leute, die ein Ebook schreiben möchten, aber nicht wissen wo sie anfangen sollen"

„An Leute, die sich einen Partner wünschen, aber nicht wissen wo sie suchen sollen"

59. „Weltbekannter _____ enthüllt sein Geheimnis um _____ mit/ohne _____ "

„Weltbekannter Venture Capitalist enthüllt sein Geheimnis um schnell an Fremdkapital für eine Existenzgründung zu kommen. Ohne Umstände, ohne Einmischung, ohne Wartezeit, absolut garantiert."

„Weltbekannter Extremsportler enthüllt sein Geheimnis um bis an die Grenzen seiner Leistungsfähigkeit zu gehen. Ohne dass seine Gesundheit Schaden nimmt."

60. „Warum faule _____ in _____ Erfolg haben und die netten Jungs/die Guten scheitern"

„Warum faule Idioten bei Frauen Erfolg haben und die netten Jungs scheitern"

„Warum faule Existenzgründer im Geschäft Erfolg haben und die Fleißigen scheitern"

61. „Insider Informationen - _____ !"

„Insider Informationen - über die wahren Regeln des Erfolgs!"

„Insider Informationen - diese Aktien steigen um mehr als 900% in 2040!"

62. „Jetzt! _____ legale Wege um _____ "

„Jetzt! 199 legale Wege um kostenlos zu reisen!"

„Jetzt! 20 legale Wege um ein Geschäft in einem Steuerparadies zu gründen!"

63. „Was jeder _____ über _____ wissen sollte"

„Was jede Mutter über die Erziehung von Kindern wissen sollte"

„Was jeder Anleger über die Entwicklung auf den Kapitalmärkten wissen sollte"

64. „Das sind/ist _____, die Ihr/Ihre _____ vor Ihnen geheim halten wollte!"

„Das sind die Schönheitstipps, die Hollywoodstars vor Ihnen geheim halten wollten!"

„Das sind die Informationen, die Ihre Regierung vor Ihnen geheim halten wollte!"

65. „Hier ist ein schneller Weg um _____"

„Hier ist ein schneller Weg um sofort sein Selbstbewusstsein zu steigern"

„Hier ist ein schneller Weg um mühelos jede Fremdsprache zu lernen"

66. „Die hässliche Wahrheit über _____"

„Die hässliche Wahrheit über die Fallen der Existenzgründung"

„Die hässliche Wahrheit über die Abzocke mit Diätprodukten"

67. „Frau/Mann, die _____ gewinnt _____ mit unglaublicher _____"

„Frau, die 50kg übergewichtig war, gewinnt Schönheitswettbewerb mit unglaublicher Leichtigkeit"

„Mann, der 20 Jahre lang an Osteoporose litt, gewinnt Marathon mit unglaublichem Vorsprung"

68. „Wollen Sie _____ sein? Ich zeige Ihnen wie."

„Wollen Sie ein erfolgreicher Geschäftsmann sein? Ich zeige Ihnen wie"

„Wollen Sie Ihren Hund endlich stubenrein bekommen? Ich zeige Ihnen wie"

69. „Der _____ über den _____ redet"

„Der legale Weg zur ersten Million über den ganz Österreich redet"

„Die Ananas-Diät über die alle Fitnesstrainer und Ärzte reden"

70. „Lassen Sie mich Ihnen erzählen wie ich _____ "

„Lassen Sie mich Ihnen erzählen wie ich das Geheimnis des Wohlstands entdeckte"

„Lassen Sie mich erzählen, wie ich durch die Kraft meines Unterbewusstseins vom Krebs geheilt wurde"

71. „Die revolutionäre neue _____ welche die _____ der Welt _____ "

„Die revolutionäre neue Verkaufsmethode, welche die erfolgreichsten Verkäufer der Welt nutzen"

„Der revolutionäre neue Anti-Falten-Trick, den die Reichen und Schönen der Welt anwenden"

72. „ _____ Schritte zu _____ !"

„12 Schritte zum erfolgreichen Studium!"

„30 Schritte zum perfekten Werbetext!"

73. „Die Wahrheit über _____"

„Die Wahrheit über den Jo-Jo-Effekt"

„Die Wahrheit über Geld verdienen im Internet"

74. „Ich bin _____! Ich fühle mich _____! Mein Geheimnis?"

„Ich bin 67! Ich fühle mich unglaublich! Mein Geheimnis?"

„Ich bin endlich schlank! Ich fühle mich um Jahre jünger! Mein Geheimnis?"

75. „Wollen Sie ein _____ sein? Hier erfahren Sie wie."

„Wollen Sie ein Marketing-Experte sein? Hier erfahren Sie wie."

„Wollen Sie ein ausdauernder Liebhaber sein? Hier erfahren Sie wie."

76. „Dieses neue _____ kann _____ während es _____!"

„Dieses neue Internet-Marketing-System kann Ihnen tausende Euro monatlich einbringen während es vollkommen automatisch läuft!"

„Diese neue Diät-Pille kann Ihnen in Wochen zur Traumfigur verhelfen während Sie essen soviel Sie wollen!"

77. „Das _____-ste _____ der Welt. Und dennoch
_____. Warum?"

„Das teuerste Marketing-Buch der Welt. Und dennoch kauften es über
100 000 Menschen. Warum?"

„Das kleinste Trainingsgerät der Welt. Und dennoch nutzen es tausende Menschen täglich. Warum?"

78. „__ Fehler, die Sie beim _____ unbedingt vermeiden müssen!"

„10 Fehler, die Sie beim Vorstellungsgespräch unbedingt vermeiden müssen!"

„13 Fehler die Sie beim Flirten unbedingt vermeiden müssen!"

79. „Geben Sie mir _____ und ich gebe / zeige Ihnen
_____ "

„Geben Sie mir 5 Tage und ich zeige Ihnen das Geheimnis immerwährenden Glücks"

„Geben Sie mir 3 Minuten und ich mache Sie zu einem besseren Texter"

80. „Wenn Sie nicht _____, werden Sie sich dafür hassen / werden Sie es für den Rest Ihres Lebens bereuen!"

„Wenn Sie nicht diese einzigartige Gelegenheit wahrnehmen, werden Sie sich dafür hassen"

„Wenn Sie nicht heute Ihre Finanzen in Sicherheit bringen, werden Sie es für den Rest Ihres Lebens bereuen"

81. „Wie Sie ganz einfach _____!"

„Wie Sie ganz einfach den Traffic auf Ihrer Webseite um 500% steigern!"

„Wie Sie ganz einfach abnehmen ohne zu hungern!"

82. „Sie müssen nicht/kein _____ um zu _____ "

„Sie müssen nicht reich sein und können trotzdem Ihren Lebensabend in Wohlstand verbringen"

„Sie müssen kein Schriftsteller sein um großartige Verkaufstexte zu schreiben"

83. „Machen Sie diese Fehler _____?"

„Machen Sie diese Fehler bei der Erziehung Ihrer Kinder?"

„Machen Sie diese Fehler wenn Sie eine Frau ansprechen?"

84. „Mit dieser Methode werden Sie _____"

„Mit dieser Methode sparen Sie hunderte Euro bei Versicherungen"

„Mit dieser Methode werden Sie nie wieder von einer Frau zurückgewiesen"

85. „Beseitigen Sie _____ ein und für allemal!"

„Beseitigen Sie Mundgeruch ein und für allemal!"

„Beseitigen Sie unangenehme Gewohnheiten ein und für allemal!"

86. „Wenig bekannte _____ um zu _____!"

„Wenig bekannte Schlupflöcher um hunderte Euro an Steuern zu sparen!"

„Wenig bekannte Strategien um bei Google auf Platz 1 zu kommen!"

87. „Der schnellste Weg um zu _____!"

„Der schnellste Weg um eine Erkältung los zu werden!"

„Der schnellste Weg um Ihren Hund stubenrein zu bekommen!"

88. „Jetzt können Sie _____ und _____!"

„Jetzt können Sie Ihren Job kündigen und mehr Geld verdienen als jemals zuvor!"

„Jetzt können Sie jede Frau ansprechen und vor Selbstbewusstsein strahlen!"

89. „Was jeder wissen sollte _____ "

„Was jeder wissen sollte, der im Internet Geld verdienen will"

„Was jeder wissen sollte BEVOR er eine Urlaub bucht"

90. „Sie könnten der Nächste sein der _____, wenn Sie / obwohl Sie _____ "

„Sie könnten der Nächste sein der von Außerirdischen entführt wird, wenn Sie nicht wissen wie Sie sich davor schützen"

„Sie könnten der Nächste sein bei dem das Finanzamt vor der Tür steht, obwohl Sie sich keiner Schuld bewusst sind"

Quelle: www.werbetexten.at/ Klaus Kubielka Werbetexter

Passe die Überschriften auf deine persönlichen Bedürfnisse an! Die eins zu eins Übernahme der Headlines Vorlagen erfolgt auf eigenes Risiko!

6.11   Liste mit 127 umsatzsteigernden Buybooster Wörter

Buybooster Wörter welche in einem Text, Verkaufstext oder in einer Überschrift nicht fehlen sollten

• Zeitlos

• Zart

• Wunderbar

• Wissen

• Wichtig

• Wertvoll

• Wasserdicht

• Vollständig

• Vielfältig

• Verzaubernd

• Verstärkt

• Verrückt

• Verlockend

• Verbessert

• Unwiderstehlich

• Unvergesslich

• Unschätzbar

• Unglaublich

• Ungekürzt

• Unbegrenzt

- Umwerfend
- Überwältigend
- Überragend
- Strapazierfähig
- Spektakulär
- Spannungsgeladen
- Sofort
- Heiß
- Hilfreich
- Höchst
- Hochwertig
- Hypnotisierend
- Im Voraus
- Immens
- Killer
- Klar
- Klug
- Kompakt
- Gratis
- Kostenlos
- Kostenfrei
- Köstlich
- Kraftvoll
- Lebensecht

- Lebhaft

- Legendär

- Lehrreich

- Leuchtend

- Liebenswert

- Magisch

- Mit großen Auswirkungen

- Schockierend

- Schnell

- Schmeichelnd

- Riesig

- Richtig

- Respektiert

- Reichhaltig

- Realistisch

- Rar

- Rakete

- Rabatt

- Qualität

- Profit

- Präzision

- Perfekt

- Original

- Neu

- Multiple
- Modern
- Erste
- Erstaunlich
- Erschwinglich
- Erheiternd
- Erfrischend
- Entspannend
- Enorm
- Elektrisierend
- Einnehmend
- Einfach
- Ehrlich
- Effektiv
- Dominant
- Dauerhaft
- Das Wesentliche
- Cool
- Bildung
- Bewustseinsverändernd
- Bewiesen
- Handlich
- Gültig
- Grundlegend

- Großzügig

- Gigantisch

- Gewinnen

- Getestet

- Genuss

- Gelingen

- Geld

- Gegenwärtig

- Geehrt

- Fröhlich

- Friedlich

- Friedlich

- Faszinierend

- Farbenfroh

- Fantastisch

- Exzellent

- Explosiv

- Exklusiv

- Erweitert

- Bestimmt

- Besonders stark

- Beschleunigen

- Bemerkenswert

- Beliebt

- Begabt

- Aufwendig

- Auftrieb

- Aufgeladen

- Attraktiv

- Ansprechend

- Aktivieren

Verkaufstexter Quelle: Bernfried Opala von www.werbetexte.org für Direktmarketing, Werbetexter /Copywriter / Verkaufstexter / Werbebriefe Qualität seit 2003

„Wollen Sie hypnotische Verkaufstexte schreiben, dann müssen Sie das Unterbewusstsein Ihrer Leser berühren."

6.12   Quellen für Text-Outsourcing

-www.content.de

-www.bloggerjobs.de

-www.clickworker.de

-fernarbeit.net

-www.upwork.com

-www.lektorat.de

-msskapstadt.de

-www.my-vpa.com

-www.tolingo.com (Übersetzungsbüro)

-www.wortalarm.de

-www.textbroker.de

profitexter.net (Netzwerk der Verkaufstexter: Mitgründer Bernfried Opala von www.werbetexte.org)

Tipp 1: Hilf Google und deinen Besuchern deine Inhalte und vor allem deine Überschriften als auch Zwischenüberschriften besser zu erkennen.

HTML-Tags: für Überschriften sind H1 bis H6

Tipp 2: Es gibt auf jeder einzelnen Webseite deiner URL immer nur eine H1 Überschrift!

Tipp 3: Zwischenüberschriften (Überschriften werden als erstes vom Leser wahrgenommen daher scannen sie den Text oder die Inhaltsverzeichnisse)

Tipp 4: Vorteile und Nutzen hervorheben

Tipp 5: Handlungsaufforderung etwas zu tun

Tipp 6: Beschrifte die Button richtig in der für deine Webseite passenden Farben

Tipp 7: Splittest oder auch A/B-Test genannt bedeutet: mit derselben Besucheranzahl, mehr Besucher zu Interessenten zu machen und aus Interessenten dann mehr kaufende Kunden produzieren (teste deine Überschriften)

Fokussiere dich auf die Voraussetzungen: die Aufmerksamkeit des Besuchers zugewinnen, das Interesse des Besuchers zu halten, das Vertrauen des Besuchers in deine Seite zu steigern und die Handlungsbereitschaft des Besuchers zu erhöhen.

Der Erfolg, wenn du Traffic auf deiner Webseite hast kommt dann von allein. Die Technik deiner Webseite, deine Webseite selbst (Aufbau, Grafik, Design, Usability), die Suchmaschinenoptimierung und das Suchmaschinenmarketing gehören alle zusammen.

Nur wenn dies alles perfekt zu einander passend gebaut und abgestimmt wird, wirst du auch erfolgreich mit deiner Webseite.

7 Online Reputation Aufbauen

Schon ein uraltes chinesisches Sprichwort sagt: "Ein guter Ruf ist mit Gold nicht aufzuwiegen". Daran ist viel Wahres - und das gilt auch und ganz besonders für die Arbeit im Internet - egal was man dort macht.

Ob du als Blogger, Autor, als Shop-Betreiber oder als Unternehmer im Internet tätig bist, oder gerade erst gründest: ein guter Ruf und Ansehen ist das wesentlichste Kapital, das du dir erarbeiten kannst. Es wird dir enorm helfen, in deiner Nische mit deinen Warensegment erfolgreich zu sein, dein Geschäft profitabler zu machen und neue Kunden oder Leser anzuziehen.

Umgekehrt sorgt ein schlechter Ruf dafür, dass du es langfristig kaum zu etwas bringen wirst. Mit einem schlechten Leumund hat es noch kaum jemand nachhaltig zu Geld gebracht. Das gilt umso mehr im Internet, wo einem der gute Name sehr viele Türen öffnen kann, und ein schlechter Ruf sehr vieles verschließt. Dein Ruf eilt dir im Internet immer sehr viel weiter voraus, als du denkst - und das Internet vergisst niemals.

In diesem Buch werden wir dir deshalb zeigen, wie du dir online einen guten Ruf und Ansehen erwirbst, was du offline tun kannst um deinen Online-Ruf zu verbessern und noch viel wichtiger: wie du deinen guten Namen online schützen und bewahren kannst.

Lies das Buch aufmerksam und folge den beschriebenen Schritten und Anweisungen - dann bist du auf dem besten Weg, dir einen hervorragenden Ruf und eine Menge Ansehen online aufbauen zu können. Vor den wichtigsten Fallen auf dem Weg werden wir dich warnen - das solltest du beherzigen. Diese Warnungen sind wichtig - geh nicht in die Falle. Ist dein Ruf erst einmal mit Makeln behaftet, bedarf es viel Zeit und Mühe, ihn wieder reinzuwaschen. Am besten lässt man es gar nicht so weit kommen.

Gleich in den ersten beiden Abschnitten wollen wir uns einmal eingehend mit den Themen Reputation, Ansehen und Glaubwürdigkeit auseinandersetzen - und damit, was sie für dich im Internet bedeuten und warum sie so wichtig sind.

7.1   Warum ein guter Ruf gerade online so wichtig ist

Menschen, die deine Internetseite, Blog oder deinen Online Shop besuchen oder deine Produkte im Internet sehen, wissen von dir im Normalfall erst einmal nichts. Sie haben auch kaum eine Möglichkeit, dich eingehend kennenzulernen. Das schafft vorab eine Menge Unsicherheit. Menschen möchten aber gern Gewissheit darüber haben, ob sie jemandem vertrauen können, ob er seriös ist und ob die von ihm angebotenen Produkte und Informationen tatsächlich halten, was sie versprechen und wertvoll sind.

Hierin liegt ein wesentlicher Unterschied zwischen dem Internet und dem wirklichen Leben - und auch wieder nicht. Im wirklichen Leben ist einem der Laden vielleicht zumindest vom Sehen bekannt, man weiß, dass er sich schon zehn Jahren an dieser Stelle befindet und man sieht immer wieder eine Menge Leute dort einkaufen. Über den Autor eines Buches, für das du dich interessierst, hat vielleicht schon einmal jemand gesprochen oder ein Bekannter von dir hat es gelesen und war begeistert oder jemand aus deinem Freundeskreis kennt die Arbeit des Bauingenieurs, der es geschrieben hat. All das schafft vor allem eins: Vorschuss-Vertrauen und eine gewisse beruhigende Sicherheit.

Im Internet laufen diese Prozesse ganz genau so ab - nur eben auf andere Weise und auf anderen Wegen. Menschen haben im Internet nur vergleichsweise weniger Dinge, um sich daran Sicherheit zu verschaffen als im wirklichen Leben. Sie können dich (und dein Unternehmen, wenn du eines hast) vorab nicht so zuverlässig einordnen. Genau darum sind dein guter Ruf und dein Ansehen online so wichtig - es ist das, woran sich Menschen zu einem großen Teil orientieren.

Die deutsche Impressumspflicht als gutes Konzept

Wahrscheinlich weißt du, dass nach dem deutschen Telemediengesetz (TMG) jede gewerbliche und geschäftsmäßige Webseite eine sogenannte Anbieterkennzeichnung braucht - ein Impressum. Es muss nicht nur den Namen und die Anschrift des Anbieters der Webseite enthalten, sondern auch eine E-Mail, unter der man den Anbieter zuverlässig erreichen kann. Bei Unternehmen kommt dann auch die Rechtsform, die zuständige Aufsichtsbehörde oder das Register, in das das Unternehmen eingetragen ist und die Umsatzsteuer-Identifikationsnummer (UStID). Auch wer sonst stetige Angebote auf einer Seite macht (etwa Blogger) muss in Deutschland zwingend ein Impressum haben.

Das alles wurde verfügt, damit User die Sicherheit haben, immer zu wissen, mit wem sie es zu tun haben. Und das dieser 'Jemand' auch ein seriöses, tatsächlich existierendes Unternehmen betreibt oder zumindest eine real existierende und im Zweifelsfall auch auffindbare Person ist.

In allen europäischen Ländern gibt es ähnliche Vorschriften, in manchen gehen sie sogar noch weiter als die deutschen gesetzlichen Vorgaben - so muss in Frankreich beispielsweise zusätzlich auch immer zwingend eine Telefonnummer angegeben werden, unter der das Unternehmen oder der Inhaber der Webseite erreichbar ist.

So lästig die Impressumspflicht dem einen oder anderen erscheinen mag: das Konzept ist klug und wohlüberlegt - und es hilft eigentlich dem Anbieter der Webseite. Es mit einer seriösen, real existierenden und auffindbaren Person oder Firma zu tun zu haben, schafft bei den Besuchern einer Webseite zumindest schon einmal eine gewisse Grund-Sicherheit und ein wenig Vorschuss-Vertrauen.

Die Pflicht für Datenschutzerklärungen und AGBs sind weitere Beispiele

Gesetzlich sind alle Inhaber einer Webseite auch dazu verpflichtet, eine Datenschutzerklärung und - im Fall, dass es sich um Unternehmen handelt - auch zu einer gut sichtbaren Verlinkung zu den AGBs (den allgemeinen Geschäftsbedingungen) verpflichtet.

Jeder Betreiber einer Webseite muss seine Besucher darüber informieren, dass persönliche Daten erhoben, gespeichert und verarbeitet werden - und welche Daten das sind.

Die IP-Adresse des Nutzers, der Zeitpunkt des Besuchs und die Verweildauer des Benutzers werden in fast allen Fällen von den Server-Logfiles mitgespeichert. Darüber muss man seine Besucher informieren. Wenn deine Webseite Cookies erzeugt (die ja auch Informationen über das Nutzerverhalten und die individuellen Einstellungen des Nutzers enthalten) musst du darauf ebenfalls hinweisen und dir - nach der neuen Datenschutzgrundverordnung (DSGVO) auch die Zustimmung des Nutzers holen, dass er damit einverstanden ist. Aktive Analyse-Tools (wie etwa Google Analytics) sammeln sehr viele personenbezogene Daten - auch darüber solltest du deine Kunden aufklären, ebenso wie über die hoch problematische, automatische Verbindung mit sozialen Medien (über Social Buttons), wo viele Nutzerdaten gleich direkt an den Social Media Account des Besuchers weitergegeben werden, wenn er eingeloggt ist.

Aber sieh das einmal von der anderen Seite: Als Nutzer möchtest du natürlich genau wissen, was mit deinen Daten geschieht, wer sie erhält und wer sie wie verwendet. Einfach "ausgewertet" zu werden und danach keine Ahnung zu haben, was mit den eigenen Daten passiert und wer alles sie erhält, ist kein sehr angenehmes Gefühl.

In der Vergangenheit haben Unternehmen darauf nicht viel Rücksicht genommen - aus diesem Grund wurden jüngst die Datenschutzrichtlinien in Europa massiv verschärft. Letzten Endes dient auch das wiederum der Sicherheit der Nutzer, die einem Anbieter auf der Webseite nun deutlich mehr Vertrauen können.

Vertrauen zu können ist ein sehr wichtiger Punkt für Menschen - und je achtsamer du mit dem Vertrauen deiner Besucher umgehst, und je offener, transparenter, ehrlicher und fairer du ihnen entgegentrittst, desto positiver wirst du von den Menschen wahrgenommen. Weil nur wenige bis jetzt von selbst darauf kamen, zwingt nun das Gesetz die Webseitenanbieter, in diesem Punkt nachzubessern - im Interesse von beiden Seiten, dem Anbieter und dem Nutzer.

Bei den AGBs verhält es sich im Grunde genauso: Hier werden klare "Grundregeln" festgelegt für den Verkauf von Waren oder Dienstleistungen, auf die der User sich berufen und auch verlassen kann. Ein solch klarer Vertrag zwischen Anbieter und Nutzer erhöht auch das Sicherheitsgefühl für den Nutzer - und damit das Vertrauen, das er in die Webseite hat.

Alle diese Dinge solltest du nicht gering schätzen - natürlich verursachen sie zunächst einmal Aufwand und oft auch viel Arbeit - am Ende kommt dir ein offenes, faires und ehrliches Auftreten gegenüber deinen Kunden selbst zu Gute: du wirst in ihren Augen vertrauenswürdig. Und das hat eine Menge Wert.

Der umgekehrte Fall: Wenn ein Unternehmen einen schlechten Ruf hat

Wenn potenzielle Kunden oder Besucher Zweifel an der Seriosität eines Unternehmens oder an der Qualität der Produkte haben, werden sie - wenn überhaupt - nur höchst widerstrebend und voll Misstrauen kaufen. Gute Umsätze kann man so nicht machen.

Auch für Blogger und Anbieter von Informationsseiten ist der gute Ruf entscheidend: wer einen schlechten oder zweifelhaften Ruf hat, dessen Informationen wird man als Besucher eher ablehnend gegenüberstehen, sich davon nur wenig bewegen lassen und es wird sehr unwahrscheinlich, dass Nutzer die Inhalte teilen. Gerade das ist aber für eine solide, stetig wachsende online Reichweite und für den Aufbau von wertvollen Followern und Kunden wichtig.

Wer es nicht schafft, seine Besucher von seiner Kompetenz, der Qualität von seinem Angebot und von der Seriosität und Fairness seines Geschäftsgebarens online zu überzeugen, der wird es sehr schwer haben, Geld zu verdienen.

Aus diesem Grund solltest du viel daran setzen, dir online einen guten Ruf und Ansehen zu erwerben - und dich möglichst vor schlechter Nachrede schützen.

7.2 Reputation, Ansehen, Glaubwürdigkeit und Trust

Wenn es um die Online-Reputation geht, gibt es viele Begriffe, die eine Rolle spielen:

-Reputation

-Image

-Glaubwürdigkeit

-Authentizität

-Zuverlässigkeit

-Openness

-Transparenz und

-Trust

Alle diese Dinge spielen für deine Online-Reputation eine wichtige Rolle. Deshalb wollen wir sie einmal der Reihe nach einzeln ausführlich beleuchten. Bei vielen dieser Begriffe gibt es immer wieder Missverständnisse in ihrer Bedeutung.

Reputation

Reputation ergibt sich aus der Gesamtheit aller nachfolgenden Faktoren - es ist die Gesamtheit dessen, wie Außenstehende und Unbekannte ein Unternehmen oder eine Person einschätzen - also das ANSEHEN der Person.

Das Wort leitet sich vom lateinischen "reputo" ab, was so viel wie "einschätzen, berechnen, abwägen" bedeutet. Die Reputation hat also viel damit zu tun, wie ein Unternehmen oder eine Person (oder auch eine Webseite) von Außenstehenden nicht nur wahrgenommen, sondern konkret als Ganzes EINGESCHÄTZT wird. Das macht den Unterschied zwischen Image und Reputation aus.

Wer einen guten Ruf hat, gilt als glaubwürdig, vertrauenswürdig, fair, ehrlich und an seinem Gegenüber interessiert (im Gegensatz zu rein egoistisch und skrupellos). Mit solchen Menschen oder Unternehmen macht man gern Geschäfte, man fühlt sich bei ihnen sicher.

In der Betriebswirtschaft wird das noch besser und genauer ausgedrückt:

positive Reputation = Glaubwürdigkeit, Zuverlässigkeit, Vertrauenswürdigkeit und Verantwortung.

Außenstehende nehmen bei positiver Reputation ein Unternehmen oder eine Person ALS GANZES WAHR (einschließlich allem, was das Unternehmen in der Vergangenheit getan oder gesagt hat und wie es sich verhalten hat und verhält) und leiten daraus für sich schlüssig ab, dass das Unternehmen sich auch in Zukunft positiv verhalten wird und damit vertrauenswürdig ist.

Damit wird auch klar, warum schon einzelne "unglückliche" Handlungen oder Aussagen die Reputation sehr schnell zunichte machen können: es werden immer ALLE HANDLUNGEN UND AUSSAGEN IN IHRER GESAMTHEIT in die Bewertung durch Außenstehende mit einbezogen. Sobald etwas Negatives auftaucht, leidet der Ruf schnell massiv vor allem online. Wie man sich davor schützen kann und das vermeidet, darauf kommen wir in einem späteren Kapitel unseres Buches zu sprechen.

Soweit also die Psychologie dahinter. Im Umkehrschluss bedeutet das auch: Wer sich einen guten Ruf (eine positive Reputation) erwirbt, sorgt dafür, dass Menschen ihm VON VORNHEREIN VERTRAUEN.

Eine hohe Reputation wird folgerichtig auch tatsächlich als "immaterielles Kapital" in der Wirtschaft betrachtet - ähnlich wie Patente oder Markenrechte. Beides sind keine materiellen, also sachlichen Werte, haben aber dennoch einen hohen Wert. Eine gute Reputation lässt sich - ebenso wie Patent- und Markenrechte - in sehr viel Geld (und Unternehmenswachstum) verwandeln.

Image

Das "Image" einer Person darf man nicht mit der Reputation verwechseln. Das Image eines Unternehmens oder einer Person bezeichnet nur den ERSTEN, OBERFLÄCHLICHEN GESAMTEINDRUCK den dieses Unternehmen oder diese Person auf Außenstehende macht. Das beinhaltet, anders als die Reputation, keine umfassende Bewertung oder Einschätzung der Person oder des Unternehmens, sondern lediglich einen ersten, oberflächlichen Eindruck.

Eine Fahrzeugmarke kann das Image der Exklusivität haben - etwa ein BMW oder Mercedes. VW eilt (immer noch) ein gewisses Image von Zuverlässigkeit und Haltbarkeit voraus (ein Relikt der Geschichte), das von vielen bis heute bei diesen Produkten so wahrgenommen wird.

Beides sagt aber nichts darüber aus, wie das dahinter stehende Unternehmen in der Öffentlichkeit wahrgenommen wird - in Sachen Vertrauenswürdigkeit, Glaubwürdigkeit, Zuverlässigkeit, Fairness oder Verantwortungsbewusstsein.

Ein Unternehmen kann exklusive (oder zumindest teure) Autos bauen, die auch ein exklusives Image haben. Daraus kann man aber noch lange nicht ableiten, dass das Unternehmen seinen Kunden gegenüber fair und ehrlich handelt, sich gegenüber seinen Mitarbeitern und der Umwelt ebenso fair und verantwortungsbewusst verhält und in seiner Kommunikation immer vollkommen ehrlich, transparent und glaubwürdig ist und vor allem den Vorteil für den Kunden im Auge hat. Das wäre dann eine positive Reputation.

Viele Autohersteller bemühen sich auch darum (wie eigentlich jeder Großkonzern) sich einen solchen guten Ruf zu erwerben - die wenigsten schaffen es, sich einen solchen Ruf auch dauerhaft zu erhalten. In den letzten Jahren durch die vielen Skandale im Dieselbereich und das sehr mangelhafte Bemühen um tatsächlich "saubere" ökologisch vertretbare Fahrzeuge hat der Ruf der meisten Autobauer stark gelitten. Lippenbekenntnisse allein zählen nämlich nicht.

Glaubwürdigkeit

Genau das bringt uns auch schon zum nächsten Punkt: der Glaubwürdigkeit. Im Englischen verwendet man dafür den Begriff "Credibility", der annähernd das Gleiche bedeutet wie unser deutsches Wort "Glaubwürdigkeit".

Wer "glaub-würdig" ist, der ist es wert, dass man ihm und seinen Aussagen vertraut. Glaubwürdigkeit entsteht vor allem dadurch, dass jemand auch konsequent das tut, was er sagt. Tut er das einmal oder gar mehrere Male nicht, ist die Glaubwürdigkeit dahin - und zwar für lange Zeit.

Glaubwürdigkeit lebt aber auch davon, dass man die Aussagen einer Person oder eines Unternehmens NACHPRÜFEN kann. Wenn das nicht oder nur schwer möglich ist, wird es schwierig, die eigene Glaubwürdigkeit zu unterstreichen. Hilfreich ist es oft, wenn man Belege, Studien, Screenshots, Videos oder andere, möglichst vertrauenswürdige Aussagen als Beleg für die eigenen Aussagen heranziehen kann. Dadurch unterstreichst du deine eigene Glaubwürdigkeit.

Übrigens arbeiten auch die meisten Wissenschaftler bei ihren Theorien damit, dass sie vor allem auf bereits bekannten, als zutreffend bewiesenen Fakten aufbauen und darauf zurückgreifen, wenn sie ihre eigenen Theorien entwickeln. Auch das dient der Glaubwürdigkeit. Auch daran kannst du dir ein Beispiel nehmen, wie du Glaubwürdigkeit erlangst.

Ein ganz wichtiger Faktor für die Glaubwürdigkeit ist auch die eigene KOMPETENZ. Wer ein Fachmann auf seinem Gebiet ist, eine entsprechende Ausbildung und Berufserfahrung oder auch Erfolge nachweisen kann, dem wird sicherlich eher geglaubt als jemandem, der ohne nachgewiesene Fachkenntnis einfach etwas behauptet. Dem Metzger wird man einfach weniger Glauben schenken, wenn er Feinheiten des Bäckereihandwerks erklärt - dem erfahrenen Bäckermeister hingegen schon.

Wer allerdings - wie oben beschrieben - seine etablierten Quellen offenlegt und überprüfbar macht und von ihnen ausgeht, kann auch als Nicht-Experte sehr glaubwürdig werden.

In der nachfolgenden Tabelle haben wir noch einige wichtige Punkte zusammengefasst, die deine Glaubwürdigkeit befördern oder ihr eher abträglich sein können.

Tabelle:

glaubwürdig / weniger glaubwürdig

==positiv für die Glaubwürdigkeit der eigenen Aussagen==

-Expertenstatus: (nachgewiesener Experte im Fachgebiet)

-anerkannte Fachperson: die in anderen wichtigen Publikationen zitiert wird

-direkte Kontaktmöglichkeit: wie Email Adresse, Anschrift oder Telefonnummer

-große Zahl von Fachbeiträgen: in fremden Blogs, Magazinen, Zeitungen, Büchern oder Foren

-gute Bewertungen von eigenen Fachbeiträgen durch „Experten"

-überwiegend gute Bewertungen von Kunden auf online Portalen

-ist an fachlichen Diskussionen beteiligt, steht für sie bereit

-verweist immer auf unzweifelhafte Originalquellen

-mehrere Quellen bestätigen die eigenen Aussagen

-es wird immer klar, sachlich und einfach formuliert

-Gesicht zeigen und Farbe bekennen

-einfache Sprache in Schriften (online gilt der Lesbarkeitsindex)

abträglich für die Glaubwürdigkeit

-sehr radikale Ansichten

-Behauptungen, die alleinige Wahrheit zu kennen

-Abwerten anderer Ansichten

-stark esoterisch / religiös gefärbte Ansichten

-wenig wissenschaftliche / sachliche Argumentation

-offensichtlicher oder anscheinender Interessenskonflikt (z.B. Angehöriger eines bestimmten Unternehmens oder eines bestimmten Berufs oder Verkaufsabsicht) z.B. Metzger und Tierschutz

-negative Bewertungen eigener Publikationen, häufige Kritik oder Nachweise von Fehlern

-Produktangebote als (alleinige und einzige) Lösung für ein Problem

-unkritische Darstellungen ("Propaganda")

-nur Positives erwähnen, darstellen und kommunizieren

-die Quellen sind nicht seriös oder es handelt sich um zurückgezogene Studien

-es werden veraltete Informationen als Argumentation verwendet (die Welt ist immer im Wandel)

-logische Fehlschlüsse in der Argumentation

-Begriffe werden unkritisch und schwammig verwendet, ohne sie genau zu definieren

-emotional geprägte Ausdrucksweise, unsachlich, enthusiastisch

-zu häufige Verwendung rhetorischer (manipulativer) Mittel in den eigenen Aussagen

((bitte beide Seiten in einer Tabelle gegenüberstellen))

Alle diese Dinge können die Glaubwürdigkeit der eigenen Aussagen zum Teil stark positiv oder negativ beeinflussen. Man muss also auch immer sehr darauf achten, wie man etwas sagt, um seine eigene Glaubwürdigkeit nicht zu verlieren und möglichst diese zu erhöhen. Ebenso kann es Glaubwürdig sein, dass man so ist wie man ist und sich nicht verbiegen lässt.

Authentizität

Authentizität ist ein schwieriges Wort: schwierig zu schreiben und in manchen Punkten schwierig zu verstehen.

Wenn jemand "authentisch" ist, dann bedeutet das, dass er niemand anderer vorgibt zu sein, der er ist - und sich zu keinen Werten bekennt, die er nicht hat.

Jemand, der authentisch ist, steht zu seinen Stärken und Schwächen, zu seinen Gedanken und Meinungen und macht sich nicht anderslautende Überzeugungen zunutze, um Menschen zu beeindrucken oder zu beeinflussen. Er gibt nicht vor, besser zu sein, als er ist, und er gibt Unwissenheit oder Unsicherheit offen zu.

Menschen oder Unternehmen, die authentisch sind, HANDELN auch immer KONSEQUENT nach ihren Werten. Es geht authentischen Menschen nicht darum, möglichst schön oder überzeugend zu reden (oder etwas "schönzureden") sondern genau das darzustellen was ist ("ungeschminkte Ehrlichkeit = Glaubwürdigkeit) und immer und jederzeit nach dem zu handeln, woran sie glauben und wovon sie überzeugt sind. Wer sich selbst oder sein Unternehmen "inszeniert", ist nicht authentisch.

Eine gelebte Authentizität kann eine hohe Glaubwürdigkeit und Vertrauenswürdigkeit mit sich bringen - was wiederum sehr positiv für die eigene Reputation ist.

Zuverlässigkeit

Zuverlässigkeit bedeutet, dass sich andere auf Aussagen, die man macht inhaltlich und in jedem Punkt verlassen können. Bis zu einem gewissen Punkt bedeutet Zuverlässigkeit auch, dass andere sich darauf verlassen können, dass ihre (berechtigten) Erwartungen erfüllt werden.

Wenn ein Unternehmen anbietet, bei nicht den Wünschen des Kunden entsprechenden Artikeln diese zurückzunehmen, dann sollte es das auch anstandslos tun und sich nicht mit Tricks und Klauseln in jedem zweiten Einzelfall aus der Affäre ziehen.

Wenn jemand einen Service anbietet (etwa einen Download oder eine individuelle Begutachtung eines Sachverhalts für einen Nutzer), dann sollte dieser Service auch funktionieren und umgehend verfügbar sein.

Zuverlässigkeit bedeutet auf einer anderen Ebene aber auch, dass jemand nicht nur authentisch ist, sondern seine Meinung auch beibehält und sich damit "kongruent" (übereinstimmend) verhält. Zuverlässigkeit wird von Menschen auch dann angenommen, wenn sich grundlegende Dinge, Meinungen und Einstellungen für lange Zeit und möglichst gar nicht ändern.

Andernfalls kann ein Gefühl der Unsicherheit bei Außenstehenden entstehen, oder die Glaubwürdigkeit leiden. Wer sich beispielsweise dreimal pro Jahr mit einem völlig neuen und unterschiedlichen Thema beschäftigt, das mit den vorherigen Interessensgebieten gar nichts zu tun hat, tut sich meist keinen großen Gefallen im Hinblick auf die Glaubwürdigkeit und Zuverlässigkeit für Außenstehende. Dies gilt für das Unternehmen, seine Mitarbeiter und ebenso im normalen zwischenmenschlichen Privaten Bereich. Kann sich eine Person auf das Wort einer anderen Person verlassen oder nicht.

Openness und Transparenz

Openness (also Offenheit) und Transparenz sind zu wichtigen Schlagwörtern geworden in den letzten Jahrzehnten. Das liegt daran, dass unsere Welt zunehmend undurchsichtiger und komplexer geworden ist und Menschen stark verunsichert sind, wenn sie etwas nicht verstehen und durchschauen.

Seitdem bemüht sich jede Institution und jedes Unternehmen möglichst "transparent" zu sein. In den wenigsten Fällen gelingt hier aber echte Transparenz tatsächlich, oft ist das auch nur ein Lippenbekenntnis. Verschleiernde Transparenz und leere Worthülsen wirken sich auf die Glaubwürdigkeit und somit auf den Trust des Unternehmens in der Gesamtheit aus.

Wenn beispielsweise von einer "transparenten Steuerpolitik" die Rede ist, und gleichzeitig eine weitere halbe Garage voll an Steuergesetzen verabschiedet wird, die kaum noch jemand richtig versteht, hat das natürlich mit echter Transparenz kaum mehr etwas zu tun.

Transparenz bedeutet, klare Strukturen und Regeln zu haben, an die man sich hält - und die jeder leicht verstehen kann. Das muss bei Services beispielsweise nicht unbedingt eine Flatrate sein - auch eine klare, für Kunden nachvollziehbare Preisstaffelung kann transparent sein, wenn auf unübersichtliche Extrakosten und Zusatzkosten verzichtet wird. Eine klare offene und direkte Kommunikation in Schriftform oder auch mündlich ist hier sehr hilfreich.

Offenheit und Transparenz bedeuten aber auch, dass man zeigt, was im Unternehmen vor sich geht, welche Wünsche und Ziele man sich setzt und wie beispielsweise Handwerksarbeiten genau gemacht werden oder wie Produkte Schritt für Schritt entstehen. Ebenso kann es offen und transparent sein, eine Bestellung eines Kunden x zu filmen (Achtung Datenschutz) und diese als Ablaufprozess online zu stellen um den Kunden den Arbeitsaufwand klar zu kommunizieren. Auf der anderen Seite kann es offen und transparent sein eine Retoure oder eine Beschwerde offen zu legen und nach außen hin zu zeigen wie intern mit diesen Dingen umgegangen wird und dass das Unternehmen diese Mängel oder Probleme der Kunden erst nimmt.

Je mehr Außenstehende verstehen können und von den inneren Dingen WISSEN, desto sicherer werden sie sich fühlen. Wer nur wenig erzählt, gilt meist als undurchsichtig und eher zweifelhaft. Wer möglichst viel offen zeigt, hat dagegen in der Regel nichts zu verbergen - und ist deutlich vertrauenswürdiger.

Rede mit deinen Kunden, zeige ihnen was du machst und wie du vorgehst, und zeige auch dein Gesicht, deine Person, deine Werte und Einstellungen. Je offener du bist und je transparenter für Menschen das ist, was du machst, desto vertrauenswürdiger bist du in ihren Augen.

Trust

Darauf läuft alles hinaus: den Trust. Mit Trust ist im weitesten Sinn die Vertrauenswürdigkeit gemeint, aber auch Dinge darüber hinaus.

Eine Webseite, die hohen Trust besitzt, stellt qualitativ hochwertige Inhalte dar, die sachlich richtig sind und sich auf hochwertige, unzweifelhafte Quellen zurückführen lassen. Dieser Trust ist auch im SEO (Suchmaschinenbereich) und Online Marketing wichtig. Verweisen oder verlinken Webseiten wie die Bildzeitung, die FAZ oder Universitäten auf deine Blogbeiträge oder Fachartikel auf deiner Webseite so ist das Trust!

Die Inhalte sind für User nützlich, nachvollziehbar und auch vertrauenswürdig. Der Inhaber der Webseite ist möglichst offen sichtbar und in seinem Verhalten und seinen Aussagen offen, transparent und vertrauenswürdig.

Ähnlich wie schon bei der Reputation ist auch Trust etwas, das von vielen verschiedenen Faktoren mitbedingt wird.

7.3   Was bringt eine hohe Reputation in der Praxis?

Eine gute Reputation ist kein Selbstzweck. Es geht nicht nur darum, sich möglichst moralisch und "anständig" zu verhalten. Eine gute Reputation ist im Internet (und auch sonst in vielen Fällen) eine Menge BARES GELD wert. Sie ist, wie schon erwähnt, ein immaterielles, sehr wertvolles Unternehmenskapital, genauso wie wenn man Patente oder Markenrechte für ein gesuchtes Produkt besitzt.

Warum das so ist?

Ein Guter Ruf zieht Menschen an

Menschen gehen gern auf Webseiten von Unternehmen, denen sie vertrauen oder von denen sie meinen, dass sie ihnen vertrauen können. Von Seiten, die ihnen weniger vertrauenswürdig erscheinen, halten sie sich dagegen eher fern.

Im Internet wird viel geredet - und Menschen vertrauen gerne Empfehlungen von anderen Menschen oder Gruppen, die sie kennen und denen sie ihrerseits vertrauen. Wenn also jemand deine Seite empfiehlt, die eine gute Reputation hat, ist die Chance, dass derjenige, der die Empfehlung bekommen hat, bei dir auch auftaucht.

Wirklich gute Seiten und Inhalte werden auch gerne weiterempfohlen - weil sich der Empfehlungsgeber dann ein wenig "mit fremden Federn schmücken" kann, wenn er etwas wirklich Gutes empfiehlt. Warst du noch nie dankbar für einen wertvollen Tipp von einem Freund oder einem Bekannten?

Jede gute Empfehlung setzt auch den Empfehlungsgeber in ein gutes Licht. Wenn deine Webseite, dein Unternehmen oder deine Produkte eine gute Reputation haben, wirst du das also schon allein an deinem Traffic auf deiner Webseite merken.

Bei gleicher Conversion Rate bedeutet mehr Traffic dann aber schon linear auch gleich mehr Umsatz.

Ein Beispiel: ein Obdachloser Mensch der dir unbekannt ist sitzt vor einem Discounter mit einem Becher in dem Kleingeld von dieser Person gesammelt wird. Du kommst an dieser Person vorbei und die Obdachlose Person spricht dich an und teilt dir mit: dass es in diesem Discounter ein super tolles Produkt gibt welches du dir kaufen solltest.

Selbige Situation nur mit dem Unterschied, dass es sich in dieser Situation nicht um eine Obdachlose Person handelt, sondern um einen Unternehmen welcher in und durch die örtliche Presse dir bekannt ist. Der Unternehmer spricht dich an und teilt dir mit: dass es in diesem Discounter ein super tolles Produkt gibt welches du dir kaufen solltest.

Frage: Welche der beiden oben genannten Personen ist für dich vertrauenswürdiger in seiner Aussage?

Im Normalfall sollte es der Unternehmer sein, da er dir direkt oder indirekt bereits bekannt ist und somit seine Aussage oder Empfehlung mehr Geweicht für dich hat und somit vertrauenswürdiger für dich ist.

Vertrauen verkauft nachhaltig

Kunden brauchen oft lange, um sich zu einem Kaufabschluss durchzuringen. Grund ist, dass sie oft noch Zweifel haben oder unsicher sind.

Bei einem Unternehmen, das einen guten Ruf hat, sind Menschen sehr viel schneller (und meist auch zahlreicher) bereit, einen Kauf zu tätigen, weil ein Teil ihrer Unsicherheit bereits beseitigt ist. Ein Unternehmen, das vertrauenswürdig und mit einem guten Ruf behaftet ist, lässt Menschen deutlich weniger unsicher erscheinen.

Das ist nicht nur eine These, sondern eine ganz einfache Sache aus der Praxis: Wo würdest du leichter kaufen - bei einem angesehenen Markenprodukt, das von vielen gelobt wird und wo ein faires und anständiges Unternehmen dahinter zu stehen scheint - oder bei einem No-Name-Produkt, von dem keiner bisher etwas gehört hat, wo das Unternehmen niemand kennt und du keine Bewertungen oder Erfahrungsberichte online finden kannst?

Wenn du nicht gerade die ganz große Ausnahme von der Regel bist, dann wird es dir wahrscheinlich beim bewährten, oft positiv bewerteten Markenprodukt viel leichter fallen, einen Kauf zu tätigen als beim unsicheren No-Name-Produkt.

Durch das höhere Vorschuss-Vertrauen steigt dann in sehr vielen Fällen auch die Conversion Rate kräftig - was gemeinsam mit dem höheren Traffic dann auch noch ein weiteres Mal mehr Umsatz bedeutet.

Bewertungen zählen

Für einen Großteil der Menschen sind die Bewertungen anderer User oder Produkttests eines der wichtigsten Entscheidungskriterien für einen Kauf.

Sehr oft wird dabei aber nicht nur auf das Produkt allein, sondern auch auf das dahinter stehende Unternehmen geschaut: Wie wird mit Reklamationen umgegangen, wie ist der Service und Support des Unternehmens, gibt es einen freundlichen, leicht erreichbaren Kundendienst, wird fair „beraten" und nicht nur auf Verkauf gedrängt? Wie viel Information und wie viel zusätzliche Information wird den Interessenten geboten? Wird alles an Leistungsmerkmalen exakt gehalten, was vom Produkt versprochen wird (dieser Punkt ist besonders wichtig)?

Wer hier Mängel hat, wird bei den Käufern bereits deutlich schlechtere bis recht schlechte Karten haben. Kunden sehen auch auf diese Faktoren - und neigen dazu, oft den Ruf eines Unternehmens in die Waagschale zu werfen, wenn es darum geht, ob sie den Produkten (oder den Versprechungen des Produkts) vertrauen sollen oder nicht. Davon können viele Käufe oder Nicht-Käufe abhängen.

Wie sieht das für reine Informations-Webseiten und Blogs aus? Dort wird doch nichts verkauft?

Eine gute Reputation ist für alle im Internet wichtig - ob sie nun Händler, Online Shop Betreiber, Hersteller, Blogger oder Betreiber von Informations-Webseiten sind.

Der Irrtum liegt hier darin, dass man meint, dass bei Blogs und Informationsseiten der Besucher ja nichts bezahlen muss. Das tut er aber dennoch: er bezahlt mit seiner Aufmerksamkeit und der Zeit, die er in das Lesen der Beiträge investiert.

Bei einem wenig guten Ruf des Bloggers bleiben irgendwann einmal die Leute weg und es kommen nur sehr wenige Besucher (wenn überhaupt) dazu. Das kann unter anderem mit der Suchmaschinen Optimierung und den dazu gehörigen „Soziale Signale" zusammenhängen.

Was aber nützt ein Blog oder eine Informationswebseite, wenn es niemand lesen mag oder mit dieser Seite niemand interagiert und kaum jemand schätzt?

Zudem finanzieren sich viele Blogs und Infowebseiten vornehmlich über Werbung - und das setzt einerseits eine hohe Menge an Traffic und überzeugte Leser voraus, damit es überhaupt zu einer nennenswerten

Zahl an Klicks auf die eigene Webseite kommt. Mit einer hohen Reputation steigen also auch bei werbefinanzierten Blogs und Informationswebseiten dann die Einnahmen. Dieses Grundprinzip gilt auch für B2B und B2C Online Shops ebenso wie für B2B Firmen und Hersteller Webseiten.

Was ein guter Ruf FÜR ALLE IM INTERNET bewirkt - kurz zusammengefasst

-höheren Traffic

-größere Reichweite

-mehr neue Kunden (wenn die Vorarbeiten entsprechend getätigt worden sind)

-bessere Conversion (bei Blogs auch: mehr Leser werden zu Followern)

-bessere Bekanntheit

-mehr Interesse an den eigenen Produkten oder Bloginhalten

-mehr Erfolg bei Marketingmaßnahmen und Aufrufen

-Wettbewerbsvorteil gegenüber der Konkurrenz

-verbesserte Marktposition in der eigenen Branche

-Möglichkeit, Einfluss auszuüben und Trends zu generieren ("Meinungsmacher")

-mehr Umsatz

-mehr Gewinn

All das lässt sich allein durch einen sorgsam aufgebauten guten Ruf im Internet erreichen. Das lohnt also in hohem Maß.

Umgekehrt verkehren sich alle diese Punkte in ihr Gegenteil, wenn sich deine Online-Reputation verschlechtert. Deshalb gilt es darauf zu achten, dass du einen guten Ruf nicht nur erwirbst, sondern auch bewahrst und erhältst.

Weniger Einnahmen durch eine schlechtere Conversion und sinkenden Traffic bedeuten dann aber auch weniger Gewinn, weniger Rücklagen im Unternehmen und weniger Budget für eine Expansion, Werbemaßnahmen, und Wettbewerbsfähigkeit.

Dadurch wird dann oft eine Abwärtsspirale in Gang gesetzt, die zu ständigen Verlusten bei Unternehmen führen. Ein wenig guter Ruf wirkt sich also auch langfristig ständig negativ auf ein Unternehmen aus. Immer mehr Ziele werden nicht erreicht, das Unternehmenswachstum ist gehemmt und die wirtschaftliche Situation wird immer schlechter.

Spätestens dann ist es Zeit, dringend zu handeln. Das erfordert dann aber viel Zeit, Geduld und Einsatz, um das Ruder herumzureissen und sich eine positive Reputation (wieder) aufzubauen.

7.4 Reputation wird auch außerhalb der eigenen Webseite aufgebaut

Für die Online-Reputation spielt ALLES eine Rolle, was ein Unternehmen sagt oder tut - auch außerhalb der eigenen Webseite. Damit Unternehmen eine ausreichende Reichweite aufbauen können, ist es auch wichtig, dass sie außerhalb der eigenen Webseite aktiv werden.

Gastartikel auf anderen Webseiten, Fachbeiträge auf thematisch relevanten Seiten oder Forenbeiträge und Hilfestellung bei Userfragen im eigenen Bereich sorgen dafür, dass sich das "Einzugsgebiet" für die eigene Webseite und die eigene Bekanntheit deutlich erweitern. In Zeiten, wo es im Netz vor allem um suchen und finden oder besser gesagt um dass "gefunden werden" geht, ist das enorm wichtig.

Auch im externen Bereich gelten dann die gleichen Spielregeln wie auf der eigenen Seite auch: hinsichtlich Glaubwürdigkeit, Authentizität, Offenheit und Transparenz und ganz allgemein Trust.

Ein guter Ruf wird auch außerhalb des eigenen Bereichs verdient - und dort auch gut gefestigt. Daran sollte man immer denken.

Das gilt für alle Webseiten - egal ob es sich um eine private Webseite, einen Blog, oder einen Shop im B2C- oder B2B-Bereich handelt. Contentdistribution (also die Verteilung von eigenen, maßgeblichen Inhalten auch in anderen, von der Seite unabhängigen Bereichen) ist für alle Webseitenbetreiber unverzichtbar. Dies sollte im allgemeinen Marketing Mix berücksichtigt werden.

Daneben kann man auch im Offline-Bereich einiges tun, um seine Online-Reputation zu stärken. Dazu kommen wir aber dann im nächsten Kapitel.

7.5   Guter Content auf der Seite stärkt das Vertrauen

Je mehr hilfreiche Inhalte man auf der eigenen Webseite seinen Besuchern und Kunden bieten kann, desto mehr werden User das zu schätzen wissen.

Zudem sorgen fachlich relevante und sinnvolle Inhalte auch dafür, dass die User die eigene Kompetenz und das eigene Fachwissen besser einschätzen können und positiv bewerten.

Eine sehr gute Möglichkeit, sein eigenes Fachwissen zu demonstrieren und gleichzeitig für die Nutzer auf der Seite einen wertvollen Mehrwert zu schaffen, sind Glossare. Ein Glossar beinhaltet, wie ein Lexikon, eine Erklärung aller wichtigen Fachbegriffe der Branche, die einem Nutzer begegnen können. In die Beschreibungen der einzelnen Fachbegriffe kann man dann auch gut noch weiteres Fachwissen einbauen, das der User als nützliche Information benötigen könnten.

So könnte ein Fensterbauer beispielsweise gängige Begriffe aus dem Fensterbau wie Pilzkopfzapfen erklären, ihre Verwendung deutlich machen und erklären, was der Ug-Wert ist, und worin er sich zum Uw-Wert beim Fenster unterscheidet. Nutzer schätzen solche Erklärungen sehr, wenn sie für sie bereitstehen - und sind sich danach meist auch deutlich sicherer, dass der Anbieter sein Handwerk tatsächlich versteht. Ein einfaches kurzes Erklär-Video zu diesem Thema unterstützt die niedergeschriebenen Worte, nach dem Motto lesen, sehen und hören.

Bloggen schafft Transparenz

User sind grundsätzlich daran interessiert, was in einem Unternehmen vor sich geht, oder was es Neues gibt. Wer offen über solche Dinge spricht, schafft dabei eine Menge Transparenz.

Entgegen der Meinung vieler Unternehmer sind Besucher SEHR WOHL daran interessiert, dass das Unternehmen gerade wieder eine neue Maschine angeschafft hat, die in Zukunft die Produktion beschleunigen wird, oder dass für die Mitarbeiter nun ein preislich gestütztes, kostengünstiges und gesundes Mittagsmenü täglich zur Verfügung steht.

Solche Dinge betreffen zwar Kunden nicht direkt, sie werfen aber ein deutliches Licht auf das Unternehmen - in diesem Fall ein sehr positives. Wer offen über das spricht, was er tut, zeigt außerdem, dass er seine Kunden gerne teilhaben lassen möchte, dass er mit Engagement hinter seinem Unternehmen steht und dass er bemüht ist, Positives zu schaffen. Das hinterlässt bei Besuchern und Kunden einen sehr guten Eindruck vom Unternehmen - zugleich ist jemand der offen redet und auch "interne" Dinge zeigt, vertrauenserweckend und sympathisch.

User sind auch sehr daran interessiert, wie das Unternehmen einen Holzbalkon nun tatsächlich an die Hauswand bringt, was dabei wichtig ist, und wie Schritt für Schritt vorgegangen wird, so dass sich der User (oder Interessent) das gut vorstellen kann.

Auch wenn solche Beiträge oft nur von der Mehrzahl der User überflogen werden - es ist wichtig und für User ein positives Signal, dass es sie überhaupt gibt. Das erzeugt einen Eindruck von Transparenz, Offenheit und Vertrauenswürdigkeit beim User - und tut viel dazu, die eigene Reputation aufzubessern.

Am besten sind solche Inhalte natürlich in einem Blog oder Magazin aufgehoben - dort sehen User und Kunden auch sehr gerne hinein, um sich "ein Bild vom Unternehmen zu machen". Wichtige oder für Kunden sehr relevante Bloginhalte kannst du auch direkt auf der Seite unter "News" verlinken, damit sie von möglichst vielen Besuchern auch gesehen werden. Ein weiterer Vorteil ist unter anderem, du kannst dies alles tracken (verfolgen) und in Analyse Tools nachvollziehen. So siehst du auch welche Inhalte gut besucht sind und bei Usern gut ankommen.

Blogs und Magazine sind auch für Suchmaschinen gut

Wenn du auf deiner Seite relevante Inhalte schaffst, entweder über dein Unternehmen oder als regelmäßiges Magazin mit laufend neuen Fachbeiträgen und Informationen rund um deine Branche, kann sich das auch ganz automatisch deutlich auf die Position deiner Seite in den Suchmaschinenergebnissen auswirken.

Je weiter oben deine Seite zu den einzelnen Suchabfragen in den Suchmaschinenergebnissen auftaucht, desto mehr Traffic bekommst du auch von den Usern ab, die nach Produkten oder Inhalten suchen, die du anbietest.

Natürlich solltest du aber möglichst die Inhalte bereitstellen, die User auch tatsächlich interessieren und Informationen, nach denen Nutzer in der Mehrzahl tatsächlich suchen.

Um das herauszufinden ist eine Keyword-Recherche unumgänglich, die dir zeigt, wonach Nutzer hauptsächlich suchen und was ihre eigentlichen Suchabsichten sind. Je gezielter du ausführliche Antworten auf diese Fragen und Antworten auf deiner Webseite bereitstellst, desto relevanter wird deine Webseite auch für die vielen Nutzerfragen - und damit auch weiter oben in den Suchmaschinenergebnissen eingestuft.

Das wird sich für eine Webseite im B2C-Bereich (also dem Geschäft mit Privatkunden) oft deutlich mehr auswirken als im B2B-Geschäft (dem Geschäft mit Firmenkunden). Das ist aber logisch und auch völlig natürlich: Zahlenmäßig gibt es ein sehr viel kleineres Potenzial an Firmenkunden im Vergleich zu Privatkunden. Demzufolge sind im B2B Bereich die Suchabfragen in den Suchmaschinen immer kleiner als im B2C Bereich.

Lohnenswert ist das aber dennoch auch für den B2B-Bereich: Hier entscheiden Interessenten zwar oft erst nach längerer Zeit und nach reiflicher Überlegung, ob sie zu Kunden werden - dafür werden sie dann aber meist auch in viel höherem Maß zu Bestandskunden, mit denen man ständig Umsätze erzielen kann. Unternehmen schätzen bei ihren Lieferanten vor allem dauerhafte Geschäftsbeziehungen.

Im B2B-Bereich wird es also etwas länger dauern, bis man eine gewisse Zahl von Kunden gewinnt und meist auch etwas mehr Aufwand erfordern - dafür hat man am Ende deutlich mehr Umsätze mit immer wieder bestellenden Bestandskunden, die einem meist für lange Zeit treu bleiben. Eines der Schlüsselwörter ist hier die Kundenbindung.

Mit der passenden Gestaltung eigener Inhalte auf der Seite kann man daneben auch den User auf der eigenen Webseite gut führen, ihn zu weiteren Angeboten bringen und darauf aufmerksam machen und ihn mit relevanten, nützlichen Informationen versorgen sowie eine klare, transparente interne Verlinkungsstruktur schaffen.

Grundlegende Voraussetzung dafür ist natürlich, dass man überhaupt weiß, wonach User suchen und was sie am meisten interessiert - ohne Keyword-Recherche geht es also nicht.

Danach sollte man auch ein bisschen Zeit und Geduld mitbringen, versuchen, die eigenen Inhalte laufend zu optimieren und zu verbessern und neuen Content zu schaffen. Dann lohnt sich das auf lange Sicht oft enorm. Je besser du auf die Wünsche, Fragen und Bedürfnisse deiner

Kunden online und offline eingehst, desto mehr Erfolg wirst du online haben - und ganz nebenbei wird auch deine Online-Reputation noch deutlich steigen.

7.6   Was du offline für deine Online-Reputation tun kannst

Reputation ist, wie wir im vorigen Kapitel schon festgestellt haben, eine allgemeine Bewertung eines Unternehmens oder einer Person in die ALLES miteinfließt - was dieses Unternehmen SAGT oder TUT - und zwar überall, ONLINE und OFFLINE.

Das lässt den Schluss zu, dass man auch mit Dingen, die man OFFLINE als Unternehmen macht seine Online-Reputation stärken kann. So verhält es sich tatsächlich.

Handlungen, Aussagen oder positive Dinge, die vom Unternehmen oder der Person in der realen Welt getätigt werden, haben genauso Auswirkung auf die Online-Reputation des Unternehmens, als würden sie online geschehen.

Im Bereich der realen Welt bewegt man sich als Unternehmen oder Person dabei aber in unterschiedlichen "Kreisen" - anders als im Internet sind geographische Entfernungen in der realen Welt nicht unerheblich.

Wir müssen bei unserer Betrachtungsweise also immer unterscheiden, WO wir in der realen Welt agieren wollen:

-regional

-national oder

-international

7.7 Was du im regionalen Bereich tun kannst

Der regionale Bereich ist das eigene nahe Umfeld - die eigene Stadt, der eigene Landkreis, die Region. Der regionale Bereich ist der wichtigste der drei Bereiche, da man sich im eigenen näheren Umfeld am häufigsten bewegt, vergleichsweise am bekanntesten ist und auch am meisten nachhaltigen Einfluss ausüben kann.

Wenn du ein sehr kleines Unternehmen hast, oder nur eine einzelne Person bist, kannst du gerade im regionalen Umfeld dafür sorgen, dass du besser wahrgenommen wirst. Wenn du dich durch positive Dinge hervortust, wirst du insgesamt deine Sichtbarkeit und Präsenz als Unternehmer stärken und gleichzeitig auch viel an positiver Reputation gewinnen können.

Das kann durch ganz viele verschiedene Dinge geschehen. Hier lohnt es, wenn du auch ein paar kreative Überlegungen anstellst.

Sponsoring

Sponsoring ist einer der "klassischen" Wege für Unternehmen, um sichtbarer zu werden. Gerade im regionalen Bereich hast du dadurch gute Möglichkeiten, in deinem nahen Umfeld deutlich sichtbarer zu werden.

Örtliche Vereine oder Jugendgruppen sind häufig auf Spenden angewiesen oder dafür sehr dankbar. Das kann beispielsweise der Handballverein im Ort sein oder die viel bejubelte Sportmannschaft. Wer etwa einen Satz Trikots spendiert, bleibt hier oft länger und gut in Erinnerung, da unter anderem auch Bilder beziehungsweise Fotos der Sponsoren gemacht werden und diese im Normalfall dann online gestellt einzusehen sind.

Dabei solltest du natürlich auch dafür sorgen, dein Sponsoring möglichst in deinem Blog oder Magazin zu erwähnen und wenn immer möglich auch dafür sorgen, dass die lokalen Medien über dein Sponsoring berichten.

Für die User in deinem Blog oder Magazin erzeugt es den Eindruck, dass du dich sehr engagierst für deine Gemeinde oder deinen Ort und dort so etwas wie eine "lokale Größe" bist und dich als Unternehmer um die Belange von Kindern und Jugendlichen im Ort kümmerst und dazu Verantwortung übernimmst. Das erzeugt meist eine sehr positive Resonanz bei Besuchern, die so etwas häufig auch aus ihren eigenen Orten kennen und schätzen.

Für dein lokales Umfeld gewinnst du an Bedeutung, weil du positiv in Erscheinung trittst - insbesondere dann, wenn dein Sponsoring auch in den Lokalmedien Beachtung findet. In der Praxis muss man dann gelegentlich etwas "nachhelfen" und einem der Lokaljournalisten einen kleinen Tipp geben. Die sind meist fast immer auf der Suche nach Beiträgen, die Leser interessieren und die im nahen Umfeld stattfinden. Diese Medien haben ein Interesse aus ihrer Region zu berichten.

Der gute Ruf, den du dir auf diese Weise lokal erwirbst, wird sich auch positiv auf dein regionales Geschäft auswirken (sofern du auch regionale Kunden versorgst). Online findet das vor allem einen Nachhall, wenn du (ohne beim Selbstlob zu übertreiben) dein Sponsoring einfach in deinem Blog oder in deinem Magazin berichtest.

Du kannst natürlich auch auf andere Weise aktiv werden, wenn es sich anbietet - etwa als Handwerksbetrieb bei der Sanierung des Clubhauses vom örtlichen Fußballverein kostenlos am Wochenende mit anpacken. Dazu ein paar Bilder von der Vorher und Nachher Darstellung des Clubhauses mit einem kleinen Text dazu.

Die größte Menge an gutem Ruf erwirbst du dir erfahrungsgemäß durch ein Engagement für Kinder und Jugendliche - frag einfach im Jugendamt oder bei einem Kinder und Jugendförderverein einmal nach, welche Initiativen es gibt, und wer gerade Hilfe finanzieller oder praktischer Natur benötigen könnte.

Mach dein Unternehmen regional transparent

Ein Tag der offenen Tür gehört ebenfalls zu den "Klassikern" um ein im Ort ansässiges Unternehmen bekannter zu machen und den Menschen Einblick in die eigene Arbeit zu geben.

Auf diese Weise gewinnen nicht nur Handwerksbetriebe häufig begeisterte Lehrlinge, sondern deine Besucher werden einen sehr positiven Eindruck von dir und deiner Offenheit mit nach Hause nehmen.

Es kann auch hilfreich sein, das eigene Unternehmen oder die eigene Geschäftstätigkeit in den örtlichen Schulen einmal vorzustellen oder Schulklassen zu einem Besuch einzuladen. Das vermittelt den Schülern einen Einblick in das reale, tägliche Geschäftsleben und dir viel positives Ansehen, weil du dich für junge Menschen engagierst und deine Arbeit offen und freundlich präsentierst.

Das kannst du beispielsweise auch sehr gut auf regionalen Ausbildungsmessen machen - auch dadurch kannst du dein Unternehmen gut sichtbar machen und dir viel positive Reputation aufbauen. Örtliche Verbände und Vereine sind hier hilfreich wie ein Gewerbeverein.

Wichtig ist, dass du bei möglichst allen Aktionen auch immer einen eigenen Beitrag dazu in deinem eigenen Blog oder Magazin veröffentlichst. Mach das Geschehen für Besucher noch besser erlebbar, indem du Bilder oder Videos dazu postest. Um noch einen drauf setzten zu können hast du auch die Möglichkeit eines Podcast um deine eigene online Reichweite zu erhöhen.

Wann immer möglich solltest du natürlich auch darauf achten, in die regionalen Medien zu kommen. Positive Beiträge aus etablierten Medien über dich und deine Taten kannst du dann wiederum auf deiner Seite unter einer entsprechenden Rubrik/Kategorie veröffentlichen um sie auch anderen Besuchern zugänglich zu machen und sie dauerhaft sichtbar zu machen.

Engagiere dich in deiner Branche

Auch durch Fachvorträge - etwa bei der IHK oder bei anderen Institutionen und Verbänden, die für deine Branche zuständig sind, kannst du gut auf dich aufmerksam machen.

Es ist meistens eine gute Idee, den Inhalt deines Vortrags (oder zumindest eine kurzgefasste Version davon) auch auf deiner Seite oder deinem Blog zu veröffentlichen. So machst du die Inhalte auch interessierten Besuchern zugänglich und stellst gleichzeitig deinen Expertenstatus und deine Glaubwürdigkeit als Experte deines Fachs unter Beweis.

Häufig gibt es auch Gewerbevereine, in denen man sich engagieren und einbringen kann. Auch das zeigt, dass du zu den Fachleuten in deinem Beruf gehörst und enge Kontakte zu andern Angehörigen deines Berufsstandes pflegst. Das wertet auch dich gleichzeitig auf, wenn du darüber berichtest.

Online regional besser sichtbar werden

Wenn Menschen nach bestimmten Leistungen oder Informationen suchen, tun sie das überwiegend lokal, das heißt in ihrem eigenen Umfeld. Suchabfragen lauten dann beispielsweise in sehr vielen Fällen "Klempner Nürnberg", „Jobs Darmstadt", „Fachanwalt für Sozialrecht FFM" oder „Digitaldruckerei Berlin".

Es versteht sich von selbst, dass die Suchmaschine dann vor allem regional ansässige Unternehmen bevorzugt reiht und an den ersten Plätzen in den organischen Suchergebnissen anzeigt. Damit ist als lokal ansässiges Unternehmen viel Traffic und Aufmerksamkeit zu gewinnen.

Du solltest daher darauf achten, dass dein Unternehmen mit seiner Branche und den wichtigsten Tätigkeiten an der Adresse in Google Maps eingetragen ist - einen solchen Eintrag kannst du problemlos selbst unter Google My Business erstellen. Dieser zählt jedoch nur für die Suchmaschine Google. Hast du mehrere Standorte oder Filialen erstelle dazu die entsprechenden einzelnen Profile pro Standort und Anschrift und optimiere diese auf die entsprechenden Suchbegriffe die für dich und dein Unternehmen relevant sind.

Um es Nutzern noch einfacher zu machen, kannst du auch deine Öffnungszeiten, deine Telefonnummer und einen Link zu deiner Webseite eintragen.

Solche Ortseinträge als Unternehmen bieten noch einen weiteren Vorteil: Du kannst an genau dieser Stelle Bewertungen für dein Unternehmen bekommen. Eine satte Anzahl guter Bewertungen und zufriedener Kunden bringt hier sehr viel für deine Online-Reputation - es schafft Vertrauen für alle, die nach dir oder deinen Produkten und Dienstleistungen suchen.

Auf diese Weise kannst du lokal und im Internet gleichzeitig viel für deinen guten Ruf online unternehmen, solche Bewertungen werden von Usern in der Regel sehr ernst genommen. Immer mehr Menschen nutzen mobile Endgeräte wie ein klassisches Mobiles Telefon. Mit diesem Mobilen Telefonen (Smartphone) suchen User und Nutzer auch wenn sie unterwegs sind nach Informationen und dies über die Suchmaschinen.

Bewertungen als Arbeitgeber

Wenn du ein größeres Unternehmen mit mehreren Mitarbeitern hast, kannst du auch viel Reputation bekommen, wenn du als Arbeitgeber gut Bewertungen von deinen Mitarbeitern erhältst.

Eine solche Bewertungsplattform, auf der Mitarbeiter Bewertungen abgeben können, ist beispielsweise Kununu (http://kununu.com). Potenzielle Jobsuchende sehen sich meist auch ihre möglichen, künftigen Arbeitgeber an, bei denen sie sich bewerben. Auf diese Art und Weise kannst du also viel für dein Ansehen als Arbeitgeber und für das Ansehen deines Unternehmens tun.

Was auf der einen Seite positiv funktioniert, funktioniert aber auch im Negativen-Fall. Nutze diese Portale als Informationsquelle, wenn ehemalige Mitarbeiter dich oder dein Unternehmen online bewerten. Negative Arbeitgeber Bewertungen zeigen dir interne potenzielle Mängel an denen du arbeiten kannst oder solltest.

Auch andere Plattformen bieten eine Möglichkeit, Arbeitgeber und Unternehmen zu bewerten:

-http://meinchef.de

-http://bizzwatch.de

-http://jobvoting.de

Praktikanten können Arbeitgeber und Praktikumsstellen bewerten unter:

-http://prakti-test.de

-http://meinpraktikum.de

Arbeitgeberbewertungen liegen nicht nur im Trend, sie sind heute auch ein wichtiges Mittel für das sogenannte "Employer Branding", bei dem es vor allem darum geht, als gut bewerteter Arbeitgeber viel an positiver Reputation hinzuzugewinnen - auch bei Lieferanten und Geschäftspartnern. Daher ist es enorm wichtig, dass die Geschäftsführung als auch das Management sauber, glaubhaft und auch transparent im Unternehmen selbst arbeitet. Selbst wenn das Unternehmen keine eigenen Bewertungen abgibt, so können dies andere Personen im positiven als auch im negativen Sinne.

Noch ein kleiner Hinweis zu "Pressemitteilungen"

Hier gibt es oft ein weit verbreitetes Missverständnis: Pressemitteilungen sind nicht etwa das, was man selbst auf der eigenen Seite postet, sondern TATSÄCHLICH MITTEILUNGEN DIE AN DIE PRESSE GEHEN.

Dafür gibt es eine Vielzahl an Presseportalen, in die man seine Meldungen einstellen kann (dies ist kostenfrei und kostenpflichtig möglich). Ziel der Aktion ist, den Journalisten, die in Presseportalen recherchieren, Stoff zu geben, über den sie schreiben können. Ziel der Aktion ist, dass möglichst viele Journalisten die Information aufgreifen, selbst recherchieren und einen Beitrag dazu veröffentlichen. Auf diese Art und Weise gelangt man in etablierte Medien (wie etwa Zeitungen, online Zeitungen, aber nicht ausschließlich diese - in Presseportalen recherchieren auch Angehörige anderer Mediensparten).

Dafür sollte die Information nach journalistischen Grundsätzen gestaltet sein, möglichst kurz und sachlich abgefasst sein und einen klar herausgestellten, wirklich interessierenden Aspekt haben. Journalistische Grundsätze sind außerdem:

-das Wichtigste zuerst

-knappe, klare und nachprüfbare Informationen

-möglichst auf reine Fakten beschränken

-die W-Fragen sollten alle beantwortet sein (Wer / Wen betrifft es, Was ist passiert / Worum geht es, Wann war das, Wo war das, Weshalb ist das geschehen, für Wen ist das interessant, Wodurch wurde das ausgelöst, Was war der aktuelle Anlass)

Journalisten legen viel Wert auf nachprüfbare Fakten - dazu sind sie verpflichtet (Pflicht zur wahrheitsgemäßen Berichterstattung und zur Überprüfung ihrer Quellen). Wenn du ihnen also möglichst viele Fakten und Nachprüfbares an die Hand gibst, werden sie den Beitrag eher bereitwillig schreiben als wenn sie zuvor stundenlang alles zusammensuchen müssen - dann verliert das schnell jeden Reiz.

Wenn du möchtest, dass Journalisten zu deinem Namen auch die URL deiner Seite veröffentlichen, musst du meist extra darum bitten oder diese PR Texte selbst schreiben oder schreiben lassen.

Achte bei Pressemitteilungen immer darauf, dass du sie sehr knapp und ausnahmslos mit sachlichen Fakten verfasst und dass es einen (für Journalisten und Leser) interessanten Punkt (den 'Aufhänger') gibt - ansonsten wird sich kaum ein Journalist dazu bemüßigt fühlen, darüber zu schreiben.

Um das gängige Missverständnis hier noch einmal klar auszuräumen: eine Pressemitteilung ist NICHT das, was du in deinem Blog oder Magazin veröffentlichst, und auch keine Sammlung auf deiner Seite von dem, was die Presse über dich geschrieben hat (so etwas nennt man "Pressespiegel"). Wenn du Informationen auf deiner Seite zusammenstellst, die Journalisten über dich auf deiner Seite finden und benutzen sollen, nennt man das eine "Pressemappe". Jeder professionelle Journalist weiß, was damit gemeint ist.

7.8   Was du im nationalen Bereich tun kannst

Im nationalen Bereich ist es ungleich schwieriger, sich eine positive Reputation aufzubauen - hier muss man sich meist schon gehörig engagieren, um auch weithin wahrgenommen zu werden.

Gute Möglichkeiten können nationale Branchenverbände sein, aber auch eine Tätigkeit als beratender Fachmann für Konsumentenschutzverbände oder Ähnliches.

Leichter ist das natürlich in sehr kleinen und überschaubaren Branchen - dem professionellen Reetdachdecker gelingt das wahrscheinlich deutlich leichter als einem Webdesigner oder einem Werbegrafiker.

Nichtsdestotrotz solltest du aber versuchen, für dich interessante und lohnenswerte nationale Initiativen zu finden, bei denen du dich engagieren kannst, wo auch deine Fachkenntnisse oder deine Softskills entsprechend weiterhelfen. Beachte aber: jeden Beitrag den du schreibst oder schreiben lässt und in deinem Blog oder Magazin öffentlich stellt ist auch über die jeweilige Landessprache und die Suchmaschinen auffindbar. Schreibst du auf Deutsch so zählen die Länder Österreich und die Schweiz dazu, da diese Länder im Normalfall die Suchabfragen über die Suchmaschinen in deutscher Sprache tätigen. Somit bist du mit regionalen Beiträgen gleichzeitig national auffindbar und auch sichtbar, je nachdem welche Einstellungen der User in seiner Suchmaschine hat.

7.9   Was du im internationalen Bereich tun kannst

Hier ist es noch schwieriger, sich eine wirksame positive Reputation zu verschaffen - wer das schafft gehört meistens zu den "ganz Großen" in einer Branche.

Eine andere Möglichkeit ist natürlich, wenn du weltweit etwas Einzigartiges machst - wie etwa der junge Niederländer, der mit selbst entwickelter Technik und eine Menge Spendengeldern nun die Meere von Plastik säubern will.

Für ihn ist es natürlich ein Leichtes, international Aufmerksamkeit zu bekommen - was er tut, macht immerhin sonst niemand, und die Problematik betrifft viele Länder weltweit.

Wie schon im nationalen Bereich lohnt es aber natürlich auch hier, sich nach interessanten und möglicherweise lohnenswerten Initiativen umzusehen, mit denen du weltweit Aufmerksamkeit und positive Resonanz erzeugen kannst. Der Lohn dafür ist dann meist sehr groß.

Oder du nutzt dein Wissen und deine Beiträge auf andere Art und Weise wie das folgende Beispiel dir zeigen wird.

Beispiel:

Du hast eine Deutsche und eine Englisch sprachige Webseite, da deine Kunden und die Zielgruppe Deutsch/Englisch ist. Nutze die in Deutsch verfassten Artikel und Beiträge um diese in das Englische übersetzten zu lassen und poste diese nun in Englischer Sprache verfassten Beiträge auf deiner Englisch sprachigen Webseite.

Schreibst du einen Beitrag über die IHK in Deutschland so muss dann in diesem übersetzten Beitrag die IHK zusätzlich erklärt werden, was die IHK ist, was diese macht und wie du mit der IHK verbunden bist. Dem Englisch lesenden User wird die IHK nicht bekannt sein. Um den Trust mit diesem Artikel zu erzeugen sollte dem Englischen Leser der Zusammenhang und die Begrifflichkeiten erklärt werden, damit er dies versteht und auch nachvollziehen kann.

Hast du für einen Kinder und Jugendförderverein ein Sponsoring über- nommen und es gibt eine deutsche Pressemitteilung davon, so nutze diesen Artikel. Schreibe einen eigenen Beitrag zu dieser Pressemittei- lung auf deinem Deutschen Blog und setzte einen Link auf diese PR- Mitteilung. Übersetzte diesen Deutschen Blogbeitrag in das Englische und erkläre auch hier in diesem Beitrag was der Kinder und Jugendför- derverein ist, was er macht und warum du in diesem Punkt geholfen hast.

Solltest du eine weitere Sprache nutzen, so übersetzte die Beiträge in diese Sprache und verlinke den jeweiligen Artikel wenn möglich und Inhaltlich passend untereinander in der jeweiligen Sprache. Digital und Querdenken ist hier gefragt.

7.10 Der Ablaufplan für eine hohe positive Reputation und Trust - Schritt für Schritt

Schritt 1: Deine Webseite steht und ist optimal auf ihren Zweck ausgerichtet

Dich sorgfältig um die Gestaltung deiner Webseite zu kümmern, macht auf jeden Fall Sinn. Sie ist dein wichtigstes Werkzeug für deine Arbeit im Internet, die Visitenkarte für deine Arbeit, die deine Kunden als allererstes sehen und wahrnehmen.

Eine sorgfältig gestaltete Webseite, die auf die Bedürfnisse deiner Nutzer ausgerichtet ist, erfüllt viele Zwecke - und sie arbeitet dabei rund um die Uhr für dich, 24/7 und 365 Tage im Jahr.

-Sie ist dein Kundenberater.

-Sie ist dein Kundenkontakter.

-Sie ist dein PR-Manager.

-Sie ist dein Außendienstmitarbeiter.

-Sie ist dein Verkäufer

-Sie ist dein „online" Schaufenster in dein Unternehmen

Es gibt keine Fehlzeiten und keine Krankentage - deine Webseite arbeitet immer für dich. Sie zu pflegen und laufend zu optimieren, um sie noch besser an die Bedürfnisse und Fragen deiner Kunden anzupassen, sollte dir das also auf jeden Fall wert sein.

Schritt 2: Der Blog auf deiner Webseite ist eingebaut und startbereit

Ein kleiner Tipp: Achte unbedingt darauf, dass der Blog direkt auf der Haupt-URL sitzt und nicht etwa auf einer Subdomain (eine Subdomain wäre beispielsweise: blog.firmaxy.de - viel besser ist: firmaxy.de/blog oder auch firmaxy.de/magazin). Das hilft dir unter anderem auch dabei, die Position deiner Webseite in den Suchmaschinenergebnissen langfristig zu verbessern.

Schritt 3: Dein Glossar mit den wichtigsten Fachbegriffen ist fertiggestellt und eingebaut

Auch hier solltest du darauf achten, dass das Glossar direkt auf der Haupt-URL sitzt. Also wieder in der Form: firmaxy.de/glossar. Du kannst dein Glossar natürlich auch "Lexikon" nennen - das ist manchmal leichter verständlich in diesem Fall wäre die

URL: firmaxy.de/lexikon.

Idealerweise enthält dein Glossar auch viele Links - zu anderen Glossarbegriffen, wenn sie in den Erklärungen auftauchen, aber auch zu Teilen der Hauptseite - etwa zu Artikeln, Fachbeiträgen, die du veröffentlichst oder auch zu Teilen deiner Menüstruktur/Kategorien, wenn es sich anbietet und du zum Beispiel einen Online Shop noch auf deiner URL hast. Denke an den Punkt des Führens: du sollst den User und den Besucher deiner Seite führen, ihn von Seite zu Seite führen und das erreichst du mit der internen Verlinkung auf deiner Webseite.

Schritt 4: Dein Content-Plan ist fertig

Mithilfe der Keyword-Recherche konntest du herausfinden, welche Themen und Fragestellungen deine Kunden besonders interessieren. Auf dieser Basis solltest du nun regelmäßig Content-Beiträge erstellen. Plane so, dass in regelmäßigen Abständen (wöchentlich bis zweiwöchentlich oder wie deine persönlichen Ressourcen es zu lassen) immer neuer Content vorhanden ist oder aber produziert wird. Rom ist auch nicht an einem Tag erbaut worden.

Schritt 5: Erstelle einen Eintrag in Google Maps mit deinen Unternehmensdaten und bitte langjährige, zufriedene Kunden dort bei Gelegenheit eine Bewertung abzugeben. Hast du mehrere Standorte solltest du diese auch anlegen.

Schritt 6: Plane Maßnahmen zum Aufbau deiner positiven Reputation

Einige Ideen dazu findest du in der nachfolgenden Checkliste:

-Plane einen Tag der offenen Tür und setze eine Ankündigung als Pressemitteilung ein und danach einen Bericht in deinen Blog. Vervielfältige die Pressemitteilung um weiten Unique Content zu produzieren und diese neuen Pressemitteilungen in weiteren Presseportalen zu veröffentlichen für mehr Reichweite und Aufmerksamkeit.

-Plane die Vorstellung eines oder mehrerer neuer Produkte, Dienstleistungen oder Informationen

-Stelle dein Team oder deine Mitarbeiter im Unternehmen einmal ausführlich vor (Transparenz schaffen)

-Formuliere dein Unternehmensleitbild und die Ziele für dein Unternehmen und baue sie auf der Seite ein; erkläre deine Ziele und deine Werte eventuell noch einmal ausführlicher im Blog und bringe Beispiele dafür, wie du sie umsetzen willst

-Zeige oder erkläre es Kunden schriftlich in deinem Blog oder Magazin, wie deine Arbeit abläuft und wie einzelne Dinge gemacht werden. Am besten anhand eines realen Kundenauftrags, bei dem du vom laufenden Arbeitsfortschritt Bilder machst, wenn das möglich ist (unbedingt Einverständnis des Kunden einholen!)

-veröffentliche die jeweils wichtigsten Branchen-News für Kunden auf deinem Blog oder Magazin (Informationen von anderen Unternehmen können hier auch hilfreich sein)

-stelle wichtige Studien und Untersuchungen vor, die deine Branche oder deine Arbeit betreffen

-stelle Fachinformationen aus deiner Branche vor (formuliere sie gegebenenfalls für bessere Verständlichkeit etwas weniger technisch)

-stelle deine Partner und oder Lieferanten vor, lasse einzelne von ihnen vielleicht sogar einen Gastartikel auf deinem Blog schreiben oder führe ein Interview mit Vertretern von wichtigen Partnern deines Unternehmens oder auch aus Verbänden in deiner Branche

-beantworte wichtige und oft gestellte Fragen jeweils in einem ausführlichen, detailliert geschriebenen Artikel (z. B. als Dachdecker welche Dachformen gibt es? was kostet ein Dachstuhl?, wie ist der Ablauf, auf was kann und muss sich der Kunde einstellen)

-veröffentliche wichtige Checklisten für Kunden in deinem Blog oder biete sie zum Download an (z. B. Dach überprüfen - Komplett-Check in 10 Schritten)

-Überlege und plane Offline-Aktionen, die deine positive Reputation stärken und veröffentliche einen Bericht darüber in deinem Blog und lasse möglichst auch in den lokalen Medien eine Nachricht veröffentlichen

-Sponsoring für Kindertagesstätten, Sportvereine, Jugendorganisationen

-Sponsoring öffentlicher Veranstaltungen

-Unterstützung von Schulen oder Vereinen bei einzelnen Projekten

-Fachvorträge

-Aktionen in Gewerbevereinen

-Unternehmensvorstellung in Schulen oder Berufsschulen, Schüler für einen Tag ins Unternehmen einladen oder Lehrlinge oder potenzielle Mitarbeiter suchen und ansprechen dort wo sie sich befinden

-Aktionen für die Gemeinde oder die Stadt

-suche nach nationalen Branchen-Vereinigungen oder Initiativen, die dir für den Reputationsaufbau nützlich sein können

-versuche internationale Initiativen und Vereinigungen zu finden, in denen du dich wirksam engagieren kannst (wenn möglich)

Das sind natürlich nur Anregungen - sei kreativ, benutze deine Fantasie und versuche noch mehr Dinge zu finden, die lohnend sein können, weil sie dein Expertenwissen, deine Glaubwürdigkeit oder deine Authentizität gut unterstreichen können. Wer bereit ist zu geben wird auch bekommen!

Berichte zudem immer über aktuelle positive Ereignisse, selbst wenn sie nur den "internen" Bereich betreffen - lass die Besucher an deinem Unternehmen teilhaben! Auch kritische Meinungen sind ein Mittel zum Zweck und wirksam wenn der Situation und dem Umfeld entsprechen und natürlich Wahrheitsgetreu sind.

7.11   Die Macht der Wiederholung

Ein kleines, aber sehr wirksames Geheimnis wollen wir dir noch mit auf den Weg geben. Eigentlich ist es kein Geheimnis, sondern eine Tatsache, die wir alle vom Lernen, von Parteireden und von tausend anderen Gelegenheiten her kennen: Die Macht der Wiederholung.

Es verhält sich ganz einfach so:

Was wir oft genug hören, sehen und lesen, halten wir irgendwann einmal für die Wahrheit. (Fast) egal ob es stimmt oder nicht.

273

Das liegt ganz einfach daran, dass unser Gehirn darauf geprägt ist, durch Wiederholung zu lernen - und das gleichzeitig unser Gedächtnis aber so schwach ist, dass wir uns bereits nach dem „dritten" Mal nicht mehr so genau daran erinnern können, ob wir eine Meinung dreimal von der gleichen Person gehört haben oder von drei verschiedenen Personen.

Dadurch halten wir die Meinung zumindest für relevant und nach einigen Wiederholungen mehr übernehmen wir sie einfach für uns selbst als Wahrheit. Bewusst fällt uns das praktisch nie auf - wir nehmen Dinge nach einer Weile mehr oder weniger als gegeben hin, wenn sie nicht komplett unseren Werten oder dem, woran wir sonst glauben entgegensteht.

Wie du die Macht der Wiederholung nutzen kannst

Die Macht der Wiederholung kannst du auch für dich nutzen: Wenn du dich oft genug positiv in Erinnerung bringst, werden Menschen sehr schnell beginnen, dir eine positive Reputation zuzuerkennen.

Das funktioniert auch, wenn du andere Dinge immer und immer wiederholst - das prägt sich bei Menschen sehr schnell ein und irgendwann halten es die meisten unbestritten für wahr.

Was du wiederholst, sollte aber auch tatsächlich der Wahrheit entsprechen - tut es das nicht und jemand hinterfragt das einmal gründlich, bist du deine Glaubwürdigkeit sehr schnell los - und damit erleidet auch deine Reputation einen schweren Schaden.

7.12 Wir wollen an das Gute im Menschen glauben

Eigentlich scheint es ja zunächst nicht so: Wenn Menschen einen nicht kennen, sind sie - zu einem großen Teil zumindest - sehr misstrauisch, zurückhaltend und nehmen erst einmal alles Schlechte an. Was man nicht kennt, und wovon man nicht viel weiß, erzeugt zunächst einmal Unsicherheit - und damit Vorsicht. Auf gut Deutsch: was der Bauer nicht kennt, frisst er nicht.

Einige wenige positive Dinge können die meisten Menschen aber recht schnell vom Gegenteil überzeugen - und sie sehen jemanden schnell als "gut" und "ehrlich" an.

Das hängt damit zusammen, dass die meisten Menschen eigentlich gerne Gutes in Ihrem Leben haben - und auch gute Menschen. Wer beweist, dass er fair und ehrlich handelt und aufrichtig ist, erwirbt sich damit auch recht schnell eine positive Reputation. Dies funktioniert online und offline.

Es kommt vor allem immer darauf an, wie du dich verhältst. Wenn du die Werte, die in Kapitel 2 näher ausgeführt wurden, tatsächlich lebst, wirst du sehr viel positive Reputation erwerben können.

Man muss Menschen dabei nicht einmal ständig immer wieder neu von sich überzeugen - wenn nichts ihre Meinung erschüttert, bleiben sie ihrer positiven Bewertung meist auch treu. Das heißt, solange du dich diesen Werten entsprechend verhältst. Die Zauberwörter hier heißen: „Sozial Emotionale Intelligenz"

Wenn jedoch deine Handlungen oder Aussagen deine Glaubwürdigkeit erschüttern oder nicht mehr authentisch wirken, kann deine gute Reputation schnell Schaden nehmen. Wir wollen doch online vor allem eine Nachhaltige, ehrliche und transparente Glaubwürdigkeit produzieren welche dir immer wieder neue Klicks und Kunden auf deiner Webseite beschweren.

Menschen wollen zwar grundsätzlich das Gute sehen und ändern ihre vorgefassten Meinungen meist nur sehr widerstrebend - wenn sie allerdings Zweifel bekommen oder wenn etwas an deinen Aussagen gar nicht zu ihrer Meinung passt, tun sie das dennoch.

Dann wird es auch sehr schwierig, den guten Ruf wiederherzustellen. Es kostet viel Zeit, Geld und Mühe und bedarf einiges Engagements.

Darum also: wenn du Menschen mit deinem aufrichtigen Verhalten und deinen Anstrengungen einen Grund gibst, werden sie dir meist recht schnell gute Eigenschaften zuschreiben und Vertrauen entgegenbringen. Man darf es sich eben dann nur nicht verscherzen. Hat man jedoch einen Fehler begangen so sollte man diesen auch zugeben und sich dafür entschuldigen.

Es ist keine Schande einen Fehler welchen man gemacht hat zuzugeben, jedoch sich nicht zu entschuldigen zeigt dem Gegenüber oder anderen Personen das Verhalten an: „der oder die können sich noch nicht einmal Entschuldigen", was wiederum als Charakterschwäche von den jeweiligen anderen Personen oder auch von Kunden wahrgenommen wird und somit ein Vertrauensbruch, ein Mängel im Trust entstehen kann.

7.13 Das Gesetz der Regelmäßigkeit

Regelmäßigkeit ist einer der wichtigsten Schlüssel zum Erfolg - in ganz vielen Bereichen. Das gilt auch für deinen Reputationsaufbau, und dort besonders für deinen Blog oder Magazin.

Nur wenn du regelmäßig neue Beiträge schreibst und postest, wirkt dein Blog auch für dich.

Umgekehrt kann es passieren, dass er sogar eher gegen dich wirkt und eher zum Nachteil für deine Reputation gerät.

Warum ist das so?

Der wichtigste Grund liegt bereits auf der Hand: Wenn du nur ab und an zu unregelmäßigen Abständen etwas veröffentlichst, wird auch nach geraumer Zeit für die Nutzer nur wenig auf deinem Blog zu sehen sein. Vereinzelte Beiträge in großen, unregelmäßigen Abständen wirken irgendwie trostlos.

Für Besucher kann hier schnell der Eindruck entstehen, dass der Blog nicht sehr sorgfältig gepflegt ist und du eher nachlässig mit deinem Geschäft umgehst. Das kann sich negativ auf deine Reputation auswirken. Damit hätte der Blog dann nicht nur sein Ziel verfehlt, sondern genau das Gegenteil von dem bewirkt, was eigentlich beabsichtigt war.

Mit einigen wenigen Artikeln im Blog oder deinem Magazin wird es dir auch nur schwer gelingen, dich als Autorität und Fachmann zu präsentieren.

Die meisten Besucher nehmen das nur dann so wahr, wenn sich wirklich eine Menge möglichst aktueller Content in deinem Blog findet.

Blogs erlangen vor allem durch die MENGE an hochwertigem Content Bedeutung. Ein Blog, in dem hochwertiger Content steckt, wird auch irgendwann als Autorität wahrgenommen.

Das ist aber nicht der einzige Grund, warum Regelmäßigkeit DAS Erfolgsrezept bei Blogs schlechthin ist.

Menschen lieben generell Regelmäßigkeit und Rhythmen. Das beruhigt sie. Nicht umsonst versuchen wir kleineren Kindern Rituale mitzugeben, damit sie sich sicher fühlen und orientieren können. Dabei vergessen wir aber viel zu oft, dass wir das als Erwachsene genauso schätzen und brauchen, weil es uns Sicherheit gibt.

Wenn jemand etwas regelmäßig tut, wirkt das auf Menschen zuverlässig, stabil und vertrauenswürdig. Je länger diese Regelmäßigkeit anhält, desto mehr Vertrauen erwirbst du dir von deinen Besuchern. Sie werden dich als logischen, konsequenten und verlässlichen Menschen wahrnehmen - das ist für deine Reputation und somit für deine Glaubwürdigkeit sehr gut.

Wenn du die Wahl hast, solltest du deshalb immer möglichst am gleichen Tag publizieren - und zwischen den Beiträgen möglichst nicht zu viel Zeit verstreichen lassen. Der positive Eindruck, den ein neuer Beitrag von dir weckt, wiederholt sich dann immer öfter und das Gesetz der Wiederholung kann seine Wirkung voll entfalten,

wenn die Abstände dazwischen nicht zu groß sind. Aller Anfang ist schwer, du kannst das schreiben für relativ kleines Geld auch outsourcen. Das verschafft dir dann die Zeit für deine anderen Tätigkeiten.

Intensivere Kommunikation durch Regelmäßigkeit

Menschen in ihrem hektischen Alltagsleben haben nur eine geringe Aufmerksamkeitsspanne - und ein nicht besonders gutes Gedächtnis. Je öfter du etwas veröffentlichst, desto eher kommst du dem entgegen.

Wenn du dein Publikum in eher kurzen Abständen mit neuen, interessanten Informationen versorgst, wirst du eine stärkere Bindung zu deinen Lesern aufbauen als bei längeren Abständen. Eigentlich ist das logisch - im wirklichen Leben ist das nicht anders: zu jemandem, den wir einmal im Monat sehen bauen wir eine viel weniger starke Bindung auf als zu jemandem, dem wir dreimal in der Woche begegnen.

Regelmäßigkeit bringt auch mehr Erfolg

Ein weiterer wichtiger Vorteil von häufigen, regelmäßigen Veröffentlichungen ist, dass dadurch viel schneller höhere Besucherzahlen generiert werden können. Je öfter du etwas veröffentlichst, desto mehr Besucher wirst du bekommen.

Auch für deine Position in den organischen Suchmaschinen-Ergebnissen zahlt sich Regelmäßigkeit aus:

Deine Seite wird bei häufigem neuen Content auch häufiger gecrawlt. Das hilft dir, schneller bessere Positionen in den Suchergebnislisten einzunehmen.

Regelmäßiges Veröffentlichen hat also eine Menge Vorteile:

-du erzeugst einen besseren Eindruck bei Besuchern

-du schaffst einen namhaften, bedeutsamen Blog oder ein Magazin in deiner Branche

-du wirst als zuverlässig, konsequent und verlässlich wahrgenommen

-deine Reputation und auch die Reputation deines Unternehmens steigt

-du baust eine engere Bindung zu deinem Publikum auf

-das Gesetz der Wiederholung kann uneingeschränkt wirken

-du generierst mehr Klicks > mehr Besucher > mehr Umsatz oder Anfragen je nach Einsatz

-du sorgst nachhaltig für eine bessere Suchmaschinenposition

Aus diesem Grund ist es eine sehr gute Idee, dir bereits vorab einen Veröffentlichungsplan zu machen und immer an den gleichen Tagen neue Beiträge zu veröffentlichen. Ein- bis zweimal die Woche ist dafür ein sehr guter Rhythmus - dafür musst du allerdings schon Inhalte im Voraus planen. Am besten, du machst dir einen Plan für die Inhalte der nächsten sechs Monate und erweiterst diesen oder passt diesen Plan laufend an. Dann hast du immer genug Content-Ideen 'auf Vorrat'.

Eine weitere Option ist hier eine externe Texterin oder ein Texter, sprich die Optionen mit diesen durch damit du besser planen kannst.

Überprüfe gelegentlich durch eine Aktualisierung deiner Keyword-Recherche, welche Themen deine Besucher gerade besonders brennend interessieren, und wonach gerade vor allem gesucht wird. Passe deinen Content-Plan dann entsprechend an, damit du auch genau das liefern kannst, was User gerade am dringendsten suchen.

Auf aktuell auftauchende Fragen (bei einem Blog über Marketing etwa das Inkrafttreten der neuen DSGVO) solltest du in deinem Blog auch immer möglichst zeitnah eingehen. Denke Redaktionell und vor allem

Digital. Wenn du aufgrund des täglichen Geschäftes keine Ressourcen für diese Tätigkeiten frei hast, so suche dir Unterstützung.

7.14 Online-Reputationsmanagement

Wichtig ist zunächst natürlich einmal, dass du dir eine möglichst hohe positive Reputation erarbeitest. Daneben ist es aber genauso wichtig, deine Reputation im Netz möglichst auch zu schützen. Ein guter Ruf braucht viel Zeit, Arbeit, Wissen und kostet Geld, um aufgebaut werden - und im schlimmsten Fall nur Minuten um ihn zu zerstören. Deinen guten Ruf dann wiederzugewinnen kostet dich ein sehr gutes Stück Arbeit.

Das Internet hat Macht

„Vor allem Informations- und Bewertungsmacht"

Im Internet herrrsch enorm viel Kommunikation: zwischen Unternehmen und ihren Kunden, aber auch zwischen den Kunden. Das ist einerseits ein Vorteil für dich, da positive Aktionen deines Unternehmens sich unter Umständen in kürzester Zeit zum Beispiel über die Social Media Kanäle sehr weit herumsprechen können und dein guter Ruf durch Empfehlungen und positive Meinungen der User sehr weit tragen werden kann - umgekehrt besteht aber auch ein hohes Risiko, dass eine negative Meldung über dich ebenso weit oder sogar weiter gelangen kann und deine Reputation ebenso schnell nachhaltig schädigen oder sogar zerstören kann wie zum Beispiel ein „Shitstorm".

Dem muss dann nicht einmal ein Fehlverhalten deinerseits zugrunde liegen - schon bösartige Gerüchte von Internet Trollen oder Falschmeldungen (Fake News) können ausreichen, um einen hohen Schaden bei deiner Reputation anzurichten. Nicht zuletzt bedienen sich auch moralisch fragwürdige und skrupellose Mitbewerber gelegentlich dieser Mechanismen, um den Mitbewerber bei den Kunden in Misskredit zu bringen und zu schädigen, um danach selbst besser dazustehen.

Eine weitere wesentliche Macht im Internet ist die BEWERTUNGS-MACHT. User können seit dem Beginn des Web 2.0 heute beinahe alles bewerten und überall Bewertungen und Meinungen abgeben. Da sich die meisten User bei ihren Urteilen aber vor allem auch bei ihren Kaufentscheidungen überwiegend oder viel an Bewertungen anderer orientieren wie das bei Amazon und Co. üblich ist, liegt hier ein hohes Risiko für die Reputation eines Unternehmens.

Einige negative Bewertungen - selbst wenn sie sachlich nicht einmal zutreffen - können bereits durchaus gravierende Schäden beim guten Ruf eines Unternehmens verursachen. Kritikpunkte werden dann häufig auch noch wie Gerüchte weitergetragen und können sich damit rasend schnell ausbreiten. Dem Einhalt zu gebieten, ist nicht einfach und erfordert entschiedenes, klares und konsequentes Handeln vom Unternehmen. Wenn zu solchen Negativ-Urteilen von Seiten des Unternehmens geschwiegen oder abweisend reagiert wird, wird das von der Masse der User häufig als ein schuldbewusstes Eingeständnis des Fehlers gedeutet und als mangelndes Interesse, sich damit und mit seinen Kunden auseinanderzusetzen.

Hier liegt für jedes Unternehmen im Web ein sehr großes Risiko (das auch genauso für Blogger oder Betreiber von Informationsseiten gilt, die von Negativ-Bewertungen oder -Urteilen genauso betroffen sein können). Es gilt, die Übersicht zu behalten und im Fall von Negativ-Bewertungen diese möglichst sofort aufzugreifen und gezielt zu handeln. Nur so lässt sich die eigene Reputation nachhaltig schützen und bewahren. Bewerten Mitarbeiter oder ehemalige Mitarbeiter das Unternehmen auf Bewertungsplattformen schlecht, ist auch dies eine Informationsquelle welche nicht unterschätzt werden sollte! User oder Besucher dieser Seiten sehen diese Bewertungen und denken sich Ihren Teil dazu.

Was wiederum bedeuten kann: wenn ich als Unternehmer neue Mitarbeiter suche und im Netz entsprechend negative Bewertungen beziehungsweise Äußerungen zu meinem Unternehmen im Bereich der Mitarbeiterführung oder anderen Punkten lese, kann ich dadurch ein Problem bekommen neue Mitarbeiter überhaupt zu finden beziehungsweise zu bekommen. Wer bewirbt sich bei einer Firma welche entsprechende negative Bewertungen als Arbeitgeber hat?

Ein sehr guter "Schutzwall" gegen kritische Äußerungen ist und bleibt aber eine hohe Menge an positiver Reputation. Auch eine von vornherein intensive, authentische und ehrliche Kommunikation mit deiner Zielgruppe lässt einzelne Angriffe oft deutlich wirkungsloser werden. Das nicht bei jedem Kunden alles zu 100% sauber laufen kann ist oder besser gesagt sollte jedem klar sein. Das kann passieren und wird auch passieren: dass ist einfach mal so.

Anders herum ausgedrückt: Je positiver deine Reputation ist, desto weniger kann dir Kritik in der Regel nachhaltig schaden. Dich damit auseinandersetzen und darauf reagieren musst du aber selbstverständlich trotzdem.

Wisse, was über dich geredet wird

Die Bewertungen der Kunden in den eigenen Shops und auf den eigenen Seiten sowie die Blogkommentare sollten ohnehin regelmäßig auf negative Useraussagen hin geprüft werden - das sollte eigentlich Routine sein. Am „besten" (wenn möglich) mehrmals täglich, damit auf

Negatives auch möglichst zeitnah reagiert werden kann, um den Schaden zu begrenzen. Auch die Social Media Profile sollten in jedem Fall sehr häufig auf Negativ-Kommentare oder kritische Äußerungen von Usern geprüft werden. Auch das sollte eine selbstverständliche Routine sein.

Daneben gibt es aber oft kritische Erwähnungen oder Negativ-Kommentare an anderen Stellen im Netz, von denen man zunächst einmal gar nichts erfährt.

Ein gutes Tool, um herauszufinden wo und was über einen geredet wird, ist Google Alerts. Es arbeitet automatisch und erstellt in regelmäßigen, einstellbaren Abständen eine Analyse, wo der eigene Name oder ein bestimmter Suchbegriff gerade im Web auftaucht. Passiert das irgendwo, erhält man eine E-Mail.

Auf diese Weise entgeht dir sehr wahrscheinlich niemals mehr, wenn in irgendeiner entfernten Ecke im Web über dich geredet beziehungsweise geschrieben wird.

Google Alerts kann man auch gut verwenden, um zu überprüfen, wo man gerade steht und wie es um die eigene Reputation bestellt ist. Das ist für den Anfang schon einmal ganz wichtig. Ohne Online-Reputationsmanagement geht es heute einfach nicht mehr - ein guter Ruf muss auch geschützt werden.

Schutz vor der Krise: Schwachpunkte finden und ausmerzen

Wo bist du angreifbar? Was kann man zurecht an dir oder deinem Unternehmen kritisieren? Wo gibt es eventuellen Verbesserungsbedarf? Wie, Wo und bei Was sollte ich besser Aufklären und Informieren?

Wenn du deine Schwachpunkte oder die Schwachpunkte deines Unternehmens kennst, solltest du dich bemühen, sie möglichst auszugleichen, damit du nicht unnötig Kritik auf dich ziehst. Das kann schon im Vorfeld häufig eine gute Strategie sein, um Krisen gleich von vornherein nicht entstehen zu lassen.

Wenn du gleichzeitig offen zu den Fehlern und Schwächen stehst und ernsthaft und authentisch vermitteln kannst, dass du um eine Verbesserung bemüht bist, bietest du dann keine Angriffsfläche für Kritik. Wer dich dennoch dafür kritisiert, läuft damit ins Leere und seine Kritik wird von kaum jemandem ernstgenommen.

Was tun, wenn die Krise droht?

Wenn dein Unternehmen (aber auch du als Blogger oder deine Infowebseite) angegriffen oder stark kritisiert wird, musst oder solltest du IMMER SOFORT reagieren.

-du musst Kritik immer aufgreifen

-du musst auf jeden Fall immer Diskussionsbereitschaft zeigen

-du musst dich gegen unfaire Kritik auch immer wehren und sachlich und ruhig darstellen, wie es sich tatsächlich verhält

Das sind die Grundregeln. Idealerweise hast du schon im Vorfeld wirksame Strategien ausgearbeitet, wie du mit solchen Krisensituationen umgehst. Eine solche "Krisen-PR" und passende Strategien bei der Hand zu haben, die sich im Ernstfall schnell anpassen und anwenden lassen, kann sich für dich lohnen.

Wichtig ist bei jeder Reaktion auch, dass sie namentlich erfolgt - nicht unter dem Namen des Unternehmens. Menschen, die etwas kritisieren, wollen immer mit Menschen reden - nicht mit "dem Unternehmen".

Das kann sonst zu weiteren Vorwürfen und zu weiterem Misskredit führen. Ein Unternehmenssprecher ob weiblich oder männlich kann so zur Zielscheibe für die Kritiker werden. Nutzt der oder die Unternehmenssprecherin leere Worthülsen also nichts sagende Worte, so werden dies die Kritiker oder auch Kunden sehr schnell merken. Diese Taktik und Strategie ist nicht Glaubwürdig und somit nicht nachhaltig.

Verhalte dich ehrlich, offen und fair, sei auch bereit einen Fehler sachlich einzugestehen und dich aufrichtig zu entschuldigen und den entstandenen Schaden (wenn es diesen womöglich gibt) wiedergutzumachen, wenn es sein muss. Damit nimmst du Kritikern und Angreifern oder diesen sogenannten Internettrollen und Hatern oft schon viel Wind aus den Segeln.

In den Augen Unbeteiligter "gewinnt" am Ende oft der, der sich fair und angemessen verhält und sachlich reagiert - das muss häufig nicht der Kritiker sein. Nicht selten diffamiert (sich in einen schlechten Ruf bringen) sich der Angreifer selbst, wenn er verbal oder auch in seiner Argumentation danebengreift. Unbeteiligte Beobachter neigen zwar dazu, übergroße Erregung und Verärgerung und ein gewisses Maß an Unsachlichkeit bei Angreifern noch teilweise zu tolerieren, aber auch hierfür gibt es eine Grenze. Überschreitet der Angreifer oder Kritiker diese, hat er sich selbst diffamiert und seine Kritik wird von Außenstehenden nur mehr wenig ernstgenommen.

Merke dir: Wie du mit Kritik umgehst ist für die Menschen die dich beobachten ein ganz wesentliches Maß dafür, wie vertrauenswürdig, ehrlich, authentisch und fair du bist. Gerade in solchen Situationen kann man seine Qualitäten beweisen - oder eben nicht. Sei dir deshalb immer voll bewusst, was du gerade tust und handle überlegt und "anständig" nach dem Prinzip: „was du nicht willst das man dir tut das füge auch keinem andern zu".

Vorsicht vor übertriebenen Reaktionen auf negative Inhalte im Web

Wenn du Negativäußerungen über dich oder dein Unternehmen im Web findest, solltest du allerdings auch tunlichst vermeiden, überzogen darauf zu reagieren und panisch zu versuchen, negative Inhalte vom Seitenbetreiber oder von Google mit aller Macht zu entfernen. Wenn du beispielsweise massiv darauf drängst, dass ein deutlich erkennbar unseriöser Kommentar entfernt wird.

Das kann dir von Menschen als überempfindlich, als wenig kritikfähig, als despotisch oder auch als wenig selbstbeherrscht ausgelegt werden. Für viele sieht es dann auch so aus, als würden dir die innere Stärke und das "Augenmaß" fehlen. Das ist für deine Reputation nicht besonders gut, weil du dadurch deutlich weniger vertrauenswürdig wirst. In diesem Fall hast du dann das geschaffen, was man in der Fachsprache einen "Blow-Back" nennt, so etwas wie einen Bumerang, der dich am Ende selbst trifft.

Der Streisand-Effekt

Ein Effekt, den du auch unbedingt kennen solltest, ist der Streisand-Effekt. Seinen Namen hat er tatsächlich von der berühmten Sängerin.

Der Effekt besagt, dass du durch den Versuch des Entfernens einer Information aus dem Netz häufig noch viel mehr Aufmerksamkeit auf diese Information lenkst und sie damit einem noch viel größeren Personenkreis zugänglich machst als zuvor.

Als ein Fotograf die Küstenerosion an der Küste von Kalifornien dokumentieren wollte, schoss er dabei unabsichtlich bei den 12.000 gemachten Fotos auch ein Foto, auf dem das Haus der Sängerin mit zu sehen war. Barbara Streisand versuchte daraufhin (erfolglos) den Fotografen und die veröffentlichende Webseite auf 50 Millionen Dollar wegen der (angenommenen) Verletzung ihrer Persönlichkeitsrechte zu verklagen. Das scheiterte, aber durch den hohen Medienrummel um den Prozess wurde das Foto überhaupt erst bekannt - und ging wochenlang durch die Medien. Zuvor hatte so gut wie niemand gewusst, dass es sich bei dem Haus auf dem Bild um das Barbara-Streisand-Haus handelte - danach war das fast jedem bekannt. Heute ist das umstrittene Bild sogar auf Wikipedia zu sehen.

Quelle: de.wikipedia.org/wiki/Streisand-Effekt

Einen ganz ähnlichen Effekt konnte man auch bei Bettina Wulfs Versuch beobachten, von Google eine Autovervollständigung unterdrücken zu lassen, die sie in Zusammenhang mit dem Rotlichtmilieu brachte. Die Autovervollständigung entstand durch einige wenig seriöse Seiten, darunter eine rechtsradikale Plattform, die unter anderem behaupteten, sie hätte vor der Ehe mit dem späteren Bundespräsidenten im Rotlichtmilieu gearbeitet.

Erst nach dem der Prozess der Anwälte, die Löschung des Autovervollständigungseintrags und die Löschung einiger Webseiten beim Landgericht Hamburg verlangten, machte den Großteil der Bevölkerung erst auf diese Autovervollständigung aufmerksam - zuvor hatten die meisten sie einfach überlesen oder überhaupt nicht ernst genommen. Durch den Prozess wurde die breite Öffentlichkeit auf die kolportierten Gerüchte, die eigentlich dem Bundespräsidenten schaden sollten, überhaupt erst aufmerksam. Auch

hier kannst du den Streisand Effekt also in Aktion betrachten. Quelle: welt.de Bettina Wulff und Google legen Rechtsstreit bei

Eine mögliche, „gezielte" SEO und Online Marketing Taktik und Strategie kann es aber auch sein, diesen Streisand-Effekt für sich gezielt zu nutzen umso einen so genannte Linkbait zu erzeugen. Dieser Linkbait dient dann dazu die eigene Webseite aus SEO Sicht zu stärken im Bereich des Linkbuildings und Link Juice oder auch Linkpower genannt um in den organischen Suchergebnissen der Suchmaschinen weiter oben zu ranken.

Social Bots und Trolle als Bedrohung?

Gerade in der Politik machen sie immer wieder von sich reden: die Social Bots. Es handelt sich dabei um Software Programme, die das Verhalten echter User in sozialen Netzwerken imitieren und über Fake-Profile versuchen, die öffentliche Meinung zu beeinflussen.

Social Bots werden meist in großer Zahl und mit zahlreichen Accounts eingesetzt, um eine vergleichsweise große Bevölkerungsgruppe (Reichweite) mit einer bestimmten Meinung zu imitieren. Andere Menschen lassen sich davon täuschen und von der immer wieder in zahlreichen Posts und Diskussionen sehr häufig aufzufindenden Meinung am Ende beeinflussen, weil sie sie für eine "Mehrheitsmeinung" halten. Menschen richten sich sehr häufig nach dem, was sie glauben, dass die Mehrheit denkt und passen ihre eigenen Meinungen entsprechend an, um nicht im Widerspruch zur Mehrheit zu stehen. Genau darauf setzen Social Bots.

Internet Trolle stören in der Regel nur die Gespräche in öffentlichen Chats und Foren, wo sie versuchen, Menschen zu provozieren und zu emotionalen Reaktionen und Entgleisungen zu verleiten. Eine Ausnahme stellen lediglich die sogenannten "Kremlbots" dar, die in russischem staatlichen Auftrag (so wird gemunkelt) Hasskommentare und zum Teil Fake News absetzen und so versuchen, die öffentliche Meinung im Westen zu manipulieren. Bei Trollen handelt es sich in der Regel um echte Menschen, selten um Programme. Quelle: Wikipedia Troll-Armee

Einfache Unternehmen sind in der Regel nicht Ziele von Social Bots oder Trollen, da sie dort nichts zu gewinnen haben. Wer als Großkonzern oder sehr bedeutendes Unternehmen mit Social Bots angegriffen wird, muss sich dann ohnehin mit dieser Bedrohung ganz spezifisch auseinandersetzen und dann Schutz- und Gegenstrategien entwickeln.

Für alle andern ist das Risiko, Opfer von Social Bots zu werden, wohl eher denkbar gering.

7.15 Tools für das Online-Reputationsmanagement und zur Reputations-Überwachung

Wenn du dein Online-Reputationsmanagement gezielt betreiben möchtest, kannst du auch Tools dafür einsetzen. Ein paar bewährte Tools dafür findest du in der nachfolgenden Liste. Sie helfen dir bei unterschiedlichen Aufgabenstellungen, insbesondere beim Überwachen einer Online-Reputation, aber auch bei anderen Dingen.

-Talkwalker   https://www.talkwalker.com/social-media-analytics-search und Talkwalker Alerts https://www.talkwalker.com/alerts

-IFTTT, eigentlich ein automatisches Triggerprogramm, das aber auch Accounts überwachen kann https://ifttt.com/

-Go Fish digital complaint search https://gofishdigital.com/complaint-search/

-Review Trackers http://www.reviewtrackers.com/

-Yotpo ein Tool das Kunden nach einem Kauf automatisch zum reviewen (Rezension oder Bewertung abgeben) auffordert https://www.yotpo.com/

-Naymz, ein Tool zur Überwachung der eigenen Social Influence http://www.naymz.com/

-Reputology https://www.reputology.com/

Als ganz einfach zu bedienendes und kostenloses, aber sehr wirksames Tool für die Überwachung deiner Online-Reputation wie bereits erwähnt solltest du auch Google Alert (http://google.de/alerts) nicht vergessen.

7.16   Dienstleister für die Online-Reputationsüberwachung

Wenn du wenig Zeit hast aber das Budget vorhanden ist, kannst du auch die Überwachung in kundige Hände legen und spezielle Dienstleister die Online-Reputationsüberwachung durchführen lassen.

Bewährte und bekannte Anbieter dafür sind beispielsweise:

-die Revolvermänner www.revolvermaenner.com

-das Unternehmen Reputation Manager https://reputation-manager.de/ oder

-Yourreputation24 http://www.yourreputation24.com/leistungen.html

Oder suche online in Suchmaschinen nach: Reputationsmanagement Dienstleister, Reputationsmanagement Agentur oder zum Beispiel nach online Reputationsmanagement

7.17 Ebooks oder Bücher schreiben für deinen guten Ruf

Ein Ebook oder Buch zu schreiben ist bis heute etwas, was einem eine Menge Prestige einbringt. Wer ein Buch über ein Thema geschrieben hat, gilt als Fachmann quasi als legitimiert.

Dieses weit verbreitete Ansehen stammt noch aus früheren Zeiten, wo es einer Menge Fleiß und Arbeit bedurfte, ein Buch erst einmal fertigzustellen. Dazu kam, dass praktisch alle Bücher von Verlagen herausgegeben wurden - die natürlich nur annahmen, was auch eine entsprechende Qualität aufwies. Wer sein gedrucktes Buch "herausbrachte", konnte also stolz darauf sein und wurde auch von seiner Umgebung als Experte seines Fachs anerkannt.

Vielfach gilt das - in Bezug auf das Ansehen - heute auch noch weiter. Ein Buch ist immer noch etwas Besonderes, in dem man seine echte Fachkenntnis offenbart. Das Herstellen von Büchern oder E-Books ist heute natürlich deutlich einfacher geworden. Ein E-Book zu schreiben stellt heute für fast niemanden mehr ein Problem dar und man muss es auch nicht mehr durch die Verlagshürden schaffen.

Trotzdem ist ein Buch eine Art "Ausweis" für die eigene Expertise, der dauerhaft sichtbar bleibt vor allem online. Es bietet sich natürlich auch an, das eigene Buch auf der eigenen Webseite ebenfalls zum Kauf anzubieten.

Sinnvoll ist oft ein symbolischer Preis oder einfach ein Hinweis auf den Buchtitel bei Amazon und Co. - Gratis-E-Books, die man kostenlos zum Download anbietet, wirken in der Regel nicht so wertig und aufwertend.

Auch Gratis-E-Books bieten Vorteile

Wer sein E-Book (oder ein weiteres) dennoch kostenlos für alle zur Verfügung stellt, kann damit ebenfalls Vorteile erzielen.

Die wichtigsten und häufigsten Fragen, die ein Nutzer in fachlicher Hinsicht hat, lassen sich damit gleich einmal abdecken. Damit das auch sichergestellt ist, solltest du beim Planen der Inhalte darauf achten, dich ein wenig an der Keyword-Analyse zu orientieren und vor allem Inhalte auszuwählen, nach denen User häufig suchen und bei denen es oft Fragen gibt.

Viele Fragen brauchen oft umfassendere Antworten - und die lassen sich in einem E-Book oft besser wiedergeben als in einem einzelnen, kurzen Beitrag im Blog oder im Magazin. Es kann mehr Hintergrundwissen und Grundlagenwissen mitvermittelt werden und damit kann die eine oder andere Frage oft schlüssiger und für den Leser als auch Kunden nachvollziehbarer beantwortet werden.

Die Nutzer werden dir in diesem Fall dankbar sein dafür, dass du alle ihre Fragen auf einen Schlag beantwortest - und du erwirbst dir viel positive Reputation. Gleichzeitig schaffst du dir einen Wettbewerbsvorteil gegenüber der Konkurrenz.

Prestige-E-Books herausbringen - wo?

Das E-Book, das du kostenlos zum Download auf der Webseite anbietest, stellt in der Regel kein Problem dar - du kannst es einfach als downloadbares PDF auf deiner Webseite einbauen und mit mehreren Links darauf verweisen.

Anders sieht das mit deinem Prestige-Buch oder E-Book aus. Es soll immerhin bei Amazon oder in anderen Buchläden landen, um dir auch dort Prestige zu bringen.

Dafür bedienst du dich am besten eines der zahlreichen Publisher, die für wenig Geld die Herstellung und gleich auch das Platzieren des Buchs in den wichtigen Online-Buchhandlungen übernehmen.

Auch gedruckte Bücher sind kein Problem: Du brauchst heute keine ganze Auflage mehr bezahlen, sondern lediglich eine Mastering-Gebühr, wenn du dich an einen POD (Print-on-Demand) Anbieter wendest. Der Drucksatz wird elektronisch vorbereitet und als Datei gespeichert. Sollte dein Buch bestellt werden, druckt der POD-Anbieter einfach ein einzelnes Buch aus und schickt es an den Kunden. Das geht genauso schnell wie bei einer Bestellung im Laden.

Wenn du einige Exemplare benötigst - etwa für eine deiner Offline-Aktionen zum Aufbau deiner Reputation - kannst du sie problemlos in jeder gewünschten Menge beim POD-Anbieter bestellen.

Qualität ist wichtig

Achte darauf, dass du auch beim Schreiben deiner E-Books möglichst auf Glaubwürdigkeit setzt (nachvollziehbare Quellen, nur seriöse, anerkannte Quellen, neutrale und sachliche Darstellung, etc.). Die in Kapitel 2 genannten Do's und Dont's in Bezug auf die Glaubwürdigkeit solltest du möglichst einhalten, damit dir dein Buch auch wirklich Reputation und Glaubwürdigkeit einbringt.

E-Books sind in jedem Fall ein gutes Mittel um deinen Expertenanspruch zu unterstreichen und Vorteile für deine User zu schaffen. Darauf solltest du nicht verzichten.

7.18 Reputation Management mit kleinem Budget

Wenn du dir unseren Plan in Kapitel 4 noch einmal ansiehst, wirst du es vielleicht gleich bemerken: der Aufbau einer positiven Reputation kostet dich keine Unsummen, gerade am Anfang verlangt das Reputation Management nur sehr geringen Einsatz von finanziellen Mitteln.

Das meiste davon ist zunächst einmal gedankliche Arbeit: einen Blog einrichten, ein Glossar zusammenstellen, regelmäßige Blogbeiträge schreiben...

Das kostet natürlich vor allem Zeit - aber wie du ganz am Anfang schon sehen konntest, ist es die Mühe in jedem Fall wert. Wenn du gerade zu wenig Zeit hast, kannst du dein Glossar auch erst nach und nach aufbauen - laufend pflegen musst du es ohnehin.

Viele Fachbegriffe, die für deine Besucher erklärungsbedürftig sind, werden sich auch erst aus den späteren Blogartikeln ergeben. Zusätzlich werden auch immer neue Verlinkungen zwischen den Glossareinträgen und deinen Blogbeiträgen oder der Seitennavigation dazukommen.

Im Allgemeinen solltest du aber sehen, dass du keine allzu langen "Baustellen" auf deiner Seite hast - auch das wirkt sich nämlich wiederum negativ auf deine Reputation aus, weil es den Eindruck macht als würdest du kaum etwas voranbringen. Das solltest du also auf jeden Fall vermeiden.

Du kannst also klein beginnen und je nach deinem Budget und Wachstum deine Maßnahmen zum Reputationsaufbau dann weiter ausbauen und umfassender einsetzen.

Hilfe beim Schreiben

Für viele ist Schreiben nicht so ihr Ding - außerdem kostet das Schreiben von Beiträgen auch eine Menge Zeit. Wichtig ist vor allem, dass die Beiträge professionell geschrieben sind, inhaltlich richtig und mit einer großen Informationstiefe versehen werden.

Rechtschreibfehler und schlampige Formulierungen sowie ein unglücklicher Aufbau, der kein flüssiges Lesen erlaubt, fallen wiederum negativ auf dich zurück.

In vielen Fällen lohnt es sich also, einen externen Schreiber zu suchen, der das Schreiben für dich übernimmt. Dabei solltest du aber auf jeden Fall bei der Auswahl darauf achten, dass du einen Schreiber beauftragst, der sich zumindest grundlegend in deiner Branche auskennt, bereit ist, dazuzulernen und gewohnt ist, sich in Fachmaterial einzuarbeiten. Flache Beiträge sind verschwendetes Geld - es geht nicht darum, dass in deinem Blog einfach nur Texte stehen, sondern es geht um wirklich guten, informativen und gut lesbaren Content mit einem hohen Mehrwert für deine User, Besucher und Kunden.

Auch das Vergeben von Texten an einen externen Schreiber lässt sich meist mit kleinem Budget noch realisieren - Texte bekommst du auf entsprechenden Plattformen (Content.de, Textbroker.de und weietren) meist schon für 2,5 - 3 Cent pro Wort - ein kurzer aber umfassender Beitrag mit 500 Wörtern kostet dich dann kaum mehr als 10 - 15 Euro, ein langer und ausführlicher mit 1.000 Wörtern dann das Doppelte.

Für einen guten Schreiber mit Fachkenntnissen wirst du manchmal aber auch etwas mehr bezahlen müssen, hier liegen die Wortpreise von 0,05 bis teilweise 0,09Euro je Wort vor - Qualität hat ihren Preis. Vor allem wirst du höchstwahrscheinlich einige Texter ausprobieren müssen, bis du tatsächlich DEN Texter für deine Texte gefunden hast.

Dann lohnt es sich, eine langfristige Zusammenarbeit anzustreben, damit sich für den Texter das Einarbeiten auch lohnt. Erfahrene Texter, die auch redaktionelle Arbeiten übernehmen können dir überdies bei der Content-Planung und bei der Strukturierung deines Blogs sehr professionell helfen - bei vielen guten Textern gehört das zum Handwerkszeug, sie können auch sehr gut abschätzen, inwieweit sich Beiträge noch optimieren lassen.

Wenn du jemanden suchst, der Pressemitteilungen für dich verfasst, solltest du dich am besten an jemanden wenden, der auch im journalistischen Bereich Erfahrungen hat. Pressemitteilungen müssen richtig und passend geschrieben sein, damit sie tatsächlich Aufmerksamkeit erzeugen und sich in den etablierten Medien verbreiten können.

Dass Pressemitteilungen ignoriert oder kaum wahrgenommen werden liegt im größten Teil der Fälle daran, wie sie abgefasst sind - nicht daran, was du für das Presseportal zahlst. Schlecht abgefasste oder unvollständige Pressemeldungen lassen professionelle Journalisten gerne links liegen, weil sie einfach zu viel Arbeit bedeuten. Wenn sie zudem noch wenig Interesse in der Sache wecken, werden sie kaum eine Chance haben, von irgendjemand Beachtung zu finden.

Achte also darauf, dass jemand, denn du beauftragst Erfahrung mit dieser Art von Arbeit hat und vielleicht sogar noch ein paar kostenpflichtige Zugänge zu Presseverteiler-Portalen besitzt - das erspart dir Kosten und Zeit und somit Arbeitsaufwand. Professionelle Texter, wie du sie auf Plattformen findest sind das in der Regel nicht und die meisten von ihnen haben auch nur wenig bis überhaupt keine Erfahrung mit klassischer Pressearbeit. Ihre Stärken liegen woanders.

7.19 Was du sonst noch outsourcen kannst

Im Business geht es vor allem darum, Zeit nicht zu verschwenden. Manchmal muss man Zeit gegen Geld tauschen, um sich von aufwendigen Arbeiten zu befreien und seine wertvolle Zeit sinnvoller und vor allem gewinnbringender nutzen zu können.

Dinge die du oft leicht outsourcen kannst, ist passende (rechtefreie) Bilder für deine Beiträge zu suchen, kurze Videos zu produzieren oder auch die Pflege deines Blogs komplett zu übernehmen, während du nur die Inhalte vorgibst.

Das Erstellen von Info-Grafiken ist ebenfalls eine recht mühevolle Aufgabe, wenn man nicht ständig damit befasst ist und keine Routine in diesen Dingen hat - in den meisten Fällen wirst du jemanden finden können, der das besser und schneller kann als du selbst.

Ein interessanter Aspekt für Outsourcing ist dann auch noch der Bereich Content-Recycling: Aus Infografiken kann man einen Artikel machen, oder aus mehreren Artikeln ein E-Book zusammenstellen. Das alles geht dann natürlich auch andersherum. Du kannst also deinen Texter durchaus auch damit beauftragen, Content in verschiedene unterschiedliche Formen zu bringen, so dass du häufiger "frischen" einzigartigen Content hast und dich nicht so oft auf die Suche nach neuen Ideen machen musst. Wobei es natürlich viel leichter ist, wenn du dich in diesen Bereich selbst sehr gut auskennst. Je fitter du selbst in diesen Bereich bist umso schneller und einfacher wird dir diese Arbeit fallen.

Wenn du im internationalen Bereich arbeitest und eine mehrsprachige Seite betreibst, kann es auch Sinn machen, auf Übersetzungen zu setzen. Dabei solltest du auf professionelle Übersetzer nicht verzichten - sie sind meist doppelt so teuer wie ein Texter und auf wortwörtliche

Übertragung kommt es hier ohnehin nicht an. Es wäre in diesem Fall sogar eher wünschenswert, wenn der Inhalt nicht wortgetreu, sondern lediglich annähernd übertragen wird. Achte aber darauf, dass jeder nur in seiner Muttersprache Beiträge schreibt (suche Muttersprachler), sonst leidet die Qualität.

Du kannst dich also von durchaus vielen Dingen wirksam befreien, ohne die gleich in immense Kosten stürzen zu müssen. Dafür erhältst du dann auch noch dazu professionelle Qualität.

7.20   Fazit der Online Reputation

Der gezielte Aufbau einer hohen positiven Reputation für dich oder dein Unternehmen ist also leichter als gedacht und gerade am Anfang ohne große Kosten machbar. Es bedarf nur vor allem konsequenter, regelmäßiger Arbeit, damit dein Vorhaben Erfolg hat.

Das Gesetz der Regelmäßigkeit und das Gesetz der Wiederholung sind die Schlüssel für den Erfolg beim Reputationsaufbau. Genau genommen wie bei vielen anderen Dingen im Leben auch.

Gerade am Anfang solltest du dir auch noch einmal gründlich ansehen wodurch man sich im Internet vor allem einen guten Ruf erwerben kann - und versuchen, diese Werte bestmöglich in die Praxis umzusetzen.

Reputation ist enorm wichtig und ein sehr wertvolles Kapital im Internet (imaginärer Wert) - ein guter Ruf ist buchstäblich bares Geld wert. Das solltest du nie vergessen. Achte auch darauf, deinen erworbenen guten Ruf immer ausreichend aber ohne überzogene Reaktionen zu schützen - dann wirst du in Zukunft in immer stärkerem Maße von ihm profitieren können.

8   Was bedeutet Usability?

Der Begriff "Usability" wird in unterschiedlichen Zusammenhängen und nicht nur im Bereich von Webseiten verwendet. Grundsätzlich versteht man unter guter Usability, dass ein Produkt so angelegt ist, dass ein Benutzer die von ihm angestrebten Ziele leicht, effizient und für ihn zufriedenstellend erreichen kann. In der Regel nehmen Nutzer allerdings bewusst nur eine mangelhafte Usability wahr, hohe Usability wird gewöhnlich nicht bemerkt.

User-Experience bei Webseiten

Bei Webseiten geht es nicht nur um die Usability allein, sondern auch um die User-Experience (abgekürzt UX). Es geht nicht nur darum, dass ein User auf einer Webseite schnell und sicher navigieren, etwas finden oder Produkte bestellen kann - sondern auch darum, dass sie für ihn emotional ansprechend gestaltet ist, ästhetisch wirkt und möglich auch Spaß bei der Nutzung macht (Joy of Use).

Die UX lässt sich konkret optimieren - das übernehmen entweder spezielle Dienstleister, oder man versucht selbst, Verbesserungen der UX auf der Seite zu erreichen, eventuell auch über unabhängige Tester, die man ebenfalls bei einer Reihe von Dienstleistern buchen kann. Sogenanntes „Crowdtesting" kann dabei enorm hilfreich sein - bekannte Anbieter dafür sind etwa:

-applause.com

-testtailor.com

-testbirds.de oder

-test.io/de.

Bonus Tool Tipp: usabilityhub.com/five-second-test

Ein weiteres Tool um den schnellen und visuelle Weg, der Benutzer auf der eigenen Seite zu verstehen ist www.hotjar.com. Verstehen was Nutzer auf Ihrer Website wollen und was sie tun.

9   Was versteht man unter der Conversion Rate?

Grundsätzlich versteht man unter der Conversion Rate das Verhältnis von Webseiten-Besuchern zu denjenigen Besuchern, die eine bestimmte Aktion ausführen (das müssen nicht immer Käufe auf der Webseite sein).

Ein Beispiel:

Eine Webseite hat pro Tag 1.000 Besucher. 50 Besucher melden sich für den Newsletter an, 10 Besucher kaufen ein Produkt im Wert von 20 Euro. Damit haben wir eine CR (Conversion Rate) für den Newsletter von 50:1000, also von 5 %.

Die CR für Verkäufe liegt dagegen nur bei 10:1000 - also bei 1 %.

Der Umsatz pro Besucher liegt damit bei 0,20 EUR.

Webseiten produktiver machen

Will man unsere Beispiel-Webseite nun produktiver machen, gibt es zwei Möglichkeiten:

- den Umsatz pro Käufer zu erhöhen (was situationsbedingt schwierig und aufwändig ist)

- die Conversion Rate zu erhöhen (das heißt, dass mehr Besucher zu Käufern werden bei gleichbleibender Besucherzahl)

In beiden Fällen würde sich der Gewinn durch die Webseite erhöhen, die Verbesserung der Conversion Rate wirkt dabei aber nachhaltiger, weil der Erlös für den Traffic allgemein höher bleibt. Man muss dann nur dafür sorgen, dass ausreichend Traffic auf die Seite gelangt.

Zur Erhöhung der Conversion Rate gibt es viele Wege:

- Angebote zeitlich limitieren
- eine Verbesserung der User-Experience (UX) auf der Seite
- höheren Trust erreichen
- für gezielteren Traffic sorgen

und und und

Für die Produktivität einer Webseite ist die Conversion Rate also immer das entscheidende Kriterium, das man auch regelmäßig messen und überwachen sollte - daneben sollte man auch trachten, die Conversion laufend zu verbessern, weil das gleichzeitig immer eine Verbesserung der Qualität der Seite bedeutet.

Tool Tipps:

- Google Analytics
- piwikpro.de
- optimizely.com/de/
- unbounce.com/de/
- vwo.com – Virtual Website Optimizer

10 Welche Arten von Traffic gibt es?

Und: Was ist warmer und was kalter Traffic?

Traffic kann man auf verschiedene Arten in Kategorien einteilen: Suchmaschinen-Traffic, Link-Traffic, Social-Media-Traffic, Verweis-Traffic..... Eine der wichtigsten Unterscheidungen für das Online-Marketing ist aber zwischen KALTEM UND WARMEM TRAFFIC. Was bedeutet das?

Kalter und warmer Traffic: die Unterschiede

Von warmem Traffic spricht man immer dann, wenn die Besucher bereits eine gewisse Idee haben, was sie auf deiner Seite finden werden (oder die Besucher deiner Seite diese bereits kennen und Vertrauen haben). Das können beispielsweise Empfehlungen von einem Bekannten, Fachartikel, Pressemitteilungen oder Kooperationspartner sein, der einen Link zu deiner Seite gibt, oder auch eine Empfehlung in einem Blog, das beim Verlinken deine Seite auch kurz vorstellt.

Besuche von den Mitgliedern deiner Email-Liste gehören natürlich ebenfalls zum warmen Traffic, weil sie deine Seite und dein Angebot ja bereits grundlegend kennen. Auch Social Media Follower können dich und dein Angebot unter Umständen (nicht immer) so gut kennen, dass du sie zum warmen Traffic rechnen kannst. Man kann diese Traffic Art als angewärmt bezeichnen.

Kalter Traffic ist - kurz gesagt - alles andere. Also Menschen, die keine Ahnung haben, was sie auf deiner Seite finden werden, und die du nach dem Erreichen deiner Starseite oder der Landingpage (deiner Webseite) innerhalb von Sekunden davon überzeugen musst, dass du etwas für sie zu bieten hast was Ihr Problem löst oder Ihr Begehr warum Sie auf deine Webseite gekommen sind befriedigt. Das ist schwierig und gelingt nicht immer.

Suchmaschinen-Traffic ist übrigens nicht ganz kalter Traffic: Der User gibt sein Problem in Form einer Suchabfrage ein und findet in den Suchergebnissen deine Seite - damit kann er zu Recht die Erwartung in seinem Kopf haben, dass er auf deiner Seite vermutlich eine Lösung für sein Problem oder sein Begehr findet. Viel "Wärme" bedeutet das noch nicht, es ist aber auch nicht mehr ganz "kalt".

Trust und die Conversion Rate

Bei warmen Traffic genießt du immer bereits etwas Trust (Vertrauen) - es wird deinem Angebot und deiner Seite ein Stück weit vertraut. Trust ist auch gut für die Conversion Rate: je mehr Trust (also je "wärmer" der Traffic), desto höher wird die Conversion Rate ausfallen.

Die Ziele im Marketing

Das wichtigste Ziel für dich im Online Marketing ist, möglichst viel KALTEN TRAFFIC, zu warmen Traffic" zu konvertieren. Warum? Weil warmer Traffic immer begrenzt ist, ausbaufähig aber begrenzt. Kalter Traffic aber in fast unbegrenzter Menge zur Verfügung steht und auch recht günstig beschafft werden kann.

Du musst zwar im Hinblick auf dein Marketing mehr tun und es mit viel Geschick tun - am Ende lohnt sich das aber - eben wegen der riesigen Menge an kaltem Traffic, der dir zur Verfügung steht.

Warmen Traffic zu konvertieren ist einfacher, setzt dir bei den Ergebnissen aber auch eine Grenze, nämlich wegen seiner begrenzten Menge. Wenn deine Webseite kalten Traffic gut zu „warmen Traffic" konvertieren kann, gibt es dagegen kaum eine Grenze.

Dein Ziel sollte also sein, die Conversion Rate für kalten Traffic möglichst hoch zu halten (oder nach oben zu bringen). Das führt zu den besten Ergebnissen. Meist steigt die Conversion Rate für den warmen Traffic dann sogar ohnehin automatisch mit. Fokussiere dich in deinen online Marketing-Aktivitäten bei der Gestaltung der Seite aber möglichst auf den kalten Traffic. Psychologische Trigger werden dir dabei helfen deine Conversion Rate zu erhöhen.

11 Psychologische Trigger auf Webseiten und wie sie eingesetzt werden

Wenn es um das Kaufen geht, reagieren Menschen sehr selten rational - auch wenn sie das meist von sich glauben. Tatsächlich werden aber viele Kaufentscheidungen und viele Reaktionen während des Kaufprozesses von unbewussten Standard-Reaktionen gesteuert. Solche Reaktionen kann man auch gezielt provozieren - das nennt man dann "triggern", die zugehörigen Verhaltensauslöser nennt man dabei "Trigger".

Wie funktionieren psychologische Trigger?

Der einfachste und bekannteste Trigger basiert auf einer Angstreaktion. Wenn von einem Produkt nur noch wenige Stück verfügbar sind, und der potenzielle Käufer das mitbekommt, löst das fast immer einen starken Kaufimpuls aus - die Umsätze steigen. Der Käufer befürchtet, dass er dieses Produkt in Zukunft nicht mehr kaufen kann, oder teurer kaufen müsste - unabhängig von rationalen Überlegungen schlägt er dann zu und kauft spontan.

Dieser psychologische Trigger wird schon seit Jahrzehnten verwendet, auch im Offline-Handel. Dass er funktioniert, kann man einfach an sich selbst testen, wenn man im Supermarkt etwas kauft, weil es für kurze Zeit im Angebot ist. Dem kann sich auf Dauer kaum jemand entziehen.

Neben diesem bekannten Trigger gibt es aber auch viele weitere psychologische Trigger, die auch im Online-Handel oder auf Webseiten eingesetzt werden.

Bei Auktionen wird beispielsweise schon vom Prinzip her auf den Wunsch zu gewinnen gesetzt, und in der letzten Minute überbieten sich alle Teilnehmer der Auktion gegenseitig noch um teilweise sehr hohe Beträge - mehr als sie eigentlich ausgeben wollten.

Werbung setzt natürlich auch fast ausschließlich auf Trigger, um in uns emotionale Reaktionen auszulösen, die danach einen starken Kaufwunsch oder Information Wunsch zur Folge haben. Auch hier kann man sich mit rationalem Denken oft kaum wehren: unser Gehirn erfindet dann rationale Gründe, warum wir dieses oder jenes Produkt brauchen, um die Illusion einer "vernünftigen" Entscheidung aus eigenem Willen aufrecht zu erhalten.

Welche Trigger auf Webseiten besonders gut funktionieren

-Sympathie, Social Proof, Autorität

-Gefälligkeiten

-die schon erwähnte Verknappung

-Commitments und folgerichtiges Verhalten

-bildliche Sprache und Ansprache in Texten

-Farbkombinationen und Grafiken

-eine Call to Action wie z.B.: jetzt kaufen, heute noch bestellen, trage dich jetzt kostenlos ein und bekomme ….

-wir sind Mitglied im Verband der, wir sind im Bund der ….. Mitglied

und viele weitere

Wir kaufen gerne von Menschen, die uns sympathisch sind, vertrauen dem, was Menschen empfehlen, die wir kennen oder was offensichtlich große Mengen an Menschen gut finden. Sympathie muss man nicht weiter erklären - wer sympathisch erscheint, verkauft besser. Der

Drang, Empfehlungen von geschätzten Menschen oder großen Massen zu folgen, heißt "Social Proof" (gesellschaftlicher Beweis für unser Gehirn).

Autoritäten (wie etwa den Empfehlungen der Universität XY, oder Produkt Tests) folgen wir meist auch sehr bereitwillig. Solche Trigger lassen sich leicht in verschiedener Form auf der Webseite einbauen.

Den Drang, sich für eine Gefälligkeit zu "revanchieren" kann man bedienen, indem man beispielsweise ein kostenloses Ebook zum Download bereitstellt. Besucher fühlen sich dann nach dem Download ein wenig gezwungen, doch vielleicht etwas zu kaufen, in jedem Fall steigt aber der Sympathiewert (wer mir Geschenke macht...). Da das mittlerweile aber extrem häufig im Internet benutzt wird, schwächt sich der Effekt langsam ab.

Commitments - und die nachfolgende Aufforderung sich folgerichtig zu verhalten - sind eine etwas komplexere Strategie. Ein Beispiel: Finden Sie es richtig, dass unschuldige Kinder in ... verhungern? Natürlich nicht, wer will das schon. Um sich folgerichtig zu verhalten erfolgt dann die Aufforderung: "Dann müssen Sie jetzt 5 Euro spenden, damit das aufhört".

Spendenorganisationen nutzen diese Trigger (das Storytelling) häufig, man findet sie aber auch bei Unternehmen. "Wie lange wollen Sie noch mit einem alten und schäbigen, umweltverschmutzenden Auto durch die Stadt fahren? - Kaufen Sie den neuen ABC und seien Sie ein sauberer Flitzer und nicht länger ein alter, klappriger Stinkstiefel".

Alle diese Trigger und noch mehr kann man auch im Online-Bereich verwenden - sie werden die Conversion Rates in den meisten Fällen deutlich verbessern. Übertreiben sollte man es damit allerdings auch nicht.

Löse folgende Emotionen mit deinem Content aus:

- Anerkennung
- Zuneigung
- Witz
- Schönheit
- Mitleid
- Eitelkeit
- Träume
- Neid
- Verwirrung
- Leidenschaft
- Liebe
- Einsamkeit
- Freude
- Wut
- Ehrgeiz
- Macht
- Freiheit
- Frieden
- Reichtum
- Sympathie
- Glück
- Gier
- Begehren
- Barmherzigkeit
- Freundschaft
- Faulheit
- Stolz
- Neugier
- Abscheu
- Hoffnung

12 Was versteht man unter Medienbrüchen - und warum sollte man sie vermeiden?

Grundsätzlich versteht man unter Medienbrüchen Vorgänge, bei denen innerhalb des Vorgangs das ursprüngliche Medium verlassen werden muss, um auf ein anderes Medium zu wechseln. Die im Verlauf des Vorgangs entstehenden Daten müssen dabei meist von Hand übertragen und oder geprüft werden. Das verlangsamt den Ablauf des Vorgangs und führt oft auch zu Übertragungsfehlern und in vielen Fällen zu einem schlechten Usererlebnis.

Beispiele für Medienbrüche

Wenn ein Kunde eine Anmeldung komplett online durchführen kann, zum Ende aber die Anmeldung ausdrucken, unterschreiben und per Post versenden muss, entsteht ein Medienbruch. Das ist häufig bei Versicherungsverträgen der Fall, die online geschlossen werden.

Der Wechsel des Mediums von online auf Papier ist für den Kunden ärgerlich, zeitaufwändig und führt in manchen Fällen dazu, dass der Kunde abspringt. Aus diesem Grund sollte man Medienbrüche so weit als möglich vermeiden.

Ein anderes Beispiel sind Bestellvorgänge zwischen Firmen. Hier kann es manchmal vorkommen, dass man ein Bestellformular ausdrucken und danach per Fax versenden muss. Die empfangende Stelle muss die Bestelldaten auf dem Fax wiederum von Hand eingeben um sie im eigenen Unternehmen online weiterzuverarbeiten. Bei einem solchen Medienbruch wird nicht nur wertvolle Zeit verschenkt, sondern auch die Möglichkeit von Übertragungsfehlern nimmt stark zu.

Online-Medienbrüche

Auch innerhalb der Online-Medien kann es Medienbrüche geben. Das ist immer dann der Fall, wenn beim Wechsel der Online-Medien unterschiedliche Informationen auftauchen - etwa zwischen der eigenen Unternehmenswebseite und dem Social Media Auftritt.

Oft werden Daten nicht immer in allen Online-Medien aktualisiert sondern nur in einigen: man macht mit veraltetem Logo noch auf anderen Webseiten Werbung für sich, oder die Adressdaten oder die Telefonnummer im Social Media Profil sind nicht mehr aktuell.

Für den User ist so etwas alles andere als vertrauenerweckend - es wirkt unprofessionell und die umständliche Suche nach richtigen Informationen in anderen Medien kostet Zeit und verärgert Kunden.

Das Gleiche gilt, wenn Angaben auf der Produktseite eines Shops nicht aktualisiert sind - etwa wenn nicht mehr lieferbare Produkte nicht entsprechend gekennzeichnet sind. Der Kunde erfährt dann erst, wenn er das Produkt bestellen möchte, dass es nicht mehr lieferbar ist und ist entsprechend verärgert.

Auch diese beiden Beispiele stellen eine Form von Medienbrüchen dar, weil ein online ablaufender Vorgang unterbrochen wird, und der User sich neue Informationen an anderer Stelle besorgen muss.

Das sollte man im Sinne einer guten UX (User Experience) unter allen Umständen vermeiden, daher auch die Optimierte 404-Fehlerseite aufbauen. Im obigen Beispiel wäre es bereits ausreichend, ein Produkt bereits auf der entsprechenden Produktseite als "ausverkauft" zu kennzeichnen und gleich alternative Produktvorschläge zu machen. Dadurch kann der Vorgang ununterbrochen weiterlaufen und es kommt zu keinem Medienbruch.

13 Was ist der Besucher-Trichter?

Den Weg, den Besucher durch eine Webseite nehmen, bis sie am Ende zu zahlenden Kunden werden, kann man sich tatsächlich als eine Art Trichter vorstellen: In die große Öffnung am Anfang des Trichters wird der Traffic aus verschiedenen Quellen wie zum Beispiel: den Suchmaschinen, Social Media Portalen, Artikelverzeichnissen oder auch Presseportalen gleichsam hineingespült.

Während dem Durchlaufen verschiedener Stationen auf der Webseite, wird der Trichter immer schmaler und das Rinnsal immer dünner. Das Verhältnis zwischen dem, was vorne hineingespült wird und was am Ende des Trichters heraustropft, nennt man dann Conversion Rate.

Warum das Trichterbild sinnvoll ist

Das Bild, das auch häufig als "Sales Funnel" oder "Konversionspfad" bezeichnet wird, hilft, sich der Vorgänge und Abläufe auf der eigenen Webseite bewusst zu werden.

Die Öffnung des Trichters sollte möglichst groß sein - das heißt, es sollte immer möglichst viel Traffic (Besucher) in den Trichter gelangen - dann kommt logischerweise am unteren Ende auch vergleichsweise mehr heraus. Wenn alles auf deiner Webseite stimmig ist.

Die einzelnen "Stationen" des Trichters sind je nach Webseite und Ziel (Verkauf, Newsletterbestellung, Feed abonnieren, etc.) immer unterschiedlich.

Das einfachste Modell ist:

Traffic Quellen >? Interessenten >? Leads >? Produktauswahl >? Bestellung >? Warenkorb zur Kasse >? Kaufabschluss

An jeder dieser Stationen gibt es eine sogenannte Bounce Rate, eine Absprungrate. Diese Bounce Rates ist der Grund, warum das Rinnsal durch den Trichter laufend immer dünner wird und am Ende nur ein Bruchteil des Traffics von oben als zahlende Kunden wieder herauskommt (oder welches Ziel man auch immer verfolgt).

Den Trichter und vor allem die einzelnen Stationen genau zu analysieren und die Bounce Rates für jede Station zu messen kann enorm hilfreich sein. Wenn man die wesentlichen Absprungpunkte kennt und die Gründe für die Absprünge behebt, kann man die Conversion Rate deutlich erhöhen: das Rinnsal am Ende wird dann ein deutlich kräftigerer Strom.

Eine gute Usability und Kommunikation auf der Seite (beziehungsweise gute User-Experience) kann helfen, dass der Trichter bis zum Ende breiter bleibt und mehr Conversion (Umwandlung des Besuchs eines Nutzers auf einer Website in einen Kunden) stattfindet. Die Trichteranalyse kann dabei vor allem helfen, Engstellen im Trichter, an denen viel Traffic verloren geht, zu finden und zu beheben.

Traffic ist trotzdem unverzichtbar

Die vordere Öffnung des Trichters zu vergrößern (indem du für mehr Traffic sorgst) hilft aber unabhängig von der Beschaffenheit des Trichters IMMER, dass am Ende mehr herauskommt. Den Traffic zu erhöhen ist nicht so schwierig wie viele Denken, man muss nur wissen wie es geht und es gibt zahlreiche Methoden dafür. Die bewährtesten dieser Methoden findest du in unserem Buch.

14 Was versteht man unter "Verkaufstrichter"?

Der Verkaufstrichter, auch Sales Funnel genannt, ist die bildliche Darstellung von Abläufen auf einer Webseite. Am vorderen (größeren) Ende des Trichters gelangt der Traffic auf die Webseite und durchläuft mehrere Stationen auf der Webseite bis am kleineren Ende ein Teil des Traffics als zahlende Kunden herauskommt. Die Abgrenzung zwischen Besucher-Trichter und Sales Funnel ist in der Praxis fließend - Verkaufstrichter beziehen sich im Gegensatz zu Besucher-Trichtern aber ausschließlich auf das Erreichen von „Sales" (Verkäufen/Conversions) auf der Webseite.

Stationen des Verkaufstrichters

Ganz am Anfang des Trichters steht der Trafficstrom, der in das große, offene Ende des Trichters geleitet wird. Dieser massive Besucherstrom verdünnt sich dann zu einem Strom von Interessenten, aus denen wiederum Leads werden. Aus den Leads kristallisieren sich am Ende potenzielle Käufer heraus (die klare Kaufabsichten haben), ganz am Ende stehen dann die tatsächlichen Käufer des Produkts.

Den Verkaufstrichter kann man also grafisch etwa so veranschaulichen:

TRAFFIC > Interessenten > Leads > Leads mit Kaufintention > Sales > Kunde

Nachdem der Interessent zum Kunden geworden ist, ist es möglich weitere Verkaufstrichters auf oder einzubauen, um mit einem Kunden noch mehr Umsatz zu tätigen. Ist das nicht toll? Ich liebe dieses Online Business!

Das Verhältnis zwischen in den Trichter geleitetem Traffic und tatsächlich getätigten Sales ergibt, wie schon beim Besucher-Trichter, dann die Conversion Rate.

In vielen Fällen können durchaus noch weitere Stationen zwischen Traffic und Sales liegen - das hängt immer von der jeweiligen Webseite und dem dazugehörigen Ziel & Trichter ab.

Der Nutzen des Verkaufstrichters

Der Verkaufstrichter ist grundsätzlich nur eine Veranschaulichungshilfe. Sich die Abläufe auf der Webseite auf diese Weise anzusehen kann aber in vielen Fällen sehr hilfreich sein:

-man kann die Conversion Rate bei einzelnen Stationen ermitteln (etwa: aus wie viel Prozent Interessenten werden Leads?)

-man kann die Absprungrate (Bounce Rate) an den einzelnen Stationen messen

-man kann erkennen, an welchen Stationen sich der Trafficstrom dann besonders stark ausdünnt

Dadurch werden die Schwachpunkte einer Webseite besonders deutlich. Durch Nachbesserung bei der User Experience (Abkürzung UX, Deutsch: die Nutzererfahrung) oder bei einzelnen Abläufen - oder auch durch gezielte Retargeting-Maßnahmen - kann man die Verluste begrenzen und damit insgesamt die Conversion Rate erhöhen. Das bedeutet dann bei gleichem Traffic mehr Umsatzausbeute.

Ziel sollte immer sein, die Seite so zu gestalten, dass eine möglichst hohe Conversion Rate stabil gehalten werden kann. Die intensive Analyse des Verkaufstrichters ist dafür eine sehr wertvolle Möglichkeit.

Traffic-Generierung nicht vergessen

Ein Zusammenhang, der oft übersehen wird ist, dass wenn der eingehende Traffic erhöht wird auch bei gleichbleibender Conversion Rate natürlich der Umsatz immer steigt.

Auch wenn eine intensive Arbeit am Sales Funnel und an den Bounce Rates sicherlich eine sehr wichtige und auch erfolgversprechende Aufgabe ist, sollte dennoch immer darauf geachtet werden, möglichst auch ständig steigenden Traffic zu generieren.

Um zusätzlichen Traffic auf die Seite zu leiten gibt es zahlreiche Möglichkeiten und Ansätze, die oft auch leicht und schnell umsetzbar sind. Unabhängig von der notwendigen Arbeit am Verkaufstrichter kann auch das dazu beitragen, die Umsätze der Webseite kontinuierlich zu steigern.

Weitere Funnel Optionen wie:

- Viral-Funnel
- Affiliate-Funnel
- Presse-Funnel
- Retargeting-Funnel
- Buch-Funnel
- Tripwire-Funnel
- Magnet-Funnel
- Sales-Funnel
- Umfrage-Funnel
- Dienstleistungs-Funnel
- Webinar-Funnel
- Gewinnspiel-Funnel
- PPC-Besucher-Funnel
- Launch-Funnel
- Event-Funnel
- Recruiting-Funnel
- Upsell-Funnel
- Content-Funnel
- Betatester-Funnel
- Call-Funnel
- VIP-Funnel

Kombinationen sind in diesen Bereichen auch möglich.

15 Was ist Suchmaschinen-Marketing?

Suchmaschinenmarketing, abgekürzt SEM, besteht aus zwei Teilbereichen: der Suchmaschinen-Optimierung der Seite (SEO) und der Suchmaschinen-Werbung (SEA, Keyword Advertising).

Suchmaschinen-Optimierung

Hier wird versucht, alle Elemente der Seite so zu gestalten, dass sie von der Suchmaschine (in der Regel Google im deutschsprachigen Raum) als möglichst relevant zu einem bestimmten Keyword oder Thema eingestuft wird. Die Auswertung der von Nutzern eingegebenen Suchanfragen und Keywords spielen dabei eine wichtige Rolle.

Die Optimierung wird dabei nicht nur für Texte durchgeführt, sondern auch für die Seitenstruktur, die internen Links, als auch für die Bilder und die Audio & Video-Inhalte sowie im Hinblick auf eine möglichst lange Verweildauer der User auf der Seite. Sogenannte Backlinks (Links von bereits als "relevant" eingestuften Seiten auf die eigene oder von Externen Seitex) spielen ebenfalls eine wichtige Rolle, die sogenannte Offpage-Optimierung.

Suchmaschinenwerbung (SEA, Search Engine Advertising)

Bei der Suchmaschinenwerbung handelt es sich um bezahlte Werbung, die in den meisten Fällen über Keyword-Advertising direkt in die Suchmaschine eingebunden wird.

Dazu kommen spezielle Einträge in Business-Suchmaschinen oder Lieferanten-Suchmaschinen wie zum Beispiel im B2B Bereich: Wer-liefert-Was kurz wlw.de oder industrystock.de bei kommerziellen Seiten. Diese Einträge sind ebenfalls meist kostenpflichtig.

16 Kostenlose Traffic Quellen

16.1 Traffic Quelle 1: Suchmaschinenoptimierung

Suchmaschinenoptimiert zu schreiben ähnelt der Quadratur des Kreises: Der Text muss zunächst einmal die Algorithmen der Suchmaschinen bedienen. Ist der Internetsurfer dann auf dieser Seite gelandet, muss die Schreibweise aber menschliche Rezeptionsbedürfnisse erfüllen. Denn nur dann bleibt der Surfer auf der Seite, wird vom Besucher zum Interessenten oder Käufer und sorgt für eine gute Inversionsrate.

Darüber hinaus geht es um viele weitere Faktoren: Handelt es sich um die Kommunikation zwischen Unternehmen (B2B) oder vom Unternehmen zum Kunden (B2C)? Egal, ob du Webseiten betreibst oder einen Online-Shop, ob du selbstständig bist, in einem KMU-Betrieb oder bei einem Global Player arbeitest, ob du E-Commerce oder Onlinemarketing-Manager bist:

Die Suchmaschinen-Optimierung (abgekürzt SEO nach dem englischen Wort Search Engine Optimisation) gehört zu deinem Job und sollte nicht vernachlässigt werden.

Hohes Ranking - gute Inversionsrate

SEO strebt an, deine Website im Suchmaschinenranking möglichst weit oben zu platzieren. Wichtig ist dabei, unter den Top Ten zu stehen, denn: In der Regel sind es zehn Hinweise (Listings), die ein Computer-Bildschirm auf der ersten Seite in der Standardeinstellung darstellt. Wird der Internet-Surfer dort fündig, klickt er in den meisten Fällen gar nicht mehr auf die folgenden Seiten. Wichtig für ein gutes Ranking ist unter anderem die Übereinstimmung zwischen Suchbegriff welchen der Surfer in die Suchmaschinen eingibt und Website-Inhalt. Entscheidend

sind auch die ersten „55 Zeichen", die nach der Eingabe eines Such-
wortes auftauchen - lange zeigte Google sogar die ersten 65 Zeichen an.
Gefragt ist hier ein einzigartiger, individueller und leicht verständlicher
Satz, der klar anzeigt, was der Sucher auf dieser Seite findet.

In diesem Titel findet sich auch das zentrale Keyword - obwohl es im
SEO nicht mehr die herausragende Bedeutung früherer Jahre besitzt.
Vor allem das Keyword-Stuffing, die endlose Wiederholung des immer
gleichen Begriffs mit identischen Verlinkungen, führt bei Google sogar
zu einem Penalty: zu einer Herabstufung im Ranking. Die gehaltvolle
Verlinkung hingegen sorgt für ein besseres Ranking: Es entsteht durch
die Anzahl und Qualität der Verweise. Ob aus dem Besucher deiner
Seite anschließend ein zahlender Kunde wird, entscheidet sich durch
die internen Verlinkungen auf deiner eigenen Seite und natürlich durch
das Design, die Usability und zum Beispiel die Call to Action und einiges mehr. Sie führen im Erfolgsfall über die Angebotsseiten zum Bestellformular.

Onpage- und Offpage-Optimierung

Eine gute Inversionsrate (auch Konversionsrate) hängt unter anderem
von der Onpage-Optimierung ab. Dazu gehören die technisch verständ-
liche, reibungslose und schnelle Orientierungsmöglichkeit als auch das
Design auf der Seite. Aber auch der Inhalt und somit der Content und
die Ladezeiten der Seiten vor allem im Mobilen Bereich ist dies wichtig. Der Internet-Surfer ist ungeduldig: Findet er mit einem oder bes-
tenfalls zwei drei Klicks nicht das, wonach er sucht, ist er weg. Eine
gute Linkhierarchie ist eindeutig, sie führt bei einem Online-Modeshop
zum Beispiel von der Startseite zum Angebot für Damen, dann zur
Oberbekleidung, danach zur Damen-Kategorie Blazern, Hosen oder
Röcken und so weiter.

Zentrales Merkmal der Offpage-Optimierung ist die Qualität und die
inhaltliche Tiefe der Verlinkung: Sie bietet dem Besucher echten Mehrwert. Die Anzahl der Backlinks - ohnehin manipulierbar durch Tausch,

selbst Aufbau und Kauf - ist angeblich heute nicht mehr so sehr ausschlaggebend jedoch immer noch wichtig genug!

Das gute Linkbuilding stellt einen thematischen Kontext her, die Links
folgen dem natürlichen Lesefluss und finden sich mitten im Fließtext
dort, wo der Hinweis jetzt sinnvoll ist. Und sie schlagen natürlich auch
eine Brücke zu den sozialen Netzwerken.

Achte auf den richtigen Linktext von der Linkgebenden Seite zur Zielseite: der User muss an Hand des Linktextes informiert sein und werden
was Ihn auf der Zielseite erwartet.

16.1.1 SEO Backlinks & Linkbuilding

Warum sind Backlinks überhaupt so wichtig?

Ich habe es eingangs schon erwähnt: Backlinks spielen eine enorm wichtige Rolle für das Erreichen der vorderen Plätze in den Suchmaschinen. Warum das so ist, will ich dir nachfolgend etwas näher erklären.

Stell dir vor, du schreibst eine wissenschaftliche Arbeit zu einem bestimmten Thema. In deiner Arbeit wirst du immer wieder wichtige und grundlegende Werke von bekannten Autoren zu diesem Thema zitieren. Das ist unvermeidlich und das soll auch so sein - damit erkennt der Leser, dass du dich auf bekannte und etablierte Quellen stützt.

Umgekehrt erkennt man diese wichtigen und grundlegenden Quellen auch daran, dass sie eben besonders häufig von verschiedenen Autoren zu diesem Thema zitiert werden. Das Standardwerk "Individualpsychologie" von Alfred Adler hat wahrscheinlich beinahe jeder gelesen, der eine psychologische Arbeit schreibt - und beinahe jeder wird bei grundlegenden Arbeiten einmal oder mehrmals auf Thesen darin verweisen.

Das lässt erkennen, dass das Werk von Alfred Adler eine hohe Bedeutung hat - man braucht nur zu zählen, in wie vielen psychologischen Arbeiten darauf verwiesen wird. Es hat also ganz offensichtlich eine hohe RELEVANZ.

Genau diesen Ansatz haben sich Suchmaschinen wie Google, Bing oder Yahoo zunutze gemacht, um die Relevanz von Webseiten herauszufinden: wie oft sie von anderen, zu einem bestimmten Thema relevanten Webseiten zitiert werden. Je häufiger von anderen Webseiten im gleichen Themenbereich auf eine bestimmte Webseite verwiesen wird, desto relevanter muss sie sein. Man muss lediglich die Links zählen und kann das schon gut abschätzen.

Genau das sind die Backlinks auf deine Seite: Links von anderen Seiten aus verwandten Themenbereichen, die auf deine Seite verweisen.

Das Prinzip ist logisch, hat sich bewährt und die ganze Sache ist zudem nur äußerst schwer zu manipulieren (niemand kann schließlich eine fremde Seite zwingen, auf die eigene Seite zu verlinken).

Ein kleines Beispiel: Wikipedia-Beiträge finden sich zu einzelnen Suchbegriffen fast immer sehr weit oben in den SERP's. Ein Grund dafür ist, dass Wikipedia von Suchmaschinen einerseits automatisch als sehr relevant angesehen wird - andererseits verlinken auch genügend Autoren und andere Webseitenbetreiber immer wieder auf Wikipedia-Artikel oder zitieren daraus. Damit wird klar, warum Wikipedia-Beiträge so oft ganz weit oben in den SERP's stehen.

So kann zum Beispiel ein klassischer Content-Link mit Alternativtext aussehen:

<a title="hier findest Du schwarze Herrenunterhosen" href="https://www.beispeil-shop.de/herrenunterhosen">Herrenunterhosen schwarz</a>

16.1.2 Link Power

Bei der ganzen Bewertung kommt dann noch ein weiterer Punkt ins Spiel: die Link Power.

Um beim eingangs genannten Beispiel zu bleiben: es macht natürlich einen Unterschied, ob deine wissenschaftliche Arbeit von einem unbekannten Autor zitiert wird - oder von einem anerkannten Standardwerk zum Themenbereich.

Wenn ein namhaftes, wichtiges Buch zu einem Themenbereich DEINE ARBEIT zitiert, muss deine wissenschaftliche Arbeit ebenfalls wichtig und bedeutsam sein. Vor allem, wenn das mehrfach passiert.

Genauso wird das auch von Suchmaschinen im Internet gehandhabt. Wenn mehrere RELEVANTE und WICHTIGE Seiten zu einem Thema auf deine Seite verweisen, hat das natürlich deutlich mehr Gewicht, als wenn unbedeutende Seiten auf deine Seite verweisen.

Dieses Gewicht wird auch LINK POWER genannt. Angesehene Webseiten, die die Suchmaschine für besonders relevant hält, haben deutlich mehr Link Power als andere, unbedeutende Seiten. Je mehr Link Power deine Backlinks haben, desto wertvoller sind sie auch für deine Seite.

Je mehr und je wertvollere Backlinks deine Seite dann insgesamt hat, desto bedeutsamer erscheint sie - genau wie die wissenschaftliche Arbeit aus unserem Beispiel.

16.1.3 Backlinks in der Suchmaschinenoptimierung?

Bei der Suchmaschinenoptimierung (SEO) geht es im Wesentlichen darum, die Suchmaschine davon zu überzeugen, dass deine Seite HOCH RELEVANT zu einem Themenbereich ist.

Das geschieht auf der einen Seite durch die Auswahl bestimmter für dein Thema passende Keywords auf deiner Webseite - und zum anderen durch sozusagen viele relevante, möglichst wertvolle Links von anderen Seiten also Backlinks.

Die relevante Keyword-Gestaltung ist Teil der Webseitenoptimierung und nennt man dabei auch "Onpage-Optimierung", die Gestaltung einer möglichst optimalen Backlink-Struktur welche ebenfalls zur Webseitenoptimierung gehört wird auch "Offpage-Optimierung" genannt.

Backlinks spielen für die SEO eine sehr wichtige Rolle. Die Zahl und Qualität von vorhandenen Backlinks stellen für das Suchmaschinen-Ranking (der Bestimmung der Position, an der eine bestimmte Seite in den SERP's angezeigt wird) einen ganz wesentlichen Faktor dar.

Zwar ist natürlich wichtig, dass die Inhalte einer Seite möglichst viel Relevanz zu einem Thema erkennen lassen, Suchmaschinen lassen sich aber vor allem davon leiten, inwieweit andere Seiten - vor allem bedeutende Seiten - das anerkennen.

Man könnte sagen: die Inhalte und die Keywords stecken das Themenfeld einer Webseite exakt ab und lassen erkennen, wie umfassend ein Thema behandelt wird - die Zahl und Qualität der Backlinks geben darüber Auskunft, wie häufig eine Seite von anderen Seiten empfohlen wird (und damit ihre Qualität auch anerkannt wird). Das ist das unbestechlichere Kriterium und wird daher auch höher gewertet.

Technisch fließen Zahl und Qualität der Backlinks einer Seite in einen Wert ein, der "Linkpopularität" genannt wird. Die Links einer Webseite, die hoch relevant ist und häufig empfohlen wird, haben eine hohe Link Power, die Seite hat damit eine hohe Linkpopularität.

Viele eingehende, wertvolle Backlinks erhöhen die Linkpopularität deiner Seite - das wird wiederum als wichtiger Faktor für das Ranking genutzt. Die Linkpopularität deiner Seite kannst du mit verschiedenen Methoden erhöhen - eine gute und wertvolle Backlinkstruktur aufzubauen ist aber der wirksamste und verlässlichste Weg, deiner Seite eine hohe Linkpopularität und damit in der Folge auch ein höheres organisches Ranking in den Suchmaschinen zu verschaffen.

16.1.4   Anchor Text - und welche Bedeutung hat er?

Der Anchor Text oder "Anker Text" ist immer der sichtbare Teil einer klickbaren Verlinkung. Auf einer Webseite ist der Anchor Text meist farblich hervorgehoben und unterstrichen oder sollte dies sein, damit User auf deiner Seite dies erkennen.

Ein Beispiel: Auf der Seite ist als Link-Text zu lesen: "Hier Schuhe von XY besonders günstig kaufen". Das ist der Anchor Text. Dahinter verbirgt sich dann die (für den Leser unsichtbare) URL des Links, etwa http://xy.com/shop/schuhe-reduziert/.

Wichtig ist zu wissen, dass der Anchor Text von der Suchmaschine immer in die Bewertung von Backlinks mit einbezogen wird.

Der Inhalt des Anchor Texts wird von der Suchmaschine dabei nach bestimmten Kriterien ausgewertet.

Für die Suchmaschine ist dabei vor allem bedeutsam, ob Backlinks "natürlich"' generiert wurden oder künstlich geschaffen wurden, um ein höheres Ranking zu erreichen. Dafür werden von der Suchmaschine auch immer die Anchor Texte von Backlinks genau analysiert.

In der Vergangenheit wurde häufig versucht, schnell hohe Mengen von Backlinks zu generieren. Dafür standen verschiedene Methoden zur Verfügung. Mittlerweile spielt aber hauptsächlich die Qualität von Backlinks tatsächlich eine Rolle - die schiere Anzahl hilft dir für die Suchmaschinenoptimierung nicht mehr wirklich weiter.

Die Suchmaschine ist heute in der Lage, qualitativ gute und "ehrlich verdiente" Backlinks fast immer zielsicher von künstlich generierten Backlinks (etwa aus einer automatischen Software) zu unterscheiden. Darüber geben die Anchor Texte oft viel Aufschluss.

16.1.5 Was ist der PageRank?

Der PageRank ist ein früher von Google verwendetes Verfahren, um Webseiten nach ihrer Bedeutung zu gewichten - und damit die Linkpopularität einzelner Seiten festzulegen, die dann in den SERPs nach Linkpopularität sortiert wurden. Der Name leitet sich vom Google-Gründer Larry Page her, der dieses Verfahren entwickelt und patentiert hat.

Das PageRank-Verfahren geht davon aus, dass ein Zufallssurfer mit einer gewissen Wahrscheinlichkeit auf eine Webseite stößt, wenn er sich lediglich auf Verknüpfungen zwischen den Webseiten bewegt. Je relevanter eine Webseite, desto größer die Wahrscheinlichkeit, auf dem Weg über die Links beim Surfen auf diese Seite zu stoßen. Diese Wahrscheinlichkeit war identisch PageRank. 2010 wurde das Verfahren noch einmal weiterentwickelt, und Links wurden höher gewichtet, wenn sie von einem rationalen Surfer mit höherer Wahrscheinlichkeit geklickt würden.

Seit 2013 wird das Verfahren von Google nicht mehr maßgeblich verwendet. Stattdessen werden Suchanfragen über den Hummingbird Algorithmus abgewickelt, der als selbstlernende AI (künstliche Intelligenz) in der Lage ist, die Bedeutung einer Suchanfrage fast komplett im Sinnzusammenhang zu verstehen. Damit spielt der PageRank einer Seite nur noch eine sehr untergeordnete Rolle, die PageRank Bewertung fließt nur noch gelegentlich (wenn überhaupt noch) in den Hummingbird Algorithmus mit ein.

16.1.6 Was ist die Domain Authority und welche Bedeutung spielt sie für das Ranking?

Wie bedeutsam eine Webseite zu einem gewissen Thema ist, darüber gibt die Linkpopularität Auskunft - das habe ich in einem vorigen Absatz bereits erwähnt.

Das Konzept ist zwar überzeugend und gut, aber am Ende dennoch anfällig für Manipulationen. Die Suchmaschinen setzen daher immer öfter die Domain Popularity als Bewertungsfaktor ein. Dabei werden mehrere Links von ein und derselben Webseite nur mehr als EINE Empfehlung gewertet. Eine Ausnahme davon ist nur die chinesische Suchmaschine "Baidu", die immer noch ausschließlich auf Linkpopularität setzt.

Ein wesentlich besserer und vor allem umfassender Bewertungsfaktor für die tatsächliche Relevanz einer Domain zu einem Thema ist aber ihre Autorität - die Domain Authority.

Suchmaschinen haben vor allem Interesse, dass Nutzern vor allem vertrauenswürdige Seiten von hoher Qualität angeboten werden.

In die Autorität einer Seite fließen allerdings viele Faktoren mit ein. Wie die Suchmaschine diese einzelnen Faktoren gewichtet und welche Faktoren tatsächlich in der Praxis eine Rolle spielen, kann nur vermutet werden, da die Suchmaschinen ihre tatsächlichen Bewertungskriterien nicht veröffentlichen, um Manipulationen vorzubeugen. Einige Faktoren gelten aber als relativ sicher bedeutsam.

Die Domain Authority ist keine allgemein festgelegte Kennzahl, sondern wird von unterschiedlichen Webanalyse-Tools (etwa Moz oder Ryte) auf unterschiedlichem Weg errechnet und gibt die WAHRSCHEINLICHKEIT an, MIT DER GUTE RANKINGS ERZIELT WERDEN KÖNNEN.

Als sicher geltende Faktoren für eine hohe Domain Authority

-hoher Domain Trust (Glaubwürdigkeit der Domain)

-hochwertiger Inhalt

-hochwertige Backlinks

-höheres Domain-Alter

-deutliche Link-Diversifikation

Domain Trust

Der Trust einer Domain (also ihre Glaubwürdigkeit oder Vertrauenswürdigkeit) wird immer dann erhöht, wenn sie viele nützliche und wertvolle Informationen für User ("Mehrwert") enthält, sowie wenn sie keinen Spam und keine Manipulationen für Suchmaschinen enthält.

Der Trust einer Seite kann aber auch von anderen Seiten "ererbt" werden - wenn viele Backlinks aus vertrauenswürdigen Quellen mit hoher

Autorität und hohem Trust auf deine Seite verweisen, steigt auch der Domain Trust deiner Seite.

Wichtig ist dabei, dass daneben möglichst keine "wertlosen" Links aus wenig vertrauenswürdigen Quellen oder gar aus Spam-Quellen auf deine Seite verweisen. Das würde die Autorität deiner Domain wiederum deutlich verringern und für die Suchmaschine fragwürdig erscheinen lassen. Auch sehr viele Links von einer Domain (oder auch von mehreren Domains, die vom gleichen Webmaster stammen) würde die Suchmaschine als eher fragwürdig ansehen - das wäre dann ebenfalls ein Nachteil für deine Domain Authority.

Domain-Alter

Wenn Domains schon längere Zeit bestehen, der Traffic kontinuierlich steigt und immer wieder frischer Content hinzugefügt wird, kann das ebenfalls für eine höhere Domain Authority sorgen.

Webseiten, die sich über längere Zeit kontinuierlich entwickeln sind in den Augen der Suchmaschine eher vertrauenswürdig und seriös, als Websites, die erst seit kurzem existieren oder sich nicht entwickeln.

Link-Diversifikation

Hier wird es etwas komplizierter: Backlinks sollen aus möglichst vertrauenswürdigen Quellen mit hohem Trust und von Seiten mit hoher Autorität stammen, um deine Domain Authority zu fördern.

Es muss sich dabei aber immer um themenrelevante Seiten handeln, die zu dir verlinken, es dürfen aber auch nicht zu viele Links von ein und derselben Seite auf deine Seite verweisen. Das könnte die Suchmaschine Manipulation vermuten lassen.

Eine wichtige Rolle spielen hier auch die Anchor Texte: sie sollten erkennen lassen, dass die Backlinks zum Zweck einer weiterführenden Information von gewisser Bedeutung eingesetzt werden, die auch themenrelevant ist.

Links sollten daneben auch über einen gewissen Zeitraum hinweg entstehen. Wenn eine große Menge an Backlinks innerhalb eines sehr kurzen Zeitrahmens gesetzt wird, kann das die Suchmaschine misstrauisch machen und dir könnte die Nutzung unlauterer Methoden unterstellt werden. Das würde deine Domain Authority gründlich verschlechtern und somit deiner Webseite schaden.

Weitere wichtige Faktoren für eine hohe Domain-Autorität

Eine wichtige Rolle spielt sicherlich auch, wie informativ deine Webseite ist. Wenn du Grafiken, Videos oder auch einen Blog einbindest, scheint deine Domain-Autorität in den meisten Fällen deutlich zu steigen (letztlich genau sagen kann das leider niemand, außer Google selbst).

Mit einem hohen Nutzen für den User, einer guten und sinnvollen Gliederung und einer großen Menge relevanter Information machst du aber höchstwahrscheinlich genau das Richtige. Solche Seiten möchte auch die Suchmaschine gerne sehen - dann möglichst auf den vorderen Plätzen.

Social Signals scheinen ebenfalls wichtig zu sein - inwieweit genau und auf welche Weise darüber gibt es allerdings nur Spekulationen. Auch Bewertungen (etwa bei Online-Shops) scheinen einen gewissen Einfluss auf die Domain Authority zu nehmen.

Weiterer Nutzen der Domain Authority

Du kannst die Domain Authority und vor allem Vergleiche des Wert zu unterschiedlichen Zeitpunkten auch benutzen, um die Stärke eingehender Links abzuschätzen. Das kann dir beim gezielten Linkbuilding oft helfen.

16.1.7 Domain Authority, Page Authority, Root Domains und Total Links

Wenn man sich schon mit der Autorität von Seiten und Domains auseinandersetzt, muss man sich gleichzeitig auch noch mit einigen anderen Begriffen beschäftigen. Was die Page Authority im Gegensatz zur Domain Authority bedeutet, und was du über Root Domains sowie Total Links wissen solltest, wollen wir deshalb einmal kurz erklären.

Page Authority

Die Page Authority ist, gleich wie die Domain Authority, ebenfalls ein lediglich von einigen Tools auf unterschiedliche Weise errechneter Kennwert (insbesondere vom Tool "Moz").

Während sich die Domain Authority auf die gesamte Domain (mit allen ihren Unterseiten) und auf wichtige Rankingfaktoren bezieht, steht bei der Page Authority vor allem die einzelne Seite im Blickfeld. Der Score-Wert für die Page Authority liegt zwischen 0 und 100 und bezieht sich vor allem auf folgende Faktoren:

-Themenrelevanz der Seite

-Substanz und Informationstiefe der Seite

-Vertrauenswürdigkeit der Seiteninhalte

-Backlinkanzahl, aber auch Backlink-Qualität

Je höher der ausgewiesene Wert für die Page Authority ist, desto höher ist auch die Wahrscheinlichkeit, dass die Seite in den vorderen Suchergebnissen auftaucht.

Der Page Authority Wert zeigt dir also, wie nahe deine Seite der "optimalen Webseite" kommt, die sich die Suchmaschine wünscht.

Root Domains

Die Bezeichnung Root Domain ist ein Synonym für den Begriff "Top-Level-Domain" (TLD). Darunter versteht man das gesamte Domainumfeld inklusive aller Subdomains, die mit der registrierten TLD in Verbindung stehen:

www.example.com (das ist die TLD)

www.example.com/about (das ist eine Unterseite)

www.helpful.example.com (das ist eine Subdomain)

Eine Rolle spielt das sowohl für das Gewinnen von Trust und Domain Authority (die Authority von Subdomains oder Unterseiten wirkt sich immer auf die gesamte Domain aus und umgekehrt) und auch auf die Zahl der Backlinks.

Eine einzelne Subdomain (etwa http://de.example.com) hat meist weniger Backlinks als die gesamte Domain (Hauptdomain) http://example.com. Auch die Domain Authority kann zwischen Subdomain und Root Domain unterschiedlich sein.

Darum solltest du immer darauf achten, auf welchen Domain-Level sich Daten für Backlinks und Domain Authority beziehen. (Root Domain, Subdomain oder lediglich die einzelne URL).

Total Links

Die Zahl der Total Links ist eine Metrik des amerikanischen Tools "MOZ". Gezählt werden dabei tatsächlich ALLE vorhandenen Links. Das umfasst

-alle eingehenden und ausgehenden Links

-alle internen und externen Links auf der Seite

-alle Dofollow und Nofollow Links, die vorhanden sind (diesen Begriff erkläre ich dann etwas weiter unten)

Die Zahl der Total Links kann also selbst bei einfachen Webseiten schon überraschend hoch sein. Davon solltest du dich nicht beirren lassen - es handelt sich hier NICHT um die Zahl deiner Backlinks allein!

16.1.8 Noch ein paar Worte zum Link Juice

Der Link Juice oder "Linksaft" einer Webseite bezeichnet die Stärke ihrer Verknüpfungen, die von Backlinks erzeugt wird. Eine Rolle spielt dabei neben der Zahl und der Qualität der Backlinks auch noch die Verteilung der Backlinks auf der Seite.

In vielen Fällen ist es so, dass die Hauptader - eine starke Seite - ihren Link Juice an die Unterseiten weiter verteilt. Zu erkennen ist dies auch in den Meta Tags im Quellcode der Seite wie: meta name="robots" content="INDEX,FOLLOW". Die Unterseiten haben häufig kaum oder weniger Backlinks als die Startseite, die ihnen eigenen Link Juice verschaffen.

Aus diesem Grund ist es wichtig, eine Webseite so zu optimieren, dass der Link Juice aus der Hauptader sich möglichst gut auf die Unterseiten verteilt. Dafür sorgt in der Regel eine gute Usability und gut gebaute interne Verlinkung der Seite.

Das kommt der Seite auch dann zugute, wenn ein Bot die Seite crawlt und damit ihre Struktur erkennt. Bots (Suchmaschinenspider wie zum Beispiel der Google Bot) bewegen sich vor allem auf internen Verknüpfungen auf der Seite fort - darum ist eine gute interne Verlinkung so wichtig.

In der Praxis wird man gewöhnlich darauf achten, dass einzelne Unterseiten möglichst wenig vom Link Juice der Hauptseite erhalten (etwa das Impressum oder die AGBs), und dass andererseits wertvolle Unterseiten mit viel Link Juice diesen möglichst nicht abgeben müssen.

Das kann man mit verschiedenen Methoden erreichen. Mit Robots.txt (eine Textdatei mit Anweisungen für Bots, die man im Root-Verzeichnis der Seite anlegt) kann man bestimmte Seiten für die Bots der Suchmaschinen sperren.

Das funktioniert allerdings immer nur so lange, wie die Seiten nicht von dritter Seite (also von anderen Webseiten) her verlinkt sind.

Mittels eines HTML Meta-Tags, das im Header der Seite hinterlegt wird, kann man Bots ebenfalls Anweisung geben, die Seite nicht zu indexieren und/oder den Links auf der Seite nicht zu folgen.

Dafür trägst du in den Header der Seite zwischen spitzen Klammern ganz einfach ein:

META NAME="ROBOTS" CONTENT="NOINDEX, NOFOLLOW" je nachdem, ob die Bots die Seite nicht indexieren und/oder Links auf der Seite folgen oder nicht folgen sollen.

Dabei musst du aber immer genau darauf achten, dass du nicht versehentlich wichtige, gut verlinkte Seiten blockierst. Diese Seiten können ihren wertvollen Link Juice sonst nicht weitergeben.

16.1.9   Was sind Deeplinks und warum sind sie nützlich?

Links kann man einteilen in Surface Links und Deep Links. Während Surface Links nur auf die Oberfläche eines Web-Angebots zielen (etwa: http://www.example.com/start) zielen Deep Links direkt auf eine bestimmte Unterseite oder Kategorieseite (etwa: http://www.example.com/Produkte/Beispielprodukt 1234).

Ziel von Deep Links ist, dass User gleich direkt auf eine bestimmte Unterseite geleitet werden. Würde man den Link wie im obigen Beispiel nur auf den Startbereich setzen (http://www.example.com/start), müsste sich der User durch das gesamte Menü klicken um das jeweils gemeinte Produkt zu finden. Diese Mühe kann man Usern in der Regel ersparen.

Viel wichtiger ist aber die Bedeutung für die SEO: über Deep Links kann Link Juice direkt an eine bestimmte Unterseite geleitet werden. Damit kannst du bestimmte Unterseiten gezielt stärken und somit das organische Ranking der Unterseite in den Suchmaschinen zu deinen bestimmten Suchabfragen (Keywords) der User beeinflussen.

In der Praxis solltest du Deep Links aber vorsichtig einsetzen, beim übermäßigen Gebrauch kann Google das unter Umständen als Manipulationsversuch auffassen und die jeweilige Unterseite entsprechend abstrafen. Solche Penalties (Abstrafung) wirken sich dann über kurz oder lang auch immer auf die gesamte Domain aus.

Achte immer darauf, dass die Zahl der Backlinks auf die Hauptseite und die Zahl der Deep Links auf bestimmte Unterseiten immer möglichst in einem gesunden Verhältnis zueinander stehen.

Auch auf die entsprechenden Anchor Texte bei den Deep Links solltest du achten. Sie sollten möglichst umfassend formuliert sein und wann immer möglich nicht allein aus einem Keyword mit hohem Suchvolumen (sogenannte "Money Keywords", etwa "Schuhe kaufen") bestehen. Das gilt umso mehr, wenn diese Backlinks als Deep Links von Seiten mit einer besonders hohen Domain Popularity kommen. Eine solche Backlink-Gestaltung erzeugt dann bei der Suchmaschine häufig Verdacht, dass es sich um einen Manipulationsversuch handelt.

Wenn das lediglich im Ausnahmefall passiert (etwa weil ein bestimmter Beitrag oder eine Marketing-Aktion besonders viel Aufmerksamkeit für eine einzelne Unterseite erzeugen), kannst du aber getrost davon ausgehen, dass Google erkennt, dass es sich hier um eine Ausnahme handelt. Das wird im Normalfall dann keine Probleme für dich zur Folge haben.

Ein Übermaß an solchen, für die Suchmaschine unnatürlichen Link-Strukturen solltest du allerdings immer vermeiden. Die Zahl der Surface Backlinks muss auch immer von Zahl, Gewicht und Qualität sinnvoll mit den Deep Backlinks vereinbar sein.

16.1.10 Ein kleiner, aber wichtiger Unterschied: verweisende Domains und Backlinks

Ein Backlink ist ein Link auf einer anderen Seite, der auf deine Seite weist - als Surface Backlink oder als Deep Backlink. So viel ist klar.

Als verweisende Domain (Ref Domain, von Referring Domain) gilt die ROOT DOMAIN der anderen Seite.

Du kannst von einer Root Domain durchaus mehrere verschiedene Backlinks erhalten. Zum Beispiel: Die Seite http://www.example.com verlinkt 8 Fachbegriffe, die sie in ihrem Text verwendet, weil du sie auf deiner Seite ausführlich erklärt hast.

Die Ref Domain - nämlich http://www.example.com - bleibt dabei immer die gleiche. Du hast dann 8 Backlinks auf deine Seite, allerdings stammen sie alle von einer einzigen Ref Domain mit hoher Link Power.

In der Praxis ist so etwas eher ungünstig. Auch wenn die Seite www.example.com eine hohe Domain Authority hat und dir eine Menge Domain Trust vererbt - wenn du sonst nur wenige oder gar keine Backlinks hast, sieht diese Linkstruktur für die Suchmaschine unter Umständen sehr "unnatürlich" aus. Das ist für dein Ranking nicht sehr vorteilhaft.

Es geht hier vor allem um Link Diversität - in der Folge solltest du also sehen, dass du möglichst viele Backlinks von jeweils unterschiedlichen Ref Domains bekommst.

Die Domains dürfen übrigens auch nicht den gleichen Webmaster oder Besitzer haben - Google prüft bei Domains auch immer die Registrierungsdaten (Linknetzwerk).

16.1.11 Mehr Backlinks sind nicht immer besser

Immer noch glauben heute viele, je mehr Backlinks auf die eigene Seite verweisen, desto besser für das Ranking. Grundsätzlich stimmt das zwar - allerdings mit einigen ganz wesentlichen Einschränkungen.

Heute spielt vor allem die Qualität von Backlinks eine Rolle, weniger die Anzahl. Wirklich hilfreich sind nur Backlinks von QUELLEN MIT HOHEM TRUST und mit hoher Domain Authority. Dazu müssen sie natürlich aussehen und einigermaßen nachvollziehbar sein. Natürlich sollten Backlinks dann auch immer von Seiten aus dem gleichen Themenbereich stammen - alles andere wirkt auf Suchmaschinen sehr verdächtig.

Backlinks von minderer Qualität schaden einer Webseite dagegen eher. Wenn der Verdacht aufkommt, dass Backlinks zu manipulativen Zwecken auf künstliche Weise eingebaut wurden, kann das schwere Folgen haben. Google kann die Webseite entsprechend abstrafen - das bedeutet eine Zurückstufung im Index (unter Umständen sehr weit zurück) oder überhaupt ein Löschen der Seite aus dem Index und somit aus der organischen Suche der Suchmaschine.

Bis sich eine so abgestrafte Seite dann wieder erholt hat, braucht es viel Zeit, Wissen und kostet viel Geld. Nicht zu reden von den Umsätzen, die verloren gehen - eine Seite auf den letzten Rängen bringt praktisch nichts ein.

In der Praxis solltest du also sehr vorsichtig sein und immer auf die Qualität von Backlinks achten. Nur eine Menge von Backlinks aus allen möglichen Quellen zu sammeln, kann eine sehr gefährliche Strategie sein. Beim Ranking hilft dir das überdies überhaupt nicht.

Lieber einige wenige gute Backlinks, die auch eine Menge Trust vererben und dir wertvollen Link Juice bringen. Die Vielzahl schlechter oder minderwertiger Links oder gar Links von Spam-Seiten oder Linkfarmen bringen dir dagegen nur eine Menge Probleme.

16.1.12 So erkennst du hochwertige Backlinks

Bei Backlinks dominiert ganz klar Klasse über Masse. Aber woran erkennt man gute Backlinks nun in der Praxis tatsächlich?

Nun, zunächst einmal solltest du ein Auge auf die Seite selbst werfen. Hier sind drei Punkte wichtig:

1.   Ist die Seite überhaupt im Index gelistet?

2.   Hat die Seite ein gutes Ranking?

3.   Wie viele Besucher hat die Seite?

4.   Wie viele davon kommen über Suchmaschinen?

5.   Wie gut ist die Seite selbst verlinkt?

Diese Dinge lassen sich meist schnell anhand des Rankings der Seite grob abschätzen. Diverse SEO Tools bieten dir dann die Möglichkeit, die Seite genauer zu analysieren.

Daneben könntest du auch noch überprüfen, ob die Seite selbst ein gutes Backlink-Profil aufweist. Dafür gelten dann die gleichen Regeln, wie ich sie hier beschreibe. Wenn dem so ist, eignet sich die Seite optimal für einen qualitativ hochwertigen Backlink.

Seiten, die nicht im Index gelistet sind, solltest du auf jeden Fall meiden. Der Grund dafür, dass die Suchmaschine Seiten "deindexiert" ist häufig, dass sie Spam-Praktiken oder ähnliche unlautere Dinge verwendet. Wenn dem so ist und du einen Backlink von dieser Seite bekommst, färbt dieser negative Trust am Ende auch auf dich ab.

Seiten, die hohe Authority, hohe Besucherzahlen und gute Rankings haben, sind für deine Zwecke beim Linkbuilding schon einmal gut. Auch wenn du in den Suchergebnissen Sitelinks findest, ist das ein Zeichen, dass Google diese Seite offensichtlich schätzt und sie als Authority betrachtet. Wenn die Seite daneben noch einzigartige und hochwertige Inhalte bietet, ist sie als Backlinkgeber hervorragend geeignet.

Bei Duplicate Content, schlechtem Design, ein ungepflegtes Erscheinungsbild, zu viel Werbung auf der Seite, nicht aktualisierte Inhalte oder erkennbar manipulativen Optimierungen solltest du dagegen wiederum vorsichtig sein. Wenn die Seite irgendwann abgestraft wird oder dies schon der Fall war/ist, färbt das unter Umständen auch auf deine Seite ab.

Wirf auch einen Blick auf den PageRank der Seite (wenn dies überhaupt der Fall ist) - wenn er überraschend niedrig ist, obwohl die Seite eigentlich recht vielversprechend aussieht, kann das bedeuten, dass es in der Vergangenheit Probleme und Penalties gab. Sei dann einfach vorsichtig und prüfe alles genau.

Der zweite Teil betrifft vor allem Art und Position des Links. Der Backlink sollte möglichst

1.   im Fließtext (Content) der Seite auftauchen und nicht im Footer der Seite

2.   mit einem möglichst natürlichen und informativen Linktext versehen sein, der thematisch relevant ist

3.   so gesetzt werden, dass Menschen auch tatsächlich darauf klicken wollen

4.   neben nur wenigen anderen ausgehenden Links stehen (dann wird besonders viel Link Juice an deinen Backlink weitergegeben)

Backlinks im Footer bringen meist wenig, da sie nur von wenig Text umgeben sehr einsam stehen und meist auch kaum geklickt werden. Eine sinnvolle Position direkt im Text, versehen mit einem thematisch passenden und informativen Anchor Text ist das Optimum.

Natürlich sollte der Backlink nicht durch Weiterleitungen, Nofollow-Attribute oder ähnliches entwertet sein (diesen Begriff erkläre ich weiter unten noch genauer).

Nofollow-Links haben zwar immer noch eine gewisse Relevanz, allerdings eine deutlich geringere.

Auf das thematische Umfeld solltest du auch immer achten - unterschiedliche Seitenthemen zwischen deiner und der linkgebenden Seite oder gar unterschiedliche Sprachen können problematisch werden und deinen Backlink weniger relevant machen.

Alle diese Dinge helfen dir, gute und hervorragende Backlink-Möglichkeiten zu erkennen. Natürlich wird nicht immer jede linkgebende Seite alle Kriterien 100%ig erfüllen können - je besser aber, desto besser für dich.

Zwei Dinge, auf die du ebenfalls noch achten solltest: Gute Backlinks werden nicht durch bestimmte Tools gesetzt - und sie entstehen nach und nach. Das Linkalter (das Google ebenfalls überprüft) sollte möglichst unterschiedlich sein. Wenn innerhalb weniger Stunden plötzlich hunderte von Backlinks auftauchen, kannst du davon ausgehen, dass Google mit Sicherheit misstrauisch werden wird.

16.1.13 Thematische Relevanz bei Backlinks

Ein wichtiges Thema, auf das ich schon mehrfach hingewiesen habe, ist die thematische Relevanz von Backlinks. Nachfolgend wollen wird das noch einmal genauer erläutern.

Seit den Updates der letzten Jahre spielt insbesondere bei Google die thematische Relevanz von Seiten eine große Rolle. Die Suchmaschine versucht die Inhalte von Seiten bestmöglich zu erkennen und zuzuordnen und mit Hilfe künstlicher Intelligenz auch den Bedeutungsgehalt von Suchanfragen möglichst zu "verstehen".

Das gelingt Google mittlerweile sehr gut - die Suchmaschine kann also dank fortgeschrittener Algorithmen und Weiterentwicklungen tatsächlich den Bedeutungsinhalt von Texten bereits recht gut erfassen. Das Stichwort lautet dabei "semantische Suche": Ziel ist, dass die Suchmaschine versteht, was der Nutzer möchte und ihm genau das liefert. Ganze Sätze stellen meist schon kaum mehr ein Problem dar, Google erkennt den Bedeutungsgehalt nahezu perfekt.

Das hat natürlich auch Auswirkungen auf Backlinks. Wenn die Suchmaschine verstehen kann, was thematisch relevant ist, und was nicht, kann sie auch erkennen, wie gut eine linkgebende Seite thematisch zu deiner Seite passt.

Wie eng du diese thematische Relevanz auffasst, bleibt dann am Ende immer dir überlassen. Wie die Suchmaschine die thematische Nähe beurteilt, ist dann wiederum eine andere Sache.

Ein Beispiel: Ein Shop über Sporternährung erhält einen Link von einer Seite, die sich mit Baby-Nahrung befasst.

Wie weit hier eine thematische Nähe besteht, ist fraglich. Zwar haben Sportler möglicherweise in einzelnen Situationen ähnliche Ernährungsbedarfe wie Babys, und viele Bodybuilder früherer Jahre waren echte Fans von Babynahrung und verzehrten sie massenhaft um ihre Ernährungspläne zu erfüllen - aber ob das für eine echte thematische Nähe reicht, bleibt dahingestellt.

In technischer Hinsicht, wenn es um den semantischen Raum geht, um thematisch relevante Begriffe und Terme, gibt es zwischen beiden Bereichen wahrscheinlich nur wenig Berührungspunkte. Dieser Bereich - der technische - ist aber der, der für Suchmaschinen überwiegend relevant ist.

Was ist das Schlimmste, das passieren könnte?

Zu viel Kopfzerbrechen bei Zweifelsfällen muss man sich aber auch nicht machen: Das Schlimmste bei so einem Backlink wäre, dass Google ihn als weniger relevant ansehen würde und damit weniger Link Juice von der linkgebenden Seite fließt. Das könnte immerhin aber auch passieren, wenn der Anchor Text nicht optimal ist oder der Link einfach nicht geklickt wird.

Die thematische Relevanz eines Backlinks wird aber in Zukunft noch weiter Bedeutung gewinnen, so dass du dich über kurz oder lang schon mit der Frage auseinandersetzen musst, welche Seiten du tatsächlich noch als themenrelevant ansehen kannst und welche nicht mehr.

Die thematische Relevanz von Anchor Texten

Natürlich sollte sich auch der Anchor Text möglichst thematisch passend in den Content der linkgebenden Seite einfügen. Vermeiden solltest du hier vor allem "harte" Anchor-Texte, die lediglich aus einem einzelnen Keyword oder einer Keyword-Phrase bestehen. (Wechselnde und individuelle Anchor-Texte sind hier ein Mittel welches helfen sollte)

Das hat einmal funktioniert - tut es aber schon lange nicht mehr. Besser ist es, wenn der Anchor Text sich natürlich in den Content einfügt und "weich" den Inhalt der verlinkten Seite erklärt. So kann die Suchmaschine dann auch verifizieren, dass es sich um einen thematisch sinnvollen Link handelt, der Usern einen echten Mehrwert bietet.

Den Rest der Bewertung erledigt dann für die Suchmaschine die Auswertung, ob ein Link überhaupt genutzt wird. Wird er es nicht (weil der Linktext für die User beispielsweise nicht interessant genug ist) wertet Google den Backlink automatisch als weniger relevanten Link.

So wie du beim Schreiben der Texte für deine Seite immer möglichst nahe am Thema bleiben solltest, ist es also auch wichtig, bei Backlinks darauf zu achten, dass sie nah an deinem Thema sind.

16.1.14 Footer Links vs. Link aus dem Content-Bereich

Ich habe vorhin schon erwähnt, dass die Position eines Links auf der linkgebenden Seite durchaus Bedeutung hat und pauschal Backlinks aus dem Content-Bereich (Fließtext) immer die beste Möglichkeit darstellen, während hingegen Links aus dem Footer-Bereich oft eher ungünstig sind. Auch das will ich noch einmal genauer erläutern.

Google's Kriterium bei Texten als auch bei Links ist, dass sie nützlich für den User sind. Das ist die Nummer 1 Strategie bei Google - den Nutzer so gut wie möglich (und so gut wie niemand anderer) zufrieden zu stellen. Dem User und Nutzer das Bestmöglichen Ergebnis zu seiner Suchanfrage zur Verfügung zu stellen. Gerade in den letzten Jahren unternimmt Google jede Menge Anstrengungen, es dem Nutzer so gut wie möglich recht zu machen - und die Suchmaschine lernt auch aus den Rückmeldungen von Nutzern.

Das ist eine allgemeine Leitlinie, die praktisch für fast alle Bereiche der SEO gilt: wenn du etwas machst, das für Nutzer tatsächlich relevant und wichtig ist, wird das Google (die Suchmaschinen) in den meisten Fällen lohnen.

Die Suchmaschine kann es sich nicht leisten, dass Nutzer irgendwo anders suchen und Google wegen schlechter oder unzureichender Ergebnisse nicht mehr nutzen. Dann würden alle (auch die Webseitenbetreiber) sehr viel Geld verlieren.

Damit beantwortet sich die Frage von Footer Links versus Content Links beinahe von allein:

Google hat von den Nutzerreaktionen gelernt, dass Footer Links sehr selten geklickt werden - weil sie von den meisten Nutzern schlicht ignoriert werden. Viele scrollen oder blicken nicht einmal so weit nach unten oder nehmen Footer überhaupt bewusst wahr. Da sie für den Nutzer keine erkennbare Relevanz haben, betrachtet sie damit auch die Suchmaschine als nur wenig relevant.

Bei Links aus dem Content Bereich der Seite, also aus dem Fließtext, sieht das deutlich anders aus. Wenn Sie lesen: "...noch mehr Informationen zu diesem Aspekt des Themas bietet Andreas in seinem Blog..." dann wirst du die Verlinkung völlig natürlich finden und - wenn du besonderes Interesse an diesem Themenaspekt hast auch auf den Link klicken. Genauso sieht das auch die Suchmaschine.

Der Link ist thematisch relevant, passt zum Content der Seite und beide Seiten bearbeiten das gleiche Grundthema. Hier gibt es keine Probleme - weil die Verlinkung für den Nutzer einen echten Mehrwert darstellt.

Wenn du dir dagegen einen Footer Link ansiehst, der lediglich mit einem Anchor Text wie "Andreas Blog" verlinkt ist, oder noch schlimmer mit einem Keyword wie "Kreditvergleich" wirst du wahrscheinlich wenig Antrieb verspüren, auf diesen Link zu klicken.

Noch schlimmer ist, dass Suchmaschinen neigen, tendenziell sehr schnell davon auszugehen, dass es sich hier um Manipulation oder Spam handelt. In diesem Fall könnte dann sogar eine Abstrafung drohen, wenn so etwas bei einer Webseite gehäuft vorkommt. Das solltest du auf keinen Fall riskieren.

Wenn du dir nicht sicher bist, ob ein Link an entsprechender Stelle wirklich gut ist und natürlich wirkt, frage dich einfach, ob du denselben Link an dieser Stelle auch setzen würdest, wenn es keine Suchmaschine gäbe. Ist er so wichtig / relevant, dass sich das lohnt? Würde der Link an dieser Stelle Sinn machen oder besser anderswo?

Dieser Ansatz hilft dir immer, wenn du dir beim Linkbuilding einmal nicht sicher bist.

Im Footer Bereich machen Links vor allem auf externe Seiten in den allermeisten Fällen keinen Sinn und häufig sind sie auch schädlich. Wann immer möglich, sollte also direkt aus dem Fließtext verlinkt sein.

16.1.15 Nofollow und Dofollow Links

Im vorangegangenen Teil war schon mehrfach die Rede von Nofollow Links und Dofollow Links. Was die beiden Linkarten kennzeichnet, möchte ich dir einmal ausführlicher erklären.

Bei der Gestaltung eines Links als Nofollow oder Dofollow Link geht es vor allem um die VERERBUNG VON LINK JUICE.

Wenn ein Backlink ein Nofollow-Attribut hat, vererbt er kurz gesagt keinen Link Juice. Für die verlinkte Seite ist das natürlich nachteilig, vor allem wenn der Linkgeber eine für einen Backlink recht gut geeignete Seite wäre.

Dofollow Links sind im Gegenzug alle Links, die das Nofollow-Attribut nicht tragen. Alles was also nicht Nofollow ist, ist automatisch Dofollow.

Welche Relevanz haben Nofollow Links in der Suchmaschinenoptimierung?

Grundsätzlich ist eine gewisse Anzahl von Nofollow Links im eigenen Linkportfolio normal und natürlich. Wenn nur Dofollow Links auf deine Seite zeigen würden, wäre das sehr unnatürlich und würde für die Suchmaschine schon verdächtig aussehen.

Für dein Linkbuilding („organisches Ranking") helfen dir Nofollow Links allerdings nicht - die Suchmaschine erkennt die Anweisung "do not follow" und setzt den Link dann auf "nicht relevant", damit wird „kein Link Juice" über solche Links vererbt.

Gezählt werden sie - seit Google's massiver Anti-Spam-Politik 2008 - aber dennoch. Wenn drei Links auf deine Seite zeigen, davon ein Nofollow Link, werden alle vier Links bei der Berechnung deiner Linkpopularität mit einbezogen (vor 2008 war das nicht so).

Auf die Sichtbarkeit einer Webseite könnten eventuell dennoch auch Nofollow Links einen zumindest kleinen Einfluss haben, Genaues weiß hier aber niemand.

Wie du erkennst, was ein Link Nofollow ist

Für dich ist es natürlich wichtig, zu erkennen wann Backlinks von anderen Seiten Nofollow und wann sie Dofollow sind. Für dein Linkbuilding ist das von entscheidender Bedeutung.

Das herauszufinden ist allerdings nicht schwierig: Geh einfach auf die Seite auf der der Link steht, und sieh dir den Quellcode der Seite an. Das kannst du mit einem Klick auf "Seite überprüfen".

Wenn neben dem Link rel="nofollow" gesetzt ist, handelt es sich um einen Nofollow Link. Wenn kein Attribut dort steht, ist es automatisch ein Dofollow Link.

Sicherheitshalber kannst du auch noch einmal in den Header der Seite schauen - dort könnte ein Meta-Tag zu finden sein, mit dem alle Links der Seite automatisch auf "Nofollow" gesetzt sind. In diesem Fall ist dein Link auch dann ein Nofollow Link, selbst wenn er kein rel-Attribut beinhaltet.

Bei eigenen Links, vor allem bei der internen Verlinkung auf deiner Seite, solltest du niemals Nofollow-Attribute nutzen. Für den Bot der deine Seite crawlt würde das bedeuten, den Link zu ignorieren und damit würde die verlinkte Seite keinen Link Juice von der Hauptseite oder einer internen anderen Seite vererbt bekommen. Das kann im Einzelfall sehr nachteilig sein.

Wie du mit Links auf andere Seiten umgehst, bleibt hingegen dir überlassen. Je weniger Links du hast, desto stärker ist die Link Power von einzelnen Links und es wird über sie mehr Link Juice vererbt.

Das kann gewünscht sein. Wenn du Links auf Nofollow setzt, wird dagegen kein Link Juice vererbt. Auch das mag manchmal gewünscht sein.

Nofollow ist auch eine wichtige Option, wenn du nicht umhin kannst, eine Seite mit schlechter Domain Authority oder eine Spam Seite zu erwähnen (etwa um die Leser davor zu warnen). Damit das keine Nachteile für dein Ranking hat, solltest du hier auf jeden Fall das Nofollow-Attribut setzen oder eben nicht auf die Seite verlinken.

Traffic von Dofollow Links

Dofollow Links haben natürlich noch einen weiteren Vorteil: sie bringen dir natürlich auch noch Traffic. Das gilt vor allem, wenn es passend gesetzte Links mit hoher thematischer Relevanz sind - also gute Backlinks.

Den daraus entstehenden Traffic sollte man nicht unterschätzen, er kann durchaus beträchtlich sein. Da es sich dabei auch um gezielten Traffic handelt, ist er in der Regel auch recht wertvoll. In einem gewissen Maß macht dich dieser zusätzliche, ständig einströmende Traffic daneben etwas unabhängiger vom Suchmaschinen-Traffic und kann auch für zusätzliche Gewinne sorgen.

16.1.16 Link Diversity: Warum die Differenzierung des Linkprofils so wichtig ist

Ich habe bereits mehrere Male darauf hingewiesen, dass Google (und auch andere Suchmaschinen) sehr empfindlich bei unnatürlich wirkenden Linkprofilen wirken. Was bedeutet das genau? Und was ist überhaupt ein "natürlich wirkendes Linkprofil"?

Grundsätzlich ist einmal alles, was zu perfekt ist, schon von vornherein verdächtig. Wer keinen einzigen Nofollow Link in seinem Linkprofil hat, oder wer ausschließlich hochwertige Backlinks oder fast nur Deep Links in seinem Linkprofil hat, läuft Gefahr, dass ihm Manipulation unterstellt wird. Das Gleiche gilt, wenn in kürzester Zeit sehr hohe Zahlen von relevanten Backlinks entstehen (Google überprüft auch immer das Linkalter). In diesem Fall geht Google davon aus, dass die Links nicht auf natürlichem Weg - also als reine, thematisch passende Empfehlung einer Seite - entstanden sind.

Alles was so wirkt, ist für dein Ranking grundsätzlich schädlich.

Natürlich entstandene Links erkennt man oft auch gut an den Anchor Texten. In natürlich entstandenen Links lauten die Anchor Texte recht häufig einfach "hier", oder sie enthalten den Namen der Domain oder einen Markennamen als auch die reine URL der Seite. Auch textlich passende Beschreibungen, die sich harmonisch in den Fließtext einfügen, wirken natürlich.

Es gibt also eine ganze Menge möglicher Verdachtsmomente, die dazu führen, dass Google deine Webseite genauer in Augenschein nimmt oder sie vielleicht sogar abstraft - oder zumindest menschliche Quality Rater deine Seite noch einmal prüfen.

Alles, was sich wiederholt, solltest du vermeiden

Es gibt sogenannte "skalierbare Lösungen" - das bedeutet, wenn etwas einmal funktioniert, macht man es immer wieder, und zwar ausschließlich das.

So haben früher (und auch heute teilweise noch) viele Webmaster hunderte von Links in Foren gesetzt, eine wahre Unzahl von wenig lesenswerten und mit Link versehene Artikel in Artikelverzeichnisse eingestellt oder einfach zehn Backlinks von einer einzelnen Domain erworben.

Alle diese Dinge funktionieren nicht - weil "skalierbare" Lösungen immer sofort die Spam-Filter von Google auf den Plan rufen.

Wenn du etwas "immer wieder machst" ist die Chance groß, dass es gründlich schief geht. Auf Seite 10 der SERPs verdient man mit seiner Seite nichts mehr, wenn man zurückgestuft wurde - für lange Zeit nicht.

Die Diversifizierung des eigenen Linkprofils

Damit ein Linkprofil möglichst natürlich wirkt, sollte es 'von allem etwas' haben. Einige wenige Links aus Footern sind hier ebenso unproblematisch wie einige wenige Nofollow Links.

Wie viel üblich und "natürlich" ist, erkennst du immer aus dem Vergleich mit deiner direkten Konkurrenz. In einzelnen Nischen habe ich beispielsweise bei einer schnellen Recherche Nofollow Links in einer Häufigkeit von rund 25 % gefunden. Würde deine Seite thematisch in der gleichen Nische liegen, wärst du gut beraten ungefähr eine ähnliche Anzahl anzustreben.

Wenn die Links für deine Seite tatsächlich "natürlich gewachsen" sind, hast du selbstverständlich ein bereits von sich aus völlig natürliches Linkprofil.

In den meisten Fällen, wenn du aktiv Linkbuilding betreibst, um deine Seite nach vorne zu bringen und die Domain Authority deiner Seite zu stärken, wird das aber nicht der Fall sein.

Dann musst du dich danach richten, was bei anderen Seiten, die gut ranken, "so üblich" ist. Linkprofile von den Top-Seiten deiner Nische versuchen einfach zu kopieren und so weit wie möglich nachzubilden ist ein anderer (allerdings sehr uninspirierter) Weg.

Das bedeutet natürlich nicht, dass du nicht den einen oder anderen wertvollen Backlink zusätzlich in dein Profil einfügen solltest - Übertreibungen und allzu perfekte Profile solltest du in deinem eigenen Interesse dann aber vermeiden.

Schädliche Links solltest du aus deinem Linkprofil dann immer nach und nach entfernen (auch hier ist es eher nicht ratsam, alle Links auf einen Schlag zu entfernen, denn das wirkt verdächtig). So baust du über längere Zeit hinweg ein wirksames, wertvolles Backlink Profil auf, dass deinem Ranking enorm hilft.

Um Backlinks für die Suchmaschine Google zu entwerten welche du nicht haben willst gib folgendes in die Suchmaschine ein: „Backlinks für ungültig erklären". Du gelangst auf eine Support Seite von Google, wo dir weitere Informationen zu Verfügung gestellt werden.

16.1.17 Wie viele Backlinks braucht man um ein gutes Ranking zu bekommen?

Diese Frage hört man relativ oft. Sie führt aber tatsächlich in die Irre. Es geht nicht um die ZAHL der Backlinks als solches, sondern vor allem um die Qualität dieser. Und um ein möglichst natürlich wirkendes Backlink-Profil.

Natürlich sind mehr Backlinks besser - wenn es sich um wertvolle, und nicht um schädliche Backlinks handelt. Einen kleinen Anhaltspunkt dafür, was dein Ziel sein sollte, erhältst du auch, wenn du die Linkprofile deiner direkten Konkurrenten und der Top-Seiten zu deinem Thema analysierst und vergleichst. Das gibt immer einen ungefähren Aufschluss darüber, was für dich notwendig ist, um ganz nach oben zu kommen oder um auf Seite 1 der Suchergebnisse zu gelangen. Letzten Endes entscheidet die Suchmaschine selbst, wer auf den ersten Plätzen der organischen Suchergebnisse zu finden sein wird.

Darüber entscheiden aber ohnehin nicht nur die Backlinks allein, sondern auch die Qualität deiner Seite - Inhalte, inhaltliche Tiefe, Seitenstruktur und Usability sowie eine möglichst nutzergerechte Präsentation der Inhalte sind Faktoren, die genauso wichtig sind. Auch in diesem Punkt kannst du deine Konkurrenten analysieren - und sehen was du für deine Seite übernehmen und was du auf deiner Seite noch besser machen kannst.

Backlinks aufzubauen ist keine einmalige Arbeit

Wenn es um die Backlinks geht, ist die Strategie nicht, auf einen Schlag eine bestimmte Zahl an Backlinks zu generieren und dann die Hände in den Schoß zu legen. So funktioniert das nicht.

Das eigene Linkprofil muss ständig gepflegt werden, vorhandene Backlinks sollten in regelmäßigen Abständen auch geprüft werden. Es kann sein, dass Seiten offline sind, nach einer gewissen Zeit offline gehen, nicht mehr betreut werden oder Backlinks durch eine Veränderung der Inhalte auf der linkgebenden Seite nicht mehr existieren.

Gleichzeitig solltest du dich bemühen, kontinuierlich neue, wertvolle Backlinks aufzubauen und schädliche Links ebenso kontinuierlich immer wieder abzubauen. Das wirkt auch auf die Suchmaschine "natürlich". Dir selbst hilft es, weil du dein Backlink-Profil auf lange Sicht ständig verbesserst und immer mehr Link Juice für deine Seite generierst. Das ist der beste Weg für ein stabiles, gutes Ranking. Rom wurde auch nicht an einem Tag erbaut. Linkaufbau (Linkbuilding) ist somit ein sehr wichtiger Faktor und als langfristige Tätigkeit und Investition anzusehen.

16.1.18 Was ist Linktausch und worauf sollte man achten?

Unter Linktausch versteht man, wenn zwei verschiedene Seiten sich gegenseitig verlinken. Das nennt man auch "reziproken Linktausch" - er nutzt beiden Seiten gleichermaßen und sorgt dafür, dass Traffic dazugewonnen werden kann.

Wie bei allen anderen Backlinks sollte natürlich darauf geachtet werden, dass man nur mit Seiten Links tauscht, die themenverwandt sind und tatsächlich auch wertvolle Backlinks geben können.

Allzu sehr übertreiben mit dieser Art von Verlinkung sollte man es allerdings nicht, da die Suchmaschine dann vermuten könnte, dass es sich um einen 'unnatürlichen Linkaufbau' handeln könnte, der nur zum Zweck eines besseren organischen Rankings betrieben wird. Dagegen hat Google etwas - und es kann zu Ranking-Verlusten (Abstrafungen) führen.

Nicht-reziproker Linktausch

Damit ein Linktausch der Suchmaschine nicht so leicht auffällt, kann man auch einen nicht-reziproken Linktausch vornehmen. Am bekanntesten dabei ist der Dreicks-Linktausch:

Seite A linkt ---- > zu Seite und Seite C ---- > linkt auf Seite B und Seite B ---- > linkt wieder zu Seite A

Das ist schon ein klein wenig besser als reziproker Linktausch und etwas unauffälliger. Sich hundertprozentig darauf zu verlassen, dass die Suchmaschine so etwas nicht doch unnatürlich findet, sollte man aber im Zweifelsfall trotzdem nicht.

Voraussetzung bei solchen Dreicks-Netzwerken ist aber natürlich immer noch, dass es sich bei allen drei Seiten um wertvolle Backlinkgeber handelt und dass die Links natürlich und sinnvoll gesetzt werden.

Auch hier gilt wieder: Zu viel kann eher schädlich sein. Wenn man solche "Linkbeziehungen" in Maßen einsetzt, kann das am Ende allen Seiten nutzen.

Linktauschnetzwerke und Linktauschprogramme

Mit diesen Dingen begibt man sich als Webseitenbetreiber bereits auf gefährliches Terrain. Google hat in seinen Webmaster-Richtlinien (du findest diese in der Suchmaschine unter: Richtlinien für Webmaster) deutlich klar gemacht, dass jede Art von Linktausch und Linkkauf als unnatürlicher Linkaufbau angesehen wird und mit entsprechenden Maßnahmen zu rechnen ist.

Linktausch-Netzwerke oder Linktausch-Börsen stellen lediglich Plattformen dar, auf denen sich die Seitenbetreiber gegenseitig finden können, um Backlinks auszutauschen. Bei Linktausch-Programmen kann man fast mit Sicherheit davon ausgehen, dass es sich um einen Verstoß gegen die Webmaster-Richtlinien von Google handelt.

Die Suchmaschine ist mittlerweile auch sehr gut darin geworden, unnatürlichen Linkaufbau und gekaufte oder getauschte Links aufzuspüren. Ranking-Verluste, Penalties oder im Extremfall sogar Deindexierungen können die Folge sein, wenn Google entdeckt, dass eine Webseite solche Praktiken nutzt.

Es spricht aber natürlich nichts dagegen, mit einzelnen Webseiten im eigenen Themenbereich eine Verlinkung zu vereinbaren - selbst wenn man diese Webseiten erst über eine Plattform kennenlernt.

Es muss nur in Maßen geschehen und die eingesetzten Links müssen eine gewisse Relevanz haben und auch dem Webseitenbesucher einen echten Mehrwert bringen. Das ist die Voraussetzung.

16.1.19 Was ist der Unterschied zwischen White-Hat und Black-Hat Backlink-Building?

Zunächst einmal kannst du dir wahrscheinlich unter den Begriffen "weißer Hut" und "schwarzer Hut" wahrscheinlich nicht so recht etwas vorstellen.

Vielleicht kennst du aber die Begriffe "weiße Magie" und "schwarze Magie". Mit den Hüten verhält es sich exakt genauso.

White-Hat-Strategien beim Linkbuilding sind alle, die noch (wenigstens mehr oder weniger) den Vorgaben in den Webmaster-Richtlinien der Suchmaschinen entsprechen und damit "legal" sind.

Black-Hat Strategien sind genau das Gegenteil und die manchmal erwähnten "Gray-Hat-Strategien" bewegen sich haarscharf im Grenzbereich einer möglichen Abstrafung durch die Suchmaschine. In den meisten Fällen wird das irgendwann einmal passieren - denn Suchmaschinen sind ständig auf der Suche nach unnatürlichem Linkaufbau und verbotenen Techniken. Die Richtlinien werden dafür immer enger gefasst, besonders in den letzten Jahren.

Was "legal" und damit White-Hat ist, ist schnell beschrieben:

1.   eine tolle Webseite mit hochwertigem Content aufbauen welche auf Mobilen Endgeräte aufrufbar ist

2.   Kontakte zu Nutzern aufzubauen und zu pflegen

3.   die eigene Webseite in angemessener und persönlicher Weise bei relevanten Personen zu bewerben, indem man personalisierte Nachrichten schreibt

Damit endet die Liste der "erlaubten" Strategien auch schon. Allerdings solltest du nie unterschätzen, welchen Effekt solche Strategien - vor allem langfristig - haben können. Sie bringen Traffic, Trust und eine sehr gute Reputation mit sich, daneben oft auch eine Menge völlig natürlicher Backlinks.

Eine typische Black-Hat-Strategie ist beispielsweise das "Cloaking". In diesem Fall werden Suchmaschinen andere Texte angezeigt als dem Nutzer. Die Texte, die die Suchmaschine sehen soll ist typischerweise voll von Keywords und möglichst exakt auf das abgestimmt, was die Suchmaschine sehen will. Du kannst davon ausgehen, dass solche Strategien heute ohnehin nicht mehr funktionieren, also Fing weg davon.

Eine typische Gray-Hat-Strategie ist das Schreiben von Gastartikeln in fremden Blogs oder auf fremden Seiten, die am Ende einen Link zur eigenen Seite beinhalten. Einige Webmaster haben es damit übertrieben und diese Strategie "skaliert" - so lange, bis Google sich vor kurzem zu Wort meldete und klar machte, dass man das nicht so gerne sieht. Hunderte von Gastartikeln auf allen möglichen Seiten zu publizieren ist nun also kein Weg mehr, um "sauber" an wertvolle Backlinks zu kommen. Man kann davon ausgehen, dass Google von nun an ein Auge auf Gastartikel haben wird. Wenn du Gastartikel schreibst, sollte diese sehr hochwertig sein und nur für diese eine Seite wo dein Gastbeitrag veröffentlicht wird geschrieben werden.

Auf diese Art und Weise ist aus einer Gray-Hat-Strategie eine Black-Hat-Strategie geworden. Es gilt hier also die alte Backlinks-Weisheit: Zu viel von IRGENDETWAS ist immer schädlich - vor allem auf lange Sicht. Es ist nämlich UNNATÜRLICH - und das erkennen Suchmaschinen über kurz oder lang immer.

16.1.20 Welche Backlink Strategien gibt es?

Wahrscheinlich fragst du dich gerade, welche Wege es überhaupt gibt, um schnell oder zumindest kurzfristig auf legalem Weg an Backlinks zu kommen. Erstaunlicherweise gibt es sogar eine ganze Reihe von Möglichkeiten dafür.

Die einfachste Möglichkeit bieten schon einmal Google Dienste selbst. Wenn du einen Google myBusiness Account eröffnest, hast du schon einmal einen Backlink aus einer sehr seriösen Quelle. Das Gleiche gilt für Youtube, das ja auch ein Google Dienst ist.

Einfache Wege, an eine "Grundausstattung" von Backlinks zu kommen, bieten auch seriöse Branchenbücher und Telefonbücher. Hier solltest du aber genau darauf achten, dass es wirklich seriöse Branchenbücher sind - einige sind in den letzten Jahren aus SEO-Sicht ganz schön in Verruf gekommen.

Vielleicht gibt es für dein Geschäft oder deine Branche auch seriöse Verzeichnisse, in die du dich eintragen kannst. Auch das bringt dir Backlinks, bei denen du nicht gegen die Regeln verstößt.

Freunde und Bekannte, die themenverwandte Seiten betreiben sind eine weitere Möglichkeit. Achte aber darauf, dass nur wirklich passende und nützliche Links gesetzt werden. Du kannst dann auch zurückverlinken, solltest aber darauf achten, dass auch dein Link thematisch und inhaltlich passt und einen Mehrwert für den User darstellt.

Kommentare in themenverwandten Foren und Blogs, bei denen du einen ernsthaften und auf den Beitrag bezogenen Kommentar abgeben solltest und dich unbedingt mit deinem richtigen Namen und deiner

Email-Adresse anmelden solltest, können dir ebenfalls helfen. Achte aber immer darauf, dass du es damit nicht übertreibst und dass deine Kommentare auch einen Mehrwert für Leser darstellen.

Mache dich interessant!

Wenn du einen Blog hast oder auf deiner Webseite Beiträge veröffentlichst, sorge dafür, dass du einen Beitrag schreibst, der Kontroversen oder Diskussionen auslöst - oder der so viele Inhalt aufweist, dass er von Menschen gerne und häufig geteilt wird. Das funktioniert überraschend häufig - und bringt oft eine Menge "ehrlicher" Backlinks.

Du kannst auch Journalisten auf deinen Beitrag aufmerksam machen, vor allem dann, wenn es um ein regional bedeutsames Thema geht. Viele Journalisten vergessen dann häufig, die Seite zu verlinken - darauf kannst du sie aber höflich aufmerksam machen. In der Regel tut man das dann gerne.

Gerade besondere oder herausragende - aber auch kontroverse - Beiträge werden oft und häufig geteilt, verlinkt oder diskutiert. Wenn du schaffst, dass du im Gespräch bist, sind zahlreiche Backlinks meist die Folge.

Hake bei Erwähnungen nach!

Gerade Unternehmen werden schnell einmal erwähnt - in öffentlichen Medien, von anderen Unternehmern oder auch auf regionaler Ebene. Suche im Web nach solchen Erwähnungen von dir oder deinem Unternehmen und ersuche die Webmaster höflich, ob sie nicht zu der Erwähnung auch deine Seite verlinken können. Viele tun das ohne größere Umstände.

Sei in Frage-Portalen aktiv

Anderen Nutzern mit dem eigenen Fachwissen behilflich zu sein, wenn sie Probleme oder Fragen haben ist eine schöne Sache. Auch dadurch kannst du nicht nur Traffic gewinnen, sondern auch Backlinks, die meist wertvoll sind.

Sei aber auch hier immer vorsichtig, verlinke nur dann, wenn es wirklich passt oder nützlich für den Fragesteller ist und baue deine Links immer in den Text ein. Natürlich solltest du im Vorfeld darauf achten, dass du nur auf solchen Plattformen aktiv bist, die dir auch wirklich etwas bringen. Alles andere wäre Zeitverschwendung.

Du siehst also, wenn man gleichzeitig den Nutzer und seine Bedürfnisse im Auge hat, kann man durchaus auch auf "ehrliche" Weise sich Backlinks verdienen. Mache dir am besten eine Liste mit Backlink-Quellen und Aktivitäten und setze sie regelmäßig in die Tat um. Arbeite vor allem langfristig an deiner Backlink-Gewinnung, versuche aber konsequent neue Backlinks zu gewinnen.

Broken Link Building

Eine andere, sehr interessante Backlink-Quelle sind Broken Links von themenverwandten Webseiten. Ein Broken Link ist ein Link, der ins Leere führt, weil es die entsprechende Seite nicht mehr gibt.

Solche Broken Links einer Seite kann man recht einfach mit passenden Tools finden. Zunächst einmal suchst du Seiten, die gut zu einem wichtigen Keyword deiner Seite ranken. Du suchst auf diesen Seiten natürlich vor allem nach Linksammlungen.

Das machst du folgendermaßen

Keyword intitle: "Links"

Du kannst alternativ auch nach intitle "Sites", "Websites" oder "nützliche Links" suchen. Statt intitle kannst du auch inurl probieren.

Am Ende hast du eine ganze Liste mit Seiten, die eine Linksammlung beinhalten und zu deinem Keyword ranken.

Nun brauchst du nur noch mit einem passenden Tool (etwa der Browser Extension "Check My Links" für den Chrome Browser) nach toten Links auf der Seite suchen.

Dann kannst du mit dem Webmaster der jeweiligen Seite Kontakt aufnehmen und ihm anbieten, passenden Content von deiner Seite statt des Broken Links zu verlinken.

Es lohnt sich auf jeden Fall, wenn du zuvor ein wenig Arbeit investierst und wirklich guten Content produzierst, der dem Thema des ehemaligen Links entspricht. Das macht es dem angesprochenen Webmaster deutlich leichter, auf so wertvollen Content zu verlinken. Er wird auch häufig froh sein, dass ihn jemand von dem Broken Link auf seiner Seite unterrichtet.

Auf diese Weise kannst du oft auch Backlinks von sehr renommierten Seiten mit hohem Trust bekommen.

Expired Domains

Eine andere Methode, das eigene Linkprofil sehr nachhaltig zu stärken ist, nach thematisch passenden Expired Domains zu suchen, also alten Seiten, die zum Verkauf stehen oder nicht mehr aktiv sind. Vor dem Kauf sollte man sich die Seiten samt ihrem Linkprofil allerdings gut ansehen. Achte darauf ob es natürlich ist und welche Qualität die Backlinks haben.

Wenn du eine solche Seite gefunden hast, kannst du sie einfach mittels 301-Weiterleitung (Moved Permanently) auf deine Domain umleiten. Das kann in vielen Fällen zu einer Erhöhung der Linkpopularität deiner Seite führen und auch dein Backlinkprofil enorm stärken.

16.1.21 Weitere Backlink Strategien

1. Artikelproben an Blogger versenden

2. Ratgeber (problemlösende Inhalte) & Themenwelten auf der eigenen Webseite erstellen

3. Für Bilderbörsen Kostenlose Fotos anbieten

4. lokalen Medien & Online Zeitungen

5. Spenden für Soziale & Kinder Zwecke

6. Redaktionell gepflegte Branchenverzeichnisse

7. Redaktionell gepflegte Empfehlungsportale

8. Potentielle Bloggerkooperationen in Gruppen auf Facebook kontaktieren

9. Weitere nützliche Informations-Quellen (Links zu anderen Webseiten) für User zur Verfügung

Zur Info: Folgende Faktoren haben in den letzten Jahren an Bedeutung im Bereich der Backlinks zugenommen wie:

- Themenrelevanz

- Linkplatzierung

- Ankertext

- Linktitel

- organische Sichtbarkeit der verlinkenden Webseiten

Achte dabei auf einen natürlichen Backlinkmix für deine Webseite, deinen Online Shop oder deinen Blog! Für unterschiedliche Webseiten-Typen ob nun für eine Unternehmenswebseite oder einen Blog braucht jede Seite eine individuelle Backlinkaufbau Strategie.

16.1.22 Social Media als Backlink Quelle nutzen

Inwieweit sogenannte Social Signals in das Ranking von Suchmaschinen mit einfließen, wird immer wieder heiß diskutiert. Googles letzter offizieller Kommentar war, dass man "Facebook und Twitter wie jede andere Webseite im Index behandelt". Bing hat hingegen offen gesagt, dass man durchaus in Betracht zieht, wie oft etwas retweeted oder geteilt wurde.

Darum dreht sich die Diskussion: ist bei Google tatsächlich kein besonderer Einfluss von sozialen Signalen vorhanden? Oder zählen sie etwa doch - wenn es schon bei Bing so ist?

Ob mit oder ohne besonderen Einfluss: Backlinks aus den Social Media sind immerhin auch Backlinks. Zwar werden Links auf Inhalte oder Seiten in den Social Media weniger gesetzt, sondern es wird hauptsächlich geliked und geteilt, wie eine Studie von MOZ zeigte, aber fallweise passiert das doch - vor allem dann, wenn ein User auf den Social Media auch zusätzlich bloggt, steigen die Chancen auf einen Backlink.

In Zukunft könnten solche Backlinks dann auch mehr wert werden, wenn Google sich entschließt, soziale Signale dann doch in den Ranking Algorithmus mit einfließen zu lassen. Auf jeden Fall stellen Social Media eine sehr gute Backlink Quelle mit viel Potenzial dar.

16.1.23 Backlinkprofil bei anderen Seiten erkennen

Wenn man mit Expired Domains arbeiten möchte oder ganz einfach die Backlink-Struktur einer Seite beurteilen möchte (etwa bei den eigenen, direkten Konkurrenten), muss man in der Lage sein, Backlink-Profile zu beurteilen.

Im Wesentlichen gelten dabei die gleichen Kriterien, wie ich sie schon weiter oben für das Einschätzen deiner eigenen Linkstruktur genannt haben:

1.   möglichst viele gute Backlinks

2.   gute Diversität des Profils

3.   möglichst wenige schlechte Links

4.   keine Links von Spamseiten oder deinexierten Seiten

5.   nicht zu viele Links von den gleichen Domains

Um die Linkstruktur zu analysieren kannst du auch entsprechende SEO Tools verwenden - etwa dem kostenlosen Backlink-Checker (www.backlink-tool.org oder www.seokicks.de). Daneben gibt es aber auch noch viele weitere. Die Profi Tools dazu sind kostenpflichtig, bieten aber mehr Möglichkeiten, Übersicht und sparen enorm Arbeitszeit.

16.1.24 Wie du auf den ersten Blick Seiten erkennst, die gute Backlink Quellen sind

Einmal abgesehen von technischen Werten und Ranking - manchmal muss man auch auf den ersten Blick schnell beurteilen, ob eine Seite eine einigermaßen gute Backlink Quelle ist.

Hier kannst du dich in der Regel tatsächlich überwiegend häufig auf das äußere Erscheinungsbild der Seite verlassen: wenn die Seite einen gepflegten Eindruck macht und ein hochwertiges, zeitgemäßes Design hat, sieht es schon einmal gut aus. Wenn auch die Inhalte laufend gepflegt werden und alle Daten auf der Seite aktuell sind, liegst du meist - ganz ohne technische Analyse - schon ziemlich richtig mit dieser Seite als linkgebende Seite.

Worauf du aber immer noch achten solltest ist, ob du Spuren von brachialer oder übertriebener SEO auf der Seite erkennen kannst oder ob sie in irgendeiner Weise "überoptimiert" wirkt. In einem solchen Fall solltest du dann eher die Finger von der Seite lassen.

16.1.25 Backlinks kaufen - worauf du achten solltest

Vom Kauf von Backlinks wird von vielen Seiten heute abgeraten. Gekaufte Links werden heute von Suchmaschinen sehr zielsicher aufgespürt - die Strafen dafür folgen dann auf dem Fuß und machen alle Rankingbemühungen und den ganzen Zeitaufwand wertlos.

Links zu kaufen ist aber nicht generell ausgeschlossen - wenn du mit sehr viel Umsicht und Bedacht vorgehst, kannst du mit gekauften Links dein Backlink-Profil durchaus stärken.

Wichtig ist dabei, mit Anbietern zusammenzuarbeiten, die einen organischen, nachhaltigen und natürlichen Linkaufbau bieten können.

Nachfolgend findest du eine Checkliste, welche Dinge bei einer SEO Agentur oder Linkbuilding Agentur mindestens erfüllt sein sollten.

16.1.26 Anforderungen an eine seriös arbeitende Backlinkaufbau Agentur

Zielfestlegung im Vorfeld:

Die Agentur schätzt die Situation der Webseite ein und berechnet, mit welcher Menge an Backlinks die Seite auf Platz 1 bei Google zu bringen ist und nennt konkrete Zahlen.

Es wird ein Budget angegeben, das zur Zielerreichung notwendig ist.

Zur Info: Die Agentur gibt keine GARANTIE für einen Platz an der ersten Stelle - das kann niemand garantieren und ein solches Angebot ist auf jeden Fall als unseriös zu betrachten.

Nötiger Content wird von der Agentur erstellt oder von der Agentur beauftragt

Die Agentur arbeitet mit Profi-Tools (hier kannst du einfach nachfragen, mit welchen Tools gearbeitet wird - professionelle Agenturen sagen dir das gerne, da diese Tools richtig teuer sind)

Die Agentur erstellt einen Aufbauplan für die Backlinks für den gesamten vereinbarten Zeitraum; es wird dabei auch geplant wo und wie Backlinks gesetzt werden.

Die Agentur erstellt einen Plan über die prozentuale Verteilung von Brand Keywords, Money Keywords, Compound Keywords und sonstigen

Es wird ein Plan erstellt, der über Anzahl und Verteilung der Deep Links Aufschluss gibt.

Die monatlich geleistete Arbeit wird in Reports umfassend dargestellt und es ist jederzeit ersichtlich, wann und wo welche Backlinks gesetzt wurden.

Auf jeden Fall solltest du unbedingt darauf achten, dass die Agentur einen organischen, nachhaltigen, langfristigen und kontinuierlichen Aufbau von Backlinks verfolgt und dich auch so berät.

16.1.27 Backlinkaufbau langfristig sehen

Wie schon erwähnt ist der Backlink-Aufbau eine langfristige Sache. Das ist auch nicht anders, wenn man Agenturen damit beauftragt.

Backlinks müssen gepflegt und immer wieder geprüft werden. Manchmal fallen Backlinks weg, manchmal werden einzelne Seiten vom Netz genommen oder Links gehen durch Content-Umstellungen verloren.

Auch eine Agentur sollte sich laufend um Backlinks kümmern, den Bestand pflegen, prüfen und warten.

Für einen langfristigen Backlink-Aufbau muss eine Agentur genauso regelmäßig und kontinuierlich Zeit aufwenden wie jeder Webmaster. Agenturen, die etwas anderes behaupten, solltest du eher meiden. Die "Einmal-Lösung" gibt es nicht, wenn es um Backlinks und Backlinkaufbau geht.

Der langfristige Aufbau ergibt sich schon allein zwingend aus der Tatsache, dass neue Seiten zuerst einmal überhaupt Backlinks brauchen, damit sie ein organisches Ranking BEKOMMMEN. Erst von diesem Punkt aus kann man dann weiterarbeiten. Es geht also immer nur langfristig - ob mit Agentur oder ohne.

16.1.28 Welche Tools sind hilfreich?

Wie bei allen SEO Aufgaben wird die Verwaltung der eigenen Backlink-Struktur und das Überprüfen des Linkprofils von anderen Seiten durch Tools deutlich erleichtert.

Den kostenlosen Backlink-Checker habe ich weiter oben schon erwähnt. Bedeutende Profitools gibt es unter anderem von:

-Ahrefs

-Majestic

-Semrush,

-MOZ

-Linkresearchtools

-Searchmetrics und zum Beispiel

-Xovi

16.1.29 Backlinks der Konkurrenz analysieren

Sich einen Überblick über die Backlink-Strukturen seiner direkten Konkurrenten zu verschaffen, hat noch keinem geschadet. Du kannst daraus so einiges erkennen:

1.   Wie stark die Backlink-Strukturen deiner Konkurrenten überhaupt sind

2.   Welche Menge an Backlinks deine überlegenen Konkurrenten nach vorne bringt

3.   von welchen Seiten die meisten wertvollen Backlinks stammen

4.   welches Verhältnis von Deep Links und von Nofollow Links deine Konkurrenten in ihren Profilen im Durchschnitt haben

Du kannst dir auch zum Ziel setzen, das Linkprofil deines besten Konkurrenten über einen gewissen längeren Zeitraum nachzubauen oder zu übertreffen. Zumindest siehst du anhand vom Profil deiner Konkurrenten, wo wertvolle Backlinks zu gewinnen sind.

16.1.30 Welche Arten von Backlinks gibt es?

Der Vollständigkeit halber sollte man noch erwähnen, dass Backlinks nicht immer zwangsläufig Textlinks sein müssen. Auch Bildlinks kommen infrage - in diesem Fall ist der Anchor Text dann einfach ein Bild oder eine Grafik. Auch Bildlinks können entweder Dofollow oder Nofollow Links sein.

Daneben gibt es auch noch Bannerlinks und Social Bookmark Links. Kurz gesagt: Alles was sich auf irgendeine Weise verlinken lässt, kann auch für einen Backlink genutzt werden.

Was ist ein Backlink Mix und warum ist dieser so wichtig?

371

Ein Backlink Mix ist einfach ein Linkprofil mit ausreichender Diversität. Das sieht oft sehr chaotisch aus, mit allen möglichen Linktypen, guten und schlechten Links, Dofollows und Nofollows - aber genau das macht den guten Mix eben aus. Wie oben erwähnt - von allem etwas und das ungefähr im gleichen Verhältnis wie die Top Seiten. Das ist das Rezept für einen guten Mix.

16.1.31 Warum automatische Tools zum Backlink setzten gefährlich sind

Der Grund liegt eigentlich auf der Hand: Google prüft immer nach, ob sich Verlinkungen natürlich im Text einfügen, welcher Anchor Text verwendet wird und generell wo Links gesetzt werden.

Was automatische Tools können, ist die Seite in eine Vielzahl von anrüchigen Verzeichnissen und Listen einzutragen - für sehr geringe Preise erhält man dann gleich tausende Backlinks auf einen Schlag.

Es war ganz am Anfang Googles leichteste Übung, herauszufinden, wo solche Spam-Verzeichnisse liegen. Mittlerweile kennt die Suchmaschine sie so zusagen alle, und wer darin auftaucht, hat ganz offensichtlich bewiesen, dass er bereit ist, Links zu kaufen - also gegen die Webmaster-Richtlinien zu verstoßen. Google kann in diesem Fall gleich nach Liste abstrafen - meist geht das dann auch ziemlich schnell.

Unnatürlicher kann ein Linkprofil nicht mehr sein, als bei mehreren hundert oder tausend Backlinks innerhalb weniger Tage und aus bekannten Spam-Verzeichnissen. Solche Links sind völlig wertlos. Im besten Fall kommt man vielleicht sogar ohne Strafe weg (was eher sehr unwahrscheinlich ist) im schlimmsten Fall könnte die eigene Seite wegen der zahlreichen Spamverbindungen eventuell sogar deindexiert werden. Mit automatischen Backlink-Setzern sollte man sich also gar nicht erst abgeben.

16.1.32 Was sind .edu und .gov Domains und Backlinks und warum werden sie für so wertvoll gehalten?

Bei .gov Domains handelt es sich um für die amerikanische Regierung genutzten Domains, .edu Domains stehen nur Universitäten zu. Da diese beiden Domains in aller Regel nur auf gleiche Domains verlinken, entsteht so etwas wie "Domain Inzest" - und natürlich jede Menge Backlinks und damit Linkpower.

Der kleine Haken an der Sache ist, dass diese Domains sicherlich nicht in Massen auf andere, außenstehende Domains verlinken was diese Backlinks wiederum wertvoll machen.

16.1.33 Warum spielt das Alter der Link gebenden Seite beim Backlinkaufbau eine Rolle?

Bei Seiten, die schon länger im Netz sind, steigt der Trust automatisch. Projekte, die sich laufend entwickeln, mehr Traffic und laufend mehr Content bekommen, wirken auf die Suchmaschine seriöser. Aus diesem Grund sammeln sie unter anderem mehr Trust an.

Wenn solche Seiten auf eine jüngere Seite verlinken, stellt das eine eindeutige Empfehlung dar, ein Teil des Trusts der linkgebenden Seite wird dann auch auf die jüngere Seite mit übertragen.

16.1.34 Als letztes: Die zehn goldenen Regeln für den Backlinkaufbau

1. Setze niemals abrupt viele Backlinks auf einmal und beende das Setzen von hohen Mengen an Backlinks auch nicht abrupt - beides ist sehr auffällig und wird von Suchmaschinen höchstwahrscheinlich entdeckt.

2. Achte immer auf die Natürlichkeit deiner Backlinkstruktur und eine hohe Backlink Diversität in deinem Profil

3. Prüfe linkgebende Seiten immer genau und vermeiden unter allen Umständen deindexierte Seiten und Spam-Seiten als Linkgeber

4. Entferne "schlechte" und wertlose Backlinks nach und nach aus deinem Profil (gib in die Suchmaschine folgendes ein: Backlinks für ungültig erklären)

5. Achte darauf, kontinuierlich neue, wertvolle Backlinks aufzubauen

6. Pflege deine Backlink Struktur regelmäßig und sorgfältig, gehe dabei aber nicht zu streng vor, damit kein unnatürliches Profil entsteht

7. Prüfe bei jedem neuen Backlink die Position und das textliche Umfeld sowie den Anchor Text deines Backlinks

8. Links nur von und zu themenrelevanten Seiten!

9. Achte auf den Anteil von Nofollow Links und Deep Links in deinem Profil und stimme den Prozentsatz ungefähr auf den durchschnittlichen Prozentsatz bei direkt konkurrierenden Seiten ab

10. Merke: QUALITÄT GEHT HIER IMMER VOR QUANTITÄT

16.1.35 Hilfreiches Hintergrundwissen

Wenn du selbst nicht genug Zeit hast für die Suchmaschinenoptimierung und das Suchmaschinenmarketing oder mehr Informationen dazu benötigst, gibt es viele Möglichkeiten um dich vorab einzulesen, damit du informiert bis über Zusammenhänge.

Von Dr. Thorsten Schneider oder Sebastian Erlhofer stammen umfassende Handbücher zur Suchmaschinenoptimierung, diese gelten im deutschsprachigen Raum als die Standardwerke zum Thema.

Merke: Die Technik oder die Software deiner Webseite ist das eine. Der Seitenaufbau, die Architektur aber vor allem der Inhalt deiner Webseite ist "der Schlüssel zum Erfolg". Stelle den Nutzen für deine Webseitenbesucher den du anbietest klar und deutlich in allen Inhaltsformen zur Verfügung. Die schönste modernste beste Webseite wird keinen Erfolg haben und du keinen Umsatz und keine Neuen Kundenkontakte, wenn diese Seite keine Besucher hat oder die Besucher gleich wieder weg sind. Der User entscheidet binnen weniger Sekunden ob Ihm die Webseite zusagt und er die Informationen die er sucht auch schnell findet. Mit dem Zurück-Button im Browser ist der Besucher genauso schnell wieder weg wie er gekommen ist.

Zur Info: Stell dir folgende Fragen zu deiner eigenen Webseite und den dazu gehörigen Inhalten auf dieser

Kommen die User/Besucher mit einem Problem auf meine Seite oder mit einem Begehr?

-Habe ich ein Produkt oder eine Dienstleistung um dieses Problem oder das Begehr der User zu lösen?

-Spiegelt meine Webseite genau dies wieder?

-Habe ich und bekomme ich den dazu nötigen Traffic?

-Habe ich ein Email Eintragungsformular oder ein Download Produkt um Kontaktdaten der User einsammeln zu können die mehr wissen möchten?

-Ist meine eigene Webseite aus Sicht der User vertrauenswürdig? (Https Status, Verbandsmitglied eines Verbandes, wer bin ich, wer sind wir oder Käuferschutz Siegel zum Beispiel)

-Habe ich Produkte und ein Warenkorbsystem auf meiner Seite und einen einfachen Checkout Prozessdass dass der User direkt bei mir auf meiner Seite online kaufen kann

-Sind meine Kontaktdaten wie Telefonnummer, Email-Adresse so angebracht, dass der User diese direkt findet und mich kontaktieren kann?

16.1.36 Beispiel lohnt sich SEO?

Firma X ist im Auto-ID und somit im B2B Bereich tätig. Diese Firma verkauft über Ihren Online Shop Drucker des Herstellers Zebra. Gleichzeitig liefert die Firma X aber auch Thermotransferfolie, Etiketten und weiterer Zubehör.

Das Suchwort „Zebra Drucker" Stand Januar 2018 wird ca. 2.400 mal im Monat durchschnittlich gesucht oder besser gesagt in der Suchmaschine Google abgefragt.

Zum durchschnittlichen Klickpreis von 2,06€ können so Besucher über Google AdWords für die eigene Webseite eingekauft werden.

Die erste SEO Position erhält ca. (bis zu) 40 % des Suchvolumens, das wären in diesem Fall ca. 960 Suchende im Monat. Dabei sind andere Suchbegriffe hier nicht eingerechnet.

Die Besucher durch die SEO Position sind somit „gratis".

Auf das Jahr gerechnet spart sich die Auto-ID Firma X mit Ihrem Online Shop oder besser gesagt mit Ihrer Webseite (Kategorie-Seite) zu diesem Suchbegriff „Zebra Drucker" jetzt:

960 Suchen im Durchschnitt pro Monat x 12 Monate x 2,09 € = 24.076,80€ Werbebudget für ein einziges Keyword (Longtail Keyword)!

Eine Optimierung des Qualitätsfaktors der Google Adwords Anzeige für günstigere Preise (Klickrate = Click-Trough-Rate = CTR) und Anpassung der Landingpage ist in diesem Rechenbeispiel nicht berücksichtig.

Viele nachhaltig optimierte Schlagwörter halten sich ein paar Jahre auf guten oder besser gesagt auf Toppositionen.

Bin ich zum Beispiel mit meiner Webseite zu dem Suchwort „Zebra Drucker" organisch auf Platz 1 oder 2, kann ich zusätzlich eine Google Adwords Anzeige schalten, meinen Wettbewerb verdrängen umso noch mehr relevanten Traffic von diesem Schlagwort auf meine Webseite leiten und wie viele „Zebra Drucker" der potenzielle Kunde kauft oder ob sich Projekte dahinter verbergen ist dabei noch nicht zu erkennen.

Bei diesem Beispiel Suchbegriff „Zebra Drucker" handelt es sich um einen B2B Artikel. B2B Kunden kaufen immer wieder ein und es werden mit diesen Kunden über viele Jahre hin Umsätze getätigt, wenn alles für den B2B Kunden passend ist.

Des Weiteren verkauft und kommuniziert die Firma X auf Ihrer Webseite die weiteren Produkte wie Thermotransferfolie, Etiketten und das dazu gehörige Zubehör.

Dadurch entstehen wieder Synergieeffekte nach dem Motto: Sehen und gesehen werden: wer Zebra Drucker kauft oder besser gesagt benötigt, der benötigt auch Thermotransferfolie, Etiketten, Zubehör und wahrscheinlich weitere Dienstleitungen.

Fazit: Suchmaschinenoptimierung beinhaltet alle Maßnahmen beginnend von der Technik deiner Seite über die Webseiten Struktur, den strukturierten Inhalten auf deiner Seite, die User Experience und der externen Verbreitung deiner Inhalte.

Das bedeutet: die Sichtbarkeit der eigenen Webseite und Ihrer Unterseiten in den organischen und somit in den „unbezahlten Suchergebnissen der Suchmaschinen" so weit wie möglich oben zu platzieren und dass langfristig, umso wiederum mehr Aufmerksamkeit und Klicks zu deinen relevanten Suchabfragen auf die eigene Seite zu lenken.

Tipp: Deine Webseite muss dir am Ende selbst nicht gefallen, Sie ist das Mittel zum Zweck und soll gewisse Dinge für dich erledigen wie: ein Online Shop soll und muss verkaufen, eine Landingpage soll die Kontaktdaten einsammeln, den Besucher gezielt auf eine andere Seite lenken und leiten - Inhalte deiner Seite im Netz verteilen oder immer nur ein Produkt oder eine Dienstleitung verkaufen je nachdem was gebraucht wird und welches Ziel verfolgt wird oder werden soll! Du kannst nur drei Dinge beeinflussen, deinen Traffic, dein Angebot und deine Webseite.

Es gibt bezahlten Traffic und es gibt unbezahlten Traffic. Der unbezahlte Traffic kommt von den Suchmaschinen und anderen verweisenden Seiten im Internet. Der unbezahlte Traffic kostet dich am Ende entweder Zeit oder auch wiederum Ressourcen um diese Ziele zu erreichen.

Merke: entweder kaufst du Besucher ein oder optimierst deine Webseiten für Suchmaschinen. Beides kostet am Ende Geld, wobei die Suchmaschinenoptimierung nachhaltiger ist und langfristig gesehen dann gratis Besucher auf deine Webseiten bringt!

Was ist der SISTRIX Sichtbarkeitsindex?

„Der SISTRIX Sichtbarkeitsindex ist eine Kennzahl für die Sichtbarkeit einer Domain auf den Suchergebnisseiten von Google. Je höher der Wert ist, umso mehr Besucher gewinnt die Domain erwartungsgemäß über Google."

Tool für den Sichtbarkeitsindex:

Quelle: https://app.sistrix.com/de/visibility-index/

16.2 XML-Sitemap für die eigene Website erstellen und an Google senden

Das Thema hört sich zunächst sehr technisch an - so schwierig ist es aber nicht. Der Grund, warum das Einreichen von Sitemaps bei den Suchmaschinenbetreibern (im Wesentlichen Google) so wichtig ist: Der Suchmaschine wird so erleichtert, wirklich alle Seiten des eigenen Webauftritts zu durchsuchen ("crawlen") und sie zu indexieren. Ohne Sitemap könnte es passieren, dass einzelne Seiten von der Suchmaschine übersehen und gar nicht indexiert werden.

Warum XML Sitemaps vorteilhaft sind

Beim Erstellen einer XML-Sitemap besteht der Vorteil darin, dass man der Suchmaschine gezielt sagen kann, welche Seiten PRIORITÄT haben. So sind bei einem kompletten Webauftritt die Seite mit den technischen Informationen über das Produkt oder die Seite mit der Produktbeschreibung wichtiger als beispielsweise die Seite mit der Firmengeschichte.

Durch das Priorisieren der richtigen Seiten kann die Suchmaschine auch viel leichter und sicherer erkennen, mit welchem Thema sich die Website nun tatsächlich beschäftigt - damit lässt sich die Relevanz der Seite für ein bestimmtes Thema vom Algorithmus genauer und besser berechnen und die Seite wird deutlich besser einem Thema im Index zugeordnet.

Ein weiterer Vorteil der XML-Sitemap liegt darin, dass die Suchmaschine aus einer solchen Sitemap auch erkennen kann, wie oft eine Webseite aktualisiert wird. Bei anderen Sitemaps ist das nicht der Fall. Erkennt die Suchmaschine sehr häufige Aktualisierungen auf der Seite, wird sie die entsprechende Unterseite auch häufiger crawlen und die neuen Inhalte wesentlich schneller in den Index übernehmen.

Damit kann man erreichen, dass beispielsweise aktuelle Newsmeldungen deutlich schneller im Suchmaschinen-Index auftauchen und auch gefunden werden können.

Die Grundfunktionen der XML-Sitemap kann man bei Bedarf auch noch um weitere Angaben erweitern, um besondere Bedürfnisse abzudecken. Sitemaps kann man mit verschiedenen Tools auch einfach erstellen lassen - etwa hier: xml-sitemaps.com/standalone-google-sitemap-generator.html

Die Sitemap einreichen

Die fertig erstellte Sitemap kannst du ganz einfach deiner robots.txt Datei hinzufügen und in der Webmaster Console einreichen. Um sicherzustellen, dass die Sitemap in Ordnung ist, lässt sie sich zuvor auch testen, nämlich unter: google.com/webmasters/tools/sitemap-list

Eine XML-Sitemap einzureichen hilft, dass deine Seiten besser und schneller indexiert werden, Seiten mit zeitnahen Inhalten schneller im Index auftauchen und dass die Suchmaschine das Thema deiner Webseite klarer erkennen kann: all das hilft dabei, mehr relevanten Traffic zu erhalten.

16.3 Traffic Quelle 2

Lokale Suchmaschinenoptimierung für Ladengeschäfte und Unternehmensstandorte

Lokale Suchen oder besser gesagt Suchabfragen in den Suchmaschinen spielen eine immer größere Rolle. Darauf hat auch Google schon vor einiger Zeit reagiert und stellt Usern die am eigenen (oder gesuchten) Standort vorhandenen Suchmaschinenergebnisse voran. Um dort aufzutauchen, ist Local SEO aber unumgänglich.

Komplette Optimierung ist notwendig

Erkennt Google über ein eingeloggtes Google+ Profil, über die IP-Adresse oder über die Standortangabe des Mobilgeräts den Standort des Nutzers, versucht die Suchmaschine bei allen Suchanfragen, die einen lokalen Bezug haben könnten (etwa Pizzeria) bereits, dem User möglichst die nahe liegenden Unternehmen bevorzugt anzubieten. Dabei ist mindestens jede dritte Suchanfrage bereits eine Suchanfrage mit lokalem Bezug. 50 % die User, die eine lokale Suche auf dem Smartphone durchgeführt haben, besuchten den Shop innerhalb eines Tages, bei Computern und Tablets sind es rund 35 % nach einer Studie von Google.

Um wirklich erfolgreich bei lokalen oder ortsbezogenen Suchanfragen zu sein, muss allerdings die gesamte Webpräsenz optimiert werden. Man kann Seiten auf Suchbegriffe wie "Friseur München" optimieren, eine weitere Möglichkeit ist, Google My Business zu nutzen und mit dem Google+ Profil der Seite in den Google Local Listings aufzutauchen. Adwords kann ebenfalls helfen, in den lokalen Suchergebnissen gut zu ranken.

Local SEO ist eine umfangreiche Aufgabe, lohnt sich für dich aber deutlich, wenn es darum geht, Reichweite, Traffic und somit Aufmerksamkeit Local oder in deinem Umkreis online zu gewinnen.

Local SEO Beispiel: Ein Schuhgeschäft in Frankfurt am Main sollte daher seine Optimierung auch Ortsbezogen tätigen wie „Schuhgeschäft in Frankfurt am Main" oder „Schuhladen Frankfurt am Main".

Weitere Quelle: Gib in die Suchmaschine Google den folgenden Text ein „Understanding Consumers' Local Search Behavior"

Bonus Traffic Quelle: Für Handel und Hersteller bonial.de ist ein Dienstleister für mobile Destination für lokales Shopping. Sie verbinden Millionen mobiler Verbraucher mit lokalen Geschäften, Produkten und Angeboten. Nach Angaben der Webseite ist die App mit 18 Millionen Downloads verbreitet.

16.4 Traffic Quelle 3

Mobile Suchmaschinenoptimierung nutzen für mehr Usability

Ein Großteil der Suchanfragen kommt heute nicht mehr vom PC sondern von mobilen Endgeräten. Deshalb solltest du deine Seite möglichst für mobile Endgeräte optimieren.

Wichtige Punkte beim Mobile SEO

Einer der wichtigsten Punkte überhaupt ist die Usability der Seite. Deine Seite sollte unbedingt für das Betrachten auf mobilen Endgeräten (Smartphone, Tablet) ausgelegt sein. Erreicht wird das am besten durch responsive Designs und eine entsprechende Gestaltung der Inhalte. Auf jeden Fall vermeiden solltest du zu kleinen Text oder zu breite Darstellungen, bei denen User horizontal scrollen müssen. Auch Links und Buttons sollten in ausreichendem Abstand und gut erkennbar zueinander liegen, da die Bedienung der Seite auf dem Smartphone sonst schwierig wird.

Die Inhalte sollten auch auf Endgeräten darstellbar sein - Flash macht bekanntermaßen hier deutliche Probleme. HTML5 und iFrames für das Einbinden von Videos ist deutlich empfehlenswerter.

Eine Rolle spielen auch die Ladezeiten, die du möglichst kurz halten solltest. Ob eine eigene mobile URL eingerichtet wird, ist abhängig von der Gestaltung der Desktop-Seite, in der Regel lohnt sich das aber häufig.

Mit guter Mobile SEO bis du gerüstet für die Bedürfnisse der User auf Smartphones und Tablets und profitierst von hoher Kundenzufriedenheit deiner Besucher. Gut optimierte Seiten werden auch von Google bevorzugt, seit dem "Mobile Rollout".

Test Tool: Gib in die Suchmaschine folgendes ein: "Search Google Strukturierte Daten testen Tool"

Statistik: gib folgendes in die Suchmaschine ein: „Statista Anteil mobiler Endgeräte an allen Seitenaufrufen nach Regionen weltweit im Jahr 2017"

16.5   Traffic Quelle 4

Eigener Newsletter erzeugt Traffic - Aufbau und Pflege sind aufwändig

Der regelmäßige Newsletter ist die beste Möglichkeit, zielgenau auf die eigenen Waren und Dienstleistungen hinzuweisen. Die thematische Bandbreite reicht von neuen Angeboten über Veranstaltungshinweise bis hin zu praktischen Ratschlägen rund um die aktuelle Produktpalette.

Auch die Verbindung mit dem eigenen Blogbereich - er benötigt mindestens einmal täglich oder in regelmäßigen Abständen einen neuen Beitrag! - ist darüber möglich. Der gute Newsletter besitzt einen hohen Wiedererkennungswert, dieser entsteht vor allem über die Einheitlichkeit in Layout und Sprachgebrauch. Ein weiterer Erfolgsfaktor ist die Qualität der Adressaten: gekauft, selbst aufgebaut oder eine Mischung aus beidem.

Rein technisch betrachtet gelingen Aufbau und Versand eines Newsletters schnell und preiswert. Der Empfängerkreis vergrößert sich vornehmlich über die Content-Qualität: Sie sorgt für viele Weiterempfehlungen.

Der Arbeitsaufwand versteckt sich an anderen Stellen: zum Beispiel bei der Adressverwaltung, dem richtigen Versand, der schnellen Reaktion auf den Wunsch zur Abbestellung und dem responsive Design, also der Darstellung auf allen mobilen Endgeräten. Für all das gibt es preiswerte Programme - aber ein Rest von Personalaufwand bleibt. Juristisch ist es wichtig zu wissen, dass kein Adressat unerwünscht den Newsletter bekommen darf - bei Verstoß drohen Geldbußen! Eine Ausnahme bildet der Kundenstamm oder besser gesagt die eigenen Newsletter Empfänger.

16.6 Traffic Quelle 5

Eine Pressemitteilung schafft mehr Aufmerksamkeit und Traffic im Netz

Eine Pressemitteilung beantwortet die fünf W-Fragen des klassischen Journalismus: Wer, was, wann, wo und wie? Gut geschrieben sorgt sie für mehr Traffic im eigenen Internet-Auftritt. Das gilt auch im Internet-Zeitalter unverändert, wohlwissend: Der Internet-Leser sucht schnell den Kern, daher listet das Layout einer Online-Pressemitteilung die Details einer Information unter diversen Links auf. Auch das Printmedien-Layout wird immer kleinteiliger, die Pressemitteilung geht darauf ein mit Fließtext, Infokasten, Faktenblock und mehr.

Eine Pressemitteilung für die eigenen Produkte oder Events ist sachlich und neutral verfasst. Sie verzichtet auf eine persönliche Ansprache und enthält auch keine Kaufaufforderung. Im Idealfall steht sie kostenfrei im redaktionellen Teil der Medien. Eine Pressemitteilung über die eigenen, neuen Angebote verfasst gegen Bezahlung gerne eine darauf spezialisierte PR- oder Werbeagentur.

Auch hier gilt: es ist möglich Content zu recyceln oder besser gesagt fast in das unendliche zu recyceln.

Mögliche Anbieter:

-pressebox.de
-deutschland-247.de
-freie-pressemitteilungen.de
-neue-pressemitteilungen.de
-go-with-us.de
-artikel-presse.de
-newsmax.de, oder zum Beispiel: inar.de. Suche im Netz nach weiteren Portalen zum Beispiel mit den Begriffen: kostenlose Presseportale, PR Portale gratis, Liste Presseportale

16.7 Traffic Quelle 6

Ping-Dienst einrichten für das eigene Blog

Ping-Dienste sind eine wichtige Sache für Blogs: Sie informieren die Suchmaschinen sofort nach der Veröffentlichung, dass es einen neuen Artikel auf der Seite gibt. Damit tauchen Blogartikel sehr schnell in den Suchmaschinenergebnissen auf - im Gegensatz zu anderen Beiträgen (etwa Webseiten-Content). Bei den Ping-Diensten kann man dabei einiges optimieren.

Automatische und manuelle Ping-Dienste

Wordpress verwendet automatisch 2 Ping-Dienste, die fest in das System integriert sind. Auch Google hat natürlich einen eigenen Ping-Dienst.

Daneben gibt es aber auch eine Vielzahl von freien Ping-Diensten, die man von sich aus anpingen kann, und die die Nachricht über den neuen Artikel gleich direkt an diverse Suchmaschinen und Verzeichnisse verteilen.

Wenn du ein Wordpress-Blog hast, wird automatisch zu pingomatic.com und zu wordblog.de gepingt. Daneben hast du aber auch die Möglichkeit, noch separate Ping-Dienste unter den Einstellungen einzugeben. Fünf weitere wichtige Dienste findest du nachfolgend:

-xmlrpc.bloggernetz.de/RPC2

-blogsearch.google.com/ping/RPC2

-xmlrpc.bloggernetz.de/RPC2

-rpc.technorati.com/rpc/ping

-blogpingr.de/ping/rpc2

Ping-Dienste sind noch viel wichtiger, wenn du ein CMS hast, das von sich aus kein Pingen unterstützt (das gilt sogar für die meisten CMS-Systeme). In diesen Fällen dauert es meist eine geraume Zeit, bis dein Artikel in den Suchergebnissen auftaucht und von Menschen gesehen wird. Hier kannst du mit Pingen viel erreichen.

16.8   Traffic Quelle 7

Kommentieren: Fremde Blogs als wertvolle Traffic-Quelle

Wenn es darum geht, Traffic für deine Seite zu erzeugen, solltest du eine wertvolle Trafficquelle nicht unterschätzen: deine Mitbewerber oder Themen relevante Blogs, Foren und Co.. Mit fundierten Kommentaren machst du viel für dein Image und das deiner Seite, und du erzeugst meist eine Menge wertvollen, gerichteten Traffic.

Kommentieren - aber richtig

Wichtig ist, dass du erscheinende Beiträge möglichst frühzeitig kommentierst, also kurz nach ihrem Erscheinen. So sorgst du dafür, dass möglichst viele User, die den Beitrag lesen, auch deinen Kommentar zu Gesicht bekommen. Ein Tool welches dir dabei helfen kann ist google.de/alerts. Erstelle zu deinen Keywords entsprechende Listen.

Kommentiere immer so, dass man immer erkennt, dass du ein echter Experte in dem Themengebiet bist:

füge weiterführende Informationen zum Blogbeitrag dazu

verweise auf eigene Erfahrungen, wenn das angebracht ist

beleuchte einen oder zwei Aspekte des Fremdbeitrags ein wenig eingehender

werfe weiter gehende Fragen auf, die du dann gleich selbst beantwortest

Am Ende fügst du immer noch einen Backlink zu deiner Seite ein wo du zum Beispiel selbst einen Artikel geschrieben hast. User werden mit der Zeit erkennen, dass du ein fundierter Experte bist, und immer öfter deine Seite besuchen oder sogar Abonnenten werden. Da sie genau an den Themen interessiert sind, um die sich deine Seite dreht, ist das wertvoller, sehr gezielter Traffic den du damit erzeugst.

Tipp: Als erster kommentieren oder Beitrag verfassen. Richte bei google.de/alerts entsprechende relevante Keywords ein oder folge Blogs und nutze zum Beispiel feedly.com dafür.

16.9 Traffic Quelle 8

Hilfreiche Beiträge in fremden Foren schreiben, um Traffic zu gewinnen

Gut besuchte Foren können eine wertvolle Traffic-Quelle sein. Wer es schafft, hier geschickt vorzugehen und vor allem die Interessen der User berücksichtigt, kann unter Umständen eine große Zahl von Menschen immer wieder auf seine eigene Seite holen. Dabei gibt es aber einige Dinge, die du beachten solltest.

Gezielter Traffic für die eigene Webseite

Foren gibt es zu nahezu allen Themen - selbst zu den kleinsten Nischenthemen. Der erste Schritt ist also zunächst, alle gut besuchten Foren zu recherchieren, die im Themenbereich der eigenen Seite liegen. Sinnvoll können auch Nischenthemen sein, die lediglich einen kleinen Teil deiner eigenen Thematik abdecken.

Der zweite Schritt ist, in den ausgewählten Foren ein GESCHÄTZTES MITGLIED zu werden und eine hohe Credibility (Glaubwürdigkeit) und Vertrauen aufzubauen. Wichtig ist, dass du tatsächlich ein aktives MITGLIED der Forengemeinschaft wirst - an Diskussionen teilnimmst, dein Fachwissen teilst und hilfst, Fragen anderer Nutzer gewissenhaft und möglichst kompetent beantwortest.

Direkte Werbung ist in den meisten Foren verboten - du darfst also nicht einfach direkt auf deine Produkte oder deine Dienstleistung hinweisen. Am besten verlinkst du einfach deine Seite über die Signatur im Forum. Achte aber auch hierbei darauf, dass das Ganze nicht allzu sehr werblich klingt.

Wenn du dich ein wenig eingelebt hast und ein akzeptiertes Forenmitglied geworden bist, kannst du auch beilaufig und nebenbei Forumsmitglieder um eine Meinung zu deinem Produkt bitten - oder vielleicht mit dem einen oder anderen Forumsmitglied mit eigener Webseite eine Linkpartnerschaft eingehen.

Für diese Tätigkeit gibt es ebenfalls spezielle Dienstleister. Solltest du die Arbeit selbst machen um auch Links zu bauen achte dabei wieder auf den SPAM-Score der Seite.

16.10 Traffic Quelle 9

Traffic erhöhen: Ein eigenes Forum aufbauen

Immer wieder hört man den Einwand, dass Menschen heute ohnehin vorwiegend in Social-Media Portalen oder Blog-Kommentaren diskutieren und Foren deshalb kaum einen zusätzlichen Gewinn bringen. Das ist aber so nicht ganz richtig. Wenn du ein eigenes Forum aufbaust, kannst du durchaus eine ansehnliche Menge zusätzlichen Traffic, Aufmerksamkeit, Trust und letzten Endes wiederum mehr Umsatz gewinnen.

Blogs und Foren funktionieren unterschiedlich

Ein Blog hat seine angestammten Leser und bekommt durch die Suchmaschinen und den Beiträgen in den Blogs immer wieder neue Leser dazu - in einem Forum sind die "Leser" aber viel aktivere Teilnehmer. Sie werfen Fragen auf, starten von sich aus Diskussionen oder bringen sogenannten "User Generated Content" mit ein.

Für dich als Webseitenbetreiber ist ein angeschlossenes Forum ganz besonders wertvoll, weil du damit vor allem deine Reichweite signifikant erhöhst und durch interne Links dein SEO stärken kannst. Ein Blog kann das auch - aber längst nicht so gut in dieser Art und Weise wie ein Forum und zudem bleiben die Leser in einem Blog immer noch vorwiegend passiv.

Du erhältst zudem ein wertvolles Feedback zu deinen Produkten, bekommst praktisch "kostenlos" neue Ideen und Anregungen für neue Produkte, Verbesserungen oder Produktfunktionen, die du nutzen kannst. Ab einer Zahl von einigen hundert angemeldeten Nutzern läuft das Forum fast von selbst und vorwiegend durch User Generated Content.

Die Vorteile im kurzen Überblick:

-höhere Reichweite für die eigenen Produkte oder Dienstleistungen

-laufender Traffic vom Forum zur Seite

-doppelte Rankings zu wichtigen Themen (Ranking durch die Seite und Ranking durch das Forum)

-kostenloses und ehrliches Feedback aus der Praxis

-Ideen für neue Nutzungsmöglichkeiten für die eigenen Produkte

-Ideen und Anregungen für neue Funktionen

-breite Userbasis für kostenlose Umfragen oder Feedback

-Möglichkeit, neue Produktfeatures vorab zu testen und zur öffentlichen Diskussion zu stellen

Ein Forum zu erstellen, zahlt sich langfristig also aus. Anfangs macht das zwar Arbeit keine Frage, vielfach kann man ein Forum aber gut durch ein zusätzlich vorhandenes Blog anfangs ein wenig "pushen" und so schneller eine angemessene Zahl von Forumsmitgliedern erreichen. Was wiederum bedeutet, dass dein Forum in deiner Nische beworben werden sollte und es dir somit wiederum mehr Aufmerksamkeit und Email-Adressen bringen wird. Ziel ist es organischen in den Suchmaschinen durch User generated Content weiteren Traffic zu erzeugen und sich eine eigene Community aufzubauen.

16.11 Traffic Quelle 10

Traffic-Strategie: Kommentare in Gästebüchern hinterlassen

Zugegeben: Gästebücher sind etwas aus der Mode: auf modernen, großen Webportalen findet man sie heute weithin gar nicht mehr, wohl aber
auf kleineren Seiten. Genau dort liegt auch deine Chance, ein wenig
Traffic und den einen oder anderen Link zu gewinnen.

Jeder wird gerne gelobt - und revanchiert sich oft

Gästebücher sind der Ort, wo man für gewöhnlich lobende oder aner-
kennende Worte für die fremde Website hinterlässt. Kritik wird dagegen selten in Gästebüchern geäußert, dafür dienen eher die Kontaktfor-
mulare und Webmaster-Emails.

Jeder Webseitenbetreiber freut sich natürlich, wenn ihm für seine Arbeit Anerkennung ausgesprochen wird. Machst du das mit einem Link
auf deine Seite, wird der Seitenbetreiber, bei dem du den Kommentar
hinterlassen hast, ganz sicher auf deiner Seite nachsehen, wer ihn da
gelobt hat.

In den Zeiten vor Facebook und sozialen Medien galten Gästebucheinträge auch als so eine Art "Freundschaftsanfrage" - viele sehen das auch
heute noch so. Du schaffst damit also auch viel gute Stimmung in Bezug auf dich, deine Seite und dein Geschäft.

Gleichzeitig sind bei kleineren Seiten die Gästebucheinträge oft von
Usern besucht. Dein Eintrag steht dann als kostenlose 'Visitenkarte' für
deine Seite im fremden Gästebuch. Das bedeutet auch kostenlose, oft
weitreichende Werbung für dich und deine Seite als auch ein Link zu
deiner Webseite.

16.12 Traffic Quelle 11

Einen Blog aufbauen für mehr Traffic auf der Seite

Wer heute etwas verkaufen will, hat eine Webseite. So weit so gut - eine solche Webseite ist aber ein statisches Ding, auf dem sich kaum etwas bewegt, und auf der sich nur selten etwas ändert was aber der Fall sein sollte. Blogs sind wesentlich lebendiger, bringen immer wieder neue Inhalte und bringen Leser dazu, sie immer wieder zu besuchen. Einen Blog zur eigenen Webseite in deiner Nische zu erstellen ist also eine sehr wirksame Traffic-Strategie.

Menschen wollen Neues erfahren

Leser wollen Geschichten, Informationen und möglichst immer wieder etwas Neues. Einen Blog-Artikel zu lesen kostet Menschen fast immer deutlich weniger Überwindung als eine Seite zu besuchen, die etwas verkaufen will.

Blogs sind auch gut um "Trust" aufzubauen. Wenn ein Leser mehr über dich oder deine Arbeit und deine Produkte erfährt, erhöht das die Glaubwürdigkeit und der Leser fühlt sich deutlich sicherer. Vor allem, wenn er immer wieder neue Beiträge liest, und sieht, dass auch andere die Blogbeiträge lesen und positiv kommentieren.

Mit einer statischen Website kannst du diese Dinge nur sehr schwer bis gar nicht erreichen. Es fehlen die verstärkenden Faktoren, es fehlt der Trust den ein Blog aufbauen kann.

Zudem lieben Suchmaschinen Blog-Content, und zeigen ihn in der Regel auch sehr schnell an (das liegt an den Ping-Diensten, wenn Sie den vorhanden sind). Blog-Content wird also auch sehr schnell in den Suchmaschinenergebnissen angezeigt und sehr gut gefunden, wenn diese richtig optimiert sind.

Das alles sind überzeugende Argumente dafür, einen Blog zur eigenen Webseite zu erstellen, ob für einen Online Shop oder eine B2B Webseite. Du kannst über verschiedene Anwendungsmöglichkeiten für dein Produkt schreiben, Fachfragen zu deiner Branche erklären oder erklären, warum und in welchen Situationen welche Vorteile deines Produkts besonders sinnvoll sind. Halte Leser auch über aktuelle Produktentwicklungen auf dem Laufenden, veranstalte Umfragen unter den Bloglesern oder biete fachlich relevanten, hochwertigen Content. Für die Themen kannst du dir Suchabfragen-Auswertungen ansehen - die verraten dir meist ganz gut, was Menschen wissen wollen.

Traffic gewinnen durch Eintragungssoftware für Suchmaschinen?

Seiten, die nicht in den Suchmaschinen auftauchen und keinen eigenen Inhalt bieten, haben praktisch keinen Traffic - und auch kaum eine Chance, welchen zu gewinnen. Der hauptsächliche Anteil des Traffics für Webseiten kommt heute von Suchmaschinen, PPC Anzeigen oder deine Seite ist so bekannt, dass Sie wie große Online Shops von allein Aufgerufen werden. Aus diesem Grund bieten zahlreiche Dienstleister die "Eintragung der Seite in XXX Suchmaschinen" als Dienstleistung an. Das muss man allerdings etwas kritisch sehen - gerade in diesem Bereich kommt es darauf an, vor allem das RICHTIGE zu tun.

Welche Suchmaschinen sind überhaupt relevant?

Im deutschsprachigen Bereich ist Google praktisch die einzig relevante Suchmaschine mit immerhin über 90% Marktanteil insgesamt und ca. 94,6 % im mobilen Bereich.

Yahoo und Bing spielen angeblich mit rund 2,9 % Marktanteil nur noch eine Nebenrolle.

Quelle: de.statista.com Marktanteile führender Suchmaschinen in Deutschland in den Jahren 2014 bis 2016

Nach eigenen Angaben des Unternehmens auf Ihrer Webseite: hat die „Bing Suchmaschine" einen Suchmaschinenmarktanteil in Deutschland auf Desktops von über 10% (18,6%) Stand 05.11.2018.

Im asiatischen Bereich ist Baidu eine sehr gefragte Suchmaschine, in den Staaten der ehemaligen UdSSR vor allem YANDEX. Beide haben (YANDEX in Russland und Baidu in China) in ihren Heimatländern jeweils rund 63 - 64 % Marktanteil - dort ist also Google der Außenseiter, allerdings auch nur in diesen Ländern.

Eine Eintragung in XXX Suchmaschinen bleibt also sinnfrei, wenn es um die Gewinnung von Traffic geht - außer den fünf erwähnten Suchmaschinen gibt es praktisch keine nennenswerten. Dazu kommt, dass Google neue Webseiten auch von allein findet, indem er sie durch Bots "crawlen", also durchsuchen lässt und mit der Zeit indiziert. Wenn du das beschleunigen willst, verwendest du einfach Tools wie pingmylinks.com oder pingbomb.com. Wenn von diesen Diensten die URL deiner Webseite angepingt wird, lässt sich die Indexierung deiner Seite bei den großen Suchmaschinen etwas beschleunigen. Dass das funktioniert beweisen Blogartikel: sie werden durch das automatische Anpingen bei bestimmten CMS-Systemen (wie Wordpress) sehr viel schneller indiziert und in den Suchergebnissen sichtbar wie große, statische Webseiten.

Hartnäckige "Eintragsversuche" durch Software oder von Hand können bei Suchmaschinen oft sogar das Gegenteil bewirken, nämlich immer dann, wenn eine Suchmaschine ein solches Vorgehen als "Spam" ansieht.

Anders als die Eintragung in Suchmaschinen können allerdings Eintragungen in ausgewählte Webkataloge und Webverzeichnisse in manchen Fällen durchaus sinnvoll sein, allein schon wegen der Backlinks. Das ist aber ein anderes Thema.

Weitere Eintragungssoftware Angebote gibt es für Bookmarking-Plattformen, Artikelportale, Videoportale als auch Webkataloge. Benutzung auf eigene Gefahr.

16.13 Traffic Quelle 12

Bookmarking-Plattformen als wertvoller Trafficbringer

Den 'großen alten Herrn' des Social Bookmarking, die Seite Mr. Wong, gibt es seit einigen Jahren leider nicht mehr. Dafür viele andere Social Bookmarking Dienste, die für dich als Webseitenbetreiber ebenfalls eine wertvolle Traffic und Linkquelle darstellen können.

Warum Social Bookmarking so wertvoll für dich ist

Auf einer Social Bookmarking Seite teilen User ihre Lieblings-Webseiten, Blogartikel, Bilder und Videos mit anderen Usern.

Wenn deine Webseite mehrfach dort auftaucht, bedeutet das also schon einmal etwas mehr Bekanntheit und dies bringt dir wiederum Links zu deiner Seite.

Wenn du tatsächlich guten Content auf deiner Seite lieferst, besteht auch durchaus die Möglichkeit, dass sich das eine oder andere Bild oder der eine oder andere Artikel von deiner Seite viral verbreitet.

Auf jeden Fall lohnt sich ein Eintrag auf solchen Social Bookmarking Seiten, weil viele User deine Artikel oder auch deinen Webauftritt so zu Gesicht bekommen. Bemühe dich immer, Beschreibungen möglichst interessant und einzigartig als auch den Titel möglichst "catchy" zu formulieren. Das hilft enorm, um das Interesse der Social Bookmarker zu wecken.

Als Teil deiner Marketing Strategie kann es auch sinnvoll sein, sich intensiver auf solchen Plattformen einzubringen und ein geschätzter User zu werden, dessen Empfehlungen man folgt.

Einige der wichtigsten Social Bookmarking Seiten, die du beachten solltest sind:

16.14 Traffic Quelle 13

stumbleupon.com (jetzt https://mix.com/)

Traffic Quelle 14: linkedin.com

Traffic Quelle 15: delicious.com

Traffic Quelle 16: digg.com

Traffic Quelle 17: reddit.com

Viele dieser Seiten haben auch einen sehr hohen Pagerank (auch wenn es diesen nicht mehr gibt) und können das Ranking deiner Seite also auch deutlich in die Höhe treiben, wenn deine verlinkten Beiträge von vielen Usern geteilt und gespeichert werden. (SEOs setzten diese Interne Verlinkungs-Taktik auf externen Plattformen ein, um den eigentlichen Dofollow Link mehr Power und Sichtbarkeit zu geben.)

In jedem Fall lohnen sich Social Bookmarking Einträge also, wenn du Traffic und Links für deine Seite erzeugen möchtest.

16.15 Traffic Quelle 18

Video Community Plattformen als Trafficbringer

Youtube ist nicht umsonst die zweitgrößte Suchmaschine der Welt - ohne Video-Content funktioniert Content-Marketing heute nur halb so gut. Video Communities sind dabei oft auch ein wertvoller Traffic und Linkbringer für deine Seite.

Warum Video-Content zählt

Video Content auf deiner Seite erhöht die Verweildauer deiner User und ist somit gut für deine organischen Ranking-Ergebnisse in den Suchmaschinen. Dazu tauchen Video-Ergebnisse wegen der Universal Search auch häufiger in den unbezahlten Suchergebnissen (organische Suche) der Suchmaschinen auf. Schon diese beiden Fakten zeigen, wie nützlich Video-Content auf der eigenen Seite sein kann.

Dabei wird Video Content immer beliebter: 38 % des gesamten Internet-Traffics machen Bewegtbild-Inhalte aus, bei Youtube schätzt man, dass rund 650 Millionen Stunden (!) Video täglich konsumiert werden.

Wenn es dir gelingt, eine nennenswerte Sichtbarkeit oder Reichweite bei Videoportalen wie Youtube oder Vimeo und Co. aufzubauen, kannst du also eine Menge User erreichen. Video-Inhalte verbreiten sich auch deutlich häufiger viral als alle anderen Formen von Content im Web - auch hier liegt also eine große Chance, nicht nur Reichweite, sondern auch eine Menge Traffic und Links für deine Seite zu erreichen. Das gilt umso mehr, wenn User einen von dir eingerichteten Kanal abonnieren und weiterempfehlen. So kannst du eine enorme Menge Menschen mit relativ wenig Aufwand erreichen.

Du kannst in Videos deine Produkte beschreiben, spannend ist es auch für viele User, von einem Mitarbeiter gezeigt zu bekommen, wie ein Produkt entsteht oder was alles hinter den Kulissen passiert. Du kannst

Einsatzszenarien für deine Produkte zeigen, die wesentlich glaubwürdiger sind als bloße Beschreibungen mit Worten. Die Möglichkeiten sind also äußerst vielfältig.

In jedem Fall aber erhöht Video Content, vor allem wenn er zusätzlich auf Video Communities publiziert wird, deinen Traffic auf deiner Seite meist deutlich.

Anbieter wie: Youtube.de,

Traffic Quelle 19: dailymotion.com/de,

Traffic Quelle 20: veoh.com,

Traffic Quelle 21: metacafe.com,

Traffic Quelle 22: myspace.com/discover/videos

Ein Anbieter eines Tools um Arbeitszeit zu sparen für das hochladen von Videos ist unter anderem - http://www.videocounter.com welches Kostenpflichtig ist.

16.16 Traffic Quelle 23

Eintragungen in Webkatalogen nutzen, um Traffic und Links zu erzeugen

Webkataloge sind die "große graue Eminenz" des Internets: es gibt sie bereits seit den Kindertagen des WWW und eigentlich gehören sie noch samt und sonders zum Web 1.0. Wenn du deine Webseite in passende Webkataloge eintragen lässt, kannst du aber immer noch wirkungsvoll Traffic und Links erzeugen und deine Suchmaschinenoptimierung fördern, wenn es denn hochwertige Webkataloge sind.

Der Nutzen von Eintragungen in Webkataloge

User suchen heute praktisch ausschließlich über Google und einige wenige andere Suchmaschinen. Webkataloge benutzt heute niemand mehr weiter, "um eine Seite zu finden".

Der Wert der Eintragung liegt also weniger darin, gefunden zu werden, sondern darin teilweise sehr wertvolle Backlinks auf die eigene Seite zu erhalten. Vor allem steinalte und unbestritten seriöse Kataloge wie DMOZ.org waren als Backlink-Quelle sehr wertvoll. DMOZ.org gibt es leider nicht mehr, dafür jedoch ein Forum unter: resource-zone.com was eine Link Quelle darstellt.

Einträge in gepflegten und modernen Webverzeichnissen zu erstellen ist zwar eine zeitaufwändige und mühsame Sache, vielfach lohnt sich diese aber. Wichtig ist dabei, dass du deine Seite in die passende Themenkategorie einträgst, und immer eine einzigartige Beschreibung erstellst. Vielleicht findest du auch einen für deine Seite passenden Themenkatalog (Webkataloge gibt es auch spezialisiert auf bestimmte Themen wie Reisen, Gesundheit, Regional, Handwerker etc.).

Es kann eine Weile dauern bis dein Eintrag im Katalog tatsächlich freigeschaltet ist, ein wenig Geduld braucht es also. Achte auch darauf, dass du vor allem gepflegte Webkataloge auswählst, auf kostenpflichtige Kataloge kannst du meist gut verzichten, es gibt jedoch auch Ausnahmen und diese sind in vielen Fällen dann auch gut gepflegt und auch aktuell.

Die Eintragung deiner Seite in Webkataloge kann sich auf jeden Fall lohnen, um deine Suchmaschinenoptimierung und somit dein organisches Ranking zu deinen Keywords zu verbessern und langfristig mehr Traffic über Suchmaschinen zu erzeugen.

Beispiel Anbieter von Webkatalogen sind:

-bunte-suche.de
-suchnase.de
-bellnet.de
-meinestadt.de
oder auch-schlaue-seiten.de. Achte bei der Auswahl der Webkataloge darauf, dass diese gepflegt und aktuell sind.

16.17 Traffic Quelle 24

Mehr Traffic erzeugen über einen Eintrag in Branchenbücher

Die eigene Webseite in Branchenbücher eintragen zu lassen galt früher als bewährte Strategie, um wertvolle Backlinks zu erhalten. Heute funktioniert das leider nicht mehr so - Branchenbuch-Einträge sind für Webseiten-Betreiber aber immer noch sehr nützlich.

Branchenbücher und lokale Suche

Die lokale und individuelle Suche bekommt immer mehr Gewicht - und Google reagiert darauf, indem Suchergebnisse vor allem ortsspezifisch sortiert werden. Beispiel: Wenn du das Wort Restaurant in Goolge eingibst bekommst du, wenn Google es bekannt ist aus deiner Nähe Restaurants angezeigt.

Wenn dein Unternehmen in maßgeblichen lokalen Branchenbüchern eingetragen ist, und du auch über einen Google+ Account und oder über den Google my Business Account für dein Unternehmen verfügst, steigt die Chance sehr steil an, bei ortsspezifischen Suchen sehr weit oben (auf Seite 1 in Goolge) in den Ergebnissen angezeigt zu werden. Damit erhältst du dann natürlich eine Menge relevanten Traffic (Klicks) auf der Seite.

Dies bringt dir wieder etwas mehr Aufmerksamkeit (Sichtbarkeit) und einen Link zu deiner Seite. Versuche dabei darauf zu achten, dass entsprechende Keywords die passend sind zu deiner Seite oder Firma mit eingebaut werden. Gerade wenn dein Unternehmen vorwiegend lokal tätig ist (etwa als Handwerksbetrieb, Restaurant oder z.B. ein Ladenge-

schäft für Schuhe) kann es sich rächen, wenn man auf Branchenbuch-
einträge verzichtet, weil es ohnehin keine wertvollen Backlinks mehr
dafür gibt.

Ein Eintrag in Branchenbücher lohnt sich wegen der immer häufigeren
ortsspezifischen Suche in Google fast immer, um mehr organischen
Traffic zu erzeugen nach dem Motto sehen und gesehen werden.

16.18 Traffic Quelle 25

RSS Feed aufbauen um zusätzlichen Traffic zu gewinnen

Wer seine Blog-Inhalte über RSS abrufbar macht, kann damit unter
Umständen beträchtliche Mengen an Traffic auf den Blog erzeugen,
und gleichzeitig etwas für seine Suchmaschinenoptimierung tun.

RSS und seine nützlichen Funktionen

RSS ist ein maschinenlesbares Format, das Änderungen von Webseiten
(zum Beispiel einen neuen Blogartikel) enthält. User können über RSS-
Verzeichnisse Kanäle abonnieren, die sie interessieren und so für sie
interessante Themen und Quellen laufend verfolgen.

Wenn du einen RSS-Feed einrichtest, kannst du dabei als Webseitenbetreiber eine kurze Zusammenfassung des neuen Artikels als RSS bereitstellen, und dazu einen Link auf den Blog.

User, die im RSS-Verzeichnis nach Themen suchen, die sie interessieren, stoßen dann auf deinen Blog (oder du bringst den Link vom RSS-
Feed gut sichtbar auf deiner Seite an), lesen die Zusammenfassung und
gelangen über den Link auf deine Seite, um den ganzen Artikel zu lesen.

Wenn sie den Themenbereich im RSS-Verzeichnis in ihrem Feedreader abonnieren, bekommen sie laufend alle neuen Artikel von deiner Seite mit angezeigt.

Der zweite, sehr lohnende Effekt von RSS-Feeds ist, dass die Verzeichnisse die Inhaltszusammenfassung auslesen, und dabei natürlich auch den Link auf deine Seite zum Artikel setzten. Dadurch sammelst du mit jedem neuen Artikel wertvolle Backlinks auf deine Seite, die für dein Suchmaschinenranking nach wie vor ganz wesentlich sind. Durch ein verbessertes Ranking erhältst du wiederum mehr Traffic von den Suchmaschinen im organischen Bereich.

Einen RSS Feed einzurichten kann sich also doppelt lohnen, um Traffic durch die RSS-Feed Abonnenten zu bekommen und Links zu erzeugen.

16.19 Traffic Quelle 26

RSS-Feed in RSS-Verzeichnissen und RSS-Suchmaschinen anmelden

Wenn du deinen RSS-Feed in passende RSS-Verzeichnisse, Social Profilen und RSS-Suchmaschinen einträgst, kannst du unter Umständen ganz automatisch eine Menge zusätzlichen Traffic und Links für deine Seite erzeugen.

RSS - das unterschätzte Format

Seit dem Siegeszug der Social Media scheint RSS an Bedeutung verloren zu haben - das täuscht aber. Tatsächlich ist das Format so populär wie nie. Viele RSS-Tools arbeiten auch hervorragend mit den sozialen Medien zusammen und erlauben zum Beispiel, Feeds gleich automatisch auf Facebook oder Twitter zu posten.

User nutzen RSS-Feedreader vor allem, um in Themenbereichen, die sie interessieren, auf dem Laufenden zu bleiben. Über RSS-Verzeichnisse können alle Nachrichten zu einem bestimmten Themengebiet angezeigt werden - etwa neue Blogartikel. Anstatt den ganzen Artikel im Feed abzulegen wird aber häufig nur eine kurze Zusammenfassung veröffentlicht oder besser gesagt ein Ausschnitt, gemeinsam mit einem Link zum Originalartikel.

Wenn du deinen Feed in passende Verzeichnisse und RSS-Suchmaschinen einträgst, werden deine Feeds von Nutzern gesehen, die sich für das Themengebiet deiner Webseite interessieren, oder Interesse für dein Artikelthema haben.

Auf diese Weise kannst du über deine Feeds unter Umständen beachtliche Mengen an Traffic für deine Seite generieren. Außerdem erhältst du mit jedem veröffentlichten Feed auch einen wertvollen Backlink zu deiner Seite, vielgelesene Feeds erhöhen zudem deine Linkpopularität.

Den RSS-Feed in RSS-Verzeichnissen und RSS-Suchmaschinen anzumelden lohnt sich also ganz besonders, um Traffic und Links für deine Webseite zu generieren.

16.20 Traffic Quelle 27

Langfristig Traffic aufbauen mit Podcasting

User neigen heute dazu, Webseiten-Inhalte nur noch kurz zu überflie-gen - und danach meist nicht lange im Gedächtnis zu behalten. Mit au-tomatischen Podcasts kann es dagegen immer wieder gelingen, User immer wieder zu erreichen, Gehör zu finden und auf diese Weise lang-fristig Traffic und Kundenbindung zu erzeugen. Auch kann es sein, dass ein User oder Kunde im Zug sitzt und deine Seite nicht lesen kann oder will und sich lieber den Podcasts dazu anhört.

Gehör finden bei Besuchern

Kurze Audiobeiträge werden sehr gerne gehört - seit 2015 nimmt die Zahl von gehörten Podcasts ständig stark zu. Das liegt nicht zuletzt da-ran, dass immer mehr User Internet über mobile Endgeräte nutzen und multimediale Formate durch die deutlich höhere Bandbreite der Netze zu den wesentlichen, konsumierten Inhalten im Web gehören.

Podcasts lassen sich heute sehr leicht direkt am PC erzeugen und zum Download anbieten. In diesen kurzen Beiträgen kann man nützliche und interessante Informationen unterbringen, die dann auch tatsächlich aus-reichend Gehör finden. Durch den Wiederkennungswert und einen klei-nen Verweis am Ende werden User stark an die eigene Seite oder das eigene Unternehmen gebunden.

Wichtig ist dabei, wirklich interessante Themen anzubieten, die Bei-träge gut zu gliedern und überschaubar zu halten. Wichtig ist vor allem, dass das Interesse der User geweckt wird, und dass der Zuhörer am Ende einen Mehrwert durch das Hören des Beitrags hat.

Um vor allem langfristig Traffic zu erzeugen, eignen sich Podcasts besonders gut. User können dadurch eine Beitragsserie komplett abonnieren und können damit immer wieder dazu gebracht werden, die Seite zu besuchen. Podcasts und RSS sind also ein sehr gutes Mittel, um langfristigen Traffic als auch User Experience zu erzeugen und somit potenzielle Kunden über dieses Medium zu erreichen.

Beispiel Podcast Hosting Anbieter wie:

-podigee.com/de/

-Libsyn.com (für den größeren Geldbeutel)

-Podcaster.dc (für den kleineren Geldbeutel)

-soundcloud.com/for/podcasting

-https://open.spotify.com/browse/featured

Bewerbe deinen Podcast gut sichtbar auf deiner und externen Seiten um entsprechende Aufmerksamkeit für deinen Podcast zu erzeugen!

16.21 Traffic Quelle 28

Autoresponder aufbauen und mehr Traffic erzeugen

Mithilfe von Autoresponder-Systemen und Follow-Ups lässt sich eingehender Traffic auf deine Webseite vervielfachen. Gleichzeitig bekommst du für dein Content-Marketing wertvolles Feedback. Autoresponder sind dabei ganz einfach einzurichten.

Mailing-Listen und Follow-ups

Zunächst geht es natürlich darum, Mailadressen von deinen Besuchern zu sammeln. Das erreichst du am einfachsten, wenn du einige wertvolle Tipps kostenlos zum Download anbietest.

Erfahrungsgemäß zögern viele User, sich für einen Newsletter anzumelden - wenn sie aber beispielsweise ein kostenloses, kurzes Ebook bekommen können, wenn sie ihre Email-Adresse eintragen sind sie häufig bereit dazu. Auch Gewinnspiele funktionieren manchmal ganz gut - das ist aber abhängig vom Thema deiner Seite und von deiner Zielgruppe.

Das Bestätigen der Mailadresse und die Eintragung in deine Mailingliste führen viele Autoresponder-Systeme vollautomatisch durch - damit hast du keine Arbeit. Für den deutschen Markt empfiehlt sich vor allem getresponse.de oder klick-tipp.com.

Danach kannst du die User in deiner Mailingliste automatisch über neue Artikel informieren. Das machst du am besten, indem du den ersten Absatz deines Artikels in der Follow-up Mail präsentierst. Du siehst dann sofort, wie viele User sich für das Thema interessieren - diese User werden wiederum auf die Seite kommen, um auch den Rest des Artikels zu lesen. Auf diese Art und Weise bekommst du mit der Zeit ein gutes Gespür dafür, welche Themen deine Besucher wirklich interessieren, und welche weniger.

Um deine Follow-up Mails zu optimieren kannst du auch die Splittesting-Funktion verwenden: Das zeigt dir, welche Betreffzeilen und welche Useransprache die höchste Öffnungsrate produziert, und was die meisten User zurück auf deine Seite bringt.

Die wirkliche Arbeit dabei erledigt aber der Autoresponder vollautomatisch im Hintergrund - das Zustellen, Überwachen und Auswerten der Öffnungsraten. Arbeitsaufwand ist es dennoch.

16.22 Traffic Quelle 29

Gratis Ebook schreiben für mehr Traffic

Kleine Geschenke machen Freunde - das war schon immer so. Wenn du auf deiner Seite ein Gratis-Ebook anbietest, im Austausch gegen die Mailadresse eines Besuchers, wird es dir viel leichter fallen, eine große oder größere Mailingliste für Follow-Up-Mails und für deine User und Kundenbindung aufzubauen.

Worauf es ankommt

Achte darauf, wonach deine Besucher am häufigsten suchen (Keyword Recherche). Nach Preisübersichten (Angeboten), nach konkreten Anleitungen, nach Hilfestellungen vielleicht? Verwende ein Thema, von dem du das Gefühl hast, dass deine Besucher die Information als besonders wertvoll erachten, und verfasse dazu ein kurzes Ebook im PDF-Format. 5 - 10 – 15 – 20 – 30 Seiten komprimierter aber gut recherchierter Information genügen. Du solltest am Ende dem User/Kunden aber einen Mehrwert bieten oder sein Problem mit dem Inhalt des E-books lösen können, das ist ganz wichtig!

Biete das Ebook kostenlos an (oder zum Kauf & gratis), wenn sich der Besucher dafür mit seiner Mailadresse registriert. An die Mitglieder in deiner Mailingliste kannst du dann laufend Follow-Up-Mails schicken, wenn du einen neuen Artikel veröffentlichst.

Achte dabei auf einen Titel, der User zum Klicken und Lesen animiert. Stelle in der Mail „nur den ersten Absatz des Artikels" ein und füge darunter einen Link ein, über den der Empfänger der Email den ganzen Artikel auf deiner Seite lesen kann.

Ein Gratis Ebook zu schreiben kann dann den Traffic auf deiner eigenen Seite auf lange Sicht signifikant erhöhen und natürlich dich als Brand und Autorität in deinem Bereich branden.

16.23 Traffic Quelle 30

Gratis-Report erstellen und damit mehr Traffic erzeugen

Was suchen User vor allem im Internet? Genau, Information. Das kannst du dir zunutze machen, indem du einfach einen Report gratis anbietest und vermarktest. Der Report fungiert dann gleichzeitig auch als Trafficbringer und Branding für deine Seite.

Überlege deine Strategie

Zunächst brauchst du einen Titel für deinen Report. Achte darauf, dass du ein Thema für den Report verwendest, dass kein Interessierter unbeachtet lassen kann - und zu dem es nur wenig bis gar keine Information gibt. Ist das Thema deiner Seite beispielsweise "Wintergärten" könnte ein guter Titel für deinen Report lauten: "10 Teile bei denen Sie an Ihrem Wintergarten massiv Geld sparen können". Das wird kaum jemand ignorieren wollen, der sich gerade einen neuen Wintergarten kaufen oder selbst bauen will.

Am Ende deines Reports kannst du dann noch einen Punkt einfügen, der nicht mehr im Report sondern in einem passenden Artikel auf deiner Seite ausgeführt ist. Damit bringst du alle Leser des Reports quasi automatisch auf deine Seite. Achte darauf, dass dieser Artikel auf deiner Seite auch möglichst auf andere, hilfreiche und einigermaßen passende weitere Artikel verlinkt (Interne Verlinkung). So machst du dich beim Leser gut bekannt.

Deinen Report kannst du nicht nur auf deiner Seite zum Download anbieten, wie ein kostenloses Ebook, sondern auch an vielen anderen Stellen bewerben - etwa in passenden Foren oder auch über eine AdWords-Kampagne oder in deinem Newsletter.

Mit einem Gratis-Report kannst du so viele neue User auf deine Seite bringen und auf dein Angebot aufmerksam machen.

16.24 Traffic Quelle 31

Schnell und effizient arbeiten: Einen Fahrplan erstellen für nachhaltiges Traffic Potenzial

Wenn es darum geht, Projekte effizient umzusetzen, geht nichts über einen geordneten Ablauf. Einen "Fahrplan" zu erstellen ist dabei eine einfache aber sehr wirksame Methode zum Managen des gesamten Ablaufs. Alle Arbeiten bleiben im Zeitrahmen, und man hat immer ein klares Ziel vor Augen.

Wo Fahrpläne helfen

Fahrpläne helfen bei allen größeren Projekten: ob es sich um deinen Umzug handelt, oder darum geht, eine neue Heizung auszusuchen und einbauen zu lassen. Überall dort, wo ein Schritt auf den anderen folgen muss, sind Fahrpläne meist enorm hilfreich.

Das gilt besonders auch für alle Webprojekte: Um eine Webseite aufzubauen, Content zu finden und die Webseite gut zu vermarkten, sind
viele einzelne in sich greifende Schritte nötig und lebensnotwendig für
die Seite. Dabei sollte man trotzdem immer einen Schritt nach dem anderen machen. Um sich dabei nicht zu verzetteln, lohnt sich ein Fahrplan auf jeden Fall.

So erstellst du einen Fahrplan

Grundlage für den Fahrplan ist zunächst eine Liste mit allem, was du
erledigen musst. Für den Anfang brauchst du nicht zu sehr auf die Reihenfolge achten - das ist dann der zweite Schritt. Achte beim ersten
Schritt mehr darauf, nichts Wichtiges zu vergessen und eine möglichst
vollständige Liste zu schreiben.

Als zweiten Schritt bringst du die Liste dann in die richtige Reihenfolge
und legst fest, wie lange du für jeden einzelnen Schritt brauchst oder
glaubst zu brauchen. Daraus ergibt sich dann der Startpunkt für den
nächsten Schritt. Plane immer rund 15 % - 20 % Reservezeit ein, falls
nicht alles so klappt, wie du dir das vorstellst.

Dann brauchst du nur noch Schritt für Schritt die einzelnen Maßnahmen
umzusetzen oder umsetzten zu lassen. Kontrolliere bei Gelegenheit, ob
du noch im vorgesehenen Zeitplan bist und passe den Fahrplan falls
nötig ein wenig an.

Gantt-Diagramme für komplexere Fahrpläne

Gantt Diagramme stellen solche Fahrpläne grafisch sehr anschaulich
dar. Sie bestehen im Wesentlichen aus einer Liste auf der einen Seite
und den Balken für die Zeitdauer auf der anderen Seite. Damit erkennst

du auch bei komplexen Aufgabenstellungen immer auf einen Blick, was JETZT zu tun ist und du kannst dich ausschließlich darauf konzentrieren.

Der Vorteil, ein Gantt-Diagramm auf dem Computer zu benutzen liegt aber darin, dass du die Balken je nach Bedarf verlängern und verschieben kannst und sowohl die geplanten SOLL-Zeiten als auch die tatsächlichen IST-Zeiten nebeneinander eintragen kannst.

Damit siehst du immer, wie weit du dich von deinem ursprünglichen Plan bereits entfernt hast. Meilensteine helfen dir, Projekte besser zu strukturieren und Teilziele zu definieren und zu erkennen, wann du wesentliche Teile deines Projekts abgeschlossen oder umgesetzt hast.

Eine weitere, oft sehr nützliche Funktion sind Gleichzeitigkeiten und Abhängigkeiten. Ein tabellarischer Fahrplan kann das nicht.

Ein einfaches Beispiel, um diese Funktionen zu illustrieren. Während beispielsweise der Grafiker an deinem Webdesign arbeitet (Dauer beispielsweise drei Wochen), kannst du gleichzeitig schon die Inhalte planen. Das ist eine Gleichzeitigkeit.

Den Einleitungsbeitrag kannst du aber erst verfassen, wenn deine Inhaltsplanung ganz fertig ist - das ist eine Abhängigkeit, verlängert sich die Inhaltsplanung nach hinten, verschiebt sich auch der Starttermin für das Schreiben des Einführungsbeitrags automatisch nach hinten. Das ist eine Abhängigkeit. Ein Gantt-Diagramm kann beides auf sehr übersichtliche Weise darstellen und zahlreiche Abhängigkeiten sogar automatisch berücksichtigen.

Aus den Abhängigkeiten ergibt sich dann der sogenannte "kritische Pfad", der dir immer sagt, wie lange ein Projekt trotz aller Zeitsparmaßnahmen auf jeden Fall dauern wird. Das ist oft hilfreich, wenn es darum geht, Fertigstellungstermine zu planen.

Gantt-Diagramme gibt es vielfach kostenlos für den PC aber auch für Tablets und Smartphones. Du kannst natürlich auch für alle anderen komplexen Aufgabenstellungen, bei denen du einen Fahrplan erstellst, eine gute und vor allem flexible Planungshilfe sein.

Beispiel:

Deine Webseite steht und du suchst für deine Nische weiteren Content welcher mit der Keyword Recherche beginnt. Du willst ja wissen was gesucht wird. Dann geht es weiter zur Text Erstellung, dann zu den Bildern, zur Onepage Optimierung, dann zum posten des Beitrages, dann zu Social Media Aktivitäten (kann automatisiert werden), dann zur Offpage Optimierung wie zum Beispiel:

Prüfung die Möglichkeit ob über diesen Beitrag eine Presse News verfasst werden kann, ob ein Video zu diesem Betrag erstellt und entsprechend veröffentlicht werden kann und ob ein Podcast dazu Sinn macht um weiter Reichweite, Links und Aufmerksamkeit für deine Seite und diesen Beitrag zu produzieren.

Du kannst deinen Usern oder Besuchern auch einen Fahrplan für irgendetwas aus deiner Nische zum kostenlosen Download anbieten als Tausch/Gegenwert für Ihre Email Adresse. Wichtig ist, dass der User/Interessent einen Mehrwert bekommt.

16.25 Traffic Quelle 32

Checklisten für deinen eigenen Themenbereich erarbeiten

Menschen sind von komplexen Dingen oder Vorhaben oft schnell überfordert. Wenn du Checklisten für deinen eigenen Themenbereich erstellst und zum Download anbietest, gibst du Usern, Interessenten und Kunden eine wertvolle Hilfe an die Hand - und sorgst für guten Traffic auf deiner Seite und ein gutes Image für deine Firma.

Warum Checklisten so gut funktionieren

Wir können, das hat die Wissenschaft festgestellt, maximal 7 Dinge gleichzeitig im Kopf behalten. Das ist bei allen Menschen gleich. Komplexe Dinge, bei denen man mehr als diese Menge an Dingen beachten sollte, oder Vorhaben mit mehr als sieben Einzelschritten machen Unterstützung notwendig. Checklisten haben sich hier bewährt.

Wenn du eine Checkliste aus deinem Themenbereich erstellst, hast du gleich mehrere Möglichkeiten, sie zu vermarkten:

-du kannst sie auf deiner Seite im Austausch für die Email-Adresse des Besuchers kostenlos zum Download anbieten (dadurch baust du dir wertvolle Mailkontakte für deine Mailinglisten und die daraus resultierende Follow-Up-Mails auf)

-du kannst die Checkliste, in der ein Link zu deiner Seite steht, einem fremden Blog als PDF kostenlos anbieten (achte aber darauf, dass man sie nicht einfach kopiert)

-du kannst in relevanten Foren aber auch in Kommentaren mit einem Link auf deine Checkliste aufmerksam machen, füge dafür am Ende noch eine kurze Beschreibung von dir und deiner Seite in der Checkliste ein und einen Link zu deiner Seite.

-du kannst auch direkt von der Checkliste aus auf relevante Beiträge in deiner Seite verlinken

-du kannst die Checkliste auch in Artikelverzeichnissen oder auf Plattformen wie de.scribd.com kostenlos anbieten

Checklisten erleichtern Usern das Leben oft enorm - gleichzeitig können sie ein wertvoller Trafficbringer für deine Seite sein und dir viel Trust und am Ende wiederum mehr Umsatz einbringen. Eine PDF Datei welche mit deinen Daten und deinem Logo versehen ist hilft dir bei deinem Branding.

16.26 Traffic Quelle 33

Fachartikel schreiben und mehr Traffic auf die eigene Seite leiten

Menschen kaufen gern bei Experten - und vertrauen ihnen auch deutlich mehr. Dass du ein Experte in deinem Fachgebiet bist, dafür musst du aber erst einmal den Beweis erbringen. Das kannst du am besten, indem du einen oder mehrere qualifizierte Fachartikel schreibst.

Artikel bekannt machen und Traffic erzeugen

Die Möglichkeiten, auf deinen Fachartikel aufmerksam zu machen, so dass ihn viele Interessierte zu Gesicht bekommen, sind äußerst vielfältig:

-du kannst deinen Fachartikel als Gastbeitrag in einem anderen Blog veröffentlichen

-du kannst klassische Artikelverzeichnisse nutzen, um den Artikel online zu stellen

-du kannst einen Link zu deinem Fachartikel in relevanten Foren zu einem passenden Thema posten

-du kannst in einem Kommentar auf einer fremden Seite auf deinen Fachartikel verweisen, wenn es in einem Beitrag um ein ähnliches Thema geht

-du kannst in passenden Blogs den Betreiber bitten, auf deinen Fachartikel zu verweisen (die meisten tun das sogar gerne, wenn es sich um fachlich sehr guten Inhalt handelt)

-du kannst auch auf deiner eigenen Seite einen Fachartikel schreiben und diesen extern bewerben

Am Ende deines Fachbeitrags solltest du auf jeden Fall eine kurze, vertrauenserweckende Beschreibung von dir, deiner Seite und deinen Qualifikationen einfügen - und natürlich einen Link zu deiner Seite oder noch besser zu einem weiterführenden Artikel anführen. Bei Online Shops stellt man seinen Shop kurz vor, was dieser macht und worin dieser gut ist und seit wann dieser existiert (branding).

Fachartikel bringen dabei nicht nur mehr Traffic für deine Seite, sondern können auch den "Trust" der Besucher und dein Ansehen als echter Experte enorm erhöhen als auch wieder einen Link zu deiner Seite bedeuten.

Zur Info: Wenn du deinen Content auf Artikelverzeichnissen verteilst achte bei den Verzeichnissen auf Aktualität und Pflege dieser Seiten.

16.27 Traffic Quelle 34

Content auf anderen Webseiten und in fremden Newslettern veröffentlichen und Traffic gewinnen

Wenn du ein Experte in deinem Fachgebiet bist, hast du auch viel Wertvolles zu sagen. Deine Expertise kannst du auch anderen zur Verfügung stellen - und dafür selbst wertvollen Traffic und eine Menge Trust erhalten.

Gastautor auf fremden Seiten

Du kannst entweder Gastbeiträge für eine fremde, themenrelevante Seite schreiben, oder dich auch in einem fremden Newsletter immer mit ein paar interessanten Details zu Wort melden. Am Ende profitieren davon alle Beteiligten:

Der Webseitenbetreiber kann sein eigenes Image und den Trust auf seiner Seite nachhaltig verbessern, weil ein echter Fach-Experte dort zu Wort kommt.

Der User profitiert von deinem Fachwissen, das er praktisch kostenlos mit dazu erhält.

Dein eigenes Ansehen als Fachexperte und damit der Trust für deine Seite erhöhen sich ebenfalls - zudem kannst du viele neue User und potenzielle neue Kunden erreichen, was den Traffic auf deiner Seite wiederum erhöht.

Sein Wissen auf anderen Seiten und Newslettern preiszugeben, kann sich also auch für den Traffic auf deiner eigenen Seite oft nachhaltig lohnen.

16.28 Traffic Quelle 35

Content für Gastbeiträge erstellen und vertreiben

Viele Seitenbetreiber suchen Experten, um ihren Lesern Abwechslung zu bieten und gleichzeitig den Trust ihrer eigenen Seite zu erhöhen. Wenn du dich als Fachmann für Gastbeiträge zur Verfügung stellst, kannst du aber auch selbst deutlich davon profitieren (Win Win Situation). Ein Gastartikel ist nicht Zwangsweise ein Fachartikel.

Deine Reichweite vervielfachen

Dein Fachwissen und deine wertvollen Insiderinformationen als Fachmann stellen für die Leser des fremden Blogs einen Mehrwert dar.

Gleichzeitig unterstreicht es aber auch dein Image als echter Experte - da du ja sonst kaum als Gastautor auftreten würdest.

Der wichtigste Faktor für deinen Traffic ist aber, dass du deine Reichweite signifikant erhöhen kannst. Leser des fremden Blogs sehen deinen Beitrag auf dem Blog oder sind auf Ihn über die Suchmaschinen zu gewissen Abfragen gestoßen, erkennen deinen Expertenstatus und sehen den Link zu deiner Seite. Das ist wirksame, kostenlose und sehr wertvolle Werbung.

Zusätzlich erhältst du mit jedem Gastbeitrag, den du veröffentlichst, auch noch einen natürlichen Backlink, der auf deine Seite verweist. Auch SEO-technisch lohnt sich ein Gastbeitrag also.

Achte in jedem Fall aber darauf, dass du unter jeden Beitrag eine kurze, vertrauenerweckende Beschreibung von dir, deinen Qualifikationen und möglichst auch von deiner Seite schreibst. Du kannst auch Content fertig erstellen und passenden Webseiten anbieten - achte aber darauf, dass jeder Beitrag Unique Content ist, und nicht ein Beitrag mehrfach gepostet wird (kein doppelter Content).

Auf diese Weise können dir deine Gastbeiträge im Laufe der Zeit eine große Menge zusätzlichen Traffic und Trust einbringen.

16.29 Traffic Quelle 36

Lesermeinungen für andere Websites schreiben - und Traffic gewinnen

Manchmal liest man einen Artikel - und ist völlig anderer Meinung als der Autor. Du musst mit deiner Meinung dabei nicht hinterm Berg halten: im Gegenteil, das Äußern deiner Meinung kann dir sogar am Ende eine Menge Traffic bringen.

Internet 2.0 - hier profitieren alle

Artikel auf einer Seite kann jeder kommentieren und jeder kann seine Meinung dazu äußern. Das ermöglicht jedem User, nicht nur jeweils eine Meinung zu hören, sondern die ganze Vielfalt an Meinungen zu sehen, die es zu einem Thema gibt. Nach dem Motto sehen und gesehen werden.

Wenn du eine fundierte, gegensätzliche Meinung vertrittst, machst du Usern klar, dass nicht allein der Autor recht hat - sondern es auch andere, durchaus begründete Sichtweisen gibt.

Du erreichst damit aber auch noch mehr: Wenn du in deinem Kommentar auf deine Seite verweist, bekommst du einen wertvollen Backlink - und auch andere Leser werden auf dich und deine Seite aufmerksam und erkennen, dass du ein Experte in deinem Fachgebiet bist. Das erhöht gleichzeitig deinen Trust und dein Image.

Über das Äußern deiner Meinung auf anderen, themenrelevanten Seiten kannst du also langfristig unter Umständen eine Menge Traffic generieren, sowie deine Reichweite und deinen Trust erhöhen. Investiere deine Zeit aber nur für Kommentare auf angesehenen und gut besuchten Seiten - sonst lohnt das kaum.

Tipp: Eine Lesermeinung ist kein Blog oder Artikel Kommentar, sondern eine ausführliche Beschreibung seiner eigenen Meinung zu einem bestimmten Thema auf einer Seite, welche über die Kommentarfunktion abgegeben wird.

16.30 Traffic Quelle 37

Xing-Gruppe aufbauen und leiten - für mehr Traffic auf der eigenen Seite

Xing-Gruppen bieten ein enormes Potenzial auch für Marketing-Aktivitäten. Man kann als Mitglied von Xing auch selbst eine Gruppe zu einem bestimmten Thema ins Leben rufen. Über die Gruppe kann man dann nicht nur sein eigenes Netzwerk ausbauen, sondern sich auch in wirksamer Weise selbst darstellen.

Interessierte zu einem Thema anziehen

Viele Mitglieder auf Xing treten auch Gruppen bei, an deren Themen sie Interesse haben. Wenn du selbst eine Gruppe zum Thema deiner Webseite ins Leben rufst, wirst du also eine Menge Menschen anziehen können, die an deinem Thema Interesse haben.

Eine Gruppe bei Xing kann auch ein angeschlossenes Forum enthalten, in dem sich die einzelnen Mitglieder mit ihren Leistungen und einem Link zur eigenen Seite vorstellen können. Als Leiter und Initiator der

Gruppe bekommst du dann natürlich besondere Aufmerksamkeit - jeder, der sich für die Gruppe interessiert, wird sich auch dein Profil und deinen Forumseintrag ansehen - und höchstwahrscheinlich auch deine Seite besuchen um zu erfahren mit wem man es zu tun hat.

Über fundierte Fachbeiträge, die du in der Gruppe postest, kannst du ein Image als Fachmann in deinem Bereich unter Beweis stellen und erhältst so mehr Trust. Je mehr Mitglieder deine Gruppe hat und je aktiver in der Gruppe gepostet und kommentiert wird, desto interessanter wird die Gruppe auch für andere Nutzer. Achte also immer darauf, dass deine Gruppe möglichst aktiv bleibt und bringe immer wieder neue, spannende Themen oder Fachbeiträge ein.

Als Leiter einer eigenen Xing-Gruppe profitierst du nicht nur von höherer Reichweite und hohem Trust als Fachmann, sondern auch langfristig von zahlreichen Zugriffen interessierter Nutzer auf deine Seite und natürlich von dem einen oder anderen Link.

Für weitere Informationen gib in eine Suchmaschine folgendes ein:

Faq Xing Tipps für eine erfolgreiche Gruppe

Faq Xing Wie erstelle ich ein Gruppen- oder Unternehmens-Event

Faq Xing Gruppenregeln erstellen

16.31 Traffic Quelle 38

Facebookfanpage aufbauen und leiten und damit mehr Reichweite gewinnen

Wissenschaftler haben gerade erst herausgefunden, wie bedeutsam für Käufer vor allem der sogenannte "Social Trust" ist: Menschen legen am meisten Wert auf Empfehlungen von anderen Menschen, die sie kennen, mögen oder zumindest sympathisch finden. Eine Facebookfanpage für dein Unternehmen sorgt genau für diesen wichtigen "Social Trust" und hilft dir damit, mehr Aufmerksamkeit und somit mehr potenzielle Kunden zu gewinnen.

Worauf du beim Erstellen achten solltest

Wichtig ist schon ganz zu Anfang, ein aussagekräftiges. passendes Titelbild für deine Fanpage zu verwenden. Der Besucher soll an deinem Bild sofort erkennen können, worum es bei deinem Angebot oder besser gesagt deiner Fanpage geht. Versuche auch zu vermeiden, ein zu langweiliges oder gewöhnliches Bild zu verwenden: Dein Bild soll möglichst sofort die Aufmerksamkeit des Besuchers fesseln. Prüfe im Vorfeld immer, ob du die Bilder auch tatsächlich auf Facebook verwenden darfst - Urheberrechtsverletzungen können enorm teuer werden und selbstverständlich gehört auch auf die Fanpage bei gewerblicher Nutzung ein Impressum.

Gegen ein strategisch günstiges Platzieren der Social Buttons ist nichts einzuwenden - mache es deinen Lesern möglichst leicht, Inhalte oder Beiträge zu teilen.

Auf jeden Fall solltest du eine klare Strategie für deine Fanpage entwickeln und eine klare Zielsetzung für deine Fanpage haben. Es geht am Anfang weniger darum, nur allein hohe Fanzahlen aufzubauen - wichtig ist vor allem die klare Strategie für deine Fanpage, damit du langfristig entsprechend viele Fans aufbauen kannst.

Eine gut laufende Fanpage kann aber ein ganz wesentlicher Motor für deine Bekanntheit, den Trust in deine Seite und deine Produkte und auch für deine Umsätze sein. Daneben sorgt eine gute Fanpage natürlich auch für deutlich mehr Traffic auf deiner eigenen Webseite. Erstelle entsprechende Inhalte auf und für die Facebook Fanpage, diese kannst du dann zum Beispiel mit einem kleinen Werbebudget zusätzlich in deiner Zielgruppe bewerben, das erhöht deine Reichweite innerhalb von Facebook und kann wiederum neue Fans und Likes (Interaktionen) für deine Beiträge und deine Fanpage bedeuten.

Tipp: Werbegruppen in Facebook, wenn du möchtest suche diese in Facebook und poste dort deine Dienstleitung oder Produkte. Gib in die Suchmaschine oder auf Facebook selbst folgendes ein: „Werbung" oder „Werbegruppen in Facebook", dort werden dir Informationen zur Verfügung gestellt in welchen Gruppen geworben werden kann.

Für weitere Informationen gib in die Google Suchmaschine folgendes ein:

- Facebook Fanpage erstellen
- Tipps die Dein Facebook-Marketing auf ein neues Level bringen

16.32 Traffic Quelle 39

Optimierte 404-Fehlerseite aufbauen

Individuelle 404-Fehlerseite aufbauen und keinen Traffic mehr verlieren

Wenn ein Besucher auf deiner Website oder im Web auf einen nicht funktionierenden Link klickt, oder einen nicht mehr existierenden Seitenlink aufruft, landet er auf einer Fehler404-Seite. Diese Seiten sind meist unschön und lieblos vom Provider oder deiner Software gestaltet - und der Besucher springt dadurch potenziell ab (dies gilt auch für Online Shops). Das muss aber nicht sein.

Eigene 404-Fehler-Seite aufbauen und Traffic zurückgewinnen

Man kann den Besucher auf einer speziell gestalteten 404-Seite abfangen und mit einem freundlichen Hinweis Link auf die Startseite der Webseite lenken oder Ihm zum Beispiel weitere Kategorien vorschlagen, weitere oder ähnliche Produkte präsentieren oder Fachartikel aus dem Blog vorstellen. Damit geht dieser Traffic nicht verloren.

Eine noch bessere Möglichkeit ist, dem Nutzer gleich eine Suchfunktion auf der individuell gestalteten 404-Seite anzubieten - denn meist weiß der Besucher genau, was er unter dem nicht mehr funktionierenden Link finden wollte. Bringt die Suchfunktion kein Ergebnis, solltest du ihn auch direkt auf die Startseite leiten.

Das Umleiten der 404-Seite ist recht einfach: du suchst dir im Server die .htaccess-Datei (die Konfigurationsdatei für die Verzeichnisse am Server) - das kann eine versteckte Datei sein, daher musst du zuvor möglicherweise das Anzeigen versteckter Dateien ermitteln. Rufe die Datei mit einem FTP-Programm auf und trage folgende Zeile ein:

ErrorDocument 404 /fehler404.htm

Nun brauchst du nur noch eine Seite mit der Bezeichnung fehler404.htm erstellen und den entsprechenden Text einfügen. Achte ein wenig auf den Text - etwa:

"Unsere Seite wird laufend an die Bedürfnisse unserer Besucher angepasst und erweitert. Die von Ihnen aufgerufene Seite befindet sich daher möglicherweise an einer anderen Stelle.

Möchten Sie eine Suche auf unserer Webseite durchführen? XXXX Suchfeld

Hier gelangen Sie zu unserer Startseite".

Ein wichtiger Vorteil dieser individuellen 404-Seite ist, dass der Besucher nicht den Eindruck bekommt, dass es sich um eine schlampig gewartete oder designte Webseite handelt, auf der ohnehin nichts mehr zu finden ist. Wenn du ihn auf die Startseite oder zu einer Suche umleitest, erhält er den Eindruck, dass die Seite sehr dynamisch geändert und immer wieder im User-Interesse angepasst wird. Dabei hilft auch, die eigenen 404-Seite im Design (Userbility) der übrigen Seite zu gestalten.

Individuell gestaltete Fehlerseiten helfen also nicht nur, keinen Traffic mehr durch alte, nicht mehr funktionierende Links auf anderen Seiten zu verlieren, sondern hinterlassen gleichzeitig auch einen positiven Eindruck bei deinen Besuchern.

16.33 Traffic Quelle 40

Zusätzliche Social-Profile aufbauen und einrichten

Viele scheuen den Aufwand, den eine Social Media Strategie für das eigene Unternehmen mit sich bringt. Genau genommen kommt man heute aber in den wenigsten Fällen überhaupt darum herum, wenn man wirklich ausreichend Reichweite, Vertrauen, Bekanntheit und natürlich Traffic erzeugen möchte.

Social Media braucht Strategie

Zunächst einmal gilt es, die richtigen Plattformen auszuwählen - Social Media bedeutet nicht Facebook allein. Facebook ist zwar der "Platzhirsch" unter den Social Media Plattformen - für Unternehmen können aber andere Dienste wie etwa Google+ oder Youtube, Instagram, Xing, Linkedin und Pinterest oft genauso lohnend sein. Es geht hier vor allem darum, eine gezielte Auswahl zu treffen, je nach Bedarf.

Danach solltest du dir Gedanken über deine Strategie machen. Facebook-Posts können eine gute Möglichkeit sein, über Ankündigungen bei neu auf dem Blog veröffentlichten Titeln viele Leser auf dein Blog zu leiten.

Wenn du themenrelevanten und informativen Content veröffentlichst, kannst du im Optimalfall eine virale Verteilung erreichen. Dazu musst du aber auch möglichst viele wichtige Influencer und gut vernetzte User auf dich aufmerksam machen und überzeugen.

Wichtig ist bei allen Social Media Taktiken, dass du eine ECHTE Kommunikation und wiederum Mehrwert für deine Nutzer und Fans erreichst - nicht einfach nur postest, ohne zu reagieren. Wenn dir das gelingt, stärkst du nicht nur Kundenbindungen, sondern hast auch eine gute Chance, dass der von dir veröffentlichte Content viral weiter verteilt wird und du auf diese Weise sehr viel zusätzliche Aufmerksamkeit generieren kannst.

Bonus Tools für Automation und Überwachung:

-hootsuite.com/de

-buffer.com

-socialpilot.co

-reachpod.com

Social Media Überwachung Ihrer Marke mit www.social-searcher.com in bis zu 42 Sprachen. Umfassende Analyse zur Erstellung einer effizienten Marketingstrategie und Verfolgung Ihres Social Media-Fortschritts.

Talkwalker entgeht nichts. Wir monitoren weltweit alle Social-Media-Kanäle und Online-Medien, in allen Märkten, in 187 Sprachen.

Quelle: www.talkwalker.com

Talkwalker Alerts, die beste kostenlose Alternative zu Google Alerts

Quelle: www.talkwalker.com/de/alerts

Social Media Überwachung auf Keywords bezogen mit http://social-mention.com/

Meltwater.com: Software für PR- und Kommunikation

PR- und Kommunikationsabteilungen nutzen unsere PR-Software, um die nationale und internationale Berichterstattung zu verfolgen, die Bekanntheit ihres Unternehmens zu steigern und den ROI ihrer PR- & Earned Media-Kampagnen zu belegen.

Quelle: www.meltwater.com/de

Netvibes.com: Übernehmen Sie die Kontrolle über Ihr digitales Leben

Passen Sie Ihr Dashboard an, um die Dinge zu überwachen, die Ihnen online wichtig sind. Folge deinen sozialen Netzwerken, werde auf aktuelle Nachrichten aufmerksam gemacht oder lese Artikel zu Themen, die dich interessieren. Zeigen Sie Ihren Kalender, Aufgabenliste, E-Mails und Apps an einem Ort an. Verbinden Sie Ihre intelligenten Geräte, um das Internet der Dinge auf Ihren Befehl hin automatisch zu steuern. Quelle: www.netvibes.com

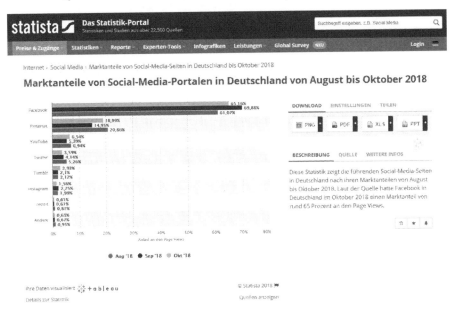

Quelle Statista: Screenshot Marktanteile von Social-Media-Portalen in Deutschland von August bis Oktober 2018 Zugriff am 13.11.2018

16.34 Traffic Quelle 41

Email-Signaturen mit Link zur eigenen Webseite als Traffic-Bringer

Eigentlich sollte eine Email-Signatur selbstverständlich sein - viele vergessen dies aber. Dabei ist der Link zur eigenen Seite oder zu weiteren Informationen oder Angeboten in der Email-Signatur ein oft stark unterschätzter Aufmerksamkeits und Traffic-Bringer.

Signaturen erzeugen Aufmerksamkeit

Du wirst vermutlich jeden Tag mehrere Emails schreiben - oder vielleicht sogar eine ganze Menge. Wenn ein Link zu deiner Seite in der automatisch eingefügten Signatur auftaucht, bekommt jeder Email-Empfänger automatisch einen Hinweis auf deine Seite. Oft siegt hier die Neugier und mehr als ein Empfänger klickt auf den Link, um sich die Seite einfach einmal anzusehen.

Du kannst aber auch für ein wenig mehr Aufmerksamkeit sorgen - und beispielsweise Tagesangebote oder Deep Links zu besonders interessanten Produkten, Informationen oder Kategorien auf deiner Seite jeweils aktuell in deine Email-Signatur einbauen. Das ist meist mit ein paar Klicks erledigt. Für spezielle Empfänger kannst du die Signatur auch mit besonderen Links versehen, die du für passend hältst.

Der Link in der Email-Signatur ist ein häufig unterschätzter Trafficbringer. Dazu erhöhst du deine Bekanntheit und sorgst dafür, dass du den Empfängern in deiner Email mit deinem Webangebot deutlich im Gedächtnis bleibst.

16.35 Traffic Quelle 42

RSS-to-Email Funktion im Blog nutzen und mehr User ansprechen

RSS-Feeds sind eine gute Möglichkeit, Leser über neuen, interessanten Content zu informieren und auf die Seite zu holen, und zugleich auch neue Lesergruppen anzusprechen. Allerdings nutzen nicht alle RSS-Feed oder Feed-Reader. RSS-to-Email macht es möglich, auch diesen Usern Informationen über neuen Content zuzustellen.

RSS-Feeds werden zum Newsletter

RSS-to-Email bietet vor allem einen Zeitvorteil: Man braucht die einzelnen Beiträge nicht mehr extra in einen eigenen Newsletter zusammenstellen und versenden - das machen diese Dienste automatisch. Sie müssen lediglich einmal eingerichtet werden.

Dabei kannst du einstellen, wie oft deine Feeds in einen Newsletter gepackt werden - täglich, wöchentlich oder in anderen Abständen. Eine besonders interessante Funktion ist die Möglichkeit, gleich mehrere verschiedene Feeds in einen Newsletter zu packen. Das lohnt sich, wenn du mehrere Blogs oder Webseiten zu ähnlich gelagerten Themen hast, oder die Mailingliste eines Blogs auch gleichzeitig für alle deine anderen Blogs nutzen möchtest.

Mögliche Dienste sind beispielsweise mailerlite.com oder auch mailchimp.com. Daneben gibt es noch einige weitere Dienste, die diese Möglichkeit anbieten. Einige wenige Blogs, wie etwa HubSpot, haben diese Funktion auch bereits automatisch integriert.

Mit RSS-to-Email versorgst du alle Mitglieder deiner Mailingliste automatisch mit den neuesten RSS-Nachrichten aus dem Blog, auch wenn sie gar kein RSS abonniert haben. Das kann dir helfen, langfristig deutlich mehr Traffic auf deinem Blog aufzubauen und dich wieder in Erinnerung zu bringen.

16.36 Traffic Quelle 43

Eigenes Affiliate-Programm aufsetzen

Eigenes Affiliate-Programm aufsetzen und massiv Traffic gewinnen

Seit sich Amazon 1996 so zu sagen das Affiliate Marketing einfallen ließ, hat es seinen Siegeszug angetreten und ist zu einer der wichtigsten zusätzlichen Vertriebsformen im Internet überhaupt geworden. Fremde Webseitenbetreiber werben für das Angebot auf deiner Webseite und bekommen für jeden weitergeleiteten User der zum Interessenten wird und sich in deine Email-Liste einträgt oder einen direkten Kauf auf deiner Seite tätigt eine Provision. Auf diese Weise hat deine Webseite oder besser gesagt dein Online Geschäft im Idealfall viele 100 "Außenstellen" auf anderen Seiten. Ein eigenes Affiliate-Programm zu erstellen ist dabei nicht so schwer.

Der Gewinn durch Weiterleitung

Wer ein für Affiliates interessantes Angebot gestaltet, kann in der Regel mit hoher Aktivität rechnen. Je mehr sich die Affiliates anstrengen, desto mehr User werden auf die eigene Webseite geleitet. Bei einem interessanten Affiliate-Angebot hast du also möglicherweise viele hundert sehr aktive und engagierte "Außendienstmitarbeiter" im ganzen Web auf passenden Seiten, die dir laufend Traffic beschaffen und auch

Neukunden und somit wiederum neue Kundendaten welche zum Bei-spiel im B2B Bereich nachträglich nochmals über Telefonmarketing nach akquiriert werden können.

Die sicherlich einfachste Möglichkeit ist die Teilnahme an einem Affi-late-Netzwerk mit deiner Seite, etwa affilinet, Zanox oder webgains. Viele lassen sich hier aber durch die hohen Einrichtungskosten und die laufenden Gebühren abschrecken.

Eine andere Möglichkeit, die diese hohen Kosten vermeiden hilft, ist spezielle Affiliate-Software. Am besten verwendest du ASP-Software für dein eigenes Partnerprogramm - die Kosten sind niedrig und meist überschaubar. Gute Beispiele sind etwa easy.affiliate oder QualityC-lick, die beim Aufbau eines Partnerprogramms eingesetzt werden kön-nen.

Wer lieber Standalone-Software einsetzt, die selbst gehostet werden muss, sieht sich am besten bei Partnerseller 3 oder Affiliate to Date an.

Über Statistiken und Auswertungen kann man sowohl die eigenen Aus-zahlungen überwachen, die ROI-Kosten berechnen und Kampagnen optimieren. So gelingt es dir, herauszufinden, welche Boni deine Affi-liates am meisten motivieren, und welche Affiliate-Seiten dir den meis-ten Traffic bringen.

Wenn es darum geht, eine hohe Menge an Traffic zu erzeugen, sind Affiliate-Programme oder ein eigenes Partnerprogramm in jedem Fall immer noch eines der unschlagbar besten Tools. Jedoch sei erwähnt, dass die eigenen Affiliate-Programme auch gepflegt werden müssen und somit auch Geld kosten.

Fragen, welche du dir beantworten solltest vor dem aufsetzten eines Affiliate-Programmes:

-Welche Voraussetzungen müssen geschaffen werden für ein Affiliate-Programm?

-Welche Plattformen sollen für die Abwicklung benutzt werden?

-Wie viel Provisionen (Prozente) müssen gezahlt werden um attraktiv für Affiliate zu sein?

-Welche Schnittstellen und welche Technik gehört dazu?

-Abläufe, was kann ich alles Automatisieren, von der Auszahlung, der Links und der Technik?

-Werbemittel: Welche Arten von Banner, Videos, Grafiken, Texten, Links und Co. können wir zur Verfügung stellen?

-Aufbau von Affiliates: Wie kann ich meine Affiliates so unterstützen, dass diese erfolgreich sind und oder werden und somit Geld verdienen? Verdienen meine Affiliates Geld verdiene ich auch!

-Betreuung der Affiliates sicherstellen

-Höchstleistungen von Affiliates einfordern aber wie: Gewinnspiele, Ausschreibungen, Reisen, Win-Win Kooperation mit anderen Firmen

-Produkte welche deine Affiliates vermarkten können sind per Sale, per Lead wie: Workshops, Digitale Güter, Physikalische Produkte, Anfragen für individuelle Produkte (B2B) oder ein Seminar.

-Wie kann das Partnerprogramm beworben werden?

-Welche Arten von Cookis und oder Cookie-Laufzeiten sollten genommen werden?

-Ist meine Webseite modern und nutzerfreundlich damit die Conversion Rate passend ist und welche Conversion habe ich bereits auf der Seite?

-Die Qualität meiner Produkte muss passen!!!

-Konkurrenz: Wie setzte ich mein Partnerprogramm von meinen potenziellen Mitbewerbern ab?

-Welche Partnerprogramm Richtlinien und AGBs müssen und sollen die Affiliates einhalten?

Was bringen mir Affiliates?: Mehr Aufmerksamkeit, mehr organische Reichweite in den Suchmaschinen, mehr Backlinks, mehr Traffic und mehr Kontakte als auch Umsatz.

Ein guter Affiliate wärmt den Besucher vor dem Besuch deiner Webseite auf, umso die Conversion Rate und damit die potenziellen Verkaufschancen zu erhöhen.

Ein gutes Partnerprogramm braucht eine gute Pflege und ein gutes Konzept!

Mögliche Anbieter:

-qualityunit.com
-idevdirect.com
-osiaffiliate.com
-cosmicaffiliates.com
-affili.net
-awin.com/de
-tapfiliate.com

Für digitale Produkte im DACH Bereich eignet sich auch: www.digistore24.com

16.37 Traffic Quelle 44

Online Joint Venture Online-Kooperationen aufbauen

Strategische Partnerschaften und Joint-Ventures machen sich im Marketing häufig bezahlt - das gilt auch für das Online-Marketing. Damit kannst du in vielen Fällen enorm profitieren.

Vorteile von Partnerschaften und die richtigen Partner

Grundlegend ist auf jeden Fall, den richtigen und geeigneten Partner für ein Joint-Venture zu finden. Am Ende sollen möglichst beide Partner (Win-Win) vom Zusammenschluss profitieren.

Ein gutes Beispiel dafür wäre etwa das klassische Gewinnspiel: ein kostenloses Online-Magazin veranstaltet für seine Leser ein Gewinnspiel, ein Shop stellt dafür die Preise zur Verfügung.

In diesem Fall profitieren beide Seiten von der eingegangenen Kooperation:

-der Shop kann seine Reichweite entsprechend steigern (alle Leser des Online-Magazins werden erreicht)

-es kommt idealerweise zu einem Image-Transfer (der Shop profitiert vom Ansehen und Trust des Magazins bei den Lesern, das Magazin profitiert vom hervorragenden Marken-Image und dem Produkt-Image der Produkte des Shops)

-das Magazin gewinnt unter Umständen eine beträchtliche Anzahl an neuen Lesern unter den Kunden des Shops

Eine solche Win-Win-Situation kann es natürlich auch in anderen Situationen geben. Eine strategische Partnerschaft kann beispielsweise auch dann nützlich sein, wenn es um das "Zusammenlegen" von Mailinglisten zweier Shops im gleichen Themenbereich geht. Wenn keine Konkurrenz-Situation besteht, kann jeder der beiden Partner seine eigene Mailingliste deutlich erweitern.

In vielen Fällen können dich Online Joint-Ventures deutlich weiterbringen und für mehr Trust, Mehrwert & Content und eine deutlich höhere Reichweite und auch für deutlich gesteigerte Umsätze sorgen.

16.38 Traffic Quelle 45

Interne Verlinkung auf eigener Webseite optimieren

Im Bereich der SEO wird oft viel Zeit und Aufwand in den Linkaufbau gesteckt - die interne Verlinkung wird dagegen oft vernachlässigt. Das ist allerdings ein schwerer Fehler: gerade eine gut gestaltete interne Verlinkung kann häufig für deutlich mehr Traffic, Usability und natürlich Benutzerfreundlichkeit sorgen.

Bots finden Unterseiten oft nur über interne Links

Wenn die Bots der Suchmaschine eine Webseite crawlen, brauchen sie interne Links, um in die "Tiefe" der Seite und bis zu den letzten Unterseiten zu gelangen. Auf weit nicht alle Unterseiten verweisen externe Links - es bleibt für Bots also die einzige Möglichkeit, über diese internen Links (oder Sitemaps) auf diese Unterseiten zu gelangen. Fehlen solche Links oder die Befehle in den Meta Daten dazu, werden möglicherweise viele Unterseiten oft gar nicht indiziert - und Google unterschätzt möglicherweise die Relevanz deiner Seite zu einem bestimmten Thema.

Zudem erhöhen gute interne Verlinkungen auch die Verweildauer deiner Besucher auf der Seite - was wiederum fürs Ranking gut ist und auch den Bereich der positiven Nutzersignale unterstützt.

Worauf du bei internen Links achten musst

Wichtig ist immer, dass der Ankertext bei internen Links möglichst aussagekräftig ist: verwende daher immer den Titel des verlinkten Artikels als Ankertext und nicht etwa "mehr darüber lesen Sie hier" oder Ähnliches. Wo das nicht möglich ist, solltest du möglichst relevante Keywords als Ankertexte verwenden.

Achte also darauf, dass auf jede deiner Unterseiten mindestens ein aussagekräftiger, interner Link verweist - das kann dir unter Umständen viel zusätzlichen Traffic und bessere Suchmaschinen-Rankings einbringen.

16.39 Traffic Quelle 46

Online-Geoportale nutzen für mehr Sichtbarkeit

Geoportale gehören eindeutig zu den weniger bekannten Möglichkeiten, um auf die eigene Seite oder das eigene Seitenthema aufmerksam zu machen und bieten unter anderem digitale und geographische Daten. Sie können in manchen Fällen aber eine hervorragende Möglichkeit darstellen, um die eigene Expertise unter Beweis zu stellen.

Themenkarten bringen Nutzern Informationen

Geoportale machen es häufig möglich, eigene Themenkarten zu bestimmten Themen zu erstellen und öffentlich zu machen. User suchen immer häufiger nach lokal relevantem Content - auf diese Veränderung der Suchanfragen-Struktur hat auch Google schon vor einiger Zeit mit einer Veränderung der Suchmaschinenergebnis-Darstellung reagiert, um mehr lokale Ergebnisse im Vordergrund bereitzustellen.

Wenn du eine Themenkarte erstellst zu einem Thema in deiner Branche, können User nach ortsrelevanten Daten suchen. Wird auf der Themenkarte angezeigt, wer sie erstellt hat, und ein Link zu deiner Seite veröffentlicht, kannst du eine Menge Trust gewinnen und die Sichtbarkeit deiner Webseite deutlich erhöhen. Achte darauf, dass du deine Themenkarte zu einem möglichst relevanten und für User wichtigen Thema erstellst.

16.40 Traffic Quelle 47

Bilder in Bildportale hochladen für mehr Traffic

Traffic Quelle 48: Instagram und

Traffic Quelle 49: Pinterest werden heute mittlerweile mehr als soziale Medien anstatt als reine Bildportale betrachtet - auch zurecht.

Man sollte diese beiden Plattformen auch am besten wie soziale Medien nutzen, dann können sie auch langfristig für sehr viel Traffic auf der eigenen Website sorgen. Neben diesen beiden Plattformen kann es sich aber auch lohnen, Bilder auf anderen Bildportalen hochzuladen, um Traffic und Aufmerksamkeit auf die eigene Seite zu lenken.

Strategien, um aus Bildern Traffic zu machen

Wenn du Bilder auf Plattformen wie:

Traffic Quelle 50: 500px.com oder

Traffic Quelle 51: flickr.com hochlädst, erhältst du von Nutzern Feedback zu deinem Bild, gute Bilder werden zudem oft (und recht weithin) geteilt.

Noch wichtiger ist allerdings der Link zu deiner Webseite. Interessierte Besucher und Menschen, denen dein Bild gefällt oder die sich für das Thema deiner Webseite interessieren, werden höchstwahrscheinlich auch deine Seite besuchen.

Erwecke mit den einzelnen Bildern auch entsprechende Neugier und verlinke dazu auch richtig. Der User welchem das Bild gefällt und sich die Ursprungsseite anschauen will, erwarten dann weitere Informationen zu diesem Bild bei dir auf deiner Webseite, Produktseite oder auch auf deiner Contentseite.

Die vielen, auf deine Seite weisenden Links werden dir auch bei der Suchmaschinenoptimierung helfen. Wenn du in der Bildbeschreibung und im Dateinamen möglichst relevante Keywords verwendest und die Bilder auch auf deiner Seite veröffentlichst, kannst du das Ranking deiner Bilder deutlich verbessern: je öfter ein Bild im Web auftaucht und auch verlinkt wird, umso relevanter stuft Google es ein.

Bilder zu veröffentlichen kann also eine gute Strategie sein, um zusätzliche Aufmerksamkeit und somit Traffic für deine Seite zu gewinnen.

Weitere Anbieter:

Traffic Bonus Quelle: fotocommunity.de,

Traffic Quelle 52: pixabay.com/de,

Traffic Quelle 53: behance.net,

Traffic Quelle 54: vk.com,

Traffic Quelle 55: snapchat.com,

Traffic Quelle 56: plus.google.com/discover oder zum Beispiel Traffic Quelle 57: Facebook

Es gibt noch einige andere Portale dieser Art, welche auch als Social Media Portale bezeichnet werden wie Bonus Traffic Quelle: tumblr.com. Nutze diese und baue dir entsprechende Profile auf um mehr Aufmerksamkeit, Reichweite und potenziellen Traffic als auch Links zu generieren.

16.41 Traffic Quelle 58

Umfragen nutzen für mehr Traffic

Umfragen zu veranstalten kann ein enormer Traffic-Bringer für deine Seite sein. Umfragen haben aber auch noch einen möglicherweise bedeutenden Zusatznutzen: du lernst deine Besucher und ihre Meinung zu bestimmten Fragen sehr gut kennen. Das kann dir bei deinem Online-Marketing, der Auswertung und der jeweiligen Strategie eine wertvolle Hilfe sein.

Die richtigen Fragen stellen

Der Schlüsselpunkt für eine richtig gute Umfrage ist, die richtigen Fragen zu stellen: Überlege dir Fragen zu deinem Themenbereich, die wirklich relevant sind - und bedeutsam auch für die Leser. Das kann manchmal schon einiges an Überlegung und auch Zeit erfordern.

Achte auch darauf, dass nicht nur die Fragen Relevanz haben, sondern auch die Ergebnisse für User möglichst interessant sind. Vor kontroversen Fragen brauchst du in diesem Zusammenhang keine Angst zu haben: je lebhafter die Diskussion, desto besser in der Regel für dich und den Traffic auf deiner Seite.

Während deine Umfrage läuft, solltest du möglichst darauf achten, das Interesse daran am Leben zu halten: veröffentliche immer wieder Zwischenergebnisse, kommentiere das vorläufige Ergebnis, versuche, Diskussionen darüber anzuregen. Vergiss auch nicht, deine Umfrage und die Zwischenergebnisse laufend auf deinen Social Media Accounts zu bewerben - so ziehst du laufend neue Teilnehmer für deine Umfrage an, was wiederum bedeutet, dass du deine Umfragen auch bewerben solltest.

Gut gestaltete Umfragen können dir eine Menge Traffic auf deiner Seite bringen.

Beispiel:

Du startest eine Themenrelevante Umfrage für deine Webseite oder deinen Onlineshop. Um Aufmerksamkeit für diese Umfrage zu erzielen sendest du einen Newsletter an deine Newsletter Empfänger (wenn vorhanden) und produzierst dazu Pressemitteilungen welche du auch auf Presseportalen veröffentlichst mit dem einen oder anderen Link auf deine Umfrage oder besser gesagt auf deine Webseite.

16.42 Traffic Quelle 59

Social Booksmark-Buttons auf eigene Webseite einbauen für mehr Traffic

Wenn Besucher Inhalte auf deiner Webseite möglichst umfassend teilen sollen, musst du es ihnen so leicht machen wie nur möglich und es Ihnen sagen. Social Bookmark Buttons helfen dabei enorm.

Die Funktionsweise von Social Bookmarks

Auf Social Bookmark Seiten können User Seiten, die ihnen gefallen, in ihre Lesezeichen setzen und diese Lesezeichen mit anderen Usern teilen. Auf diese Art und Weise kann deine Seite schnell weithin bekannt werden, wenn die richtigen Besucher sie teilen. Je öfter deine Seite dabei auf Social Bookmark Seiten eingetragen wird, desto relevanter erscheint sie.

Achte in jedem Fall darauf, dass du Buttons für die wichtigsten Social Bookmark Dienste auf der Seite bereitstellst. Das geht ganz einfach in dem du den vom jeweiligen Social Bookmark Dienst bereitgestellten Code einbindest.

Die Platzierung der Buttons sollte möglichst optimal sein, so dass Benutzer möglichst gut animiert werden, darauf zu klicken. Idealerweise sollten sich auch Social Media Buttons auf der Seite befinden, allerdings getrennt von den Bookmark Buttons, damit diese nicht übersehen werden.

Social Bookmarking und eingebundene Buttons der wichtigsten Dienste können dir viel Traffic, Backlinks aber auch viel Trust bringen, wenn du auch entsprechend gute Inhalte auf deiner Webseite hast.

Tipp: fordere die User direkt auf deiner Seite auf diese zu teilen oder zu Bookmarken.

16.43 Traffic Quelle 60

Tagesangebote und Tagesdeals erstellen für mehr Traffic

Der "Cyber Monday" oder der "Black Friday" machen es vor: mit Tagesdeals und besonderen Angeboten kann man schnell eine Menge User aktivieren und zum Besuchen von Seiten und zum Shoppen bringen. Tagesdeals können eine weitere Möglichkeit für Shops sein, mehr Traffic zu generieren.

Die Vorteile von Tagesdeals

Für Shopbetreiber lohnt es sich, an bestimmten Tagen - oder vielleicht an mehreren Tagen in der Woche - bestimmte Angebote herauszugeben. Die Ersparnismöglichkeit sollte dabei im Bereich von rund 5% - 10 % liegen je nach Warensegment auch mehr, um die Deals für die Besucher auch attraktiv zu machen.

Werden öfter besondere Angebote auf der Seite veröffentlicht, werden die Besucher animiert, häufiger auf deine Seite zu kommen, um das jeweilige Angebot des Tages zu sehen. Stelle es möglichst ausführlich dar und leite den Besucher auf einem kurzen Weg von der Landingpage oder Kategorie direkt zum Angebot. Du kannst auch von passenden Artikeln der gleichen Kategorie zum Tagesangebot hin verlinken.

Versuche durch Automation eine Standardisierung aufzubauen für eine Arbeitserleichterung. Kommuniziere diese Tagesdeals oder Tagesangebote auch auf anderen Webseiten oder nutze zum Beispiel Pressemitteilungen dafür. Das schafft zusätzlich Aufmerksamkeit für die Tagesdeals und bringt wiederum Backlinks für deine Seite und stärkt dein organisches SEO.

Dadurch entsteht nicht nur mehr Traffic, sondern auch eine gute Bindung der Besucher an deine Webseite / den Shop und somit an dein Unternehmen.

Gedankenanstoß für Tagesdeals

Jeder Kunde möchte gern Geld bei Einkäufen sparen ob offline oder online. Mache dir über das folgende Hybrid-System Gedanken: erstelle ein automatisiertes Umfragen System in welchen du deine Kunden und User auf deiner Webseite fragst, welche Artikel oder Kategorien sie gern in der Zeit vom bis reduziert haben möchten (es handelt sich um eine Umfrage mit anonymer Abstimmung). Somit bietest du deinen Kunden oder zukünftigen Kunden ein Mitsprache Recht an deinen Preisen an und bindest deine Kunden ein Stück weiter an dein Unternehmen.

Hast du diese Daten, welche Produkte oder Kategorien in der Zeit von bis gesenkt werden sollen über eine Umfrage und Abstimmung dazu eingeholt, setz ein automatisiertes Tool oder Plugin ein um die Artikel oder Kategorien in deinem Shop oder auf deinen Verkaufsseiten per Automation zu reduzieren. Hinterlege diese Daten welche du in der Umfrage und Abstimmung gewonnen hast in diesem Tool.

Dieses Tool soll dann die zeitliche begrenzte Preissenkung in der Kategorie und an den Artikeln auf der jeweiligen Artikelseite direkt anzeigen, nach dem Prinzip: "ihr habt Abgestimmt" und wir kommen eurem Wunsch gern nach. Somit erzeugst du eine zeitlich begrenzte Verknappung, welche aber von den Usern und Kunden durch eine Abstimmung bestimmt worden ist.

Mit diesen erzeugten Daten, kannst du deinen Einkauf und die Lagerhaltung je Produkt und Kategorie optimieren. Erhebst du diese Daten über Monate und Jahre, kannst du aus diesen Daten wiederum weitere

Statistiken über deine Kunden ableiten. Es versteht sich von selbst, dass solch ein Tool auch extern beworben werden muss.

Merke dir:

Der Denker denkt – der Lenker lenkt – der Mitarbeiter oder das Team schaffen neue Impulse und arbeitet ab. Mitarbeiter sind nicht zwangsweise nur zum ab arbeiten da. Der Mitarbeiter kennt unter anderem die potenziellen Probleme der Kunden, ob Mitarbeiter im Support, im Vertrieb oder dem Marketing.

Der Mitarbeiter ist somit auch eine potenzielle Quelle der Inspiration. Wer als Unternehmer, Manager oder Abteilungsleiter seine Mitarbeiter nicht schätzt und immer wieder versucht ihre Schwächen zu optimieren, wird IHRE STÄRKEN sofern vorhanden nicht fördern können.

16.44 Traffic Quelle 61

Fachartikel in Fachzeitschriften veröffentlichen und Traffic gewinnen

Immer wieder wird darüber diskutiert, ob Fachartikel oder die neuesten News besser sind, um Traffic zu gewinnen. Suchmaschinentechnisch erweisen sich Fachartikel aber fast immer als die bessere Variante - und sie sorgen auch für langfristig stabileren Traffic und Trust.

Die Vorteile von Fachartikeln

Die Suchmaschine bevorzugt Fachartikel mit Hintergrundwissen - so viel ist seit einiger Zeit bekannt. Solche Fachartikel sind dabei auch relativ "zeitlos" und können in aller Ruhe gut recherchiert und geschrieben werden.

Wenn du deine Fachartikel nicht nur auf deiner eigenen Seite, sondern auch in online Fachmagazinen veröffentlichst für deine Zielgruppe, erwirbst du dir nicht nur gute Referenzen, sondern festigst auch dein Experten-Image.

Durch einen Link zu deiner Seite bekommst du neben dem hohen Trust auch eine deutlich größere Reichweite. Leser, die an dir interessiert sind, oder weitere Beiträge von dir lesen möchten, gehen häufig auf die von dir angegebene Seite - so baust du auch langfristig qualitativ hochwertigen Traffic auf.

Fachartikel zu schreiben und in online Fachmagazinen zu veröffentlichen hilft dir also, Trust, Reichweite und Traffic langfristig zu steigern.

16.45 Traffic Quelle 62

Weitere Social News Portale nutzen für mehr Aufmerksamkeit, Backlinks + Traffic

Social News Portale bieten eine gute Möglichkeit, um auf die eigene Webseite oder auf eigene Artikel aufmerksam zu machen und Traffic als auch Backlinks zu erzeugen. Wichtig ist dabei, Beiträge zu verfassen, für die möglichst häufig gevotet wird.

Worauf es bei Social News Portalen ankommt

In Social News Portalen herrscht in der Regel viel Traffic sehr viel Traffic. User, die Beiträge gut finden, können für einen Beitrag voten, ab einer gewissen Zahl von Votes (in der Regel rund 40 - 50, bei kleinen Portalen auch deutlich weniger) erscheint der Beitrag auf der Startseite des Portals. Dadurch erreichst du eine gute Sichtbarkeit.

Du hast immer die Wahl zwischen Portalen mit breit gefächertem, relativ allgemein gehaltenem Themenspektrum und Portalen, bei denen es vorwiegend um ein Thema geht.

Ein Beispiel für ein allgemeines Portal ist etwa Traffic Bonus Quelle: wer-weiss-was.de/c/news-aktuelles/nachrichten oder Traffic Bonus Quelle: likemag.com/de. Spezialisierte Portale sind etwa Traffic Bonus Quelle: t3n.de.

Die Eintragung kann auch automatisch über Online-Dienste erfolgen, in der Regel empfiehlt es sich aber, die Artikel selbst einzustellen. Achte immer darauf, dass du nur solche Artikel einstellst, die tatsächlich einen hohen News-Wert und Mehrwert für Nutzer haben, ansonsten schadest du langfristig deinem Image.

Schreibe eine attraktive Headline und achte darauf, dass sie die Besucher zum klicken verleitet. Die Beschreibung solltest du ebenfalls immer neu verfassen und möglichst spannend gestalten. Achte darauf, dass der Voting-Button (wenn dieser vorhanden) im Beitrag gut platziert ist. Du kannst einen Artikel auch mehrfach mit unterschiedlichen Headlines und Beschreibungen einstellen, dabei solltest du es aber nicht übertreiben.

Social News Portale können dir, vor allem wenn dein Artikel auf die Startseite gevotet wird, eine Menge Traffic einbringen und deine Reichweite deutlich erhöhen.

Weitere mögliche Anbieter sind: (Achte jedoch dabei auf Themenrelevanz)

Traffic Quelle 63: scoop.me,

Traffic Quelle 64: seoigg.de,

Traffic Quelle 65: colivia.de,

Traffic Quelle 66: de.reddit.com,

Traffic Quelle 67: 87c.de,

Traffic Quelle 68: kledy.de,

Traffic Quelle 69: digg.com,

Traffic Quelle 70: designfloat.com oder zum Beispiel LinkedIn.com

16.46 Traffic Quelle 71

Standalone Email-Marketing nutzen für mehr Traffic

Email-Marketing ist eine bewährte Form des Online-Marketings - die Erfolge sind bekannt. Auf Standalone-Email-Marketing wird dagegen nur selten zurückgegriffen und es ist relativ unbekannt. In manchen Fällen kann es aber sehr gute Erfolge bringen.

Wie Standalone Email-Marketing funktioniert

Beim Standalone Email-Marketing wird nur eine einzelne Email mit einer Werbebotschaft oder Information versendet. Die Mailingliste wird dabei von einem sogenannten Listbroker bezogen.

Der Listbroker versendet die Mail als Absender und verrechnet die Kosten dabei in der Regel über die Menge der Nutzer, denen die Werbebotschaft zugeht.

Wenn vom Listbroker eine gute Bündelung der Adressen erfolgt, so dass du deine Zielgruppe möglichst gut herausfiltern kannst, kann Standalone Email-Marketing sehr erfolgreich sein. Achte aber auf jeden Fall darauf, einen seriösen Listbroker oder wie Sie auch genannt werden Adressbroker zu verwenden.

Standalone Email-Marketing kann dir helfen, deine Reichweite zu vergrößern und schnell viel zusätzlichen Traffic zu erzeugen.

Mögliche Anbieter für Datenkauf:

-adrom.net,
-schober.com,
-adresspool.com,
-reuters-spezial-adressen.de.
-www.acxiom.de
-www.address-base.de
-https://www.deutschepost.de/de/d/deutsche-post-direkt.html oder gib in die Suchmaschine folgendes ein: Deutsche Post direkt

Kommen wir zu einem Beispiel des Email Marketings:

Ein Unternehmen welches ein Online Pure Player ist und B2C Kunden als Zielgruppe hat.

Dieser Online Pure Player verkauft über die Multichannel-Marketing Strategie Bekleidung und besitze eine Email Liste mit Kunden.

Wer sagt, dass die Kunden welche per Email über Angebote des Online Pure Players informiert werden, nicht auch von anderen Unternehmen Angebote in diesem Stand Alone Newsletter des Online Pure Players erhalten können?

Es geht immer um den Kunden und den Nutzen und somit um den Mehrwert welchen ich als Unternehmen/Unternehmer meinen Kunden bieten kann und will.

Es ist auch möglich, Eventbezogene oder Saisonbezogene Spezialange-bote passend zur Jahreszeit wie im Frühling und nur für meine Newslet-ter- Empfänger zu versenden, um meinen Newsletter Empfängern et-was Spezielles zu bieten und mich als Unternehmen wieder im Kopf des Kunden in Erinnerung zu bringen und weiter Vertrauen aufzubauen.

Somit habe ich wieder einen Grund meine Kunden in der Emailliste anzuschreiben, denn Sie bekommen etwas Besonderes!

Beispiel: Ich suche mir ein passende Affiliate Programm um meine ei-gene Produktpalette für meine Kunden zu ergänzen oder ich versuche mit anderen Unternehmen eine Kooperation zuschließen. Nach dem Motto: nur für unsere Kunden unseres Newsletters.

Ich suche mir dazu ein Affiliate Produkt für Männer und eines für Frauen, baue dazu den Newsletter, setze dann die entsprechenden Affi-liate Links (damit ich auch etwas Geld verdiene) ein und kommuniziere meinen Newsletter Empfängern, dass dieses Angebot der Firma XYZ (mit Rabatt) heute nur für unser Newsletter Empfänger ist als Danke-schön für Ihre Treue und Ihr Vertrauen.

16.47 Traffic Quelle 72

Ratgeber schreiben für mehr Reichweite und mehr Trust

Wer einen Ebook-Ratgeber schreibt, unterstreicht nicht nur sein Exper-tenwissen, sondern vergrößert oft auch deutlich seine Reichweite. Der Aufwand für das Schreiben lohnt sich also zumeist.

Mehrwert für die User und Trust für den Webseitenbetreiber oder Autor

Nutzer sind im Internet vor allem auf der Suche nach Informationen. Wer relevante Informationen bieten kann, genießt nicht nur Expertenstatus sondern auch Vertrauen bei Nutzern. Das kann wiederum zu deutlich höheren Conversion Rates der Seite führen.

Ein kostenloser Ratgeber, der von Nutzern der Seite häufig geteilt wird, kann aber auch helfen, die eigene Reichweite unter Umständen deutlich zu vergrößern.

Wenn für den kostenlosen Download des Ratgebers die E-Mail-Adresse des Nutzers angefordert wird, lässt sich damit außerdem noch eine sehr wertvolle Mailingliste für dein Email-Marketing aufbauen.

Du kannst den Ratgeber aber auch eigenständig vermarkten - ihn auch unter Umständen anderen Seiten kostenlos anbieten. Damit vergrößerst du deine Reichweite, verhinderst, dass die Inhalte deines Ratgebers einfach abgeschrieben werden und erhältst wertvolle Backlinks von relevanten Seiten.

Einen Ratgeber zu schreiben kann also eine gute Strategie sein, um langfristig Traffic, Trust und Backlinks zu gewinnen. Nach dem Kausalitätsprinzip wird dadurch wiederum mehr Umsatz entstehen!

16.48 Traffic Quelle 73

Glossar für die eigene Webseite erstellen um Traffic zu gewinnen

Ein Glossar mit den wichtigsten Fachbegriffen aus deinem Bereich auf deiner Webseite zu erstellen, bringt dir gleich mehrfachen Nutzen: Trust, Usability und eine längere Verweildauer der User auf deiner Seite was wiederum ein positives Signal für den SEO Bereich ist. Gut programmiert und mit Content gefüllt, lässt sich über ein Glossar in den Suchmaschinen wieder Traffic und somit Aufmerksamkeit erzeugen.

Die Vorteile eines Glossars im Überblick

Wer auf seiner Webseite alle relevanten Fachbegriffe erklärt, hilft dem User: der braucht sich sein Wissen nicht auf anderen Seiten zusammensuchen, sondern findet alles kompakt und übersichtlich auf deiner Seite.

Als Webseitenbetreiber profitierst du dabei schon von der längeren Verweildauer des Users auf der Seite und du unterstreichst dein Expertenwissen. Achte darauf, dass du das Glossar sowohl mit der Hauptnavigation als auch mit den Artikeln und Contentseiten auf deiner Seite gut verlinkst. Das hilft auch bei der SEO.

Darüber hinaus solltest du auf folgende Dinge achten:

-möglichst gute interne Verlinkung im Glossar

-SEO-optimierte Glossarartikel mit mindestens 200 Wörtern Länge

-Bilder und Grafiken in die Glossarseiten mit einbauen (wenn möglich)

-achte darauf, dass jede einzelne Glossarseite auch einen eigenen Titel (H1), Description, Keyword Maske und eine URL Maske zur individuellen Bearbeitung hat.

Achte dabei darauf, dass die Glossarseiten auch für die Suchmaschinen ausgelesen werden können und somit ein organisches Ranking für das Suchwort oder die Keyword Longtails erzielt werden kann.

Auch Blogs profitieren häufig von einem Glossar. In vielen CMS-Systemen, wie etwa Wordpress, lässt sich ein Glossar leicht umsetzen.

Der anfangs höhere Aufwand und die Kosten für einen Glossar auf der eigenen Seite machen sich aber langfristig deutlich bezahlt: durch mehr Trust, mehr Usability, längere Verweildauer auf der Seite und bessere Suchmaschinenrankings.

16.49 Traffic Quelle 74

Storytelling nutzen für bessere Übermittlung von Botschaften und mehr Aufmerksamkeit

Menschen interessieren sich für Geschichten - das war schon immer so. Eine spannende Geschichte einer einzelnen Person, Familie, Firma oder eines Gründers sichert die Aufmerksamkeit des Nutzers und hilft dabei, die gewünschte Botschaft besser in seinem Gedächtnis zu verankern.

Wo du Storytelling einsetzen kannst

Verpacke Anwendungsmöglichkeiten für dein Produkt in eine spannende Geschichte, erzähle dem Nutzer etwas über die Fakten deines Produkts in Form einer Geschichte oder erzähle eine Geschichte aus dem Alltag, in der dein Produkt vorkommt. Wie zum Beispiel dein Produkt oder deine Dienstleitung Probleme lösen oder wie du darauf gekommen bist dieses Produkt genau zu entwickeln.

Die klassische Werbebranche macht sich dieses Vorgehen von Anfang an zunutze, dies funktioniert auch online. Wenn du Botschaften und wichtige Produktinformationen in Geschichten verpackst machst du es dem Nutzer auch leichter, diese Inhalte mit anderen zu teilen - dadurch erhöhst du am Ende auch deine Reichweite.

Wichtig ist, dass die Geschichte anschaulich, emotional ist und den üblichen Erzählstrukturen folgt. Dazu gehört vor allem der "Spannungsbogen" - über die Geschichte hinweg wird Spannung aufgebaut, die dann am Ende der Geschichte plötzlich (und am besten möglichst unerwartet) aufgelöst wird.

Gutes Storytelling kann man lernen und es kann dir helfen, deine Produkte deutlich besser zu vermarkten und die Aufmerksamkeit deiner Besucher zu gewinnen.

16.50 Traffic Quelle 75

Corporate Blogging nutzen für mehr Traffic, Trust und Reichweite

Corporate Blogging ist eine sehr wichtige und sehr erfolgreiche Art, seine Seite und seine Produkte zu vermarkten. User wollen gerne mehr erfahren über das Unternehmen, die Hintergründe, die Gründer, die Produkte und darüber, was es Neues gibt.

Die Vorteile eines Corporate Blogs

Corporate Blogs bieten viele Vorteile in einem:

-eine gute Userbindung an das Unternehmen

-die Möglichkeit, Produkte ausführlich vorzustellen und neue Anwendungsgebiete für das Produkt zu vermitteln

-die Möglichkeit, PR zu betreiben

-die Möglichkeit, mit Usern zu kommunizieren und auch Usermeinungen zu erfahren

-den eigenen Trust zu erhöhen

-Backlinks zu bekommen

-Usern die Möglichkeit geben, für sie interessante Beiträge zu teilen und damit die eigene Reichweite zu erhöhen

-sich über passende, relevante Beiträge im Blog in bestimmten Nischen zu platzieren

-durch interessante Blogartikel neue User gewinnen

-den eigenen Expertenstatus zu stärken

-mehr organische Plätze in den Suchergebnissen der Suchmaschinen einzunehmen

Über ein Corporate Blog lassen sich diese Ziele alle erreichen - je nachdem, worüber du bloggst. Achte dabei aber immer darauf, dass der Content wirklich interessant und hilfreich für die User ist oder dem Besucher zumindest neue, wertvolle Einsichten vermittelt. Es sollte nicht nur eine reine Selbstdarstellung sein.

Dann kann ein Corporate Blog eines der besten Mittel sein, um deine Produkte und deine Firma langfristig erfolgreich online zu vermarkten.

16.51 Traffic Quelle 76

Informationsnewsletter deiner Lieferanten und von Herstellern nutzen um Traffic und Aufmerksamkeit zu erzeugen

Wenn du einen online Shop hast, bist du Experte für deine Produktkategorien. Wenn du als Experte Menschen einen wichtigen Mehrwert bietest, steigt dadurch auch dein Trust und deine Reichweite. Für wertvollen und relevanten Content kannst du auch sehr gut die Newsletter von deinen Lieferanten, Partnern oder von Produktherstellern nutzen.

Welche Informationen sich gut verwerten lassen

Wenn ein Hersteller ein neues Produkt auf den Markt bringen will, ein altes Produkt einstellt, oder auch Verbesserungen an seinen Produkten vornimmt, kündigt er das meist in seinem Newsletter oder auf seiner Webseite an.

Diese Informationen sind für dich, aber auch für Kunden nicht nur wertvoll sondern bares Geld wert. Wenn du die Newsletter deiner Lieferanten und Hersteller abonniert hast, kannst du diese Informationen auch selbst als Pressemitteilungen veröffentlichen, wenn du Händler für diese Produkte bist.

Bist du Hersteller eines Produktes, dann nutze den Newsletter deiner Zulieferer welche dir zum Beispiel Rohstoffe für dein Produkt liefern.

Dadurch machst du im Web auf dich deine Webseite und oder deinen Shop zusätzlich aufmerksam, erhältst wertvolle Backlinks auf deine Seite und wirst als "Experten-Händler" von den Lesern dieser Mitteilungen wahrgenommen. Das erhöht den Trust für deinen Shop, deine Seite und sorgt für mehr Traffic.

Achte auch hierbei auf das Copyright Design und Blogging.

Beispiel: Der Hersteller Zebra Technologies bringt einen Neuen kleinen Industriedrucker auf den Markt für Versandetiketten. Dies kündigt der Hersteller per Newsletter welchen du abonniert hast an.

Du erfährst um welchen Drucker es sich handelt, welche Leistungsmerkmale dieser Drucker hat und und und.

Fordere bei dem Versender des Newsletters oder bei deinem Lieferanten (Großhändler) die entsprechenden Datenblätter zu diesem Drucker an. Auf deiner Webseite erstellt du eine Artikelseite (nur bei Online Shop mit Warenkorbfunktion) zu diesem Produkt und schreibst dazu in deinem Blog einen Newsartikel der intern auf dieses Produkt verlinkt, indem du genau diesen neuen Drucker von Zebra vorstellt mit allen Daten zu diesem neuen Drucker und wann dieser auf den Markt kommt und dass dieser Drucker bei dir bestellt werden kann.

Hast du diese News auf deinem Blog mit Produktbildern und wenn vorhanden Videos erstellt, schreibst du oder lässt dir von einem Texter eine Pressemitteilung dazu schreiben. Der Texter soll sich die Informationen zu diesem neuen Drucker von deinem Blog oder besser gesagt von deinem Newsartikel holen oder du gibst im Autorenbriefing dem Autor die notwendigen Daten und Informationen.

Der Autor schreibt dir nun eine entsprechende Pressemitteilung zu diesem Drucker (unique Content). Nun nimmst du diese eine Pressemitteilung und postet diese eine Pressemitteilung in einem online Presseportal. Wichtig: nur einmal diese Pressemitteilung in einem Portal veröffentlichen (doppelter Content).

Diesen Vorgang kannst du mehrfach wiederholen. Achte aber auf Unique Content!

16.52 Traffic Quelle 77

Eigenes Blog-Netzwerk schaffen für mehr Traffic und mehr Reichweite

Bei Content Marketing Strategien spielen Blogs heute eine wesentlich Rolle: Mehr als 170 Millionen Blogs gibt es weltweit, und mehr als 80 % der Internetnutzer halten Informationen von Blogs für vertrauenswürdig. Blogs haben also Potenzial - man muss es aber auch richtig nutzen.

Die Reichweite von Inhalten erhöhen

Damit ein Blog ein erfolgreiches Marketing-Instrument sein kann, sind nicht nur möglichst einzigartige und hochwertige Inhalte nötig: es kommt auch darauf an, dass Blogs von möglichst vielen Menschen gelesen werden.

Bloginhalte gleichzeitig auf verschiedenen Social-Media-Kanälen zu präsentieren und die Leser zum Teilen auffordern ist ein gutes Mittel, mehr Traffic auf dem Blog zu schaffen und neue Leser zu gewinnen.

Eine andere Strategie, die ebenfalls Sinn macht ist, sich mit relevanten Blogs zu einem Themenbereich möglichst gut zu vernetzen. Wenn alle Blogs miteinander gut verlinkt sind, profitiert jeder Blogbetreiber von den Lesern des anderen, die über die Verlinkungen auch auf die eigene Seite gelangen. Wenn jeder Blogbetreiber im Netzwerk seine Inhalte separat vermarktet entsteht dann insgesamt deutlich mehr Traffic als ein einzelner Blogbetreiber das allein schaffen könnte.

Mit thematisch sehr nahestehenden Blogs kann man auch kooperieren, und so gemeinsame Potenziale möglichst effektiv nutzen - in der Praxis bringt aber schon eine gut gestaltete Vernetzung meist eine Menge Erfolge.

Blog-Netzwerke sind also ein hervorragendes und sehr einfaches Mittel, um deutlich mehr Traffic zu gewinnen und die eigene Reichweite signifikant zu erhöhen. Oder .....

Beispiel:

Du schaffst dir sogenannte Nischen Satelliten Webseiten an, welche du über Blogs aufbaust.

Anbieter von kostenlosen Blogs sind zum Beispiel: de.jimdo.com/blog-erstellen, de.wix.com, de.wordpress.com, blogger.de oder blogger.com.

Beispiel: Die Hauptdomain von einem Onlineshop für Modeartikel. Die dazugehörige Satelliten-Domain kann dann zum Beispiel „damen-mode-guenstig.de" heißen.

Denke aber an eine potenzielle Überoptimierung und natürlich an die Webmaster Guidelines.

16.53 Traffic Quelle 78

Das allerwichtigste sind deine Keywords

Für einen erfolgreichen und nachhaltigen online Aufbau und Ausbau deiner Firmenwebseite und somit deiner Firma oder deines Online Projektes über das Medium Internet in den organischen Suchergebnissen der Suchmaschinen, auf Amazon oder anderen Verkaufsplattformen sind die Keywords aus deiner Nische/deinem Markt das A und O!

Die Keyword Recherche zu deinen Produkten oder Dienstleitungen ist nicht nur die Grundlage für die Content-Entwicklung und Strategie deiner Seite, sondern auch für die Seitenstruktur, das Suchmaschinenmarketing, die Onepage Optimierung, die Offpage Optimierung und das allgemeine Online Marketing.

Dabei ist es egal ob es sich um eine B2B oder B2C Firma, einen Shop oder eine Contentseite wie einen Blog oder Glossar handelt. Es wird pauschal unterschieden zwischen kaufaffinen Keywords und Content Keywords. Das solltest du noch wissen, da es sehr wichtig ist!

Beispiel: Du stellst Sportswear her oder bist Händler dieser Art der Lässigen-sportliche Freizeitkleidung und verkaufst diese Art der Artikel in deinem Online Shop und auf weiteren Portalen. Wer sagt dir dass das Spektrum der Keyword Recherche Sportswear alles ist? Was ist mit Sportmode, Sportbekleidung und zum Beispiel der Sport Fashion? Diese Formulierungen beschreiben ebenfalls dein Produktsortiment.

Eine entsprechende tiefgründige Keyword-Recherche ist daher die absolute Grundlage um langfristig Online Erfolgreich zu werden, dies kostet sehr viel Zeit und sollte nicht vernachlässigt oder gar unterschätzt werden!

Wie du oben an dem Beispiel mit dem Begriff der Sportswear sehen konntest sind Keyword Recherchen sehr sehr umfangreich oder werden dies je tiefer man in das Artikelsortiment und in die dazu gehörigen Querinformationen eindringt. Des Weiteren bilden diese Keywords auch den Ausgangspunkt für entsprechende Google Adwords Kampagnen und oder anderweitige Maßnahmen im Netz.

Liste der Mindestanforderung:

-Keyword

-Suchvolumen

-Contentyp

-Seitentyp

-Themenauswahl

-Seiten URLs und zum Schluss erstelle daraus eine Content Map.

Tipp: mache dir auch Gedanken über das Thema Brand Content: was ist interessanter Content für deine Zielgruppe um Backlinks zu deiner Webseite zu generieren. Nutze die Keyword Recherche wie im Kapitel Keyword Recherche beschrieben.

16.54 Traffic Quelle 79

Mit Kundenbewertungen und Umfragen zu mehr Aufmerksamkeit - Klicks - und Umsatz

Viele Online Marketing Manager, E-Commerce Manager oder auch Geschäftsführer oder gar Inhaber vergessen immer wieder, dass nicht das Unternehmen selbst die effektivste Werbung macht oder machen kann, sondern die zufriedenen Kunden der jeweiligen Firma.

Durch Online Bewertungen ist es Unternehmen möglich in den organischen Suchergebnissen der Suchmaschinen mehr Aufmerksamkeit - Vertrauen und Klicks zu erzeugen in dem Sie einen Dienstleiter oder Tools dafur nutzen.

Der Kunde welcher das Unternehmen positiv auf Plattform X bewertet hat, hilft somit der Firma nach außen hin in den organischen Suchergebissen der Suchmaschinen ein aufbauendes vertrauenswürdiges Image zu kommunizieren welches dann letzten Endes mehr Umsatz bringt.

Mit über 200 Plattformen und Bewertungsportalen ist es möglich.

Möglicher Dienstleiste: provenexpert.com

Für Wordpress Nutzer bietet sich beispielsweise das SEO Plugin von Yoast an oder zum Beispiel: star-snippets.com

16.55 Traffic Quelle 80

Webinare verwenden - für mehr Traffic, Trust und Aufmerksamkeit

Menschen haben immer noch im Hinterkopf, dass Ausbildungen Geld kosten. Wer ihnen kostenlos Fähigkeiten, Wissen oder Informationen übermittelt wird daher geschätzt. Das ist ganz einfach möglich mit einem Webinar.

Informationsveranstaltungen online

Webinare sind Online-Vorträge oder Seminare zu bestimmten Themen. Menschen können sich zu einem bestimmten Zeitpunkt auf einer angegebenen Webseite einloggen, um das Seminar so zu besuchen.

Eine andere Möglichkeit ist, das Webinar gleich als Präsentation ins Netz zu stellen, und so Usern zu ermöglichen, es jederzeit abzurufen. In diesem Fall handelt es sich dann aber eher um Tutorials.

Du musst dabei nicht unbedingt deine wertvolle Zeit verschwenden, um jeden Abend ein Seminar zu geben. Webinare lassen sich auch fertig erstellen und so einstellen, dass sie zu vordefinierten Tagen und Zeitpunkten automatisiert immer wieder ablaufen (beispielsweise dienstags und donnerstags um 18:00).

Der Vorteil eines Webinars gegenüber einem Tutorial ist, dass Webinare weit mehr den Anschein eines "echten" Seminars erwecken, während Tutorials meist eher als eine Art "Erklärvideos" wahrgenommen werden.

Dazu kommt, dass sich User für ein Webinar meist anmelden müssen, um Zutritt zu erhalten - damit bekommst du auch wertvolle Email-Adressen für deine Mailingliste (Lead Magnet).

Die Vorteile, ein Webinar zu veranstalten, liegen auf der Hand:

du präsentierst dich (und dein Unternehmen oder deine Webseite) als kompetent und sachkundig, damit erhöht sich dein Trust. Du erzeugst Aufmerksamkeit, weil du deine Webinare auf vielen unterschiedlichen Kanälen separat bewerben kannst und so interessierte User anziehen kannst, wenn du für deine Webinare auf anderen Plattformen oder Seiten Werbung machst, kannst du auch deine Reichweite erhöhen.

Die Besucher oder Interessenten für deine Webinare werden natürlich auch deine Seite besuchen, das bedeutet mehr Traffic.

Plattformen um Webinare anzubieten sind:

-www.edudip.com

-www.gotomeeting.com/de-de/webinar (von Citrix), als Schwesterplattformen auch -gotomeeting und gototraining

-www.spreed.com/eu

-www.on24.com

-https://zoom.us/ oder auch

-clickmeeting.com/de

16.56 Traffic Quelle 81

SlideShare nutzen, um Traffic zu gewinnen

SlideShare ist eine Plattform um Präsentationen zu teilen und zu veröf-fentlichen, die von Linkedin betrieben wird. SlideShare kann ein sehr guter Traffic-Bringer sein.

Content veröffentlichen

SlideShare hat als Plattform eine riesige Menge von Besuchern. Was geboten wird, ist von allen Anbietern das Gleiche: Online gestellte Prä-sentationen, sogenannte Slide-Shows.

Die Präsentationen musst du dabei nicht völlig neu entwerfen, du kannst auch zentrale Teile des Contents deiner Webseite in eine ent-sprechende Form bringen und hochladen. Denke dabei vor allem an Ar-tikel, die Listicles sind, oder sich dafür eignen, oder an Übersichtsarti-kel, die zentrale Ideen auf deiner Webseite im Überblick beschreiben.

Solche Artikel lassen sich leicht in Präsentationen umwandeln und auf SlideShare hochladen. Aus der Überschrift deines Artikels kannst du dann einfach den Namen der Präsentation machen. Die Unter-Über-schriften sind dann jeweils einzelne Slides.

Um mehr Traffic auf deine Seite zu leiten, baust du an passenden Stel-len in deinen Inhalten immer wieder Links zu entsprechenden Inhalten auf deine eigenen Seite (URL) ein.

SlideShare kann ein sehr gutes Mittel sein, deinen Traffic auf der Seite zu erhöhen. Alles was du dazu tun musst, ist den bereits vorhandenen Content neu zu präsentieren.

Quelle: https://de.slideshare.net/

So genannte Filehosting-Dienste (Filesharing, Slide hosting service, Dokumentenportal) dienen zum Tauschen und Archivieren von Präsentationen, Dokumenten, PDFs, Videos und Webinaren.

16.57 Traffic Quelle 82

Content recyceln als Strategie

Grundsätzlich gilt: viel frischer, neuer Content ist nicht nur gut für die Suchmaschine, sondern hält auch die Leser bei Laune und ihr Interesse wach. Dennoch kann man manchmal recht erfolgreich Content auch recyceln.

Wie funktioniert das Recycling?

"Neuer" Content muss nicht immer neu sein - es genügt häufig auch, alten Content in einer neuen Form zu präsentieren, oder mit einem veränderten Aufhänger auch für andere Zielgruppen zugänglich zu machen.

Ein Beispiel für alten Content in neuer Form ist etwa das Umwandeln der Inhalte in eine Präsentation (Slide-Show) und das Hochladen auf SlideShare. Wie das geht und was es bringt, haben wir schon an anderer

Stelle erwähnt. In Sachen Umwandlung geht auch noch mehr: Mache etwa aus einer Infografik einen Blogartikel, oder aus den wesentlichen Punkten deines Ebooks eine Präsentation oder ein Webinar.

Auch Artikel zu überarbeiten und wieder neu einzustellen kann seine Vorteile haben:

-du kannst sie besser an bestimmte Zielgruppen anpassen

-du kannst sie beim Neueinstellen optimieren - messe Traffic, Verweildauer, etc. und versuche, nach der Überarbeitung bessere Werte zu bekommen

-du kannst die interne Verlinkung durch die Überarbeitung stärken, weil du in der Neufassung auf viel mehr in der Zwischenzeit entstandene Beiträge zusätzlich verlinken kannst.

Das Recycling von Content ist auch eine Methode, um effektiv Zeit und Aufwand zu sparen. Es muss nicht immer "brandneuer" Content sein, recycelte Inhalte bringen oft genug ebenfalls sehr gute Effekte - sind aber meist weitaus schneller hergestellt.

Das kann auch eine gute Strategie für mehr Traffic sein, alten Content konsequent zu recyceln und wiederzuverwerten.

Andere Content-Formen sind: sprich deinen Text und produziere eine Audioaufnahme, produziere aus deinem Text ein Video, produziere wenn möglich aus deinem Text Infografiken, nimm deine/eine PDF und erstelle ein Ebook, erstelle aus deinem Text eine Präsentation zum Beispiel mit Powerpoint.

Verteile die neuen Content Daten auf den entsprechenden Plattformen im Netz.

16.58 Traffic Quelle 83

Blogparade - was ist das und wie bekomme ich dadurch mehr Aufmerksamkeit und Traffic?

Blogparaden sind Veranstaltungen innerhalb der Blogwelt. Ein Blogbetreiber gibt einen genau beschriebenen Themenbereich vor, alle anderen Blogbetreiber in der Parade verfassen jeweils einen Beitrag zu diesem Themenbereich und veröffentlichen ihn in ihrem Blog.

Was bringen Blogparaden?

Blogparaden sind ein gutes Mittel, deinen Blog noch bekannter zu machen und deine Reichweite zu vergrößern. Wenn du eine Parade veranstaltest, kannst du nicht nur neue Blogger kennenlernen, die dir in deinem Bloggernetzwerk später möglicherweise nützlich sein können, sondern du erhältst auch eine große Zahl zum Teil wertvoller Backlinks, die auf deinen Blog verweisen. Das ist gut für deine Sichtbarkeit, aber auch für dein Ranking.

Um eine Blogparade zu veranstalten, brauchst du dir nur ein relevantes Thema zu überlegen. Am besten machst du deine Parade über Blogparaden.de bekannt, du kannst sie aber zusätzlich auch in sozialen Netzwerken oder auf anderen Kanälen promoten.

Wenn die Blogparade abgelaufen ist, fasst du alle wesentlichen Inhalte der Beiträge in einem großen Summary-Artikel zusammen und verlinkst darin die einzelnen Blogs, die an der Parade teilgenommen haben. Wenn es eine sehr große Parade war, kannst du auch ein kleines Ebook mit den wesentlichen Inhalten der einzelnen Blogs verfassen.

Eine Blogparade zu veranstalten kann dir helfen, deine Reichweite und dein Ranking zu verbessern, dein Blog wird dadurch auch häufig deutlich bekannter und sichtbarer.

16.59 Traffic Quelle 84

Was sind Trackbacks und Pingbacks - und was nützen sie mir?

Trackbacks und Pingbacks haben im Grunde die gleiche Funktion: Sie zeigen an, dass der eigene Blogartikel woanders (das heißt in einem anderen Blog) verlinkt wurde. Trackbacks und Pingbacks haben also eine wichtige Signalfunktion.

Der Unterschied zwischen beiden ist dabei nicht groß: Pingbacks werden automatisch versandt, wenn ein Artikel in einem anderen (Word-Press-) Blog verlinkt wird, während Trackbacks manuell versandt werden.

Mehr Traffic und mehr Reichweite erzielen durch Trackbacks und Pingbacks

Hast du die entsprechenden Einstellungen aktiviert, siehst du, wer auf deine Artikel verlinkt - du kannst dann zu dem jeweiligen Artikel gehen und ihn gegebenenfalls kommentieren. Das bringt dir mehr Reichweite und auch mehr Trust, wenn du das frühzeitig machst, da viele Leser des fremden Artikels damit auch deinen Kommentar sehen. Zudem schaffst du einen Backlink auf deine Seite (nicht nur auf deinen Artikel, dieser Link steht ja ohnehin schon im Text).

Wenn du selbst Trackbacks aussendest, ermöglicht dir das, Kontakt zu anderen Blogs aufzunehmen und so beispielsweise deinen Blog mit anderen stärker zu vernetzen.

Trackbacks und Pingbacks konsequent zu nutzen kann also ein gutes Mittel sein, um mehr Reichweite, eine stärkere Blogvernetzung, mehr Aufmerksamkeit und mehr Trust und Traffic zu erzeugen.

16.60 Bonus Traffic Quelle - Danke sagen

Die Danke Seite einer Webseite

Eine „Danke-Webseite" nach einer Bestellung eines Kunden in deinem Online Shop oder auf deiner Landingpage auf welcher du etwas verkaufst ist eine sehr feine Sache. Der Kunde wird nach dem absenden seiner Bestellung oder Email Eintragung auf eine Danke-Webseite weitergeleitet. Warum fragst du dich? Der Kunde hat dir bereits sein Vertrauen gegeben, sonst hätte er bei dir nicht bestellt oder sich in ein Formular eingetragen.

Das bedeutet für dich: bei einem Kauf hast du gerade einen Lead in einem Kunden gewandelt, um diesen Lead weiter nutzen zu können was nichts anderes bedeutet als mit einem Kunden mehr Umsatz zu produzieren solltest du ihm ein Einmaliges Angebot oder gar ein Geschenk unterbreiten, je nach Situation.

Wichtig hierbei ist, dass dieses Angebot wirklich einmalig ist und nur auf dieser Dankeswebseite zu diesen Konditionen und zwar nur dort zu finden ist. Entsprechendes Cross Selling, Upselling oder auch Down Selling machen hier Sinn.

Auch ein physikalisches Produkt zu einem super günstigen Preis aus deinem Online Shop ist hilfreich. Auch ein digitales Produkt ist, wenn es dein Sortiment betrifft eine super Ergänzung. Querdenken heißt hier die Devise.

Eine Eintragung in deinen „VIP-Newsletter" ist ebenso ein Tolles Angebot. VIP-Newsletter bedeutet in diesem Fall auch, dass in diesem Newsletter nur hochwertige und exklusive Informationen an diese Kunden weitergegeben werden (Idee: Affiliate Marketing lässt grüßen).

Möglicher Text oder Textbausteine für die Danke-Webseite:

Option 1: Vielen Dank für dein in uns gesetztes Vertrauen! Als Wertschätzung und Dankeschön für deine Bestellung bei uns, möchten wir dir hier und jetzt einmalig zum absoluten Sonderpreis als Dankeschön das ……….. anbieten.

Option 2: Vielen Dank für dein in uns gesetztes Vertrauen! Als Wertschätzung und Dankeschön für deine Email Eintragung bei uns, möchten wir dir hier und jetzt einmalig zum absoluten Sonderpreis das ……….. anbieten.

Setzte zwei Button ein: einen Button für die Annahme des Angebotes (kostenpflichtig kaufen) welcher groß und etwas auffällig sein sollte. Der zweite Button oder Link etwas kleiner, unauffälliger. Splittesten nicht vergessen!

Achte darauf, dass das Produkt auf der Danke-Seite zum gekauften Produkt des Kunden passt. Der Kunde muss einen Nutzen/Mehrwert von diesem „one time over" haben! Für Online Shops je nach Sortiment und Größe bietet sich vielleicht sogar ein eignes automatisiertes Plugin an.

16.61 Noch eine Bonus Traffic Quelle

Der QR-Code:

Bei einem QR-Code handelt es sich um einen zweidimensionalen Code.

Smartphone-Besitzer können die Codes scannen und auf andere Webseiten weitergeleitet werden um sich weiter zu informieren.

Es könnte auch eine Landingpage hinter einem QR-Code Link versteckt werden zur Leadgenerierung oder mit einem Rabattcode versehen werden.

Weitere Einsatzmöglichkeiten:

- Die Zielgruppe in der Offline Welt ansprechen

- Einsetzung zur Kundenbindung auf Print Medien und Verpackungen

- Service und Beratung für Anleitungen und Produktinformationen

Achte darauf:

- Dem Kunden einen Mehrwert bieten

- QR-Code vor Einsatz mehrfach testen

- Landingpage muss für das Smartphone optimiert sein (Ladezeiten und Co.)

- Ort des QR-Codes vor Anbringung gut überlegen

Als Kleiner Gedankenanstoß

Denke an die folgenden Traffic Quellen: der Checkout Prozess und den eigentlichen Warenkorb. An diesen Stellen lassen sich ebenfalls zusätzliche Produkte hinzufügen, welche der Kunde mit nur einem Klick (normalerweise) hinzufügen kann, wenn er das möchte. Biete deinen Kunden bei dieser Gelegenheit auch weitere Artikel welche zum eigentlichen Produktkauf des Kunden passen aus deinem Sortiment an. Achte dabei auf die rechtlichen Gegebenheiten wie die Preisangabenverordnung (PAngV) bei gewissen Produktsortimenten.

Eine weitere Traffic Quelle bieten dir sogenannte „gratis Kleinanzeigen" Portale welche auch als „kostenlose Kleinanzeigen" bezeichnet werden.

Portale wie:

-ebay-kleinanzeigen.de
-markt.de
-quoka.de
-sperrmuell.de
-kleinanzeigen.meinestadt.de
-anonza.de

haben einen monatlich hohen User Zugriff auf welchen du zugreifen kannst. Diese Traffic Quellen sind jedoch nicht für jedes Unternehmen oder Produkt geeignet.

17 Kostenpflichtige Performance Marketing Traffic Quellen

17.1 Paid Traffic für mehr Besucher auf der Seite

Pay per Click (PPC)-Marketing oder auch als Performance-Marketing bezeichnet ist eine sehr gute Möglichkeit, für mehr Traffic auf die eigene Internet-Präsenz zu leiten. Zu wenig Verkehr (Besucher) auf der eigenen Website zählt zu den größten Nachteilen eines Online-Auftritts. Die PPC-Methode ist einfach:

Du bezahlst einen Suchmaschinen-Betreiber wie Google, einen Social Network-Anbieter wie Facebook oder einen anderen Netzwerkbetreiber für jeden Klick (oder eine anderen Call to Action), der zu deiner Internet-Präsenz oder zu deinen Produkten und Dienstleistungen führt.

PPC wird auf Deutsch gerne mit "Klickvergütung" übersetzt. Dazu richtest du Account und Anzeige bei einem Betreiber ein, legst die Keywords, Suchbegriffe oder Interessen fest, bei denen sie erscheinen soll. Wenn deine Seite dann tatsächlich angeklickt wird, hast du einen echten Interessenten zu Besuch, der wahrscheinlich für eine gute Inversion-Rate sorgt, wenn deine Webseite das hält, was in der Anzeige beworben wird.

In PPC musst du zunächst investieren (potenzielle Kunden einfach einkaufen) - bekommst dafür aber ehrlichen Traffic, der für Umsatz sorgt. So ist eine sehr schnelle Skalierung deines Unternehmens möglich, wenn die KPIs (Key Performance Indicator) dir bekannt sind, damit du weißt wie viel dich ein bei dir kaufender Kunde im Einkauf Cost Per Click (CPC) kosten darf. Die KPIs nehmen wir in Kapitel 18 genauer unter die Lupe.

17.2 Paid Display Advertising sorgt für mehr Traffic

Die bekannteste Form des Display-Advertising im Online-Marketing ist die Bannerwerbung. Generell versteht die Fachwelt unter diesem Begriff graphische Darstellungen, Videoclips oder Bilder, die auf einer Internetseite erscheinen: oben und rechts oder links am Bildschirm sowie mitten im Text.

Mediengeschichtlich gesehen ist es die Weiterentwicklung der Printanzeige aus den Zeitungen und Zeitschriften - erweitert um die technischen Möglichkeiten der neuen Medien. Sie bestehen vor allem aus den bewegten Bildern bei Bigsize-Banner, Rectangle oder Skyscraper.

Korrekt heißt der Begriff Paid Display-Advertising: Es handelt sich um eine bezahlte Form der Werbung. Zur Abrechnung gibt es die Möglichkeit des TKP, das steht für Tausender Kontakt Preis: Der Kunde bezahlt für je 1000 Klicks einen Festpreis. Erfolgsabhängig ist das PPC-Modell, es steht für Pay per Click.

17.3 Native Advertising

Native Advertising gewinnt als Werbeform in den letzten Jahren immer mehr Bedeutung - viele sehen in diesem Ansatz sogar die Zukunft der Online-Werbung. Dafür gibt es Gründe.

17.3.1 Was ist Native Advertising überhaupt?

Native Advertising kann in der Praxis durchaus unterschiedlich sein - für alle Native Advertising Formen gilt aber:

Es handelt sich dabei um Werbung auf fremden Seiten (also auf Seiten, die nicht dem werbenden Unternehmen gehören), wobei die Werbeinhalte so gestaltet werden, dass sie sich in ihrer Gestaltung an das Umfeld der Seite anpasst, auf der sie steht. Sie sieht also praktisch so aus, als würde sie ganz natürlich dorthin gehören und passt sich dabei perfekt an den Nutzungsfluss der User auf der fremden Seite an.

Das ist als Definition ein wenig unhandlich, darum soll das anhand eines Beispiels etwas deutlicher gemacht werden - wer BUZZFEED kennt, weiß automatisch auch, was Native Advertising bedeutet. Dort finden sich - neben durchaus seriösen journalistischen Beiträgen - immer wieder auch gesponserte Beiträge, sogenannte "Advertorials" (ein Kunstwort aus dem englischen "Advertisement" = Werbung und dem englischen Begriff "Editorial" = Beitrag oder Leitartikel bei Zeitschriften). Die Advertorials sind dabei vom Stil, von der Aufmachung und vom "Look and Feel" exakt genauso gestaltet wie die anderen Artikel auf der Plattform auch.

477

So kann etwa ein Treppenlift-Hersteller unter der Überschrift "Warum die Preise für Treppenlifte 2018 stark gefallen sind" in einem informativen Artikel Leser über die Preise von Treppenliften aufklären - und damit natürlich Werbung in eigener Sache machen.

Im deutschsprachigen Bereich ist vor allem die Huffington Post als News-Portal bekannt, das ebenfalls neben journalistischen Beiträgen eine vergleichsweise hohe Zahl von Advertorials anbietet. Auch Online-Magazine wie BENTO arbeiten häufig mit dieser Art von Werbung, die immer von externen Werbetreibenden stammt.

Verlage bessern damit ihre Kassen recht nachhaltig auf, Native Advertising findet als Werbeform immer weiter Verbreitung. Die einzelnen Advertorials sind völlig in die Navigation der publizierenden Seiten integriert, sehen exakt genauso aus wie die redaktionellen Inhalte der Seite und werden bei Artikelvorschlägen exakt genauso angeboten wie jeder redaktionelle Artikel auch.

Advertorials sind das einleuchtendste Beispiel dafür, wie Native Advertising funktioniert. Sie sind aber nur EINE Möglichkeit beim Native Advertising - es gibt auch eine Vielzahl anderer Formen.

Native Advertising und insbesondere sogenannter "Sponsored Content" ist dabei nicht ganz neu - und auch nicht allein auf den Online-Bereich beschränkt. Ähnliche Werbeformen gab es auch schon früher und auch im Print-Bereich wird gelegentlich in "Kooperationen" mit Unternehmen gearbeitet, um Inhalte zu erstellen.

Ein sehr gutes Beispiel für sehr hochwertige und gut eingebundene Inhalte in eher traditionelle Medien findet sich beispielsweise bei der österreichischen Tageszeitung "Die Presse". Hier wurde in Kooperation mit Weber-Grill ein sehr umfassender und hervorragend eingebundener

Advertorial-Bereich geschaffen. Wie gut das im Einzelfall auch in eher traditionellen Medien gelingen kann, kannst du hier sehen: http://diepresse.com/layout/diepresse/files/dossiers/weber/weber/index.html

Ein sehr wichtiger Punkt ist natürlich auch, dass bei Advertorials und anderen Formen des Native Advertising viel vom Image der Zielseite auch auf das werbende Unternehmen, den "Kooperationspartner", abfärbt. Im Falle der österreichischen "Presse" ist das ein sehr hochwertiges Image, sie gilt als eine der hochstehenden Qualitäts-Zeitungen im Land, die einen sehr guten Ruf geniesst. Das ist nur einer der Vorteile beim Native Advertising - auf die vielen weiteren Vorzüge dieser Werbeform kommen wir etwas weiter unten noch zu sprechen.

17.3.2 Wo liegen die Unterschiede zwischen Content Marketing und Native Advertising?

Auch beim Content Marketing (aka "Inbound Marketing") spielt Content Distribution, also das Publizieren von Content auch auf fremden Seiten, durchaus eine Rolle. Die Grenze zwischen Content Marketing ist in der Praxis also tatsächlich ein wenig fließend.

Wenn man diese Grenze ziehen möchte, kann man sich zunächst einmal den ANTEIL an der Content Distribution ansehen: beim Content Marketing liegt der Schwerpunkt durchaus klar sichtbar bei den Owned Media Channels - also den eigenen Medienkanälen, nur gelegentlich wird im Sinne der Content Distribution auch auf fremden Kanälen gepostet. Für Native Advertising werden dagegen praktisch ausschließlich Paid Media Kanäle genutzt.

Dieser Unterschied ist noch einigermaßen leicht fassbar. Zusätzlich zu diesem grundlegenden Unterschied gibt es aber auch deutliche Unterschiede bei der Gestaltung der Inhalte.

Beim Native Advertising geht es vor allem darum, mit dem veröffentlichten Content einen einmaligen, sehr gezielt positiven Eindruck beim Leser zu hinterlassen - zudem stehen hier klar Sales im Vordergrund bei der Zielsetzung. Dementsprechend spielen auch bei der Erfolgsbewertung sehr viele "harte" Faktoren eine Rolle: Klicks, Impressions und Conversions werden verwendet, um den Erfolg von Native Ads zu bewerten.

Beim Content Marketing geht es dagegen vor allem um eine langfristige Perspektive. Die Zielsetzung ist hier viel mehr, einem Leser langfristig das Gefühl zu geben, dass das eigene Unternehmen ihm immer wieder einzigartiges Wissen an die Hand geben kann, um seine Probleme zu lösen und sein Leben besser oder informativer zu machen. Hier geht es im ersten Schritt weniger direkt darum, Sales zu generieren sondern mehr um das Schaffen eines positiven Marken- oder Unternehmensimage, um den Vertrauensaufbau, und eine langfristige, stabile Beziehung zu seinen Kunden und Interessenten. Im Vordergrund steht hier ganz klar, dem Kunden langfristig und immer wieder wertvolles Wissen an die Hand zu geben, das für ihn einen hohen Wert in seinem persönlichen Leben und für das nachhaltige Lösen eines oder mehrerer Probleme hat.

Du kannst dir den Unterschied zwischen Native Advertising und Content Marketing am besten so vorstellen: Native Advertising ist, wie wenn du zu deinem ersten Date gehst - während Content Marketing eher dem entspricht, was in einer langfristigen, guten Beziehung von dir erwartet wird.

Wenn du zu deinem Date gehst, musst du es schaffen, in einer einzelnen Situation einen möglichst positiven Eindruck zu hinterlassen - es muss alles stimmen, das Ambiente muss überzeugen, was du präsentierst muss sofort positive Eindrücke hinterlassen.

In einer langfristigen Beziehung wirst du dagegen bemüht sein, immer wieder einen positiven Beitrag zu leisten, deinen Partner auf jede nur erdenkliche Weise mit dem zu unterstützen, was für ihn hilfreich sein kann - hier steht klar die Einstellung dahinter, die Beziehung langfristig und stabil positiv zu beeinflussen. Es kommt nicht auf jeden Eindruck im Einzelnen an, sondern es geht mehr um die langfristige Perspektive.

Aus diesem Grund spielen "harte Zahlen" beim Content-Marketing nicht allein eine Rolle bei der Bewertung des Erfolgs - auch wenn natürlich hier ebenso Conversion oder Engagement als Hinweis für den Erfolg einer Kampagne nützliche Messinstrumente sind. Es sind eben nur nicht die einzigen, die allein zählen. "Weiche Faktoren" wie das Brand Image oder Vertrauen zur Marke kann man in der Praxis nur schwerer messen - beim Content Marketing spielen sie aber eine mindestens genauso große Rolle.

Ein Beispiel: Eindruck machen über Native Advertising

Ein recht gutes Beispiel, wie Native Advertising ebenfalls aussehen kann, bietet auch ein 60 Sekunden Spot von Audi, der 2017 im Zuge der amerikanischen SuperBowl veröffentlicht wurde: Der Autohersteller hat darin die "Pay Equality", also gleiche Bezahlung für Männer und Frauen im selben Job, zum Thema seines Werbespots gemacht.

Anders als bei direkter Werbung für Produkte geht es hier also darum, eigene Werte darzustellen - und damit Werbung für sich zu machen. Wenn du an den Vergleich mit dem Date und der langfristigen Beziehung denkst, ist das hier ganz klar der Gang zum Date.

Im Vorfeld einer Veranstaltung, die ganz eindeutig als ur-männlich anzusehen ist und in der Regel auch entsprechende, oft schon leicht zum Sexismus tendierende Spots in der Werbung mit sich bringt, fällt der Spot aus dem Rahmen und erzeugt damit auch entsprechend Aufmerksamkeit. Das war beabsichtigt.

Audi hat mit einem klaren Statement für die Gleichstellung und auch Gleichbehandlung der Geschlechter, die mit dem eigenen Wert "Fortschritt und Innovation" verknüpft wurden, gut Werbung für sich und seine Werte als Marke gemacht. Die Kunden von Audi sind in den USA in der Regel eher ältere, wohlhabende Männer - mit dem Spot sollte vor allem die jüngere Zielgruppe angesprochen und für sich gewonnen werden, indem klar demonstriert wurde "wir stehen für moderne, fortschrittliche Werte wie Gleichbehandlung". In der testosteron-dominierten SuperBowl-Atmosphäre kommt das natürlich besonders gut an.

Auch das ist eine Art und Weise, wie Native Advertising aussehen kann.

17.3.3 Wie Native Advertising funktioniert - und warum es funktioniert

Grundlage des Native Advertising ist also, auf bezahlten Medienkanälen Content zur Verfügung zu stellen, der User (Leser oder Zuseher) Informationen zur Verfügung stellt und positiv beeinflussen soll.

Wie wir im letzten Abschnitt gesehen haben, kann man das in Advertorials einerseits und tatsächliche Ads andererseits teilen. Im Advertorial werden den Nutzern (für sie) hilfreiche und nützliche Informationen geboten - bei Ads geht es mehr darum, echte Werte oder Themen aufzugreifen, um sich selbst in einem bestimmten (positiven) Licht darzustellen.

In der klassischen Display-Werbung (Banner-Werbung) liegt der Fokus dagegen fast immer darauf, eigene Produkte direkt darzustellen, darauf aufmerksam zu machen oder den Kunden zu verführen, sich mit dem eigenen Produkt zu beschäftigen. Das ist in den letzten Jahren aber nicht mehr ganz unproblematisch.

17.3.4 Welcher Content wird für Native Advertising verwendet?

Natürlich gibt es "den" Contentbereich nicht, aus dem alle schöpfen, wenn es um Native Advertising geht. Du kannst hier völlig kreativ sein - jeder Content taugt, der in irgendeiner Form für Kunden hilfreich oder nützlich ist, oder - wie im Fall von Audi - dein Image und deine Werte klar unterstreicht.

In der Praxis werden die Themen und insbesondere die Überschriften aber häufig aus den in den Social Media dominierenden Themen abgeleitet, um möglichst viele User möglichst gut anzusprechen und genug Interesse zu erzeugen. Dort findet man durchaus auch Themen wie Pay Equality.

Welche Themen für deine Zielgruppe interessant sein können, findest du auch mit einer guten Keyword-Recherche sehr genau heraus. Google Trends und Trends bei Twitter sind ebenfalls gute Möglichkeiten, um gerade "heiße" Themen zu finden. Beim Content-Marketing wird man sich dagegen eher auf die Ergebnisse von W-Fragen-Tools stützen, die zwar für Kunden wichtige und bedeutsame aber nicht immer gerade hoch aktuelle Fragen liefern.

Beim Content speziell für Advertorials haben sich in der Vergangenheit einige Dinge herauskristallisiert, die besonders gut funktionieren:

-Bildungs-Content (echte, hilfreiche Informationen, die für User einer Zielgruppe hoch relevant sind)

-Optisch attraktiver Content, der Spaß macht beim Ansehen (interessante oder beeindruckende Bilder, Cartoons, etc.)

-HowTo Content, Tipps und Tricks

-Infografiken

-Quizzes und Umfragen

-Online-Reviews

Bildungs-Content

Hier ist es vor allem empfehlenswert, deinen noch neue und (relativ) unbekannte, aber für sie relevante Informationen zur Verfügung zu stellen.

Ein gutes Beispiel dafür wäre etwa für einen Getränkehersteller, einen Artikel zu schreiben (oder schreiben zu lassen), der sich mit der Frage beschäftigt, ob künstliche Süßstoffe sicher sind. Über die Gefahren von Zucker ist mittlerweile jeder recht gut informiert - beim Thema künstliche Süßstoffe herrscht im Allgemeinen doch noch recht viel Unklarheit und Unsicherheit.

Lesern zu erklären, welche verschiedenen künstlichen Süßstoffe es gibt, welche besonderen Eigenschaften sie haben und welche davon "sicher" und unbedenklich sind (hoffentlich die, die man als Getränkehersteller selbst in den eigenen Produkten verwendet) ist sicherlich eine gute Idee. Das bringt auch einen hohen und sehr nützlichen Mehrwert für die Leser, durch die Information allein kann man auch sehr gut davon überzeugen, dass die eigenen Getränke mit den künstlichen Süßstoffen für den Leser und potenziellen Kunden "sicher" sind.

Ein angemessener Warnhinweis, welche Süßstoffe und Zuckeraustauschstoffe man in Getränken eher meiden sollte macht deutlich, dass sich der Getränkehersteller auch tatsächlich um die Gesundheit seiner Kunden sorgt - das erzeugt wiederum ein positives Image. Gleichzeitig hebt man sich mühelos von seinen Mitbewerbern ab, die solche nicht ganz unbedenklichen Süßstoffe verwenden.

Optisch attraktiver Content

Beeindruckende oder interessante Bilder werden von den meisten Usern gerne angesehen. Sie haben vor allem Unterhaltungswert. Die Nähe zum eigenen Business ist dabei nicht immer zwingend notwendig - in der Regel ist das aber natürlich vorteilhaft, um als Marke oder Unternehmen noch besser im Gedächtnis der User zu bleiben.

Bei Cartoons solltest du möglichst ein wenig mehr thematische Nähe suchen und vor allem auf die Inhalte achten (ein witziger Cartoon über den schweren Büroalltag in der technischen Abteilung von VW könnte sich dann vielleicht doch eher als ein Schuss nach hinten entpuppen).

Ein großer Vorteil von Content mit gutem Unterhaltungswert ist, dass er nicht nur von Usern sehr häufig angesehen, sondern in der Regel auch deutlich häufiger geteilt wird (selbst informative Artikel werden deutlich weniger geteilt).

In Bezug auf deine Seriosität brauchst du dir keine Sorgen zu machen: auch seriöse Unternehmen dürfen durchaus unterhalten - User schätzen das sogar. Der Seriosität tut unterhaltsamer Content im Allgemeinen keinen Abbruch.

HowTo-Content, Tipps und Tricks

Diese Art von Content funktioniert besonders gut, nicht nur bei Advertorials sondern beispielsweise auch als Video-Content.

Wenn jemand nicht weiß, wie etwas geht, oder wie er ein Problem am besten lösen soll, sieht er im Internet nach - das ist heute beinahe Quasi-Standard. User lösen ihre Probleme heute in den allermeisten Fällen durch das Googeln nach einer Lösung - das ist dir bei dir selbst vermutlich auch schon aufgefallen.

Neben den Problemlösungen haben User aber auch ein hohes Bedürfnis danach, Dinge "richtig" zu machen und professionell zu machen. Auch dafür werden oft Anleitungen gesucht und gelesen.

Jedes Jahr werden bereits an die 100 Millionen Stunden HowTo-Videos auf Youtube angesehen, Tendenz stark steigend. Das zeigt, wie wichtig diese Art von Content ist. Bei jüngeren Menschen (etwa ab der Generation der Millenials) ist heute der Großteil fest davon überzeugt, dass es für alles, was sie je lernen wollen, auf jeden Fall ein entsprechendes Youtube-Video gibt. Das macht es klar und deutlich, wie wichtig und wie gesucht diese Art von Content ist.

Was oft übersehen wird ist, dass User durchaus auch in anderen Bereichen Hilfe brauchen - etwa bei der "richtigen" Produktauswahl für ihre Bedürfnisse, beim Treffen von Kaufentscheidungen oder bei der Planung von Anschaffungen. Das ist ein Bereich, der durchwegs näher an direkten Sales liegt - und damit für dein Online-Unternehmen natürlich noch viel interessanter ist.

Die Top-Trends bei den HowTo-Themen sind allerdings klar Beauty, Kochen und Home Improvement.

Infografiken

Infografiken sind ebenfalls ein sehr guter und sehr wirksamer Content. Sie stellen eine substanzielle Menge Information in sehr komprimierter und übersichtlicher, leicht lesbarer Form zur Verfügung und sind deshalb sehr beliebt.

Wie Bilder werden auch Infografiken gern geteilt, auch hier wird deutlich häufiger geteilt als bei einem entsprechenden Artikel. Das sorgt, wie schon bei Bildern oder Cartoons, dafür, dass dein Content ganz natürlich eine höhere Reichweite bekommt und sich in hohem Maß von selbst verteilt, was natürlich auch den Erfolg deiner Kampagnen erhöht.

Quizzes und Umfragen

Besonders Quizzes sind bei Lesern durchaus beliebt, die Quiz-Ergebnisse und die erbrachten Leistungen posten viele Leser gerne auch in ihren Social Media Accounts - damit locken sie wiederum andere User an, das Quiz ebenfalls zu absolvieren, um den Postenden möglichst zu schlagen.

Quizzes aktivieren also Leser in hohem Maße und lassen sie in vielen Fällen sogar aus eigenem Antrieb aktiv auf eine Seite gehen. Der Wettbewerbsgedanke zwischen den Usern sorgt dann zudem dafür, dass sich deine Quizzes häufig von selbst verbreiten und von vielen weiteren Usern absolviert werden. Auch dadurch kann deine Reichweite beträchtlich steigen.

Wenn User grundsätzlich engagiert sind, ist das natürlich auch besser, als wenn sie einfach nur passiv den von dir veröffentlichten Content wahrnehmen - in der Praxis kommt das Engagement der User auch fast immer dem Erfolg deiner Kampagnen zugute.

Umfragen sind lediglich recht beliebt bei Usern, insbesondere wenn es um wirklich aktuelle und für die User bedeutsame Themen geht. Geteilt werden sie in der Praxis dagegen nur selten - anders als bei Quizzes. Trotzdem können sie manchmal eine gute Idee sein, um mit Lesern einen wirkungsvollen Einstieg zu finden, über ein bestimmtes Thema zu sprechen.

Online-Reviews

Die allermeisten Menschen verlassen sich bei ihren Kaufentscheidungen auf die Meinung von anderen und lesen bei ihrer Produkt-Recherche bevorzugt auch Reviews und Tests von Produkten. Reviews haben damit einen sehr hohen Einfluss auf das Kaufverhalten von Menschen, dass sie stark beeinflussen können.

Wenn du Reviews von Produkten veröffentlichst, bei denen du Hersteller bist, hast du natürlich immer einen kleinen Konflikt mit der Glaubwürdigkeit (man wird dir insgeheim unterstellen, dass du schon dafür sorgst, dass dein Produkt der Testsieger in seiner Klasse ist) - wenn du allerdings Reviews oder Vergleiche von nahestehenden Produkten anbietest (etwa: der Autohersteller untersucht die Qualität unterschiedlicher Abschleppseile auf dem Markt) kann dir das auch viel positives Image und Ansehen einbringen.

Bei einer sehr fairen und ausgewogenen Darstellung, die gut nachvollziehbar ist, mag dir das sogar bei Produkten gelingen, die du selbst herstellst.

Besonders für Händler, die Produkte unterschiedlicher Hersteller nebeneinander im Sortiment haben, sind Reviews aber ein hervorragender Weg, Kunden guten und nützlichen Content zur Verfügung zu stellen und gleichzeitig dafür zu sorgen, dass sie wegen deiner Expertise höchstwahrscheinlich in deinem Shop kaufen oder sich aktiv an dich wenden, um weitere Fragen zu klären.

17.3.5 Warum Native Advertising funktioniert

Als Werbeform müssen wir Native Advertising vor allem mit der klassischen Display-Werbung (Banner-Werbung) vergleichen, wenn wir zu einem Schluss kommen wollen, wie wirksam es ist.

Tatsächlich gibt es auch eine Studie zu dem Thema, die schon vor einigen Jahren durchgeführt wurde und die zu eindrucksvollen Ergebnissen bei der Wirksamkeit kommt. (https://www.burda-forward.de/uploads/tx_mjstudien/BFA_BOB_Native_2016.pdf?PHPSESSID=0995010ebcf4887d839bed8c3c3cd6a3) Oder gib in die Suchmaschinen folgendes ein: „Best of Native Advertising 2016"

Über verschiedene Branchen hinweg und bei verschiedenen Werbetreibenden kam man kurz zusammengefasst zu folgenden Ergebnissen:

-die Markenbekanntheit lag bei Native Advertising um 32,9 % höher

-Marken wurden insgesamt bei Native Advertising um 15,6 % positiver wahrgenommen

der wahrscheinlich wichtigste und beeindruckendste Wert aber:

-die durchschnittliche Steigerung der Kaufbereitschaft lag bei 49,7 %

Dafür muss es Gründe geben. Was der Grund dafür ist, ist allerdings gar nicht so schwer zu erfassen.

Banner Blindness ist eine Tatsache

Schon in vorangegangenen Kapiteln haben wir einmal kurz die sogenannte Banner Blindness erwähnt. Der Begriff umschreibt die Tatsache, dass Menschen Werbebanner häufig völlig "ausblenden" oder sogar absichtlich ignorieren. Zusammenfassen kann man das recht treffend unter dem Schlagwort "Werbung nervt!".

User fühlen sich von klassischer Werbung immer mehr belästigt und gestört - und empfinden sie eher als Ärgernis, als für sie persönlich sinnvolle Information.

Da Menschen im Internet überwiegend auf der Suche nach Informationen sind und sich in ihrem Nutzungsverhalten auf einer Webseite nur ungern stören lassen, macht Native Advertising in diesem Punkt alles richtig - und vieles besser:

-dem Leser werden beim Native Advertising nicht Werbebotschaften über Produkte sondern INFORMATIONEN oder für ihn interessante Themen angeboten

-es kommt zu keinen störenden Medienbrüchen mehr (die Informationen werden im Look and Feel des Umfelds angeboten, in dem der Leser gerade liest)

-die gebotene Information passt sich optimal an die Lesegewohnheiten des Users an und fügt sich nahtlos in die Zielseite ein, die gesamte Zielseite wird mitsamt der Werbung als harmonisches Ganzes wahrgenommen

-der Leser kann idealerweise in der Information einen hohen Nutzwert oder zumindest einen Mehrwert für sich erkennen

-durch die Zusammenarbeit mit dem Publisher bei der Gestaltung und dessen Erfahrung entsteht insgesamt qualitativ höherwertige Werbung

In der Praxis führt Native Advertising damit auch ganz klar zu höheren Klickraten und einem deutlich höheren Engagement der User. Die Praxis zeigt sogar, dass User nachfolgender Display-Werbung deutlich positiver gegenüberstehen, wenn sie zuvor eine positive Erfahrung mit einer Native Ad des Unternehmens gemacht haben.

Die Banner Blindness wird durch Native Advertising komplett umgangen und ist kein Thema mehr. Für Werbetreibende stellt Native Advertising also die perfekte Lösung für dieses in den letzten Jahren immer schwerwiegender werdende Problem dar.

Ein sehr wichtiger Vorteil von Native Advertising, den man nicht übersehen darf, liegt vor allem auch darin, dass die Qualität und das Image der Publishingseite sehr stark und sehr deutlich auf die Werbeinhalte abfärbt.

Diesen Effekt sollte man nicht unterschätzen. (Ein Advertorial in einer sehr hoch angesehenen und für ihre Glaubwürdigkeit geschätzten Zeitung wird automatisch ebenfalls mit hoher Informationsqualität und Glaubwürdigkeit assoziiert - Leser sind in der Regel nicht in der Lage, über ein und dieselbe Seite zwei unterschiedliche Urteile zur gleichen Zeit zu fällen).

17.3.6 Mögliche Nachteile von Native Advertising

Nichts auf der Welt ist nur positiv und so gibt es auch bei beim Native Advertising einige mögliche Nachteile, die man am besten im Blick haben sollte.

Zunächst einmal muss man sich die Akzeptanz der User für solche Inhalte ansehen. Noch vor wenigen Jahren war es um die Akzeptanz gesponserter Inhalte nicht besonders gut bestellt, wie eine Studie (http://www.newswise.com/articles/research-finds-consumers-are-more-accepting-of-native-advertisements) zeigt:

Mehr als die Hälfte der Leser (54 %) traute Sponsored Content nicht so richtig, wenn es um die Qualität und die Richtigkeit der Information ging, sogar noch mehr User (59 %) sahen durch gesponserte Fremdinhalte auch einen deutlichen Verlust an Glaubwürdigkeit für die Publishing-Seite. Rund 2/3 der Leser fühlten sich klar hintergangen, wenn sie nachträglich entdeckten, dass es sich nicht um redaktionelle Inhalte der Seite, sondern um Sponsored Content handelte.

Diese Einstellung hat sich in den letzten Jahren bei Lesern deutlich gewandelt, wie die oben schon erwähnte Studie zeigt - gewisse Vorbehalte mag es bei einem kleinen Teil der Leser aber immer noch geben, und das sollte man zumindest immer im Hinterkopf behalten.

Ein weit schwerwiegenderes Problem stellt allerdings die zögerliche Bereitschaft vieler Publisher und Bereitsteller von redaktionellen Inhalten dar, wenn es um Sponsored Content geht. Native Advertising erfordert eine völlig andere Denkweise und die von der jahrelang dominierenden Bannerwerbung beeinflussten Publisher tun sich mit der völlig anderen Denkweise hinter Native Ads vielfach noch schwer. In vielen

493

Fällen wird Native Advertising als Werbeform noch eher abgelehnt oder es wird Sponsored Content zumindest mit sehr großer Skepsis begegnet - obwohl er als Geschäftsmodell für Publisher sehr lohnend sein könnte.

Das mag nicht zuletzt auch an den rechtlichen Problemen liegen, die Native Advertising mit sich bringen kann.

Grundsätzlich gilt im Bereich der Medien das sogenannte "Trennungsgebot" - das heißt, redaktionelle Inhalte müssen von Werbeinhalten "klar erkennbar" getrennt sein. Ist das nicht der Fall, liegt ein Verstoß gegen § 5a Abs. 6 UWG vor - der Alltags- und Rechtsbegriff für diesen Verstoß lautet "Schleichwerbung".

Problematisch ist hierbei vor allem, dass es immer noch an einer rechtsverbindlichen Definition mangelt, was den Begriff "klar erkennbar" betrifft. In der Regel geht man rechtlich davon aus, dass ein durchschnittlich gebildeter, vernünftig agierender User in der Lage sein muss, den Unterschied zwischen Werbung und redaktionellen Inhalten zu erkennen. Auch diese Aussage bleibt aber immer noch in gewisser Weise dehnbar.

Das Gesetz sieht darüber hinaus auch vor, dass wer immer für das Bereitstellen von Inhalten eine Belohnung erhält, sich eine Belohnung versprechen lässt oder auch nur eine Belohnung fordert, diese bereitgestellten Inhalte klar als "Werbung" kennzeichnen muss.

In der Praxis versuchen Publisher allerdings, gesponserte Inhalte so gut wie möglich in die Seite zu integrieren, um nicht den Eindruck zu erwecken, sie würden lediglich eine Werbeplattform betreiben. Sie wollen ihre redaktionellen Inhalte deutlich im Vordergrund wahrgenommen wissen, und bedienen sich damit aller möglichen Kunstgriffe, um die gesetzlichen Anforderungen so weit wie möglich zu dehnen und mit allen kreativen Möglichkeiten die Erwähnung des Worts "Werbung" zu vermeiden. Damit entsteht natürlich häufig eine rechtlich bedenkliche Situation, auch für den Werbetreibenden. Was auf seiner Seite passiert, entscheidet aber weitestgehend der Publisher, der sich hier oft auch nur wenig dreinreden lässt.

Die Gefahr droht dabei weniger vonseiten der offiziellen Aufsichtsbehörden, die für solche Überprüfungen in breiter Masse ohnehin kaum Kapazitäten übrig haben, sondern vor allem von den Mitbewerbern des Werbetreibenden.

Schleichwerbung stellt einen klaren Wettbewerbsverstoß dar - damit steht das Risiko einer Abmahnung im Raum. Wegen bestimmter Gegebenheiten bei der anwaltlichen Gebührenfestsetzung kostet allein die Abmahnung selbst in den meisten Fällen immer mindestens 900 Euro. Die nachfolgend geforderte Unterlassungserklärung kann dann zu einer echten Kostenfalle werden, wenn bei weiteren Verstößen Zahlungen im fünfstelligen Bereich im Raum stehen.

Wegen der doch bestehenden Dehnbarkeit der gesetzlichen Voraussetzungen (was kann ein durchschnittlich gebildeter Leser noch erkennen und was nicht mehr?) besteht hier in jedem Fall ein hohes Risiko, in eine Abmahnfalle zu geraten, wenn man Native Advertising einsetzt und die rechtlichen Rahmenbedingen nicht klar erkennbar sind.

17.3.7 Fazit zum Native Advertising

Native Advertising stellt eine sehr gute und vor allem leserfreundliche Art der Werbung dar. Viele Experten im Marketing-Bereich sehen auch die nahe Zukunft der Werbung ganz besonders in dieser Werbeform (zu diesem Schluss kommt übrigens auch eine Studie von Facebook und dem IHS - https://scontent-frt3-2.xx.fbcdn.net/v/t39.2365-6/12427056_897682517015706_590297266_n.pdf?oh=f6674663e02ca3b5b296101a9a190726&oe=5AA7CBF2).

Die Akzeptanz für die Mischung aus redaktionellen und gesponserten Inhalten auf Webseiten bei den Lesern ist in den letzten Jahren deutlich gestiegen und nimmt weiter zu. Auch die Akzeptanz bei den Publishern wird laufend größer - in beiden Fällen ist allerdings noch Entwicklungspotenzial vorhanden. Es ist notwendig, vor allem gute und qualitativ hochwertige Werbung nötig, um die Akzeptanz auch zukünftig weiter zu vergrößern - minderwertige Inhalte werden die Akzeptanz auf beiden Seiten (Leser und Publisher) dagegen eher verkleinern.

Auch die rechtlichen Probleme bei der Kennzeichnung als Werbung oder Anzeige müssen in den nächsten Jahren durch die Praxis langsam gelöst werden, damit weder für Publisher noch für Werbetreibende ein hohes Abmahnrisiko besteht.

Insgesamt gesehen ist Native Advertising aber eine hervorragende Möglichkeit, online Werbung zu machen, die ganz im Sinne des Content Marketing vor allem Werte für die Kunden schafft anstatt sie mit Werbung zu nerven. Von daher ist Native Advertising auch eine besonders gute Ergänzung jeder Content Marketing Strategie und ein passabler Ersatz für klassische Display-Werbung in weiten Bereichen.

Traffic Quelle und Native Advertising auf Focus.de, Zugriff vom 10.12.2018

Das Bild oben links (die Frucht) mit dem Titel: „Schlank durch Ernährungsumstellung? Ja, das geht" ist ein solch gesponserte Werbeanzeige. Diese Webeanzeige aus diesem Content-Bereich der Focus.de Webseite leitet auf eine Verkaufsseite weiter, wo es um das Thema: „Fett am Bauch loswerden" geht. Es ergeben sich in diesen Content-Bereichen sehr viele Möglichkeiten von Besucherstarken Portalen, Besucher auf die eigenen Verkaufsseiten, Contentseiten und Online Shop-Seiten zu lenken. Nach dem SEO Prinzip: „Content ist King"

497

17.4 In-Text Werbekampagne (In-Text Ads)

In-Text Ads sind heute selten geworden - das liegt nicht zuletzt auch daran, dass diese Werbeform auf mobilen Endgeräten nur wenig Wirkung zeigt - ein großer Teil der Mediennutzung findet heute aber auf mobilen Geräten statt.

Was sind In-Text Ads?

Bei In-Text Ads ist der Name Programm: es handelt sich um Werbeanzeigen, die sich direkt im Text der Seite eingebettet befinden.

Der Text der Seite wird dabei vom Anbieter-Netzwerk nach relevanten Schlüsselwörtern durchsucht, ist ein passendes Schlüsselwort gefunden, wird es in einen Link zu einer Sponsorseite umgewandelt.

Bewegt der User seine Maus über den Link, erscheint eine kleine Box mit dem Namen der werbenden Seite oder einem Anzeigetext. Klickt der User auf den Link, wird er auf die entsprechende beworbene Seite weitergeleitet. Reagiert der User nicht, schließt sich die Box nach einer kurzen Zeit von selbst.

Für den Besitzer der Webseite, auf der sich der Textlink befindet, entsteht dadurch eine Provision. Möglich sind dabei sowohl Vergütungsmodelle, die lediglich für Klicks bezahlen als auch Vergütungsmodelle, bei denen der Webseitenbesitzer auch nach Impressions bezahlt wird.

In-Text Advertising wird von den Anbieternetzwerken vor allem als eine Möglichkeit für Webseitenbetreiber beworben, die Seite zu monetarisieren (also Geld damit zu verdienen) und dabei einen Eindruck von

498

"Werbefreiheit" zu erhalten, da keine Banner sichtbar sind. Auch für Webseitenbetreiber gibt es bei dieser Form der Monetarisierung Vor- und Nachteile.

Von manchen werden auch die Google AdSense Anzeigen als In-Text Ads aufgefasst, da sie ebenfalls innerhalb des Textes liegen und genauso wie klassische In-Text Ads auch an die Textinhalte angepasst werden (zumindest weitgehend und dort, wo das vom Inhalt her auch möglich ist). Beides - echte In-Text Ads und Google AdSense Anzeigen - sind jedoch recht unterschiedliche Techniken, die man nicht so einfach in einen Topf werfen kann.

Probleme durch unterschiedliche Nutzung mit Mobilgeräten und PCs

Ein "hover-over" mit der Maus ist bei einem Mobilgerät nur schwer möglich. Der User müsste auf einem Mobilgerät dabei mit dem Finger über den Link gehen, um die Anzeige zu aktivieren. Traditionelle In-Text Ads funktionieren damit auf Mobilgeräten nicht.

Das Über-den-Link-gehen mit dem Finger stellt eine eher unübliche Geste dar, die der User auch bewusst ausführen müsste, um gezielt die Anzeige zu sehen. In den meisten Fällen wird das nicht klappen - der User kann bei traditionellen In-Text-Ads nur direkt auf den Link klicken und gelangt dann von der Publishersite weg auf die Zielseite. Das kann auch nicht im Interesse von Publishern sein.

Auch mobil funktionierende Lösungen kommen heute von mehreren verschiedenen Anbietern:

-Clickky (https://clickky.biz) einer in der Ukraine ansässigen Plattform, die in mehr als 120 Ländern arbeitet

-Vibrantmedia (https://www.vibrantmedia.com) einer amerikanischen Plattform, die es bereits seit 2000 gibt

-Adclick (https://de.adclick.net) bietet neben anderen Werbeformen zusätzlich auch kontextuelle Werbung an

-Adiro (www.adiro.de) bietet sowohl In-Text-Werbung als auch Bannerwerbung an

-bei der in Hongkong ansässigen Plattform Infoclicks.com werden ebenfalls zusätzlich In-Text Ads unterstützt

Vor- und Nachteile für Publisher

Ob eine bestimmte Werbeform erfolgversprechend ist, richtet sich nicht zuletzt auch danach, ob Publisher bereit sind, sie zuzulassen. Dafür muss ein Publisher aber selbst gute Möglichkeiten sehen, damit Geld zu verdienen.

In-Text Ads in klassischer Weise sind für Publisher problematisch, da auf den heute hauptsächlich eingesetzten Mobilgeräten kein Hover-over funktioniert und von den Usern nur eine sehr geringe Bereitschaft erwartet werden kann, aktiv die verlinkten Anzeigen im Text anzusehen.

Die einzig sinnvolle Option für Publisher liegt damit also darin, In-Text Ads zu verwenden, die sowohl auf dem Desktop als auch mobil funktionieren.

Der Vorteil für Publisher liegt dann vor allem darin, dass die eigene Seite auf den ersten Blick lediglich Inhalte enthält, die störenden Werbebanner, die sonst üblich sind, aber wegfallen. Für den User sieht die Seite auf den ersten Blick dann komplett werbefrei aus, was in der Regel von Besuchern als sehr positiv wahrgenommen wird.

Gerade auf den vergleichsweise kleinen Bildschirmen von Mobilgeräten wirken solche Seiten dann auch deutlich übersichtlicher und sind besser lesbar, da der verfügbare Raum nicht von störenden Bannern eingeschränkt wird.

Beachtenswert ist dabei allerdings auch, dass ein Publisher, der daneben auch noch mit Affiliate Marketing monetarisiert, sich durch In-Text Ads selbst Konkurrenz schafft und Gefahr läuft, Geld zu verlieren. Bei Affiliate Marketing sollten User möglichst auf den Affiliate Link des Publishers klicken, da er dort in der Regel am meisten Geld verdient. Sind auf der Seite aber zahlreiche ausgehende Links vorhanden, ist die Gefahr groß, dass User lediglich auf einen der In-Text Links klicken anstatt auf den Affiliate Link des Publishers.

Diese Situation kann dazu führen, dass Publisher eher wenig geneigt sind, In-Text Ads zuzulassen und stattdessen auch in Zukunft lieber eigene Affiliate Links zum Monetarisieren ihrer Seite einbauen. So wird sichergestellt, dass von den Besuchern auch nur diese Links geklickt werden, die dem Publisher auch mehr Geld einbringen.

Besonders bei Seiten, die Produkte vorstellen oder reviewen, besteht zudem auch ein Interessenskonflikt: Der Artikel stellt Artikel A vor, zu dem es auch einen Affiliate Link gibt, in den In-Text Ads werden aber auch die Produkte B, C und D verlinkt. Das verwirrt den Besucher, da ihm hinter den Links Produkte angezeigt werden, um die es im Beitrag gar nicht geht.

Selbst wenn sich die technische Seite von In-Text Ads für Mobilgeräte heute lösen lässt, bleibt fraglich, ob die für viele Publisher bestehenden Probleme bei dieser Werbeform eine Verbreitung nicht trotzdem weitgehend verhindern. In der Regel wird die Werbeform nur für solche Publisher interessant sein, die keine Affiliate Marketing und kein

Google AdSense verwenden und ausschließlich über kontextuelle Werbung (In-Text Ads) monetarisieren wollen. Das ist sicherlich nicht die Mehrzahl.

Fazit zum In-Text Advertising

In-Text Ads sind eine Werbemöglichkeit, die sich heute beim großen Umfang der mobilen Internetnutzung nur eingeschränkt nutzen lassen. In-Text Advertising gehört eher in die Vergangenheit der 2000er Jahre.

Selbst wenn sich technologisch heute Lösungen finden lassen um die Technik auch kompatibel für Mobilgeräte macht, bleibt eher fraglich, ob sie sich in Zukunft wieder verbreiten wird, so dass sie als Werbeform auch für Werbetreibende wieder interessant wird.

Die Zukunft liegt zudem aller Voraussicht nach eher im Bereich der Werbung, die auch für Nutzer gleichermaßen Werte schafft, wie dem Native Advertising oder dem Content Marketing.

17.5 Retargeting für mehr Traffic und bessere Conversion

Retargeting ist eine „noch nicht so weit und bekannte", aber oft sehr erfolgreiche Taktik / Strategie. Dabei geht es darum, Besucher immer wieder erneut zu aktivieren, umso mehr Besucher zu Kunden zu machen und damit die Conversion zu erhöhen.

Besucher brauchen Berührungspunkte

Nicht jeder Besucher wird gleich beim ersten Besuch zum Kunden. Manche bleiben auf dem Weg "stecken" und müssen dann immer wieder aktiviert werden, bis sie am Ende dann doch den Sales-Funnel komplett durchlaufen haben.

Retargeting läuft in mehreren Schritten ab:

Die Lücken im Sales Funnel identifizieren (das kann man „relativ einfach", indem man über Messungen in jedem Abschnitt die "Dropout-Punkte" identifiziert - etwa Besucher->Leads oder Lead->Customer)

Neue und wiederkehrende Besucher in jeder Phase trennen, eigene Zielgruppen schaffen - etwa Besucher, die den Checkout verlassen, Besucher die in den Warenkorb legen und dann die Seite verlassen, ...

Sprich jede dieser Zielgruppen noch einmal spezifisch und gezielt an (Email-Marketing, CRM, andere Möglichkeiten). Versuch dabei, die Motivation und die Ursachen für ihr Verhalten zu verstehen und mach passende Angebote.

Retargeting bedeutet also, nicht nur Interessenten und Kunden gezielt anzusprechen, sondern sich auch sehr gezielt um die zu kümmern, die deine Seite besuchen aber irgendwann aus irgendwelchen Gründen dann verlassen. Darin steckt ein hohes Potenzial - gelingt es dir, einen Teil der "Abspringenden" tatsächlich zu Kunden zu machen, kannst du deine Conversion deutlich verbessern und deinen Umsatz erhöhen.

Neben dem Onsite-Retargeting kann man auch spezielle Retargeting-Dienste und Automatismen nutzen: Wenn etwa ein Kunde deine Seite verlässt, um nach aktuellen Testberichten zum Produkt zu suchen, wird neben dem Testbericht dann automatisch eine Werbung für deinen On-line-Shop, das betreffende Produkt oder deine Seite angezeigt, um den Kunden zu erinnern, dass er sein Produkt auf deiner Webseite kaufen kann.

17.6 Noch mehr Traffic Quellen für dein Online Business

Bei den folgenden Anbietern kannst du Traffic für deine Webseiten kaufen:

17.6.1 Traffic Quelle 1

Mit mehr als 300 Milliarden monatlich ausgespielten Empfehlungen und rund einer Milliarde erreichbarer Nutzer weltweit gehört Outbrain zu den größeren Plattformen. Über Outbrain kann man bei 80 % der weltweiten Premium-Publisher Werbung schalten - dazu gehören auch so bekannte Namen wie Focus oder Spiegel Online.

Über Outbrain lässt sich Sponsored Content veröffentlichen. Der veröffentlichte Content muss dabei aber bestimmten Richtlinien entsprechen und einen angemessenen Unterhaltungs- oder Informationswert für die User besitzen.

https://www.outbrain.com/de/

17.6.2 Traffic Quelle 2

Der früher noch "Google AdWords" genannte Dienst heißt nun Google Ads - das ist allerdings rein nur eine Namensänderung vonseiten Googles. Google Ads ist mit Abstand sicherlich die wichtigste und bedeutsamste Werbequelle für Marketer.

Google bietet dabei eine Vielzahl von Anzeigeformaten an. Das bekannteste davon ist sicherlich die Anzeige neben den Suchergebnissen. Daneben gibt es aber noch unterschiedliche Video- und Bildformate, spezielle App-Anzeigen und Anzeigen für digitale Inhalte. Anzeigen können bei Google "responsive" sein, das heißt, sich automatisch in der

Größe und im Aussehen an die jeweilige Werbefläche automatisch anpassen und sich auch nahtlos in das Publisher-Design einfügen. Das ist oft sehr hilfreich.

Produkt-Shopping-Anzeigen sind eine weitere Möglichkeit, diese Anzeigen lassen sich auch zu Showcase-Anzeigen erweitern, wenn der User draufklickt. Anrufanzeigen bieten dagegen nur die Telefonnummer - sie werden nur auf Endgeräten angezeigt, mit denen auch telefoniert werden kann.

Neben den unterschiedlichen Anzeigeformaten lassen sich auch unterschiedliche Kampagnentypen festlegen, um die Werbeaktivitäten besonders gezielt gestalten zu können. Bei den einzelnen Kampagnenzielen lassen sich auch bestimmte Marketingziele auswählen.

Das können beispielsweise sein:

-Anrufe bei meinem Unternehmen (wenn mit Neukunden zuvor über Telefon gesprochen werden oder ein Termin vereinbart werden soll)

-Besuche in meinem Laden (wenn es ein Ladengeschäft gibt, online User ansprechen für ein Offline Geschäft)

-Aktionen auf meiner Webseite (für hauptsächlich online-basierte Unternehmen)

Bei den Kampagnentypen kann man etwa auswählen zwischen:

Suchnetzwerk mit Displayauswahl

Nur Suchnetzwerk

Nur Displaynetzwerk

Shopping-Kampagnen

Video

Universelle App

Die Preise für Google Ads Anzeigen werden über bestimmte Gebote vergeben - wer das höchste Gebot für einen Klick des Users abgibt, also bereit ist, am meisten dafür zu bezahlen, ist am besten sichtbar. Dadurch ergibt sich eine komplexe Optimierungsaufgabe im Hinblick auf verwendete Keywords und Maximalgebote bei eigenen Keywords. Auf diesen Punkt kommen wir dann später noch einmal ausführlicher im Kapitel über Bidmanagement Software zu sprechen.

http://ads.google.com

17.6.2.1 Remarketing mit Goolge

Durch Remarketing können Sie Nutzer ansprechen, die bereits mit Ihrer Website oder mobilen App interagiert haben. Dabei werden Ihre Anzeigen ausgeliefert, wenn diese Zielgruppen eine Google-Website oder Website im Google-Werbenetzwerk besucht. So können Sie Ihre Markenbekanntheit erhöhen oder diese Nutzer an einen geplanten Kauf erinnern.

17.6.2.1.1 Vorteile

Remarketing kann eine strategische Komponente Ihrer Werbung darstellen, unabhängig davon, ob Sie Verkaufsaktivitäten steigern, mehr Anmeldungen erzielen oder den Bekanntheitsgrad Ihrer Marke erhöhen möchten. Hier einige der Vorteile von Remarketing:

Optimierte Reichweite/zeitlich gut abgestimmte Ausrichtung: Sie können Ihre Anzeigen für Nutzer ausliefern lassen, die bereits mit Ihrem Unternehmen interagiert haben. So erreichen Sie Nutzer, die gerade an einer anderen Stelle recherchieren und wahrscheinlicher zu einem Kauf bereit sein. Außerdem können Sie es Kunden erleichtern, Sie zu finden, indem Sie ihnen Ihre Anzeigen präsentieren, wenn sie in der Google-Suche aktiv nach Ihrem Unternehmen suchen.

Gezielte Werbung: Mit Remarketing-Listen lassen sich Anzeigen in bestimmten Fällen präsentieren. Beispielsweise können Sie eine Remarketing-Liste erstellen und auf Nutzer ausrichten, die einen Artikel in den Einkaufswagen gelegt, die Transaktion aber nicht abgeschlossen haben.

Große Reichweite: Sie können die Nutzer in Ihren Remarketing-Listen auf mehr als zwei Millionen Websites und mobilen Apps erreichen.

Effiziente Preisgestaltung: Mithilfe der automatischen Gebotseinstellung lassen sich leistungsstarke Remarketing-Kampagnen generieren. Im Fall von Echtzeitgeboten wird das optimale Gebot für den Nutzer berechnet, der Ihre Anzeige sieht. Das Ziel ist, den Zuschlag in der Anzeigenauktion zum bestmöglichen Preis zu erhalten. Für die Nutzung der Google-Auktion entstehen keine weiteren Kosten.

Einfache Anzeigenerstellung: Mit der Anzeigengalerie können Sie kostenlos Text-, Bild- und Videoanzeigen generieren. Wenn Sie eine dynamische Remarketing-Kampagne mit den Designs der Anzeigengalerie kombinieren, erhalten Sie ansprechende Anzeigen für Ihr gesamtes Angebot an Produkten und Dienstleistungen.

Kampagnenstatistiken: Die Leistung Ihrer Kampagnen ist transparent – Sie wissen jederzeit, wo Ihre Anzeigen zu welchem Preis ausgeliefert werden.

17.6.2.1.2 Möglichkeiten des Remarketings mit Google Ads

Standard-Remarketing: Ihre Anzeigen werden für frühere Besucher ausgeliefert, wenn diese Websites im Displaynetzwerk besuchen oder Displaynetzwerk-Apps verwenden. Weitere Informationen

Dynamisches Remarketing: Sie können noch bessere Ergebnisse erzielen und beim Remarketing einen Schritt weiter gehen, indem Sie in den Anzeigen die Produkte oder Dienstleistungen präsentieren, die sich die Nutzer auf Ihrer Website oder App angesehen haben. Weitere Informationen

Remarketing-Listen für Suchnetzwerk-Anzeigen: Schalten Sie Anzeigen für frühere Besucher, wenn diese Ihre Website verlassen und danach weiter bei Google suchen. Weitere Informationen

Video-Remarketing: Schalten Sie Anzeigen für Nutzer, die mit Ihren Videos oder Ihrem YouTube-Kanal interagiert haben, während sie YouTube verwenden und im Displaynetzwerk Videos betrachten, Websites besuchen und Apps nutzen. Weitere Informationen

Remarketing mithilfe von Kundenlisten: Der Kundenabgleich ist eine Funktion, bei der Sie eine Liste mit Kontaktdaten hochladen können, die Sie von Ihren Kunden erhalten haben. Für diese Kunden können dann in verschiedenen Google-Produkten Anzeigen ausgeliefert werden, wenn sie in ihrem Konto angemeldet sind.

Quelle: https://support.google.com Remarketing mit Google Ads (Weitere Dienstleister bieten ebenfalls Remarketing Dienstleistungen an)

17.6.3 Traffic Quelle 3

Facebook ist noch immer eine der wichtigsten Plattformen für Werbetreibende. Jeden Monat wird Facebook von rund 2 Milliarden Menschen verwendet, viele davon sind sehr häufig auf der Plattform aktiv, durchschnittlich verbringen Menschen ein Fünftel ihrer gesamten Online-Zeit auf Facebook oder Instagram.

Facebook unterstützt mehrere unterschiedliche Werbeformate:

-Photo Ads

-Video Ads

-In-Stream Video-Ads (hohe Zielgruppen-Erreichung, vor dem eigentlichen, gestreamten Video-Content verschiedener Anbieter eingebettete Ads)

-Carousel Ads (mehrere Bilder oder Videos in einer Anzeige in einem "Karrussell")

-Slideshow-Ads (als einfache Form von Video Ads, um auch eine Anzeige bei niedrigen Verbindungsgeschwindigkeiten von Usern sicherzustellen)

-Sammlungsads (Collection Ads, eine Sammlung von mehreren Bildern oder Videos, die als Präsentation fungieren und User zum Durchstöbern auffordern)

-Messenger Ads (Ausspielen der Werbeanzeigen im Messenger, dafür können die gewöhnlichen Formate verwendet werden)

-Instant Experiences (Vollbild-Darstellungen, die ohne Verzögerungen sofort geladen werden und entweder mehrere Videos zum Stöbern oder Karusselle zum Wischen enthalten können)

Bei den Ad Kategorien kann man zudem unterscheiden zwischen:

-Lead Ads (beim Tippen auf einen Button öffnet sich automatisch ein Formular, in dem die Kontaktinformationen des Users bereits voreingetragen sind, das Formular mit den geteilten Kontaktinformationen wird dann automatisch an dich gesendet)

-Dynamic Ads (der Ad Content wird automatisch an die jeweilige Zielgruppe aus einem Katalog vordefinierter Möglichkeiten heraus angepasst und personalisiert)

-Link Ads (User werden mit einem Call-To-Action-Button auf ein beliebig festlegbares Ziel weitergeleitet)

Dazu kommen auch noch spezielle Werbeformate und Werbemöglichkeiten, wie etwa Facebook for Restaurants (https://www.facebook.com/business/industries/restaurants)

Das Targeting kann bei Facebook anhand einer Vielzahl von Kriterien erfolgen - Anzeigen lassen sich damit für sehr exakt definierte Usergruppen gezielt ausspielen.

Marketingziele für Anzeigen

Neben den verschiedenen Anzeigeformaten für die Werbung auf Facebook lassen sich auch unterschiedliche Werbeziele bereits im Vorfeld festlegen und anwenden:

- Bekanntheit

- Erwägung und

- Conversion

Beim Werbeziel "Bekanntheit" geht es vor allem darum, die Markenbekanntheit zu steigern und Menschen dazu zu bringen, sich mit deinem Unternehmen oder deinen Produkten zu beschäftigen. Es geht hier vor allem darum, Interesse zu erzeugen und deine Reichweite zu steigern.

Beim Werbeziel "Erwägung" geht es darum, bei Menschen nicht nur Interesse zu wecken, sondern auch Informationen zu deinem Unternehmen aktiv zu suchen - du kannst Menschen dazu bringen, deine Webseite zu besuchen, eine App zu installieren, eine Unterhaltung mit deinem Unternehmen zu beginnen, ein Video anzusehen oder auf andere Weise mit Content von dir zu interagieren.

Beim Werbeziel "Conversions" geht es hauptsächlich um Sales und andere sehr aktive Handlungen von Menschen, wie etwa das Besuchen eines deiner Geschäfte vor Ort. Auch Verkäufe aus einem angebotenen Katalog gehören natürlich in diese Kategorie von Werbezielen.

https://www.facebook.com/business/products/ads

17.6.3.1 Facebook Analyse und Informations-Tools

Fanpagekarma:

Analysiere und verbessere deine Social Media Profile.

Dominiere den Markt: Analysiere deine Seite und alle Seiten der Konkurrenz. Checke Kennzahlen und vergleiche beliebig viele Seiten miteinander. Fanpagekarma ist ein Tool für Social Media Analytics und Monitoring

Quelle: www.fanpagekarma.com

Adespresso:

Erstellung von Kampagnen über eine Plattform für mehrere Kanäle. Sie können Kampagnen auf Facebook, Instagram oder Google AdWords erstellen, indem Sie den intuitiven Kampagnenerstellungsablauf von AdEspresso verwenden. Kein Wechsel von einer Plattform zur anderen mehr, jetzt können Sie alle Ihre Werbekampagnen an einem Ort erstellen. Erstellen und testen Sie hunderte von Facebook-, Instagram- oder Google-Anzeigen in Minuten statt Stunden!

- Analysieren Sie Ihre Kampagnen
- Optimieren Sie Ihre Kampagnen
- PDF-Berichterstellung
- Synchronisation zum CRM- oder E-Mail-Marketing-Tool mit Ihrem Facebook-Anzeigenkonto verbinden
- Automatische Werbepostaktion
- Kampagnengenehmigungen
- Onboarding-Anfragen
- Lassen Sie sich von Experten beraten
- Dynamische Anzeigen
- Bildung über die eigene Academy

Quelle: adespresso.com

17.6.4 Traffic Quelle 4

Auch auf Twitter lässt sich natürlich werben. Die Zahl der Möglichkeiten ist hier deutlich geringer als bei Facebook - im Wesentlichen gibt es hier nur

-Sponsored Tweets (gewöhnliche Tweets mit gesponsertem Content, aber als "gesponsert" deutlich markiert)

-Sponsored Accounts (Vorschläge für User, welchen Accounts sie noch folgen können)

-Sponsored Trends (Usern werden zeit- und kontextrelevante Trends in der Liste der trendigen Themen angezeigt, im Selfservice sind solche Anzeigen allerdings nicht möglich)

Anhand der Interessen, die ein User gezeigt hat oder anhand der Suchen, die er durchgeführt hat, lässt sich ein Targeting durchführen. Dazu können auch Standortdaten, Informationen aus dem Userprofilen und der IP-Adresse oder auf dem Gerät installierter Apps verwendet werden.

https://ads.twitter.com/login

17.6.5 Traffic Quelle 5

Linkedin ist ein Business-Portal, auf der Menschen ihre Qualifikationen in einem Profil präsentieren und ihr berufliches Netzwerk ausbauen können. Im Portal sind über 500 Millionen User registriert. Vor einigen Jahren kaufte Microsoft das Unternehmen für 26 Milliarden Dollar auf.

Werbung kann auf Linkedin in verschiedenen Formaten ausgespielt werden: Company Updates werden allen Followern des eigenen Unternehmens auf Linkedin kostenlos angezeigt. Sponsored Updates gehen an alle User und sind ebenfalls unternehmensbezogen. Linkedin ist vor allem für den B2B-Bereich interessant, allerdings sollte man hier ein vergleichsweise großes Werbebudget mitbringen.

Sponsored Content lässt sich für eine sehr gut definierbare Zielgruppen ausspielen, Display Ads können sogar mit A/B Testing direkt im Werbemanager optimiert werden. Die Klickpreise sind allerdings sehr hoch - hier herrscht ein Gebotssystem. Je nachdem, welche Zielgruppe angesprochen wird, kann das sehr teuer werden, bis zu mehrere hundert Euro pro Klick sind möglich. Display Ads werden den Usern der Zielgruppe in der Seitenspalte angezeigt.

https://business.linkedin.com/de-de/marketing-solutions/ads

17.6.5.1 Automatisieren deine Arbeit mit LinkedIn

- Erhalten Sie Tausende gezielter Kontakte, indem Sie personalisierte Einladungen an die 2. und 3. Kontakte senden

- Auto-Mailing-System, Auto-Responder, sequenzielle Nachrichtenübertragung an 1. Verbindungen oder Mitglieder der LinkedIn-Gruppe

- Automatische Profile besuchen und in CSV-Datei exportieren (Google Sheets / MS Excel)

- Erstellen Sie eine gezielte Mailingliste

- Steigern Sie Ihr Profil und erhalten Sie in kürzester Zeit Hunderte von Bestätigungen von anderen Benutzern

- Erste Verbindungen einladen, einer LinkedIn-Gruppe beizutreten

- Unterstützen Sie Ihre Kontakte automatisch, um Gegenleistungen zu erhalten

- Fügen Sie den Nachrichten automatisch Ihre Signatur hinzu

- Folgen Sie LinkedIn-Verbindungen automatisch oder entfernen Sie sie

- Gesendete ausstehende Einladungen automatisch zurückziehen (Einladung abbrechen)

- Leistungsfähiger Listen-Manager - Ermöglicht die Erstellung eines eigenen Trichters für die Lead-Generierung und vermeidet Schnittpunkte zwischen Kampagnen

Quelle: -https://linkedhelper.com/

17.6.6 Traffic Quelle 6

Xing ist ein soziales Netzwerk wie Linkedin, allerdings vorwiegend für den deutschsprachigen Markt (D-A-CH). Dort gibt es etwa 15 Millionen Mitglieder. Neben Unternehmensinhaber kann man hier auch viele Menschen erreichen, die mit Hilfe ihres Profils einen Job suchen, also keine Unternehmer sind. Auf Xing finden sich auch beinahe 1.000.000 Studenten. Etwa die Hälfte er Mitglieder arbeiten in leitender Führungsposition.

Als Werbeformate sind möglich:

-Sponsored Posts

-Sponsored Articles

-Sponsored Video Posts und natürlich

-Display Ads. Sponsored Posts werden direkt auf der Startseite ausgespielt.

https://werben.xing.com/

17.6.7 Traffic Quelle 7

Instagram ist eines der größten sozialen Netzwerke weltweit mit über 600 Millionen mobilen Nutzern und immer noch starkem Wachstum. Die Hauptzielgruppe, die man über Instagram erreichen kann ist zwischen 18 und 29 Jahre alt.

Bei Instagram handelt es sich schon von vornherein automatisch um eine Art von Native Advertising - die Werbeanzeigen sind von allen anderen Beiträgen nur schwer zu unterscheiden. Das kann ein Vorteil beim Werben auf Instagram sein. Möglich sind Foto- und Videoanzeigen, aber auch Karussellanzeigen und dynamische Anzeigen.

https://business.instagram.com/advertising?locale=de_DE

17.6.8 Traffic Quelle 8

Snapchat ist eine Multi-Media Messaging Plattform, die in 22 Sprachen verfügbar ist und weltweit genutzt wird. Auf der Plattform sind weit über 180 Millionen User beinahe täglich aktiv. Dabei handelt es sich vorwiegend um Millenials, also Nutzer, die um die Jahrtausendwende geboren wurden. Für Marketer ist Snapchat eine der am meisten beachteten Plattformen um diese Zielgruppe zu erreichen.

User können Fotos oder kurze Videos hochladen, auf vielfältige Weise bearbeiten und mit ihren Freunden teilen. Die Snaps sind aber nur für eine voreingestellte Zeit für die Freunde sichtbar und danach nicht mehr verfügbar. Auch für Marketer eignet sich Snapchat gut, um Real-Time-Attention auf die eigenen Produkte zu lenken. Dabei spielt vor allem das AIDA-Modell (Attention, Interest, Desire, Action) beim Marketing auf Snapchat eine Rolle.

Möglich sind SnapAds, sogenannte Collection Ads (etwa um eine Reihe von Produkten vorzustellen), Augmented Reality Ads, auch Filter können erzeugt werden, die User dann für ihre Produkte nutzen können.

https://forbusiness.snapchat.com/ad-products/

17.6.9 Traffic Quelle 9

Ebay bietet Shopbetreibern und gewerblichen Verkäufern eine ganze Reihe von Tools, um die eigenen Verkaufsaktivitäten zu optimieren. Darauf kann man auch (als gewerblicher Verkäufer) Werbung schalten.

Möglich sind dabei klassische Display-Ads und Sonderformate wie eine Dynamic Sidebar Werbung, aber auch Native In-Feed Ads.

https://verkaeuferportal.ebay.de/anzeigen (nur für Ebay Shop Betreiber)

17.6.10 Traffic Quelle 10

Werbung auf Ebay kann sich ganz allgemein lohnen, da Menschen hier gezielt auf der Suche nach Produkten sind.

Möglich sind in Ebay und auf Ebay-Kleinanzeigen klassische Display-Werbeformate, daneben auch Sonderformate wie Native In-Feed-Ads, Wallpaper-Skins, Streaming Ads und spezielle Ad-Formate für Mobile.

https://advertising.ebay.de/

17.6.11 Traffic Quelle 11

Amazon ist nicht nur eine der wichtigsten Plattformen weltweit, um Produkte zu verkaufen - allein hierzulande gibt es 44 Millionen potenzielle Kunden. Produkte werden auf Amazon sogar deutlich häufiger gesucht als auf Google.

Auch Werbung lässt sich auf Amazon schalten - nach Google und Facebook ist Amazon das „drittbeliebteste Werbeportal" bei Marketern.

Herausragend hier: vergleichsweise hohe Effizienz bei recht geringen Kosten. Die Keywordsuche kann man dabei direkt über Amazon durchführen und mittels einer Negativ-Keyword-Suche sogar unerwünschte Keywords ausschließen lassen, damit gelingt häufig ein noch gezielteres Targeting.

Möglich sind auf Amazon dabei Sponsored Ads und Sponsored Products sowie Sponsored Brands. Daneben gibt es die Möglichkeit von Headline Search Ads und Product Display Ads.

Mit Werbung auf Amazon kannst du zudem vor allem deine Sichtbarkeit deiner Produkte stärken und die Marktanteile deines Unternehmens noch deutlich auf Amazon erhöhen. Cross- und Upselling-Möglichkeiten auf Amazon bieten auch eine gute Möglichkeit, deine Umsätze zu steigern.

https://advertising.amazon.de/amazon-advertising-platform

17.6.12 Traffic Quelle 12

Bing „die Suchmaschine" ist Microsofts Antwort auf Google. Bing hat bei der Desktop-Suche durchaus noch Marktanteile (ca. 8 %) zu verzeichnen und ist eine von vielen gerne genutzte Suchmaschine. Bei Windows 10 ist BING voreingestellt und wird daher häufig auch in Unternehmen genutzt, interessant ist BING deshalb auch für B2B-Werbung.

Bei mobilen Suchen spielt BING aber nur eine sehr untergeordnete Rolle.

Die Nutzer bei BING sind im Schnitt meist etwas älter, haben eine höhere Bildung und sind etwas zahlungskräftiger als der durchschnittliche

Google-Nutzer. Klickpreise auf BING sind ebenfalls etwas günstiger als bei Google.

Die Werbeformate sind praktisch deckungsgleich mit denen von Google AdWords, auch die Funktionalität ist weitgehend gleich.

https://advertise.bingads.microsoft.com/de-de

17.6.13 Traffic Quelle 13

Taboola ist eine Content-Discovery Plattform, die nach eigenen Angaben von bis zu einer Milliarde User weltweit genutzt wird. User können dort Premium-Content durchsuchen und sich Beiträge zu ihren Interessensgebieten anzeigen lassen.

Taboola bietet nach eigenen Angaben die Möglichkeit, eigenen Native Content auf den Seiten von hochwertigen Premium-Publishern zu schalten.

Nach Angaben von Taboola können damit auch User Engagement und Sichtbarkeit für die eigene Marke und das eigene Unternehmen gefördert werden.

https://www.taboola.com/de

17.6.14 Traffic Quelle 14

Twiago ist eine Plattform, die Advertiser und Publisher zusammenbringt. Die in Köln ansässige Plattform gehört zur Ströer Digital Group - einem der wichtigsten Unternehmen im deutschsprachigen Werbemarkt.

Unterstützt wird auf Twiago das Native Advertising. Hier geht es um den deutschsprachigen Markt.

https://www.twiago.com/

17.6.15 Traffic Quelle 15

Auch Ligatus ist ein Werbenetzwerk für Native Advertising. Ligatus ist in mehreren europäischen Ländern vertreten, darunter Frankreich, Italien, Belgien, den Niederlanden, Österreich, Großbritannien und Spanien. Daneben gibt es auch Niederlassungen in der Türkei und in der Schweiz.

https://www.ligatus.com

17.6.16 Traffic Quelle 16

Plista ist ebenfalls eine Native Advertising Netzwerk, das Werbetreibende und Premium-Publisher zusammenbringt. Neben Native Advertising wird auch Native Content Distribution unterstützt.

Möglich sind hier Text-, Bild- und Video Ads sowohl für Desktop als auch für Mobil. Ziel ist vor allem der deutschsprachige Markt.

https://www.plista.com/de/

17.6.17 Traffic Quelle 17

content.ad ist ein Native Advertising Netzwerk, das weltweit arbeitet.

Möglich sind hier ausschließlich Native Ads.

https://content.ad/

17.6.18 Traffic Quelle 18

Seeding Alliance ist ebenfalls ein Native Advertising Netzwerk. Zielmarkt ist hier Deutschland. Zur Verfügung stehen über 600 Publisher und über 200 Premium Publisher. Der Content wird von über 72 Millionen Unique Users erreicht.

Mögliche Ad-Formate sind nicht nur Ad Content (Sponsored Ads), sondern auch Text-Bild-Anzeigen oder ein spezielles Produkt-Präsentationsformat. Es können über eigene Rubriken auch ganze Themenchannel erzeugt werden. Video Ads und In-App-Werbung werden ebenfalls angeboten, dazu gibt es die Möglichkeit, im Recommendation Feed direkt unterhalb des Contents aufzutauchen.

https://seeding-alliance.de/

17.6.19 Traffic Quelle 19

Airpush bietet Push-Marketing Lösungen an. Das Unternehmen sitzt in Denver, USA.

Möglich sind dabei nicht nur klassische Push-Notifications, sondern auch Video-Pushs, Overlays, Rich Media Einblendungen sowie In-App-Banners. Das Unternehmen arbeitet weltweit.

https://airpush.com

17.6.20 Traffic Quelle 20

inmobi ist ein weltweit arbeitendes Unternehmen und hat nach eigenen Angaben die Möglichkeit 1,6 Milliarden User weltweit zu erreichen. Schwerpunkt ist dabei mobiles Marketing.

Neben der Gewinnung von Daten und Erkenntnissen über verschiedene Zielgruppen weltweit werden auch Lösungen für In-Video Advertising und Context Marketing sowie Retargeting angeboten.

www.inmobi.com

17.6.21 Traffic Quelle 21

Leadbolt ist ein Unternehmen, das weltweites Mobile Advertising anbietet. Das Unternehmen arbeitet in mehr als 165 Ländern und mit über 65.000 Apps. Das Unternehmen sitzt in Australien, betreibt aber auch mehrere Offices in den USA und in Bangalore (Indien).

www.leadbolt.com

17.6.22 Traffic Quelle 22

AdRecover ist ein Unternehmen, das sich darauf spezialisiert hat, User zu erreichen, die von einem Adblocker geschützt sind. Das sind zu einem großen Teil Millenials.

User hinter einem Adblocker können bei AdRecover durch ein spezielles Permission-Verfahren erreicht werden. Das Unternehmen arbeitet weltweit.

www.adrecover.com

17.6.23 Traffic Quelle 23

Das Unternehmen bietet neben der Hilfe bei der Zielgruppendefinition und Zielgruppenanalyse auch Cross-Channel-Lösungen und Cross-Device-Lösungen an. Daneben steht auch ein Affiliate-Netzwerk zur Verfügung.

http://de.conversantmedia.eu (Für Deutsch)

international: www.conversantmedia.com

17.6.24 Traffic Quelle 24

Das Unternehmen, das global arbeitet, bietet nicht nur genaue Zielgruppenanalysen sondern auch unterschiedliche Werbeformate. Das Unternehmen sitzt in Emeryville, Kalifornien.

Möglich sind hier Display Werbung, Video Ads und Mobile Media Ads.

http://exponential.com/de/

17.6.25 Traffic Quelle 25

Das Unternehmen ist ein Dienstleister für digitale Strategieentwicklung und Kampagnen-Management.

Unterschiedliche Kampagnen über verschiedene Geräte hinweg können zusammengeführt und unter einer einheitlichen Oberfläche gemanaged werden. Unterstützt werden auch DMP-Ansätze und automatisiertes Marketing.

Centro sitzt in Chicago, USA.

www.centro.net

17.6.26 Traffic Quelle 26

Sizmek bietet eine Komplettlösung zur Kampagnenoptimierung mit integriertem Kampagnenmanagement, das AI-unterstützt ist. Eine DMP-Lösung unterstützt dabei auch das genaue Targeting. Bei Sizmek werden Advertiser und Agencies zusammengeführt.

Die Plattform funktioniert in über 70 Ländern, das Unternehmen hat in den USA mehrere Niederlassungen.

www.sizmek.com

17.6.27 Traffic Quelle 27

Das Unternehmen ist spezialisiert auf Customer Intelligence und bietet Lösungen, um Kundengruppen zu analysieren, Customer Scores zu entwickeln, personalisierte Messages an Kunden auf den wichtigsten Channels zu gestalten und durch vergleichende Kundenanalysen neue, passende Zielgruppen zu finden.

Durch Ignition One ist es auch möglich, Kunden immer klar zu identifizieren - unabhängig davon, welche Plattform oder welches Gerät sie gerade benutzen.

Das Unternehmen sitzt in den USA, hat aber auch Niederlassungen in Frankreich, Belgien, München und Paris.

www.ignitionone.com

17.6.28 Traffic Quelle 28

Oath (Verizon Digital Network) ist ein amerikanisches Unternehmen mit Sitz in New York und stellt einen Zusammenschluss von über 50 Medienfirmen dar, zu denen unter anderem auch die Riesen AOL und Yahoo gehören.

Für Werbetreibende werden Lösungen im Bereich von Native Advertising und Sponsored Content, Mobile Advertising und Content Marketing angeboten. Daneben gibt es auch komplette Video-Ad-Lösungen und Search-Ad-Lösungen, die man nutzen kann.

https://www.oath.com/advertising/

17.6.29 Traffic Quelle 29

Epom ist eine SaaS-Lösung (Software as a Service) für die Ad-Verwaltung und die Ads-Distribution. Es können damit Ads über eine große Zahl von verschiedenen Channels, Plattformen und in unterschiedlichen Formaten gemanaged werden.

https://epom.com

17.6.30 Traffic Quelle 30

Propel Media verbindet Marketer mit Kunden über Context Marketing (InText Ads). Das in Irvine, Kalifornien, ansässige Unternehmen wurde 2006 gegründet.

www.propelmedia.com

17.6.31 Traffic Quelle 31

Viewbix ist ein Unternehmen, das sich auf interaktive Video-Ads spezialisiert hat. Dafür stehen ein SaaS-basierter Ad-Builder und eine Cross-Plattform Distributionslösung zur Verfügung. Über die Analytics-Plattform können die Ergebnisse ausgewertet und analysiert werden.

http://corp.viewbix.com

17.6.32 Traffic Quelle 32

PlentyOfFish (POF) ist eine 2013 gegründete Online-Dating-Plattform, die ihren Sitz in Kanada hat. Schwerpunkt der Geschäftstätigkeit liegt in den englischsprachigen Ländern mit dem Hauptgewicht den USA, Kanada, Großbritannien und Australien.

Geschaltet werden kann hier Display-Werbung mit statischen und animierten Bannern, ein sehr gezieltes Targeting ist möglich.

www.pof.com/advertising.aspx

17.6.33 Traffic Quelle 33

Atlas Solutions ist eine Tochterfirma von Facebook, die 2013 vom Vorbesitzer Microsoft für 100 Millionen US-Dollar erworben wurde.

Atlas Solutions ist heute ein integrierter Teil von Facebook Business.

www.atlassolutions.com

Die URL leitet nun weiter auf: www.facebook.com/business/measurement/

17.6.34 Traffic Quelle 34

AdRoll das 2007 gegründete Unternehmen soll Online-Werbung einfacher machen. Unternehmensniederlassungen gibt es sowohl in den USA als auch in Dublin und London. Die Lösungen richten sich dabei vor allem an B2B-Marketer.

Ein Schwerpunkt der Leistungen des Unternehmens liegt dabei im Kampagnen-Management und in der Kampagnen-Planung. Gemanaged werden können dabei zusätzlich nicht nur komplette Kampagnen im E-Commerce sondern auch im Bereich des Mail-Marketing. Unterschiedliche Workflows sollen dabei vereinfacht und beschleunigt werden. Wichtige Plattformen, wie beispielsweise HubSpot können direkt in AdRoll eingebunden werden.

https://www.adroll.com/de-DE/

17.6.35 Traffic Quelle 35

PERFECT AUDIENCE hat sich auf das Retargeting spezialisiert. Retargeting und Remarketing aus verschiedenen Kanälen (Web, Facebook und Mobile sowie Dynamic Retargeting) können bei PERFECT AUDIENCE zusammengeführt und gemeinsam gemanaged werden. Daneben stehen umfangreiche Tracking-Lösungen zur Verfügung.

PERFECT AUDIENCE kann 14 Tage lang kostenlos getestet werden.

-http://www.perfectaudience.com

17.6.36 Traffic Quelle 36

Rubicon Project ist ein weltweit führender Anbieter für den automatisierten Kauf und Verkauf von Werbung. Marketer und Publisher werden auf der Supply-Side-Plattform zusammengeführt.

Auf der Plattform kann mittels Real Time Bidding (RTB, RTA) auf Ad Impressions unterschiedlicher Publisher direkt geboten werden. Das Werbemittel des Höchstbietenden wird dann direkt ausgespielt. Rubicon Project bietet damit einen weltweit nutzbaren Ansatz für Programmatic Advertising .

rubiconproject.com

17.6.37 Traffic Quelle 37

Das in San Francisco ansässige Unternehmen Marin Software arbeitet weltweit und stellt eine SaaS-Lösung für gemeinsames Search Advertising, Social Advertising und eCommerce Advertising zur Verfügung.

Unterschiedliche Kampagnen können auf der Plattform zusammengeführt und gemeinsam gemanaged werden.

http://www.marinsoftware.com

17.6.38 Traffic Quelle 38

Die Commission Factory ist ein Affilate Marketing Netzwerk, das Werbetreibende und Affiliates zusammenbringt. Die Plattform ist in Australien ansässig und arbeitet schwerpunktmäßig auch dort.

www.commissionfactory.com

17.6.39 Traffic Quelle 39

Adblade ist ein in den USA ansässiges Unternehmen, das Webseitenbetreiber und Werbetreibende zusammenbringt.

Unterstützt werden ausschließlich Content-Style Ads (Native Ads), Tools für das Auswerten und gezielte Skalieren von Kampagnen stehen auf der Plattform ebenfalls zur Verfügung.

www.adblade.com

17.6.40 Traffic Quelle 40

Revcontent ist ein weltweit agierendes Empfehlungsnetzwerk mit über 250 Millarden ausgespielten Empfehlungen pro Monat weltweit. Kunden werden beim Recommandation Marketing exakt auf ihre Bedürfnisse zugeschnittene konkrete Produktempfehlungen ausgespielt.

Das Unternehmen bietet die Planung, Gestaltung und Betreuung von Kampagnen an. Schwerpunkt ist dabei der US-Markt, gearbeitet wird aber weltweit.

www.revcontent.com

17.6.41 Traffic Quelle 41

BuySellAds ist ein Werbenetzwerk, das Werbetreibende und Publisher zusammenbringt.

Unterstützt werden hier nicht nur Sponsored Content und Native Ads sondern auch Displaywerbung und Cryptobar-Werbung sowie Email-Advertising.

www.buysellads.com

17.6.42 Traffic Quelle 42

Mithilfe von Podcasts lassen sich vor allem höher gebildete und mobile Zuhörer ansprechen. MIDROLL macht Ads in über 300 Podcast-Veröffentlichungen möglich, die insgesamt mehr als 80 Millionen mal pro Monat heruntergeladen werden. Ziel ist hier vor allem der amerikanische Markt. http://www.midroll.com

17.6.43 Traffic Quelle 43

Das Unternehmen hat sich vor allem auf die Erstellung von Dynamic Ads spezialisiert. Auch die Planung von Online-Kampagnen mit Dynamic Ads wird angeboten.

Dynamic Ads (DCO) lassen sich individuell auf die jeweils anzusprechende Zielgruppe abstimmen, indem einzelne Bestandteile (Botschaft, Bild, etc.) flexibel eingesetzt werden können.

www.united-internet-media.de

17.6.44 Traffic Quelle 44

ExoClick ist ein Unternehmen aus Barcelona, das weltweit Werbetreibende und Publisher zusammenbringt.

ExoClick setzt auf zwei unterschiedliche Kanäle: Ad Exchange und Ad Network. Das Ad Network ist nach der Messung von W3Techs das viertgrößte der Welt.

Im Ad Network können Anzeigen für Desktop, Mobile und SmartTV geschalten werden. Dabei kommt Geotagging zum Einsatz um gezielt auch nationale und regionale Kampagnen zu ermöglichen. Pro Monat werden durch ExoClick mehr als 180 Milliarden Anzeigen ausgeliefert.

www.exoclick.com/de/

17.6.45 Traffic Quelle 45

Adsterra bietet eine sehr große Bandbreite an unterschiedlichen Anzei-
gemöglichkeiten - bis hin zu PushAds und Pop-Under-Advertising. Au-
genblicklich ist der Dienst allerdings nicht erreichbar.

https://adsterra.com/

17.6.46 Traffic Quelle 46

Das Unternehmen AdBlade ist ein in den USA ansässiger Anbieter, der
sich auf Sponsored Content spezialisiert hat.

Für das Werbenetzwerk werden Tools angeboten, um Kampagnen sehr
exakt auswerten zu können.

www.adblade.com

17.6.47 Traffic Quelle 47

Das Unternehmen Vibrant Media bietet eine fortschrittliche Technologie für In-Text Ads an. Unterschiedliche redaktionelle Inhalte verschiedener Publisher werden automatisch analysiert, danach werden passende Schlüsselbegriffe mit relevanten Anzeigen hinterlegt, die Leser
aktiv klicken müssen um sie zu aktivieren.

Vibrant Media kann Anzeigen neben dem In-Text Format auch als In-View Format oder als Floor-Ads oder als Image&Expand ausspielen. Dazu gibt es auch eine Möglichkeit für optimal platziertes Video-Advertising.

www.vibrantmedia.com/de/

17.6.48 Traffic Quelle 48

Das Unternehmen Crossvertise bietet derzeit weltweit als einziger die Möglichkeit an, Werbung gleichzeitig in allen möglichen Formaten zu buchen: von Plakat über Print bis hin zum kompletten Spektrum an Online-Werbung.

www.crossvertise.com

17.6.49 Traffic Quelle 49

Der amerikanische Anbieter teads.tv bietet ein Netzwerk, das Publisher und Werbetreibende global zusammenbringt.

Unterstützt werden dabei Ads in unterschiedlich gestalteten Bild- und Videoformaten. Kampagnen können zudem mithilfe von AI-Technologien besonders exakt und effizient gesteuert werden.

www.teads.tv

17.6.50 Traffic Quelle 50

Lovoo ist ein soziales Flirt- und Datingnetzwerk, das seit 2011 auf dem Markt ist. Die Zielgruppe sind dabei vor allem jüngere Menschen, das Matching beruht auf standortbezogenen Daten, da sich vor allem Menschen aus der Umgebung kennenlernen sollen.

Das Unternehmen sitzt in Dresden, Ziel ist vor allem der deutsche Markt. Die App des Unternehmens ist die meistheruntergeladene im Apple App Store und auf Google Play im Bereich Soziale Netzwerke.

An Werbemöglichkeiten stehen gebrandete Sponsored VIP Sessions, Sponsored Chats, App Boost, Native Header, Match Ads und Sponsored Challenges zur Verfügung.

https://brands.lovoo.com/

17.6.51 Traffic Quelle 51

Spotify for Brands bietet die Möglichkeit, Voice Ads auf Spotify zu schalten. Die Erstellung des Voice Spots übernimmt Spotify selbst, wenn über das Spotify Ad Studio ein Script eingereicht wird (Sprache, Hintergrundmusik und Produktion des Spots). Die Erstellung verursacht keine zusätzlichen Kosten. Alternativ können auch eigene Spots hochgeladen werden.

Messen lassen sich mittels integrierten Tools Reichweite, Resonanz und Reaktion auf den Spot.

Zusätzlich zu den Voice Ads sind auch Video-Anzeigen mit User Reward (30 Minuten unterbrechungsfreie Musik beim Ansehen des Spots) und klickbare Overlay Ads möglich. Sponsored Playlists für zielgruppenrelevante Musik sind eine weitere Möglichkeit.

Das Targeting erfolgt über Alter und Geschlecht und die Streaming-Gewohnheiten der Nutzer.

http://spotifyforbrands.com/de-DE/

17.6.52 Traffic Quelle 52

Adspirit ist ein deutscher Adserver, der von der AdSpirit GmbH mit Sitz in Berlin betrieben wird.

Unterstützt wird auf dem Adserver auch Real Time Bidding (RTB) und das Optimieren von Google Ads Kampagnen.

Angeboten werden fast alle gängigen Werbeformate im Bereich der Displaywerbung inklusive PopUp und PopUnder. HTML-Werbemittel, Expandable Ads und Wallpapers sind daneben ebenso möglich wie Prestitial und Interstitial Ads. Zusätzlich werden zahlreiche Formen von Video Ads unterstützt. Mobile Werbeformate können ebenfalls direkt vom AdServer aus geschaltet werden, das ist auch mit mobiler Video-Werbung möglich.

Im Bereich der Optimierung sind unterschiedliche Ziele einstellbar, möglich ist auch eine automatisch arbeitende Kampagnensteuerung mit Ertragsoptimierung. Daneben stehen zahlreiche weitere Optimierungsmöglichkeiten und Automatisierungsfunktionen zur Verfügung.

AdSpirit kann über einen kostenlosen Testaccount getestet werden.

www.adspirit.de

17.6.53 Traffic Quelle 53

Clicksor ist ein kanadisches Unternehmen für Contextual Advertising, das seit 1999 auf dem Markt ist.

Angeboten werden Pop-Unders und sogenannte Interstitial-Ads (Ads, die zwischen redaktionellem Content auftauchen, wie TV-Werbung innerhalb eines Films).

Das Targeting findet als Contextual Advertising statt, das heißt, die Ads werden nach vom Publisher angegebenen Keywords und Suchanfragen für seine Seite mit dazu passenden Ads gematcht.

Werbetreibende bestimmen ihren Klickpreis nach einem Bidding-System (wie bei den Google Ads) selbst, je höher der gebotene Klickpreis, desto wahrscheinlicher ist, dass deine Anzeige gematcht wird. Es besteht die Möglichkeit, zusätzlich Geotagging und Time Tagging (Ausspielen der Anzeigen zu bestimmten Zeiten) einzustellen. Auch Remarketing ist möglich.

Clicksor deckt Kampagnen in 196 Ländern ab, arbeitet also praktisch weltweit.

www.clicksor.com

17.6.54 Traffic Quelle 54

Roadads ist ein innovativer und noch sehr junger Ansatz für völlig anders gestaltete digitale Werbung. Angeboten werden dabei digitale Werbeflächen auf fahrenden LKWs / Transportern, auf denen Ads angezeigt werden können. Die Anzeigefläche ist dabei 64 Zoll groß und in einem Winkel von 180° sichtbar. Anzeigbar sind nur statische Werbebilder (wie bei einem Plakat). Sie können jederzeit verändert und in Echtzeit angepasst werden.

Ein Targeting kann nach dem Standort des LKWs erfolgen, indem Anzeigen nur gezielt an bestimmten Orten oder in einem bestimmten Bereich ausgespielt werden. Zusätzlich können als Kriterien die aktuelle Wetterlage, die Verkehrsdichte auf der Straße und bestimmte Zeiträume angegeben werden.

Kampagnen lassen sich auf der Online-Plattform direkt erstellen und in Echtzeit managen. Ausgewertet werden die Sichtkontakte über das Aufspüren der WLAN-Signale von Smartphones in der Nähe, deren unterschiedliche MAC-Adressen gezählt werden.

www.roadads.de

17.7 Weitere Traffic Quellen für deine Leadgenerierung & Neukundenakquise

Weitere mobile Werbenetzwerke & Co. um mehr App-Downloads oder Traffic erhalten zu können

17.7.1 Traffic Quelle 55

AdMob ist ein Service von Google, der ermöglicht, Apps zu monetarisieren. Native Ads, verschiedene In-App-Werbeformen und In-App-Videoanzeigen stehen dem Nutzer zur Verfügung. Mit AdMob Mediation können Anzeigen aus einer großen Zahl von Werbenetzwerken geschaltet werden.

https://www.google.de/admob/

17.7.2 Traffic Quelle 56

Mit Apple Search Ads wird die Sichtbarkeit deiner App für User erhöht, indem sie bei relevanten Suchen im App Store von Apple an prominenter Stelle angezeigt wird.

https://searchads.apple.com/ oder

-searchads.apple.com/de/

Steigere mit Search Ads die Auffindbarkeit deiner App im App Store für iPhone und iPad – völlig mühelos und hocheffizient.

Mögliches Tool zur Optimierung in Searchads Apple

http://adahead.com/

17.7.3 Traffic Quelle 57

Unity bietet unterschiedliche Werbeformate zur Monetarisierung von App Games und hat sich auf Video Ads mit User Reward spezialisiert. Daneben sind auch Interstitial Ads, klassische Display Ads, Rich Media Ads und Playables möglich. Zusätzlich unterstützt Unity auch AR-Werbung (Augmented Reality), die das Engagement von Usern stark steigern kann.

Werbecontent ist dabei nicht nur von Google Ads sondern auch von 40 weiteren Netzwerken. Nach eigenen Angaben von Unity ist die SDK besonders einfach zu installieren.

unity3d.com/de/unity/features/ads

17.7.4 Traffic Quelle 58

Auch Chartboost unterstützt neben verschiedenen, qualitativ hochwertigen Videoformaten auch Playable Ads. Dazu stehen auch umfassende Auswertungsfunktionen für jede Kampagne zur Verfügung.

Das Unternehmen, das eines der größten in der In-App Monetization Branche ist, erreicht nach eigenen Angaben über 900 Millionen App

User jeden Monat und unterhält Niederlassungen in den USA, in Amsterdam, Barcelona und Peking.

www.chartboost.com/advertisers/

17.7.5 Traffic Quelle 59

Adcolony ist spezialisiert auf Video-Advertising in besonders brillanter Qualität und mit sehr kurzen Ladezeiten.

Das Unternehmen arbeitet weltweit und besitzt sogar eine Niederlassung in Peking. Weltweit können bis zu 1,4 Milliarden Nutzer erreicht werden.

www.adcolony.com

17.7.6 Traffic Quelle 60

Applovin ist eine Mobile Marketing Plattform mit Sitz in Palo Alto. Die Plattform richtet sich dabei ausschließlich an die Entwickler von Mobile Games.

Das Unternehmen bietet dabei nicht nur eine Möglichkeit, Mobile Games zu monetarisieren, sondern auch Unterstützung für das Veröffentlichen von Spielen und das Erhöhen der Downloadzahlen.

www.applovin.com

17.7.7 Traffic Quelle 61

Mit Appnext lassen sich Apps monetarisieren und besser vermarkten. Ein besonderes Feature ist dabei die Timeline, die Usern Empfehlungen für bestimmte Apps bezogen auf ihren Tagesablauf und ihre Aktivitäten ausspielt, die aus der Analyse der Tagesabläufe des Users gewonnen werden.

Mit Appnext lässt sich nicht nur die Sichtbarkeit der eigenen App erhöhen, es werden daneben auch Möglichkeiten angeboten, die eigene App zu monetarisieren.

www.appnext.com

17.7.8 Traffic Quelle 62

Das in Barcelona ansässige Unternehmen Mobusi bietet neben der Unterstützung der Search Ads von Apple mit Lazarus DSP zusätzlich auch die Möglichkeit, Ads automatisiert auf verschiedenen Plattformen - sowohl Desktop als auch Mobile - anzeigen zu lassen. Dabei kommen sehr gezielte Targeting Technik und Real Time Bidding (RTB) zum Einsatz.

www.mobusi.com

17.7.9 Traffic Quelle 63

You.Appi bietet die Möglichkeit, Apps mit hochwertigem Video-Content zu monetarisieren und durch User-Vergütungen (User-Revenue) auch das Engagement von Usern zu erhöhen.

Für Werbetreibende stehen verschiedene Video-Formate zur Verfügung, die genutzt werden können. Das in San Francisco ansässige Unternehmen arbeitet weltweit.

www.youappi.com

17.7.10 Traffic Quelle 64

Liftoff ist ein Unternehmen, das sich vor allem auf die Steigerung von User Engagement und das Steigern von Post-Install-Conversions spezialisiert hat. Dabei besteht auch die Möglichkeit, Personalized Ads an die User deiner App auszuspielen und somit die Möglichkeit einer Conversion innerhalb der App zu erhöhen.

https://liftoff.io

17.7.11 Traffic Quelle 65

Taptica ist eine Plattform, die Brands und App Entwicklern Möglichkeiten bietet, Werbung zu schalten. Dafür kommen auch AI-gesteuerte Technologien zum Einsatz, die das Targeting verbessern sollen. Über die Plattform des Unternehmens kann auch direkt mit Publishern und Affiliates zusammengearbeitet werden.

RTB (Real Time Bidding) ist ebenfalls möglich, dazu kommen noch verschiedene hilfreiche Technologien wie Social Engagement, Tutorial Completion und umfassende Tracking-Funktionen.

www.taptica.com

17.7.12 Traffic Quelle 66

Vungle bringt Werbetreibende und App-Entwickler zusammen und ermöglicht das Ausspielen von hochwertigen Werbeformaten innerhalb von Apps. App-Entwickler erhalten Zugang zu einer großen Zahl von Advertisern, um ihre Apps besser monetarisieren zu können.

https://vungle.com/

17.7.13 Traffic Quelle 67

Smaato ist eine global arbeitende RTB-Plattform. Im Vordergrund steht dabei die Monetarisierung von Apps. Das in San Francisco ansässige Unternehmen hat auch ein Europa-Office in Hamburg und ein Office für asiatische Märkte in Singapur.

www.smaato.com

17.7.14 Traffic Quelle 68

Mobrain bietet programmatische Advertising-Lösungen an und ermöglicht Web-Entwicklern ein hoch erfolgreiches Monetarisieren ihrer Apps. Zudem gibt es Tools, um das Re-Engagement von Usern zu fördern und nach dem Customer Lifetime Value (CLV) Kategorien zu bilden.

http://www.mobra.in/

17.7.15 Traffic Quelle 69

Fyber bietet eine Vielzahl von Möglichkeiten, Apps zu monetarisieren und stellt dabei eine RTB-Plattform und unterschiedliche Video-Formate inklusive User-Revenue-Formate zur Verfügung. Das Unternehmen betreibt Niederlassungen weltweit.

www.fyber.com

17.7.16 Traffic Quelle 70

Auch Tapjoy ist eine Plattform, die App Developer und Werbetreibende zusammenbringt. Im Vordergrund steht dabei laut dem Unternehmen vor allem die User-Experience der App-User.

www.tapjoy.com

17.7.17 Traffic Quelle 71

Bei Startapp spielen User-Data und die User Intents sowie das Userverhalten eine große Rolle beim Targeting. Dafür werden bis zu 15 TB an Daten pro Tag analysiert. Die daraus gewonnenen Einsichten sollen helfen, Kampagnen zu verbessern und User zielgerichteter ansprechen zu können. Das nützt am Ende sowohl dem Werbetreibenden als auch dem App-Entwickler bei der Monetarisierung seiner App.

www.startapp.com

17.7.18 Traffic Quelle 72

Yeahmobi ist ein chinesisches Unternehmen, das auch in den USA, in Deutschland sowie in Japan und Korea Niederlassungen hat. Zusätzlich zu der Adserving-Plattform gibt es auch den Yeah-Targeter, der ein besonders gezieltes Targeting ermöglichen soll.

Daneben werden auch Ad-Kampagnen für alle wichtigen Plattformen angeboten.

www.yeahmobi.com

17.7.19 Traffic Quelle 73

Avazu ist eine globale Mobile Advertising Plattform, die auf programmatische Technologien setzt. Das Unternehmen gehört zu den größeren in der Branche und spielt über seine Ad Plattform über 20 Milliarden Ad-Impressions pro Tag aus. Über 1 Million Anfragen pro Sekunde können auf der Plattform verarbeitet werden.

Avazu gehört damit insgesamt zu den leistungsfähigsten Plattformen weltweit.

http://avazuinc.com/products/

http://avazuinc.com/home/

17.7.20 Traffic Quelle 74

Tappx bietet einen individuellen Ansatz, um das Monetarisieren von Apps besser und auch profitabler zu machen. Es besteht die Möglichkeit, Ads anderer Developer im Austausch in der eigenen App anzeigen zu lassen und dafür Punkte zu erhalten. Mithilfe dieser Punktewerte kann die eigene App kostenlos promotet werden.

Bei der Entwicklung des Systems wurde viel Wert auf Einfachheit in der Bedienung und Integration und auf eine besonders leichtgewichtige SDK gelegt.

Auch eine Monetarisierung-Lösung für Apps wird angeboten. Dafür stehen hunderte von Ad Networks, DSP und mehr zur Verfügung, für die Integration wird eine große Palette von Möglichkeiten geboten. Es sind mehrere Formate für die Einblendungen auswählbar.

www.tappx.com/en/

17.7.21 Bonus Tool Tipp

Mit Apptopia gelingt es, dem Mitbewerber immer eine Nasenlänge voraus zu sein - und ihm auch ein wenig in die Karten zu schauen.

Das Tool erlaubt einerseits, Apps sehr gezielt nach bestimmten Kriterien für eigene Werbekampagnen auszuwählen:

-nach der Performance von Apps (Downloads, Engagement Index, Active Users, Höhe der Werbeeinnahmen),

-nach SDKs,

-nach bestimmten Kennzahlen (am schnellsten wachsende Apps, neu releaste Apps, höchstes Breakout Potenzial)

-nach Unternehmensinformationen über die Entwickler

Daneben lässt sich auch mit Apptopia auch herausfinden, welcher deiner Wettbewerber wo wirbt, wie viel Geld er dafür zahlt und welche Werbeinhalte er ausspielt. Du kannst auch analysieren, was für jeden deiner Mitbewerber funktioniert und was nicht und wer seine User sind - und daraus wertvolle Erkenntnisse für deine eigene Strategie ziehen.

Eine weitere Funktion von Apptopia ist die Planung eigener Kampagnen. Mit dem integrierten Spend Tool lässt sich auch sehr genau vorhersagen, wie viel Geld du investieren musst, um eine bestimmte Position zu erreichen und wo dein ROI am erfolgversprechendsten sein wird. Daneben kannst du auch herausfinden, wer deine User sind, welche Apps sie nutzen und welche Arten von Usern das meiste Engagement zeigen. Du kannst dir für jede App im Store sehr detaillierte Daten zur Verteilung von Alter und Geschlecht der Nutzer anzeigen lassen.

Mit diesen vielen Daten, die Apptopia bieten kann, verschaffst du dir einen profunden Wettbewerbsvorteil - oder einen schweren Wettbewerbsnachteil, wenn deine Mitbewerber Apptopia nutzen, du aber nicht. In den meisten Fällen werden die aus Apptopia gewonnenen Daten einen guten Beitrag zum Steigern deines Werbeerfolgs und deiner Werbe-Effizienz leisten können.

Apptopia kannst du ab einem Preis von rund 500 USD nutzen. Die Nutzungsdaten werden für über 3 Millionen Apps in über 100 Ländern angezeigt.

https://apptopia.com/

17.8 Bonus Traffic Quellen

17.8.1 Kostenpflichtige Bonus Traffic Quellen 1

Auch auf Deezer kann man werben. Das bietet sich vor allem für musikbezogene Businesses an. Auf Deezer besteht eine Möglichkeit für Audio-Ads und einer Kombination von Audio-Ads und Header Square Displays. Es stehen dabei unterschiedliche Targeting-Möglichkeiten zur Verfügung.

Für weitere Informationen zu den Native Ad Formaten können Sie sich an salesgsa@deezer.com wenden.

www.deezer.com/de/

17.8.2 Kostenpflichtige Bonus Traffic Quellen 2

Auf Skymedia kann man über das Onlinebuchungs-Tool MYDAS sehr einfach und unkompliziert TV-Werbung buchen und gleichzeitig die eigene TV-Werbung auch planen und optimieren. MYDAS erlaubt dabei Buchung, Umbuchung und Stornierung, daneben sind auch Buchungen von Massenspots und die Erstellung von Einschaltplänen über das Buchungstool möglich.

Die Auswahl zwischen verschiedenen Werbeinseln ist einfach und übersichtlich möglich, ausgewählt werden können die einzelnen Inseln mit nur wenigen Klicks.

Für das Buchungstool werden aus Sicherheitsgründen separate Zugangsdaten benötigt.

https://www.skymedia.de/advert/cms/de/service-online-buchen.jsp

www.skymedia.de oder gib in die Suchmaschine folgendes ein: "Skymedia Service online buchen".

17.8.3 Kostenpflichtige Bonus Traffic Quellen 3

Auf SevenOne Media GmbH (Pro7-Sat1) kann auf vielfältige Art und Weise geworben werden - dabei stehen auch viele Sonderwerbeformen zur Verfügung. Werbung kann dabei im TV, Digital oder für Multiscreen geschaltet werden.

Die Adresse des Senders:

SevenOne Media GmbH

Medienallee 4 85774 Unterföhring

www.sevenonemedia.de

17.8.4 Kostenpflichtige Bonus Traffic Quellen 4

Criteo ist einer der Weltmarktführer im Commerce-Marketing, der auf selbstlernende Technologien und einen sehr hohen Datenbestand sowie ständig verfügbare, bestmögliche Performance zurückgreift. Im Jahr

2017 wurden bei Criteo über 1.200 Milliarden Ads ausgeliefert. An Innovationen wird laufend gearbeitet.

Das Angebot von Criteo umfasst dabei Dynamic Retargeting, Sponsored Products for Brands, Sponsored Products for Retailers, Audience Match (BETA-Technologie), Customer Acquisition (BETA-Technologie)

www.criteo.com/de/

17.8.5 Kostenpflichtige Bonus Traffic Quellen 5

AppNexus betreibt den weltweit größten unabhängigen Marktplatz mit direkten Verbindungen zu mehr als 500 Verlagen, darunter rund 90 Prozent des adressierbaren comScore 200.

der AppNexus Marketplace bietet personenbezogene Werbung, sichtbaren Einkauf, Gebührentransparenz und ermöglicht den Zugriff auf Web- und mobiles Inventar in allen Formaten, einschließlich Display, Native und Video von einigen der weltweit führenden Publisher.

www.appnexus.com

Quelle: https://www.appnexus.com/marketplace/buy

17.8.6 Kostenpflichtige Bonus Traffic Quellen 6

Auch auf Pinterest lässt sich kostenlos werben. Das funktioniert über sogenannte "Promoted Pins". Dabei kannst du auch festlegen, welche Usergruppe deine Pins zu sehen bekommt. Die Werbung auf Pinterest ist dabei für User angenehm unauffällig und fügt sich gut in die Umgebung der Bilder-Plattform ein.

Die Werbung auf Pinterest lohnt sich dabei allerdings durchaus - mit mehr als 100 Millionen aktiver Nutzer monatlich und einer vergleichsweise hohen Kaufbereitschaft der Nutzer ist es durchaus sinnvoll, sich mit Werbung auf der Plattform zu beschäftigen.

Kampagnen können bei Pinterest auf 3 verschiedene Arten gestaltet werden: Als Promoted Pins, die verschiedenen Usern einer definierten Zielgruppe angezeigt werden (dafür wird ein TKP-Preis fällig). Daneben kann man aber auch für Interaktion von Nutzern werben (interagieren mit den Pins wie Vergrößern von Fotos oder Anklicken und Repinnen). Dafür wird dann ein Preis pro Interaktion fällig. Für Klicks, die zu deiner Webseite führen, bezahlst du einen Klickpreis.

Das Targeting lässt sich anhand einer Liste von insgesamt 420 möglichen Nutzerinteressen durchführen. Zusätzlich können Schlagworte, die zu Suchanfragen im Trend passen, ausgewählt werden oder eigene Schlagworte hinzugefügt werden. Damit lassen sich Nutzer sehr gezielt auswählen, denen der eigene Werbepin angezeigt werden soll.

https://ads.pinterest.com/

17.8.7 Kostenpflichtige Bonus Traffic Quellen 7

Tumblr ist immer noch eine häufig unterschätzte Plattform, auch wenn es um Werbung geht. Mit mehr als 80 Millionen Posts pro Tag entsteht dort aber eine beträchtliche Menge Content, der von einer sehr engagierten Zuhörerschaft auch tatsächlich sehr intensiv wahrgenommen wird. Für Werbemaßnahmen ist Tumblr daher also ein sehr erfolgversprechendes Umfeld - es muss dir dabei aber gelingen, mit deinem Werbecontent möglichst deutlich aus der Masse herauszustechen.

Tumblr bietet Sponsored Posts und Sponsored Video Posts an, die direkt auf dem Dashboard der User angezeigt werden. Zusätzlich gibt es noch die Möglichkeit eines "Sponsored Day" - für 24 Stunden lang wird dabei dein Logo und dein Slogan auf allen Posts in den Dashboards deiner Zielgruppe angezeigt werden. Mit dem Logo verlinkt ist dann eine Seite, auf der du Curated Content anzeigen kannst. Zusätzlich zu den Ads stehen auch auf Tumblr abgestimmte Analyse Tools zur Verfügung, mit denen sich die Reichweite und die Performance der eigenen Kampagne untersuchen lässt.

-https://www.tumblr.com/business

17.8.8 Kostenpflichtige Bonus Traffic Quellen 8

Auf Skype wird Werbung nur denjenigen Nutzern angezeigt, die die kostenlose Version nutzen und kein Skype-Guthaben gekauft haben. Das ist in der Praxis aber eine sehr große Anzahl von Usern - nur wenige verwenden Skype für Telefonate ins Festnetz und kostenpflichtige Versionen von Skype werden ebenfalls nur von einem geringen Prozentsatz der User verwendet.

Das Buchen von Werbeanzeigen erfolgt dabei über externe Anbieter. Möglich sind dabei Display-Werbung mit verschiedenen Banner-Formaten inklusive einem Expandable Masthead sowie In-Page Video Ads. Für das Targeting kannst du von Skype gespeicherte Profilinformationen sowie Location Informationen verwenden.

Einen Anbieter für die Werbung auf Skype findest du hier: https://market.crossvertise.com/de-de/skype-com-/media/online/details/678813

17.8.9 Kostenpflichtige Bonus Traffic Quellen 9

Matchmediagroup.com

Match Media Group fungiert als zentraler Partner für Vermarkter, um die aggregierten Zielgruppen, Daten und Erkenntnisse zu nutzen, die sich aus 71 Millionen Nutzern weltweit im gesamten Portfolio von Match 40 von mehr als 40 Dating-Plattformen ergeben, darunter Match.com, Tinder, OKCupid und People Medien. Inserenten und Agenturen mit einem Budget von mehr als 25.000 US-Dollar sind hier die Zielgruppe. Es handelt sich hier um eine kostenpflichtige Traffic Quelle um potenzielle Kunden in online Dating Apps zu erreichen.

Quelle: matchmediagroup.com

Interessiert an Werbung auf Tinder? Kontakt per E-Mail an adsales@gotinder.com

17.8.10 Kostenpflichtige Bonus Traffic Quellen 10

ADITION technologies ist der führende europäische Anbieter hochwertiger Technologielösungen für ein automatisiertes, datenbasiertes digitales Marketing über alle Kanäle aus einer zentralen Enterprise-Plattform heraus. Die modular erweiterbare Plattform liefert allen Marktteilnehmern – Werbetreibenden, Agenturen sowie Publishern/ Vermarktern – gleichermaßen individuelle, passgenaue Lösungen, um maximale Marketing- bzw. Vermarktungseffizienz zu erzielen und die jeweiligen Key-Assets im Online-Marketing zukunftssicher zu gestalten.

Als unabhängiges und neutrales Technologie-Unternehmen im Verbund der Virtual Minds Gruppe unterstützt ADITION einen internationalen Kundenkreis bei der Umsetzung seiner Digitalstrategie, zu dem u.a. 1&1, Otto, Payback, Performance Media, Plan.Net, redblue (Media Markt, Saturn), Sixt, Spiegel Media, Verivox und Telefónica zählen.

Ob Display, Mobile, Video, DOOH, Addressable TV oder Radio Advertising – programmatische Werbung effizient einkaufen, planen und optimieren. Direkter Zugriff auf alle wichtigen Sell-Side-Platforms & AdExchanges.

Quelle: www.adition.com

17.9 Weitere Kostenpflichtige Besucher Quellen für dein Online Business

17.9.1 Traffic Quelle 75

Fremde Newsletter erzeugen mehr Traffic auf der eigenen Seite

Wer einen fremden Newsletter gegen Bezahlung abonniert, erzeugt damit mehr Traffic für den eigenen Online-Auftritt. Das gelingt bequem und schnell - zum Beispiel über Plattformen, die Newsletter-Plätze vermitteln. Dabei ist es preiswerter, nur einen Werbeplatz zu mieten: Allerdings besteht dann keine Mitsprache-Möglichkeit bei dem weiteren Content. Teurer ist der Standalone-Letter - auch „Solo Ads" genannt: Hier bestimmt der Käufer allein den Inhalt und steht auch - ganz wichtig! - in der Betreffzeile.

Ein Nachteil dieser Vorgehensweise ist, zielgenau den passenden Newsletter für die eigenen Waren oder Dienstleistungen zu finden. Das trifft besonders auf Nischenprodukte zu. Generell gilt: Ein seriöser Newsletter erscheint nicht öfter als zweimal pro Monat. Die Abrechnung erfolgt über TKP, den "Tausender Kontakt Preis (oder per 100)": Für je 1000 Empfänger ist ein Festpreis vereinbart.

Tipp: Kontaktiere einen potenziellen Newsletter Versender und frage nach ob Du bei ihm einen Newsletter buchen kannst. Frage dabei nach: wie oft wird diese Liste angeschrieben, von wann sind diese Email Adressen, wie hoch ist die Öffnungsrate im Schnitt als auch die Zustellrate, sind diese im Double Opt in Verfahren eingesammelt worden und passen die rechtlichen Gegebenheiten.

Beispiel Anbieter wie:

-adrom.net,

-care-verlag.de,

-newslettersuchmaschine.de,

-newsletter-verzeichnis.de

Im Übrigen: wenn Datensätze gekauft werden, können diese per Email angeschrieben werden oder zum Beispiel bei Facebook benutzt werden: „Lookalike Audiences bieten eine Möglichkeit, um neue Personen zu erreichen, die womöglich an deinem Unternehmen interessiert sind, da sie deinen bestehenden Kunden ähneln". Prüfe jedoch vorher die Datschenschutz Grundverordnung in diesem und allen anderen Bereichen.

B2B Firmen haben zusätzlich die Möglichkeit durch diese Datensätze das Telefonmarketing zu nutzen. Auch hier gilt wie immer: „im Telefonat auf die Webseite verweisen um Traffic zu erzeugen oder auch die Kontaktdaten per Email an den potentiellen Kunden zusenden"

17.9.2 Traffic Quelle 76

Viralmailer: Mit Entertainment zu mehr Traffic

Viralmailer bilden eine Möglichkeit, mehr Traffic auf dem eigenen Internetauftritt zu generieren. Dieses System verbindet Menschen, die im Internet mit oder ohne eigener Webseite präsent sind, untereinander und mit Affiliates, den Werbepartnern. Ziel dabei ist es, sich gegenseitig Informationen / Werbung zukommen zu lassen - das sorgt für den angestrebten Traffic. Wer als User angemeldet ist, bekommt Emails von den anderen Nutzern mit Angeboten aus unterschiedlichen Produktbereichen wie Events, Software oder digitale Ware.

Wer sich einen Account als Viralmailer einrichtet, besitzt bei dem einen oder anderen Anbietern sofort die Möglichkeit, eine bestimmte Menge an Gratis-Emails an die bereits registrierten User zu verschicken.

Das sorgt für Rücklauf auf der eigenen Webseite (zum Beispiel auf der Landingpage). Mit der Qualitätssteigerung der Features kommt der Nutzer irgendwann in den kostenpflichtigen Bereich. Diese Gebühren aber rechnen sich langfristig.

Einsatzmöglichkeiten für: Partnerprogramm bewerben und Partner aufbauen, Events, Software oder digitale Ware. Die Hauptzielgruppe sind Affiliates.

17.9.3   Traffic Quelle 77

Werbung in fremden RSS-Feeds - die noch weithin unbekannte Traffic-Strategie

RSS Feeds sind eines der weithin unterschätzten Mittel, um Inhalte wirklich gut und vor allem weit und automatisiert zu verbreiten. Durch den hohen Automatisierungsgrad sind RSS-Feeds vor allem auch besonders effizient. Als Webseitenbetreiber kannst du daneben auch eine Menge Traffic erzeugen, indem du in fremden Feeds für deine eigene Seite wirbst.

Fremde RSS Feeds nutzen

User benutzen einen Feedreader vor allem, um über ein bestimmtes Themengebiet und neue Artikel in ihren Lieblingsblogs auf dem Laufenden zu bleiben, wenn Sie sich nicht in das Newsletter Formular eingetragen haben.

Wenn es dir gelingt, bei den Betreibern viel gelesener Seiten einen Platz bei deren freien Feeds zu ergattern, wo du mit einem kurzen Anlesetext und einem Link zu deiner Seite für deinen Webauftritt werben kannst, kann dadurch eine Menge Traffic zu deiner Seite entstehen. Viele Betreiber vermieten bereits Feeds als Werbeplätze, in Zukunft wird das wohl noch häufiger der Fall sein. Wichtig ist natürlich, dass du eine thematisch passende Seite für deinen werbenden Feed aussuchst.

Als angenehmer Nebeneffekt kann dadurch auch deine Linkpopularität steigen - was dir wiederum bei der Suchmaschinenoptimierung hilft.

Werbung in fremden RSS Feeds kann dir also oft recht nachhaltig helfen, wertvollen Traffic aufzubauen.

17.9.4 Traffic Quelle 78

Verkaufsplattformen nutzen um Aufmerksamkeit + Reichweite und Umsätze zu steigern

Dein eigener Online-Shop ist deine wichtigste Verkaufs & Datenbasis - so viel ist klar. Um mehr Umsätze zu erzielen, lohnt es sich aber immer, auch über eine Präsenz auf den großen Verkaufsplattformen im Web nachzudenken.

Prinzip Shopping-Mall

Für jeden Laden - egal ob online oder offline - sind die Kundenfrequenz und die Sichtbarkeit die wichtigsten Faktoren, wenn es darum geht, möglichst gute Umsätze zu erwirtschaften. Das ist so wie in einer Shopping-Mall: Dort wo täglich 8.000 potenzielle Kunden vorbeilaufen, wirst du höchstwahrscheinlich mit einem Ladengeschäft mehr Umsatz machen können und mehr Neukunden gewinnen können als in einem kleinen Shop in der schlecht besuchten Straße.

Das gleiche Prinzip gilt für Online-Marktplätze: Deine Produkte sind dort sichtbar, werden bei allen passenden Suchanfragen zum Produkt zumindest mit angezeigt und der wichtigste Faktor. Auf Online-Marktplätzen tummeln sich täglich tausende bis hunderttausende von Menschen. Die Chance, dass dein Produkt Aufmerksamkeit findet ist also weit größer und der reine Abverkauf ohne PPC Anzeigen geht schneller. Das gilt auch für Digitale Produkte oder jene Digitalen Güter die du erstellst!

Du bist zwar in Bezug auf die Präsentation deiner Produkte eingeschränkt im Vergleich zu deinem eigenen Shop - dass macht die deutlich höhere Sichtbarkeit aber meist wieder wett. Zudem kannst du auch auf Amazon & Co. deine Produkte gut und wirksam präsentieren, wenn du ein wenig Zeit und Aufwand investierst.

Wichtige Plattformen, auf die du deine Aufmerksamkeit richten solltest, sind:

Traffic Quelle 79: Amazon

Traffic Quelle 80: Ebay

Traffic Quelle 81: Rakuten

Traffic Quelle 82: Allyouneed

auch

Traffic Quelle 83: DaWanda, Traffic Quelle 84: Yatego oder

Traffic Quelle 85: Hood.de gehören zu den wichtigen und bedeutenden DE Online-Marktplätzen für physische Produkte, wobei es noch viele andere Marktplatze gibt wie Walmart.com, ricardo.ch, oder www.real.de/versandpartner/online-marktplatz/.

Die Präsenz deiner Produkte auf den wichtigen Online-Plattformen macht deine Produkte bekannter, sorgt für höheren Trust und eine deutlich größere Reichweite - langfristig kann das deutlich mehr Umsatz und auch Traffic für deine eigene Seite bedeuten.

Kunden der Plattform sehen dein Angebot und leider verlangen die Plattform-Betreiber Gebühren. In vielen Fällen wissen die Kunden das und schauen auf der Anbieterseite vorbei wo im Normalfall das Produkt etwas günstiger ist als auf der Verkaufsplattform.

Mögliche E-Commerce Tools & Schnittstellen Anbieter:

Anbieter: www.magnalister.com (für den Start & kleines Budget)

magnalister unterstützt Sie dabei, Ihre Ware direkt aus Ihrem Web-Shop auf den erfolgreichsten Marktplätzen anzubieten und Folgeprozesse zu automatisieren. Das Tool – in seinem Bereich marktführend – fügt sich dabei nahtlos in das Shop-System ein und stellt eine Anbindung des Shops z.B. mit eBay, Amazon, Rakuten, Allyouneed oder ricardo.ch her.

-Artikel direkt aus dem Shop zu den Marktplätzen hochladen.

-Bestellungen automatisch importieren.

-Bestellstatus wie „versendet" oder „storniert" abgleichen.

-Bestellungen, Rechnungen und Inventar zentral verwalten.

-Hook-Point-System für individuelle Erweiterungen.

Quelle: www.magnalister.com

Anbieter: www.tradebyte.com

Das Tradebyte Ökosystem gibt Antworten auf die Herausforderungen der digitalen Transformation im Handel und sorgt für eine nahtlose Vernetzung von Herstellern, Händlern und Retailern im digitalen Supply

Chain. Einheitliche und standardisierte Austauschformate und Übertragungswege – end-to-end durch Tradebyte betreut – sorgen für einen voll-automatischen und stets synchronen Datenflow. Auf dem modernen Ökosystem aufbauende, hochskalierbare SaaS-Lösungen liefern benötigte Funktionen out-of-the-box. Das Tradebyte Ökosystem überwindet Barrieren und schont Ressourcen bei kurzer Time-to-Market.

Die dynamischen Tradebyte Lösungen bieten heute voll-integrierte Schnittstellen zu über 90 Vertriebskanälen in über 16 Ländern. Anbieter erhöhen so Präsenz, Wahrnehmung und bestimmen selbst über Preis und Verfügbarkeit. Mehr Kontrolle also bei höheren Umsätzen.

Quelle: www.tradebyte.com

Anbieter: www.channable.com/de

Channable ist das ultimative Produktfeed Management Tool. Senden Sie Ihre Items ganz einfach zu über 1000 Preisvergleichsportalen, Affiliate Plattformen oder Marktplätzen.

Feed Management:

Generieren Sie mehr Traffic

Steigern Sie die Online Präsenz Ihrer Items auf mehr als 1000 Preisvergleichsportalen, Affiliate Plattformen oder Online Marktplätzen.

SEA-Tool:

Schlaue Anzeigen

Erstellen Sie individuelle Anzeigen aus Ihren Produktfeeds, die vollautomatisch mit Ihrem aktuellen Angebot synchronisiert werden.

E-Commerce Plug-ins:

Verbinden Sie jede Plattform

Verbinden Sie Ihre E-Commerce Plattform mit den von uns unterstüt-zen Feedformaten XML, CSV, TXT und sogar Google Spreadsheets oder importieren Sie Ihre Daten mit Hilfe von Apps oder Plug-ins.

E-Commerce Marktplätze:

Verkaufen Sie überall

Channable bietet eine direkte Verbindung mit Marktplätzen, auf denen Ihre Produktanzeigen automatisch aktualisiert werden.

Bestellsynchronisation:

Echtzeit-Aktualisierung Ihrer Bestellungen

Die Channable E-Commerce Bestellsynchronisation erlaubt Ihnen In-formationen über Bestellungen von Marktplätzen direkt in Ihren Webshop zu übertragen.

E-Commerce Analytics:

Analysieren und optimieren Sie

Integrieren Sie schnell und einfach Ihre Google Analytics Daten mit Ihrem Channable Konto und analysieren Sie die Performance Ihrer Items auf einen Blick.

Quelle: www.channable.com/de/

Ein weiterer Anbieter für mehr Automation – internationale Reichweite & Marktplatz Umsatz:

Anbieter: www.channelpilot.de (für großes Budget)

Ein cloudbasiertes „Luxuslimousinen" Multichannel-Tool für Onlineshops, Agenturen und Brands. ChannelPilot hat über 2000 Online-Vertriebskanäle aus über 40 Ländern angebunden und ständig kommen neue dazu. Channelpilot ist ein E-Commerce-SaaS-Anbieter Tool aus Hamburg

Produktdaten–Feeds spielen eine zentrale Rolle bei der Online–Vermarktung von Webshops. ChannelPilot bietet mit seiner Feed Engine den zentralen Hub für diese Daten–Feeds.

Sie binden Ihren Produktkatalog an ChannelPilot an und ChannelPilot übernimmt die Distribution an verschiedenste Online-Vertriebskanäle.

Sie importieren Ihren Master-Feed und ob Sie dann eigene Daten–Feeds selber definieren oder unsere vorkonfigurierten Feeds für eine Vielzahl an Kanälen, wie z.B. diverse Preisvergleiche, Shopping–Portale, Markplätze, Retargeting-Plattformen oder Affiliate-Anbieter, nutzen mit ChannelPilot finden Sie das passende Werkzeug für Ihre Produktkatalog-Verwaltung.

AUTOMATISIERTE PRODUKTDATEN-FEEDS

Die Produkt–Feeds werden für die jeweiligen Kanäle automatisiert angepasst und übermittelt. So wird Ihr Feed immer den Produktspezifikationen des jeweiligen Kanals gerecht. ChannelPilot hilft Ihnen, die Feeds immer aktuell und vollständig zu halten sowie Ihre Produktdaten zu optimieren. Über Schnittstellen zu den Kanälen müssen Sie sich keine Gedanken mehr machen.

UMFANGREICHE ANALYSE

Die intensive Ermittlung von wirtschaftlichen und Online–Marketing–Kennzahlen unterstützt Sie bei der Steuerung Ihrer Kanäle — aufbereitet in selbsterklärenden Grafiken.

BLACK– & WHITE–LISTEN

Definieren Sie mittels der umfangreichen Filter und Steuerungsmöglichkeiten Ihre Black– oder White–Listen, um Ihre Vermarktung ggf. aufgrund strategischer Entscheidungen anzupassen.

EIGENE FEEDS

Mittels ChannelPilot können Sie auch ganz eigene Feeds definieren und diese Export–Spezifikationen fest in Ihrem Account hinterlegen. Dies bietet Ihnen ein Maximum an Flexibilität in der Feed Engine.

EIGENE WORKFLOWS

Detaillierte Filter und Regeln helfen beim Import und der Verteilung. Automatisierungen optimieren Ihre Verkäufe. Ihre Steuerungen können Sie anpassen — manuell oder automatisiert.

A/B–TESTING

Definieren Sie individuelle Steuerungsmodule und testen Sie diese gegeneinander, um den optimalen Erfolg bei Ihrer Vermarktung zu erzielen.

OPTIMIERTES LISTING

ChannelPilot hilft Ihnen, Ihre Produktlistung zu optimieren, die Feeds für eine optimale Erscheinung automatisiert aufzubereiten, warnt zudem vor Fehlern oder bietet Optimierungsvorschläge. Damit stellen Sie eine ansprechende und professionelle Erscheinung im Wettbewerbsumfeld sicher.

BUDGETSTEUERUNG

Definieren Sie Ihre Vermarktungsbudgets übergreifend oder je Kanalgruppe, Kanal, Produktgruppe, Produkt oder individuelle Konfiguration und lassen Sie ChannelPilot auf Wunsch halb– oder vollautomatisch optimieren.

Quelle: www.channelpilot.de

Für B2B Anbieter eignen sich im Standard auch Insel Plattformen wie:

mercateo – www.mercateo.de

Alibaba – www.german.alibaba.com

Toolineo – www.toolineo.de

Amazon Business – www.amazon.de/business

Wucato - www.wucato.de

Simple System - www.simplesystem.de (Beschaffungsplattform für C-Artikel)

Restposten24 - www.restposten24.de

Zentrada - www.zentrada.de

Die jeweiligen Marktplätze und Plattformen sollten auf die eigenen Unternehmensanforderungen geprüft werden. Marken, Hersteller und Großhändler haben noch die Möglichkeit mehr Reichweite und Sichtbarkeit zu erzeugen über folgende Plattformen wie:

Anbieter: www.itscope.com

Mit ITscope vereinfachen bereits über 7.400 Reseller Ihren kompletten Beschaffungsprozess. Vergleichen Sie Preise und Lagerdaten, und bestellen Sie direkt bei über 370 Distributoren. Alle Prozesse von der Produktanlage bis hin zur elektronischen Bestellung lassen sich leicht in Ihre Systeme integrieren, hochwertige Produktdaten inklusive.

Quelle: www.itscope.com

Anbieter: www.doba.com

Verbessern Sie Ihren Vertrieb, indem Sie am Doba Marketplace teilnehmen. Listen Sie Ihre Produkte auf dem Doba Marketplace auf, und erhalten Sie Zugriff auf Tausende zusätzlicher Reseller und Bestellungen, die Sie an einem Ort verwalten können.

Quelle: www.doba.com

Anbieter: loadbee.com

Über alle Endgeräte hinweg haben Sie eine einheitliche Darstellung und stärken somit Ihr Markenimage und das Vertrauen für die Endkunden. Das Tolle an loadbee ist: Sie müssen die Informationen nur einmal pflegen und alle Händler haben sofort Ihre neuen Videos, Bilder, Logos uvm. Mit loadbee können Sie ab sofort die Produktdarstellung Ihrer Handelspartner punktgenau unterstützen. Gleichzeitig erhalten Sie wichtige Market Insights, mit denen Sie Ihre Strategie optimal anpassen können.

Quelle: www.loadbee.com

Anbieter: kyto.de

Internationale Leadgenerierung durch weitere B2B Portale:

Sichtbarkeit steigern durch B2B-Online Firmeneinträge. Für B2B-Suchbegriffe ranken Portale und Plattformen auch in den organischen Suchergebnissen der Suchmaschinen.

Der Dienstleister Kyto ist ein internationales Software-as-a-Service-Unternehmen mit Sitz in Berlin. Durch gezielte Platzierung von Firmeneinträgen in Branchenverzeichnissen, B2B-Plattformen und Marktplätzen sorgen Unternehmer dafür, dass Ihre Produkte als auch Ihr Firmenprofil online auf diesen Portalen gefunden werden.

Dadurch können B2B-Kunden / Hersteller die Besucherzahlen ihrer Website verbessern, ihre Reichweite erhöhen und somit ihre Umsatzzahlen steigern. Ein überregionaler und branchenübergreifender Service aus einer Hand.

Ein umfangreiches Partnernetzwerk und entsprechende Expertise für Kunden zur optimalen Positionierung und Sichtbarkeit der Web-Präsenz für insgesamt 75 Exportmärkte.

Quelle: www.kyto.de

17.9.5 Traffic Quelle 86

Textlinks mieten oder kaufen

Auf die Optimierung der eigenen Seite kann man in keinem Fall verzichten - für ein gutes organisches Ranking in den Suchmaschinen oder der relevantesten Suchmaschine im deutschsprachigen Raum „Google" sind aber auch möglichst viele und hochwertige auf die eigene Seite weisende Links erforderlich so genannte Backlinks wie dir nun bekannt ist. Um sich das Leben leichter zu machen, kann man solche Links auch selbst kaufen oder mieten ohne eine Agentur.

Was das Mieten von Textlinks bringt und worauf du achten musst

Ein natürlicher Linkaufbau kostet viel Zeit, Nerven, Geld und macht viel Arbeit. Durch das Mieten oder Kaufen von Textlinks erspart man sich meist viel Zeit und Arbeit. Trotzdem kann man damit auch gute Ergebnisse erzielen. Jedoch sollte man auch in diesem Bereich mit Bedacht vorgehen und es nicht übertreiben.

Du solltest allerdings auf drei Dinge achten:

-Die linkgebende Seite sollte nicht zu viele ausgehende Links aufweisen.

-Die Linktexte sollten möglichst immer variiert werden, damit der Linkaufbau für die Suchmaschine möglichst natürlich wirkt.

-Die linkgebende Seite sollte natürlich möglichst gut zum Themengebiet deiner eigenen Seite passen.

Beispiel: Du hast einen Onlineshop für Angler und bekommst einen Link auf deine Seite welcher von einer Pornoseite stammt. Das ist nicht Themenrelevant und am Ende sogar noch schädlich für deine Webseite.

Der Pagerank (den es offiziell nicht mehr gibt) der linkgebenden Seite spielt dagegen eine deutlich geringere Rolle. Mit hochwertigen, gemieteten oder gekauften Links kannst du im Bereich der Offpage-Optimierung häufig sehr gute Ergebnisse erzielen und das Ranking deiner Seite deutlich positiv beeinflussen aber mit Bedacht handeln.

Möglicher Marktplatz Anbieter: seedingup.de

Veröffentlichen und Verbreitung von Inhalten auf Blogs, Webseiten und Social Media Netzwerken. SeedingUp ist Ihr effizienter und zuverlässiger Dienstleister für professionelles Content Seeding auf Blogs, Online-Medien, Webseiten, YouTube und in sozialen Netzwerken.

Advertiser (Werbetreibende)haben auf SeedingUp die Möglichkeit, durch unsere unabhängigen Publisher & Influencer Inhalte über ihre Produkte und Dienstleistungen auf themenrelevanten Webseiten, Blogs, YouTube und sozialen Netzwerk-Profilen zu verbreiten und profitieren neben der Steigerung von Bekanntheit, Image, Reichweite/Traffic auch von verschiedenen nachgelagerten SEO-Effekten.

Quelle: www.seedingup.de

Möglicher Marktplatz Anbieter: www.domainboosting.com/de

Verbessere Rankings, Traffic und Branding mit hochwertigem Linkaufbau.

Platziere als Advertiser redaktionelle Artikel mit Links zu Deiner Webseite auf authentischen Blogs, hochwertigen Online-Magazinen und reichweitenstarken Medienportalen.

Linkaufbau: Effizient und einfach wie noch nie

Mit DomainBoosting.com erhältst Du schnell und effizient hochwertige Links zur Verbesserung Deiner Suchmaschinen-Rankings. Du musst neue Linkquellen nicht mehr zeitaufwändig suchen, sondern kannst diese einfach aus einem breiten Spektrum von geprüften Angeboten auswählen.

Ausschreibungen: Lass passende Blogs zu Dir kommen

Erstelle in nur wenigen Minuten eine Ausschreibung, auf die sich die Publisher mit ihren Blogs bewerben können. Dabei kannst Du im vornherein Vorgaben machen, die ein Blog erfüllen muss, um sich auf deine Ausschreibung bewerben zu können. Bereits eingegangene Bewerbungen lassen sich auch nachträglich anhand einer Vielzahl von Kriterien filtern, sodass Du letztendlich nur solche Angebote erhältst, die auch wirklich interessant für Dich sind.

Quelle: www.domainboosting.com   Achtung: nicht übertreiben!

17.9.6 Traffic Quelle 87

Online Communities nutzen um eigene Produkte und Dienstleistungen zu bewerben

Communities sind ein unverzichtbarer Bestandteil des Internets: durch den regen Austausch von Usern untereinander ist das Web 2.0 überhaupt erst möglich geworden. In Communities aktiv zu sein kann sich auch für Webseiten-Besitzer und Onlineshop Betreiber lohnen - allerdings sollte man dabei auf einige Dinge achten.

Communities bringen Trust und Reichweite

Wer sich wirklich aktiv in eine Community mit einbringt, genießt nach einer gewissen Zeit ein hohes Ansehen und eine hohe Vertrauenswürdigkeit bei den anderen Nutzern der Community. Voraussetzung dafür ist allerdings, dass du wirklich mit Expertenwissen und fundierten Kommentaren zu deinem Themengebiet auf dich aufmerksam machst.

Direkte Werbung für deine eigenen Produkte oder Dienstleistungen ist in den meisten Communities allerdings verboten - und es sollte auch nicht der Eindruck entstehen, dass du Beiträge nur schreibst, um auf deine Produkte oder deine Seite aufmerksam zu machen.

Du musst in diesem Fall Wege finden, indirekt Werbung in diesen Communitys für dich zu machen: etwa durch einen Link auf deine Seite in deiner Signatur und indem du vielleicht nach einer Weile vorsichtig andere User nach Meinungen zu deinen Produkten erfragst. Sei hierbei aber immer sehr vorsichtig - ein Verstoß gegen das direkte Werbungsverbot in der Community würde deinem Ansehen sehr schaden.

Wenn du es richtig angehst in den Portalen wo noch eine Community vorhanden ist, kann eine aktive Teilnahme an themenrelevanten Bereichen eine sehr gute Möglichkeit darstellen, deinen Trust, deine Reichweite und auch letzten Endes deine Umsätze zu steigern.

Mögliche Anbieter:

Traffic Quelle 88: ciao.de,

Traffic Quelle 89: dooyoo.de,

Traffic Quelle 90: yopi.de,

Traffic Quelle 91: testberichte.de,

Traffic Quelle 92: kelkoo.de,

Traffic Quelle 93: billiger.de

Traffic Quelle 94: idealo.de

Traffic Quelle 95: trustedshops.de

17.9.7 Traffic Quelle 96

Gewinnspiele starten und durchführen um mehr Traffic zu gewinnen

Gewinnspiele können ein hervorragendes Mittel sein, um Trust - aber auch um deine Reichweite zu erhöhen, eine Mailingliste aufzubauen oder mehr Aufmerksamkeit auf deine Seite zu lenken um letzten Endes mehr Neukundenkontakte und Umsatz zu erzeugen. Bei Gewinnspielen musst du allerdings einige Dinge beachten.

Gewinnspiele richtig gestalten

Lege am besten schon im Vorfeld genau fest, was du mit deinem Gewinnspiel erreichen möchtest:

-mehr Aufmerksamkeit gewinnen

-deinen Trust erhöhen

-neue Fans für deinen Social Media Auftritt gewinnen

-neue Email-Leads

-direkte Abverkäufe

Mit Gewinnspielen lässt sich eine Menge erreichen - wichtig ist aber immer, dass du möglichst nur ein Ziel anstrebst, und nicht versuchst, gleich mehrere Ziele zur selben Zeit zu erreichen. Als nächstes solltest du dir Gedanken über den Zeitrahmen des Gewinnspiels und über die Preise machst, die du dafür ausschreibst. Um dein Gewinnspiel bekannter zu machen, kannst du einen Link zu deinem Gewinnspiel auch in spezielle Eintragsseiten veröffentlichen.

Achte auf jeden Fall auch darauf, dass dein Gewinnspiel unbedingt mit den geltenden gesetzlichen Vorschriften und bei Social Media auch mit den Richtlinien der jeweiligen Plattform konform sind.

Auf jeden Fall kann dir das Veranstalten von Gewinnspielen helfen, deine Reichweite und deine Fanzahlen in den Social Media deutlich zu erhöhen und auch mehr Traffic auf deiner Seite zu erzeugen. Affiliate Marketing ist auch sicher in diesem Punkt hilfreich.

Mögliche Anbieter:

-www.happysolutions.de

-www.ad-artists.de

17.9.8   Traffic Quelle 97

Gutscheine anbieten oder auf Gutscheinportalen werben

Menschen lieben Deals und gute Schnäppchen - das kannst du dir zunutze machen. Portale wie Groupon helfen dir zudem, deine Reichweite oft deutlich zu vergrößern und deine Produkte oder Services besser bekannt zu machen.

Gutscheine und Rabattaktionen erzeugen Aufmerksamkeit

Wenn noch schnell ein Geschenk gesucht wird, kommt ein Online-Gutschein oft gerade recht. Kunden kaufen dabei Gutscheine sehr gerne online.

Wenn du Gutscheine für deine Produkte oder Services online anbietest, hast du die Chance, immer wieder Kunden auf die Seite zu ziehen, die schnell noch ein Geschenk brauchen. Du kannst aber auch direkt auf

Gutscheinportalen mit Rabattaktionen werben und so viele Interessenten auf deine Seite ziehen.

Beschreibe deinen Service oder dein Produkt möglichst kurz und klar, damit Nutzer auf dem Gutscheinportal schnell erkennen können, worum es bei den von dir angebotenen Leistungen oder Produkten geht. Mache Rabatte attraktiv und verführerisch, und stelle möglichst auch noch Tagesdeals auf der Seite in Aussicht. Das wird User dazu bewegen, deine Seite auch später häufiger zu besuchen.

Gutscheine können eine sehr gute Möglichkeit sein um Traffic zu erzeugen, aber auch um deine Reichweite sehr wirksam zu erhöhen. Eine weitere Taktik kann unter anderem darin bestehen, dass du nur für eine bestimmte Zielgruppe einer Plattform einen Gutschein anbietest um auf einer bestimmten Social Media Plattform Aufmerksamkeit und interne Reichweite zu erzeugen.

17.9.8.1 Anbieter Traffic Quellen:

-gutscheinsammler.de,
-groupon.de,
-mydealz.de,
-gutscheinrabatt.de,
-coupons4u.de,
-gutscheine.focus.de,
-sparwelt.de,
-gutscheinrausch.de,
-gutscheinpony.de,
-gutscheine.de,
-sparheld.de,
-gutscheinewurst.de,
-gutscheincodes.de,
-gutschein.woxikon.de,
-bonus4me.7pass.de

Prüfe bitte jeden Anbieter individuell für dich, deine Strategie/Taktik und deine Produkte.

17.9.9 Traffic Quelle 98

Preissuchmaschinen für physische Produkte nutzen um mehr Traffic zu gewinnen

Kunden möchten vor allem eines: nie mehr für ein Produkt zu zahlen als unbedingt nötig. Preissuchmaschinen und Preisvergleichsseiten werden deshalb fast ständig mit riesigen Mengen an Traffic überschwemmt. Auf einer solchen Seite präsent zu sein, lohnt sich auch für dich.

Warum Preissuchmaschinen wichtige Trafficbringer sind

Für mehr als drei Viertel der Kunden ist der Preis nach wie vor das wichtigste Entscheidungskriterium für einen Kauf. Du wirst nicht in jedem Fall immer den günstigsten Preis bieten können - bei Preissuchmaschinen bist du als Händler aber deutlich SICHTBAR, und zwar für eine Menge Besucher. Besucher nehmen dabei auch wahr, wenn du nicht immer den günstigsten Preis, dafür aber immer gute Preise anbietest. Das erhöht deinen Trust und dein Ansehen als Händler, der Name des Shops prägt sich den Kunden dann mit der Zeit ein. Sehen und gesehen werden.

Besucherstarke Vergleichsportale - neben Google Shopping - im deutschsprachigen Raum sind:

-auspreiser.de,
-billiger.de,
-dooyoo.de,
-geizhals.de,
-guenstiger.de,
-preissuchmaschine.de (gleicher Betreiber),
-idealo.de,
-preis.de,

580

-kelkoo.de,
-preisroboter.de
-twenga.de

In Preisvergleichs- und Shoppingportalen kannst du auch gewinnen wenn du:

-gute und ausführliche Produktbeschreibungen anbietest

-technische Daten übersichtlich auflistest (Kauf entscheidendes Kriterium neben dem Preis)

-eigene Produktbeschreibungen verfasst, die nur das wesentliche seriös auf den Punkt bringen

-keinen Medienbruch aufkommen lässt

Damit kannst du dein Image als Verkäufer ebenfalls deutlich verbessern und viel Trust als auch Kunden gewinnen. Kunden nehmen dich dann als spezialisierten Händler wahr, der seine Produkte genau kennt und Beratungskompetenz hat. Dadurch genießt du Vertrauen bei den Kunden - selbst wenn du nicht den besten Preis anbietest.

Durch die hohe Sichtbarkeit deines Shops als auch deiner Produkte und die hohe Vertrauenswürdigkeit kannst du auch mit Preisen im Mittelfeld über Preisvergleichsportale noch sehr viel hoch gezielten Traffic gewinnen. Achte auf die Rechtlichen Rahmenbedingungen der Plattformen und bei deiner Multichannel Strategie.

17.9.10 Traffic Quelle 99

Influencer nutzen für mehr Aufmerksamkeit und mehr Traffic

Influencer werden für den Online Marketing Mix immer wichtiger, und werden immer häufiger genutzt. Sie machen es möglich, Reichweite und Trust enorm zu steigern.

Warum Influencer Marketing so erfolgreich ist

Influencer sind Personen, die einerseits eine hohe Reichweite durch Social Media haben aber auch eine hohe Vertrauenswürdigkeit genießen. Dazu gehören beispielsweise Stars in der Youtube- oder Bloggerszene, aber auch weniger bekannte, aber dafür gut vernetzte Menschen mit einer hohen Zahl an Followern.

Influencer genießen ein großes Maß an Vertrauen bei der Zielgruppe - Empfehlungen von ihnen wird überdurchschnittlich häufig gefolgt. Dieser hohe Trust färbt auf die eigene Webseite oder die eigenen Produkte ab, wenn sie von wichtigen Influencern in deinem Markt empfohlen werden.

Influencer Marketing ist dabei vergleichsweise kostengünstig. Es genügt, einige wenige Influencer für sich zu gewinnen, um seine eigene Reichweite zu vervielfachen. Dabei musst du allerdings darauf achten, dass bezahlte Werbung unbedingt als solche gekennzeichnet ist. Rechtlich gesehen ist es problematisch, einen Influencer dafür zu bezahlen, dass er deine Produkte oder deine Seite empfiehlt - besser wäre es, wenn du Influencer tatsächlich mit Überzeugung für dich gewinnen kannst.

Durch Influencer Marketing steigt deine Reichweite, und dein Trust und die Credability deiner Seite erhöht sich deutlich. Das ist für die Traffic-Gewinnung und deine Conversion Rate in jedem Fall ein Booster.

Mögliche Anbieter wie:

-trusted-blogs.com
-https://www.meltwater.com/find-influencers/
-www.collabary.com
-www.tubevertise.de
-www.incircles.de
-www.pulse-advertising.com/de/
-famebit.com und bereits erwähnt www.seedingup.de

17.9.11 Traffic Quelle 100

Neukunden aus unbekannten Webseitenbesuchern gewinnen durch Offline-Retargeting

Um Kunden zurückzugewinnen, die an irgendeinem Punkt im Sales Funnel auf deiner Webseite abgesprungen sind, ist Retargeting eine bewährte Strategie, um potenzielle Kunden wieder auf die eigene Seite zurück zuholen. Auf diese Weise lässt sich die Conversion Rate oft deutlich verbessern.

Der Nachteil beim klassischen Retargeting ist allerdings, dass es ausschließlich online erfolgt - das heißt, zur Reaktivierung bleiben nur klassische Emails, wenn die Daten bekannt sind und es erlaubt ist oder zum Beispiel der Anzeigendienst von Google Adwords oder Facebook. Mit diesem Retargeting werden Kunden oder Besucher der eigenen Website auf anderen und somit auf fremden Sites wenn Sie meine Seite verlassen haben gezielt mit einer anderen Anzeige angesprochen um diese wieder auf die eigene Webseite zu lenken. Mithilfe des Services "TRIGGERIMPULS" der Deutschen Post kann man Kunden nun auch Offline ansprechen.

Wie funktioniert TRIGGERIMPULS?

Die Technologie, die hinter TRIGGERIMPULS steckt, nennt sich CONSENTRIC und wurde von der Deutschen Post entwickelt. Sie ermöglicht es, Kunden anhand der IP-Adresse zu identifizieren und automatisch gebäude- oder sogar personengenau individuelle Mailings zuzustellen.

Löst ein Kunde durch seine Handlung auf der Webseite einen sogenannten Trigger aus, wird automatisch ein vorgefertigtes Mailing an den identifizierten Kunden geschickt. Trigger können völlig unterschiedlich sein - in der Regel sind es die gleichen Auslöser, die sonst ein klassisches Retargeting auslösen würden: etwa wenn ein Kunde auf der Seite eines Fahrzeugherstellers ein Fahrzeug online konfiguriert, danach aber keinen Kontakt aufnimmt und keine Bestellung tätigt. In diesem Fall könnte dem Kunden beispielsweise eine Postkarte mit dem von ihm konfigurierten Fahrzeug zugestellt werden, um ihn zu ermutigen, sich einen Kauf noch einmal zu überlegen oder die Webseite erneut zu besuchen.

Das ist lediglich ein mögliches Beispiel, wie sich Retargeting auch im Offline-Bereich nutzen lässt.

Die Vorteile von Offline-Retargeting

Die Gewinnung von Neukunden aus unbekannten Besuchern wird durch die TRIGGERIMPULS-Technologie tatsächlich möglich. Während Besucher der eigenen Webseite gewöhnlich anonym bleiben, und man keinerlei Kontaktmöglichkeiten hat, kann man so auch bislang unbekannte Interessenten gezielt ansprechen und zu Kunden machen.

Ein weiterer Vorteil ist der von der Deutschen Post angebotene automatische Bestandskunden-Abgleich. Auf diese Weise lassen sich auch

Aktionen der bestehenden Kunden auf der eigenen Webseite dokumentieren und die bereits bestehenden Kunden automatisch mit passenden Upselling-Angeboten versorgen. Auch das kann einen wertvollen Umsatz-Gewinn bedeuten, zudem haben die Kunden das Gefühl, dass ihren Wünschen immer sofort entsprochen wird.

Der Service der Deutschen Post für das Offline-Retargeting ist umfassend zertifiziert und geprüft und 100 % nach Aussage des Unternehmens datenschutzkonform.

Besonders die Möglichkeit, aus unbekannten Webseitenbesuchern durch gezielte persönliche Ansprache Neukunden zu machen lässt TRIGGERIMPULS zu einer interessanten Möglichkeit werden, das bestehende Retargeting noch deutlich zu erweitern.

18 Bid Management im Performance Marketing

Eine für die meisten Marketer immer noch wichtige und praktisch unverzichtbare Werbequelle sind Anzeigen in Suchmaschinen (SEA - Search Engine Advertising). Dafür muss Geld in die Hand genommen werden - allerdings geht es, wie überall, auch hier darum, das vorhandene Budget so zielgerichtet wie möglich einzusetzen. Mit dem eingesetzten Geld soll am Ende so viel Umsatz wie nur möglich generiert werden. Dafür sind einmal einige Überlegungen im Vorfeld nötig.

18.1 Keywords, Klicks und Performance von Anzeigen

Um qualifizierten Traffic zu erhalten, das heißt User, die sich für das eigene Angebot interessieren, muss man darauf achten, wonach User suchen. Wenn ein User nach "Herrenschuhe günstig" sucht, macht es natürlich Sinn, ihm eine Werbeanzeige einblenden zu lassen, die einen Link zur eigenen Shop-Seite hat und dem User mitteilt, dass er in diesem Shop besonders günstige Herrenschuhe finden kann. Werbeanzeigen (Google Ads) werden also zunächst einmal immer KEYWORD-GESTEUERT.

Nun ist es allerdings so, dass du im Internet höchstwahrscheinlich nicht der einzige Anbieter bist, der Herrenschuhe in seinem Shop führt. Du trittst hier also in Konkurrenz zu einer ganzen Menge anderer Unternehmen - die natürlich ebenfalls dem User mitteilen wollen, dass es in ihrem Shop günstige Herrenschuhe in großer Auswahl und von hoher Qualität zu kaufen gibt.

Irgendwie muss man diese Flut von Werbeanzeigen allerdings sortieren, ansonsten würde Google die ganzen Werbeanzeigen noch nicht einmal auf zehn Seiten unterbringen. Dafür hat man sich bei der Suchmaschine ein schlaues System überlegt: man fragt einfach jeden Werbetreibenden, was ihm der Klick eines Users wert wäre.

Unternehmen A bietet für den Klick eines Users 1,50 Euro - Unternehmen B will nicht so viel Geld ausgeben und bietet lediglich 1 Euro. Unternehmen C hat nur ein kleines Werbebudget und bietet für den Klick eines Users auf seine Werbeanzeige lediglich 50 Cent.

Damit ist klar, in welcher Reihenfolge die Anzeigen gelistet werden und welche Anzeigen am häufigsten auftauchen werden: Wer am meisten pro Klick bietet, steht natürlich ganz oben und ist am häufigsten zu sehen - die anderen in der Reihenfolge darunter.

Unternehmen A stellt nun ein Werbebudget von 1.500 Euro ein: hat es insgesamt 100 Klicks auf seine Anzeigen erhalten, ist sein Werbebudget verbraucht und seine Anzeigen werden Usern bei entsprechenden Suchbegriffen nicht mehr angezeigt.

Nun führt natürlich nicht jeder Klick eines Users auch gleich zu einem Kauf auf der entsprechenden Webseite. Wie viele User im Schnitt klicken müssen, bis eine bestimmte Webseite tatsächlich einen Kauf verzeichnen kann, ist individuell sehr unterschiedlich.

Als Webseitenbetreiber muss man sich ausrechnen, wie viel "leere" Werbung (ohne einen nachfolgenden Kauf) man sich leisten kann, um die tatsächlichen Käufe auch finanzieren zu können. Das ist unter anderem auch eine Sache von Kennzahlen, die man für seine Webseite zunächst ermitteln muss - dazu kommen wir im nächsten Kapitel.

Bei manchen Keywords kaufen 10 % der User nach dem Klick auf die Anzeige bei bestimmten Shops tatsächlich etwas (generieren also Umsatz), bei anderen Keywords sind nur 1 % der User später tatsächlich zahlende Kunden. Da man aber für jeden einzelnen Klick bezahlen muss (egal, ob er zu einem Verkauf führt oder nicht) muss man sich gut überlegen, wie viel Geld man für Klicks tatsächlich bieten möchte oder sinnvollerweise bieten kann. Keywords, bei denen sehr viele User danach auch direkt etwas kaufen, liebt natürlich jeder Marketer - für solche Keywords mit einer HOHEN PERFORMANCE lohnt es sich auch durchaus, etwas mehr Geld auszugeben.

Natürlich schalten Webseiten und Online-Shops nicht nur Anzeigen zu einem einzelnen Keyword - in der Praxis sind für die meisten Webseiten eine hohe Zahl von Keywords relevant. Das können schon mal mehrere hundert, oder auch mehrere tausend Keywords sein.

Wenn es um SEA-Kampagnen geht, sind in Bezug auf die Werbeanzeigen also mehrere Dimensionen bedeutsam:

-die Relevanz eines Keywords für die Webseite

-wie viele Suchanfragen gibt es durchschnittlich zu diesem Keyword?

-die Konkurrenz zu einem Keyword (je mehr Webseitenbetreiber Anzeigen zu einem bestimmten Keyword schalten möchten, desto höher klettern die Gebote)

-an welcher Position in der AdRank möchte man auftauchen (je höher desto teurer, weiter unten ist der Klickpreis günstiger, es geht hier aber zugleich auch um die Sichtbarkeit der eigenen Anzeigen, die natürlich immer noch gewährleistet sein soll)

-die aktuelle Höhe des maximalen Klickpreises und der Klickpreise für bestimmte Positionen in der Ad Rank Hierarchie

-die Performance eines Keywords auf der eigenen Seite (wie viel Prozent der klickenden User tätigen auf der eigenen Webseite tatsächlich einen Verkauf und welchen maximalen Klickpreis erlaubt das sinnvollerweise überhaupt?)

-welcher Teil des gesamten Werbebudgets soll für ein einzelnes Keyword eingesetzt werden? Wie wird das vorhandene Werbebudget am Ende verteilt?

Alle diese Faktoren müssen gegeneinander abgewogen werden. Dabei kann es durchaus sein, dass ein weniger umkämpftes Keyword, das damit einen sehr niedrigen Klickpreis hat, trotzdem vergleichsweise gut auf der eigenen Seite performt. Umgekehrt bringen Keywords mit hohem Suchvolumen oft schnell viele Klicks - die dann aber wiederum teurer sind, da auch die Konkurrenz stärker ist.

Die Frage, in welchen Anteilen man sein Werbebudget auf welche Keywords verteilt, ist also eine recht komplexe Optimierungsaufgabe. Am Ende geht es aber immer darum, sein eigenes Werbebudget möglichst optimal einzusetzen und einen für jeden Anzeigenklick möglichst idealen Gebotspreis einzustellen, um am Ende aus dem eingesetzten Werbebudget den maximalen Umsatz zu machen.

Erschwerend kommt hier noch dazu, dass Klickpreise nicht immer statisch sind, sondern sich ständig verändern: Hat in unserem Beispiel Unternehmen A seine 100 Klicks erhalten, fällt es heraus. Der höchste Klickpreis wird dann von Unternehmen B geboten und liegt nur noch bei 1 Euro anstatt bei 1,50 Euro. Solange jedenfalls, bis sich Unternehmen D mit einem Gebot von 1,20 Euro wieder an die Spitze setzt und Unternehmen B von dort verdrängt.

Bei einigen wenigen Keywords, für die man Anzeigen schaltet, kann man diese schon recht komplexe Optimierungsaufgabe vielleicht noch mithilfe einer Excel-Tabelle lösen.

Spätestens dann aber, wenn es darum geht, 40 oder 50 Keywords in einer Anzeigenkampagne zu überwachen, stößt diese händische Methode bereits deutlich an ihre Grenzen. Wenn 100 oder mehr Keywords im Spiel sind, ist eine manuelle Verwaltung der Kampagne in einer simplen Excel-Liste dann bereits so gut wie unmöglich. Für diesen Fall gibt es spezielle Bidmanagement-Software.

18.2 Was macht Bidmanagement Software genau?

Bidmanagement Software übernimmt die komplexe Optimierungsaufgabe und verteilt die Anteile des eigenen Werbebudgets flexibel auf die einzelnen Keywords, die für die Kampagne ausgewählt wurden. Sie stellt auch einen jeweils angemessenen Gebotspreis für die einzelnen Anzeigenklicks selbsttätig ein, ohne dass man sich darum kümmern muss.

Die Arbeitsweise von Bidmanagement Software kann dabei unterschiedlich sein. Die grundlegende Arbeitsweise bei jeder Bidmanagement-Software ist dabei aber das Verwalten einer beliebigen Anzahl von Keywords und das Optimieren der jeweiligen Gebote für das Keyword. Änderungen an den bestehenden Geboten werden dabei über eine API-Schnittstelle an die jeweiligen Anbieter übertragen. Das nicht immer nur Google - so gut wie alle Bidmanagement-Softwarelösungen können parallel auch mit anderen Portalen (etwa mit Yahoo Search Marketing) arbeiten. Auf diese Art und Weise lassen sich mit Bidmanagement-Software auch komplexe Kampagnen über mehrere Portale hinweg managen.

Das allein spart schon sehr viel Arbeit und ermöglicht in vielen Fällen eine deutlich höhere Performance als beim Optimieren und Anpassen der einzelnen Gebote von Hand.

Ein probater Zusatznutzen, den Bidmanagement-Software bietet liegt aber in den zusätzlichen Funktionen, die viele Softwarelösungen in diesem Bereich bieten - oft können solche Zusatzfunktionen sogar der am Ende ausschlaggebende Grund für eine Entscheidung zum Einsatz einer Bidmanagement-Software sein.

Ein großer Teil der angebotenen Zusatzfunktionen bewegt sich im Bereich des Keyword-Managements: einzelne Keywords mit ähnlichem Verhalten können in Gruppen zusammengefasst und so leichter und übersichtlicher verwaltet werden, bei vielen Softwarelösungen werden zusätzlich auch sinnvolle Keyword-Erweiterungen angezeigt oder sogar Anzeigentexte vorgeschlagen.

Eine direkt von der Bidmanagement-Software durchgeführte Suchanfragen-Analyse kann in vielen Fällen sinnvoll sein, auch durch das Überwachen der Landingpage durch die Software kann man nicht selten wertvolle Hinweise gewinnen. Die Ergebnisse solcher Analysen können dann von der Software automatisch bei der Gebotsanpassung berücksichtigt werden. In der Praxis funktioniert das meist sehr gut und stellt eine hilfreiche Zusatzfunktion dar, mit deren Hilfe sich die Gesamtperformance von SEA-Kampagnen am Ende oft noch messbar steigern lässt.

In einigen Tools kann man zusätzlich auch noch die Klicks von geschalteten Bannerwerbungen (Display-Werbung) und von eigenen Affiliate-Links mit auswerten lassen und ebenfalls berücksichtigen. In vielen Fällen ist es sogar möglich, die Klicks von Usern direkt vor einer Conversion auswerten zu lassen - auch das schafft in der Praxis oft eine Menge hilfreicher Erkenntnisse für das Management der eigenen Kampagne.

18.3 Wie wird Bidmanagement-Software gesteuert?

Die Ziele einzelner SEA-Kampagnen können unterschiedlich sein - dementsprechend gibt es auch unterschiedliche Einstellungsmöglichkeiten bei jeder Bidmanagement-Software.

Ziel kann einerseits sein, möglichst viele Klicks aus einem vorgegebenem Budget zu generieren - dadurch wird der Traffic erhöht, die Reichweite gesteigert und die Bekanntheit der Seite und des Angebots erhöht.

Qualitätsunterschiede zwischen den Klicks spielen in diesem Fall eine untergeordnete Rolle, auch die Conversion Rate wird in diesem Fall ignoriert - es geht ausschließlich um das Erzeugen von möglichst viel Traffic, erst in zweiter Linie um das Generieren von Umsätzen.

Der genau umgekehrte Fall liegt vor, wenn durch die SEA-Kampagnen möglichst viel Umsatz generiert werden soll. Die Zahl der Conversions (in den meisten Fällen Kaufabschlüsse, möglich sind aber auch beispielsweise Newsletter-Anmeldungen oder anderes erwünschtes Userverhalten) muss in diesem Fall durch einen speziellen, direkt in die Seite eingebauten Code erfolgen.

Das System wertet dann die Zahl der Conversions zu jedem Keyword aus und versucht, die Kosten für das Erreichen einer Conversion durch geschicktes Kombinieren der eingesetzten Keywords und Klickgebote so niedrig wie möglich zu halten. Ein so konfiguriertes System liefert allerdings nicht vom ersten Augenblick an optimale Ergebnisse - das System optimiert sich im laufenden Betrieb immer weiter und jede Conversion führt zu einer Anpassung bei den Geboten, um in der Folge zu immer weiter sinkenden Kosten für eine Conversion zu kommen.

Alternativ kann man diese Strategie auch noch weiter verfeinern, nämlich indem man Conversions nach ihrem Wert sortiert. Ein Kauf mit einem Warenwert von 1.000 EUR ist für einen Onlineshop oder eine Webseite natürlich deutlich vorteilhafter als ein Kauf von lediglich 100 EUR. Conversion ist also nicht gleich Conversion - es geht auch um den erzielten Umsatz. Stellt man das System vor die Aufgabe, möglichst auf MAXIMALEN UMSATZ hinzuarbeiten, wird die Optimierungsaufgabe in den meisten Fällen anders gelöst werden, als wenn allein die ANZAHL der Verkäufe das Zielkriterium ist.

Diese Einstellung wird für viele Unternehmen die sinnvollste sein, da es in den meisten Fällen gar nicht darum geht, nur möglichst zahlenmäßig viele Verkäufe zu erreichen, sondern vor allem darum, einen möglichst hohen Umsatz im Web zu erwirtschaften. Eine wichtige Rolle bei der Bewertung der gewonnenen Neukunden spielt dabei auch der CUSTOMER LIFETIME VALUE, auf den wir weiter unten noch einmal ausführlicher zu sprechen kommen.

18.4 Bekannte Anbieter von Bidmanagement-Software

ADSPERT (www.adspert.net/de) - eine Plattform, mit der sich Ads in vielen Bereichen, darunter auch Amazon AMS, Gmail und Yandex, optimieren lassen.

Spaceboost (www.spaceboost.com) - ein Tool, mit dem sich SEA-Kampagnen auch sehr gut automatisiert verwalten lassen, bis zu einem Investment von 1.000 EUR pro Monat kann Spaceboost auch kostenlos verwendet werden

Intelliad (www.intelliad.de) - diese Plattform ermöglicht unter anderem auch ein komplett DSGVO-konformes Tracking, die Software kann auch vollautomatisiert arbeiten und ist auch speziell für die Bedürfnisse des E-Commerce anpassbar (Google Shopping, Amazon Advertising)

visual IQ (www.visualiq.com) - diese Software setzt für das Kampagnenmanagement auch auf umfassende und individuell angepasste Analysen für jeden Kampagnenzweck und auf eine ausgefeilte Kategorisierung der in Frage kommenden User

AdScale (www.adscale.com) ist ein cloud-basiertes und AI-gestütztes Bidmanagement-System. Durch die Integration von AI (künstlicher Intelligenz) und Machine Learning ist es in der Lage, Google Ads Kampagnen einerseits zu optimieren und andererseits auch in hohem Maß zu automatisieren.

Das Managen der Google Ads Kampagnen kann dabei über Google Search, Google Shopping, Google Display und You Tube hinweg erfolgen. Das flexible Verteilen von Budgets auf einzelne Kampagnen kann AdScale selbsttätig erledigen, nachdem Ziele eingestellt wurden. Das Optimieren von Budgets erfolgt dabei auf einer täglichen aber auch auf einer monatlichen Basis. Die Anpassung der Gebote erfolgt dagegen laufend.

Neben der automatischen Steuerung der Kampagnen anhand der angegebenen Ziele analysiert AdScale auch die gesamte Kampagnenumgebung und gibt sofort umsetzbare Empfehlungen für die Keyword-Optimierung, die Landingpage-Optimierung und die Optimierung der Anzeigen selbst aus. Die Kampagnen-Einstellungen selbst kann AdScale zwar nicht automatisch anpassen (das wäre auch nicht wünschenswert) - Empfehlungen zur Anpassung der grundlegenden Einstellungen für jede Kampagne werden aber ebenfalls laufend ausgegeben.

Auch Berichte können automatisiert erstellt und zu vorgegebenen Zeitpunkten an beliebige Teilnehmer versendet werden - dafür gibt es auch eine White Label Lösung, das heißt, die Reports können auch mit dem individuellen Logo beispielsweise einer Online Marketing Agentur gebrandet an Kunden der Agentur gesendet werden.

Laufend angezeigt werden auch die wichtigsten KPIs für die Kampagne auf Dashboards, über die Anzeige lassen sich auch Trends und Fortschritte schnell und zielsicher erkennen.

AdScale kann kostenlos getestet werden und ab 39 USD pro Monat erworben werden. Die Plattform steht derzeit allerdings nur in Englisch zur Verfügung.

Unterstützt werden aber alle Märkte in Europa, Asien, den USA, Kanada und Australien sowie im Speziellen Deutschland. Lob für AdScale gibt es unter anderem von der bekannten Marketing Plattform HubSpot, von der SEO-Plattform SEMrush und von der Email Marketing Plattform Campaign Monitor.

19 KPIs im Online Marketing & Vertrieb

Webseiten werden betrieben, um Gewinne zu machen - und Online Marketing betreibt man natürlich ebenfalls, um seine Gewinne zu steigern. Da Marketing Geld kostet, ist es demnach ein Gebot der Wirtschaftlichkeit sicherzustellen, dass dieses Geld auch möglichst zielgerichtet und effizient eingesetzt wird, um die eigenen Gewinne zu vermehren.

In einem Offline-Geschäft - etwa einem kleinen Laden - hatte man dafür früher kaum Möglichkeiten. Man legte sein Werbebudget fest, investierte das Geld in unterschiedliche Werbemaßnahmen und betrachtete danach die (hoffentlich eingetretenen) Gewinnsteigerungen. Aus der Betrachtung konnte man dann mit Müh und Not einen (nicht sehr aussagekräftigen) ROI, einen Return-of-Investment, herausrechnen. Wenn man viel Ware eingekauft hatte, konnte man die Werbung insgesamt intensivieren und hoffen, dass das ausreichte, um die Ware abzusetzen.

Man lebte einfach mit der Weisheit, die schon von Henry Ford stammt: "50 % der Werbung ist hinausgeschmissenes Geld - man weiß nur nie, welche 50 %". Das war eine unbestreitbare Tatsache - und dagegen konnte man in Offline-Zeiten nur wenig machen.

Seit dem Zeitalter des Internets, sieht das völlig anders aus.

19.1 Online Marketing und Messbarkeit

Bei jeder Form der Online-Werbung und beim gesamten Online-Marketing kann man sehr genau messen, welche Werbemaßnahmen und Kampagnen erfolgreich sind - und wie viel Gewinn aus einer Maßnahme entsteht. Zum ersten Mal im Marketing braucht man sein Werbebudget nicht blindlings auf unterschiedliche Kampagnen verteilen und hoffen, dass es die richtigen Kampagnen waren. Beim Online-Marketing ist man nicht mehr gezwungen, nach der Weisheit von Henry Ford die Hälfte seines Werbebudgets an wenig wirkungsvolle oder gar wirkungslose Kampagnen zu verschwenden.

Die hohe Messbarkeit im Online-Marketing erlaubt es, Geld für Werbemaßnahmen sehr zielgerichtet und effizient einzusetzen. Damit man relativ genau berechnen kann, wie viel Umsatz durch bestimmte Werbemaßnahmen erzielt werden können.

Jede Kampagne und jedes Marketinginstrument lässt sich in seiner Wirksamkeit sehr genau bewerten und durch leichte Veränderungen und laufende Tests auch gut optimieren.

Die Möglichkeiten dafür sind mit den zahlreichen Key Performance Indikatoren (KPIs) vorhanden.

Leider werden sie bis heute noch nicht von allen Businesses in ausreichender Weise genutzt. Diesen Fehler solltest du nicht machen. Du solltest die wichtigsten Performance-Werte für dein Geschäft und somit für deine Webseite kennen, laufend analysieren und dafür heranziehen, um deine Marketingmaßnahmen zu optimieren.

Das hilft dir, dein Geschäft zielgerichtet aufzubauen, dein Marketing-Budget sinnvoll und geplant einzusetzen und kontinuierlich zu wachsen. Dieses geplante Vorgehen ist ein ganz wesentlicher Faktor für deinen Erfolg.

19.2 Skalierbarkeit von Maßnahmen

Die gute Planbarkeit und Analysierbarkeit von Werbemaßnahmen und unternehmerischem Handeln im Online-Bereich bringt noch eine weitere wichtige Komponente mit ins Spiel: die Skalierbarkeit von Maßnahmen.

Im Online-Marketing bedeutet Skalierbarkeit, dass dein Geschäft wachsen kann, indem du an den richtigen Stellen mehr Geld investierst - und dadurch auch mehr Umsatz (und damit Gewinn) zurückkommt. Da du weißt und messen kannst, welche Investments mehr Umsätze bringen, kannst du dieses Wachstum gezielt steuern.

Im Offline-Bereich wäre das so nicht möglich - du könntest dir, um beim eingangs erwähnten Beispiel zu bleiben, statt den kleinen Laden ausbauen und vergrößern und dein Werbebudget erhöhen. Niemand kann dir aber sagen, ob du mit deinem größeren Laden und den höheren Werbebudgets tatsächlich im selben Maß mehr Umsatz machst. Zudem erfordert eine solche Vergrößerung einen enormen Investitionsaufwand und du kannst sie nicht einfach wieder zurücknehmen, wenn sie sich als nicht profitabel erweist.

Im Online-Bereich ist das dagegen überhaupt kein Problem - du kannst nach eingehenden Analysen sehr gut abschätzen, welchen Erfolg bestimmte Marketingmaßnahmen erbringen werden - und du hast für das Vergrößern eines onlinebasierten Businesses in der Regel nur überschaubare Mehrkosten. Damit kannst du dich immer flexibel den Marktgegebenheiten anpassen und in jeder Situation den möglichen Gewinn maximieren.

Der Schlüssel zu dieser hervorragenden Skalierbarkeit von Online-Aktivitäten sind KPIs und die Messung und Auswertung der Online-Performance.

19.3 Die wichtigsten KPIs im Überblick

KPIs lassen sich in Gruppen einteilen, da nicht alle KPIs für jeden Bereich aussagekräftig oder überhaupt anwendbar sind.

Eine große Gruppe stellen dabei die ALLGEMEINEN PERFORMANCE-INDIKATOREN dar, die grundsätzlich für jeden Online-Auftritt anwendbar sind. Sie geben dir eine grundlegende Vorstellung davon, wie gut deine Seite insgesamt läuft und welche Qualität dein Marketing hat. Zu diesen KPIs gehören:

-die Zahl der Besucher (Visitors)

-das Verhältnis zwischen wiederkehrenden und neuen Usern (Unique Visits)

-die Zahl der Visits

-die Zahl der Page Impressions

-die Verweildauer und die

-die Bounce Rate (die Absprungrate)

Die Zahl der Besucher verrät, wie viel Traffic deine Seite hat. Das ist eine der wichtigsten Kennzahlen überhaupt, da bei ansonsten gleichbleibenden Bedingungen auf der Seite mit ansteigendem Traffic auch deine Umsätze und Gewinne steigen. Den Traffic solltest du deshalb auch ständig auswerten, um ein Bild davon zu bekommen, welche natürlichen Schwankungen es beim Traffic gibt und wie sich die Trafficmenge im Lauf der Zeit entwickelt.

Sinnvoll ist es dabei natürlich auch, immer das Verhältnis zwischen neuen Usern und schon vorhandenen Usern im Auge zu behalten. Ein Mehr an Traffic kann entweder entstehen, indem frühere Nutzer nun häufiger oder öfter auf die Seite zurückkehren - oder indem du ganz einfach mehr neue User generierst. In der Praxis ist es hilfreicher, dass du mehr neue User auf die Seite bringst (Neukunden-Akquise), wenn sich lediglich schon bestehende User häufiger blicken lassen, gehen deine trafficfördernden Maßnahmen dagegen in die falsche Richtung. Wenn beide Werte (die wiederkehrenden und die neuen User) in gleichem Maß steigen, ist das natürlich auch nicht verkehrt.

Die Menge der Visits verrät dir in diesem Zusammenhang, WIE OFT bestehende User auf die Seite zurückkehren. Das ist beispielsweise bei Blogs immer sehr interessant zu wissen. Je häufiger User auf deine Seite zurückkehren, desto besser bindest du sie an deinen Blog.

Wenn du sehr viele regelmäßige Visits aber nur wenig Abonnements hast, wäre es zum Beispiel sinnvoll, deine (regelmäßigen) Leser noch einmal deutlich dazu aufzufordern, deinen Feed zu abonnieren und dir zu überlegen, wie das am besten gelingen kann. Auf diese Weise schaffst du aus einem bereits vorhandenen Potenzial dann auch eine feste Basis für weitere Marketing-Aktivitäten - mit sehr wenig Aufwand.

Das ist der eine Teil der Betrachtung - zum anderen Teil der Betrachtung gehört natürlich auch, dir anzusehen, WAS USER AUF DEINER SEITE ÜBERHAUPT MACHEN und wie sie mit deiner Seite interagieren.

Dafür ist zunächst die Zahl der Page Impressions interessant: Schau dir einmal an, wie viele Seitenaufrufe (von Unterseiten) User im Schnitt generieren. Wenn dieser Wert nahe 1 liegt, bedeutet das, dass User generell kaum weiterklicken, sondern grundsätzlich meist auf der Seite bleiben, auf der sie landen. Die Page Impressions pro User kannst du einfach ermitteln, indem du die Gesamtzahl der Page Impressions durch die Zahl der Visits teilst.

Um ein besseres Bild zu bekommen, kannst du dir auch die Bounce Rate (Google Analytics) ansehen: das ist die Zahl der User, die die Seite ohne jede weitere Interaktion wieder verlassen. Ist die Bounce Rate hoch, kann das ein Hinweis auf eine mögliche negative Wahrnehmung der Seite durch die User sein.

Hier musst du mit der Interpretation aber immer vorsichtig sein und in deine Überlegungen auch immer die Art des angebotenen Contents auf der Landingpage mit berücksichtigen - findet sich dort beispielsweise eine übersichtliche Infografik oder eine sehr ausführliche und gut gestaltete Information, kann es durchaus sein, dass viele User bereits dort die Information gefunden haben, die sie wollten - und deshalb nicht mehr weiter mit der Seite interagieren. Das muss dann nicht zwingend negativ sein. sondern ist ein Zeichen, dass du wertvolle Information an der richtigen Stelle anbietest.

Grundsätzlich wäre es in den meisten Fällen aber dennoch wünschenswert, wenn User sich ein wenig eingehender mit deiner Seite beschäftigen würden. Solltest du die Vermutung haben, dass User tatsächlich bereits auf deiner Landingpage alles finden, was sie suchen, kannst du Teile der Information Stück für Stück jeweils hinter einen Link platzieren und beobachten, ob sich die Zahl der Page Impressions dann verändert. Wenn du mit diesem Test herausfindest, nach welcher Information neue User genau suchen, hast du zusätzlich eine für deine Seite und dein Marketing sehr wertvolle Erkenntnis gewonnen.

Um Rückschlüsse darauf zu ziehen, wie User mit deiner Seite allgemein interagieren, kannst du auch die Verweildauer heranziehen. Über die

Zeitspanne, die User im Durchschnitt mit deiner Seite verbringen erhältst du gut Aufschluss darüber, was sie dort vermutlich machen - und wie intensiv sie es tun.

Ist die Verweildauer auf der Seite besonders kurz, kann das auch ein Hinweis sein, dass User etwas vergeblich suchen, was sie dort eigentlich erwartet hätten und schnell wieder wegklicken. In Verbindung mit einer hohen Bounce Rate kann das in manchen Fällen ein klares Signal sein. Überprüfe dann noch einmal deine Keyword-Recherche und versuche noch einmal stärker, die eigentliche Suchintention deiner User herauszufinden - nach welcher Information suchen sie gezielt, mit welchen Fragen kommen sie auf die Seite? Was kannst du dann tun, um ihnen das zu geben, wonach sie eigentlich suchen?

Schon diese grundlegenden KPIs geben dir also bereits sehr viel Aufschluss darüber, wie groß die Reichweite deiner Seite ist, wie gut deine Traffic-Maßnahmen funktionieren und was User grundlegend auf deiner Seite tun. Mit der Zahl der Page Impressions, der Verweildauer und der Auswertung des Traffics auf den einzelnen Unterseiten kannst du meist auch gut festmachen, wohin es deine Kunden ganz besonders zieht und an welchen Bereichen sie am meisten Interesse haben.

Achte aber immer darauf, dass du Kennzahlen laufend auswertest und Veränderungen, die du auf der Seite vornimmst, auch immer mit in „Betracht ziehst", wenn du Veränderungen in den Kennzahlen mitverfolgst. Das bedeutet auch Kennzahlen aus der Vergangenheit mit den Ist Zahlen zu vergleichen um Rückschlüsse ziehen zu können.

Versuche möglichst immer, nicht zu viel auf einmal auf deiner Seite zu verändern und zwischen den einzelnen Veränderungen ausreichend lange Zeiträume verstreichen zu lassen, damit deine Kennzahlen aussagekräftig bleiben.

Bewerte am besten jede Veränderung im Einzelnen, das hilft dir im Allgemeinen, im Lauf der Zeit viele wertvolle Erkenntnisse über deine User, ihre Vorlieben und über ihre eigentlichen Bedürfnisse zu gewinnen. Bemühe dich dabei, deine KPIs laufend zu verbessern und setz dir Ziele für die Zukunft, die du versuchst zu erreichen.

19.4 Performance-KPIs

In den meisten Fällen will man mit seiner Webseite Geld verdienen. In einzelnen Fällen können deine Ziele auch woanders liegen - bei einem monetarisierten Blog entspricht beispielsweise die Menge des Traffics auch ganz einfach dem Gewinn, den du mit Banner Impressions machst. Oder du hast das Ziel, möglichst viele Abonnenten für dein Blog zu generieren, um stabile Einnahmen durch automatisch wiederkehrende Besucher zu haben.

Wo auch immer die Ziele deiner Webseite und Ihrer Unterseiten genau liegen: es ist wichtig zu messen und auszuwerten, ob deine Seite tut, was sie soll - und wie gut sie es tut.

Ein ganz grundlegendes Maß für die Performance ist daher die Conversion Rate (CR). Du machst den Usern ein Angebot - und der Prozentsatz der User, die dieses Angebot annehmen (einen Verkauf tätigen, deinen Feed abonnieren, einen Artikel öffnen und lesen, etc.) ist dann die Conversion Rate.

Du kannst die CR dabei nach unterschiedlichen Gesichtspunkten hin mit allgemeinen KPIs in Verbindung bringen - wenn beispielsweise dein Traffic steigt, die CR dabei gleichzeitig aber fällt, könnte das bedeuten, dass der gewonnene Traffic weniger qualifiziert ist oder du für die neu gewonnenen Traffic-Quellen auf deiner Seite etwas verändern musst, um sie attraktiver zu machen. Sei aber auch hier immer vorsichtig mit voreiligen Schlüssen und versuche, immer möglichst viele Faktoren in deine Betrachtung mit einzubeziehen.

Um die Conversion Rate zu verbessern, gibt es viele Dinge, die du tun kannst:

-die Usability der Seite verbessern

-die User besser über die Seite bis hin zum Warenkorb zu führen

-die Bounce Rate verringern und Punkte mit besonders hohen Bounce Rates besser gestalten

-die Seite in wesentlichen Punkten optimieren

-deine Argumente besser und überzeugender formulieren

-den Usern ein zeitlich befristetes Angebot machen

-Retargeting-Aktionen setzen, um auch einen Teil der zuvor abgesprungenen Kunden noch zu konvertieren

-...

Grundsätzlich sollte es dein Ziel sein, über einen längeren Zeitraum hinweg deine CR kontinuierlich immer weiter zu steigern. Deine Seite wird dadurch auch qualitativ besser - zudem erzeugst du durch eine bessere CR bei gleicher Trafficmenge dennoch mehr Umsatz - du optimierst damit also deine Seite.

In manchen Fällen kann es sich auch lohnen, sich zusätzlich zur CR auch die GESAMTZAHL DER CONVERSIONS anzusehen und sie über einen längeren Zeitraum hinweg auszuwerten. Das gibt dir ein Gefühl dafür, was in deinem Bereich überhaupt machbar ist (ein Online-Shop für Christbaumschmuck wird in einigen Jahreszeiten einfach trotz aller Maßnahmen kaum Conversions erbringen können, wichtig ist aber herauszufinden, in welchen Monaten welches Umsatzpotenzial prozentual zum Maximalumsatz in der Hauptsaison gegeben ist).

19.5 Der Return-On-Investment (ROI)

Eine weitere, grundlegende Kennzahl ist der RETURN-ON-INVESTMENT (ROI). Er gibt an, wie viel Geld insgesamt in die Seite oder in eine einzelne Maßnahme geflossen ist, und welchen Gewinn dir das gebracht hat.

Ein Beispiel: Du machst dir Gedanken über die Usability deiner Seite, und investierst 3.000 Euro in die Verbesserung der Usability. In Zukunft möchtest du eine weitere Usability-Optimierung alle 3 Jahre durchführen.

Die erste durchgeführte Optimierung bringt dir eine verbesserte CR und dadurch in den drei Jahren eine Gewinnsteigerung von 18.000 Euro. Der ROI liegt damit bei 6 - die Maßnahme hat sich also aus wirtschaftlicher Sicht sehr deutlich gelohnt. Bei den folgenden Optimierungen musst du allerdings immer darauf achten, dass die Optimierung allein dir einen Mehrgewinn von mindestens 1.000 Euro pro Jahr bringt - ansonsten lohnt sie sich wirtschaftlich nicht.

Ein anderes Beispiel: Du hast im Jahr 2017 insgesamt 11.000 Euro in Werbung und Verbesserungen auf der Seite investiert. Dadurch ist ein Gewinn von 150.000 Euro entstanden. Im vorangegangenen Jahr 2016 betrug dein Investment in die Seite insgesamt nur 1.500 Euro, der Gewinn lag bei 134.000 Euro. Du hast also mit 9.500 Euro Mehr-Investment einen zusätzlichen Gewinn von 16.000 Euro erreicht. Der ROI für die zusätzlichen Investments liegt also bei 1,684.

Damit haben sich die Investments wirtschaftlich zwar gelohnt, aber nicht sehr. In diesem Fall würde es sich lohnen, wenn du die Kennzahlen für 2017 noch einmal genau analysierst, und dir ansiehst, welche Maßnahmen für den Gewinn hauptsächlich verantwortlich waren - und welche nur sehr wenig Zusatzgewinn erbracht haben. Berechne einfach den ROI für jede Einzelmaßnahme und führe in Zukunft nur die Maßnahmen weiter, bei denen der ROI deutlich über 1 liegt. So schonst du dein Budget und fokussierst dich auf wirklich hochwirksame Maßnahmen und lässt die weniger wirksamen eher hinten.

19.6 Marketingrelevante KPIs

Kaum jemand wird einfach seine Seite ins Netz stellen und dann keinerlei Marketing machen. Das wäre nicht sehr zielführend. Wenn du Marketingmaßnahmen setzt (wie auch immer diese aussehen), solltest du aber auch den Erfolg der einzelnen Maßnahmen bewerten und nach der Auswertung vor allem die Marketingmaßnahmen gezielt einsetzen, die dir den meisten Erfolg bringen.

Im Bereich der Werbekosten kannst du primär zwar den ROI für jede Einzelmaßnahme berechnen, es gibt aber auch aussagekräftigere Kennzahlen. Dazu gehören

-die Kosten-Umsatz-Relation (KUR)

-die Cost per Action (CPA)

-die Cost per Order (CPO)

-der Return on Ad Spend (ROAS)

Die Kosten-Umsatz-Relation (KUR) ist eigentlich selbsterklärend: es ist der Quotient aus Kosten durch erzielten Umsatz - entweder über alle Werbemaßnahmen hinweg (Gesamt-KUR) oder für eine einzelne Werbemaßnahme.

Der Quotient sollte dabei möglichst KLEIN ausfallen, das heißt, mit möglichst geringen Kosten soll ein möglichst hoher Umsatz erzielt werden, damit Werbemaßnahmen möglichst attraktiv sind.

Das lässt sich aber natürlich nicht bei allen Kampagnenarten verwirklichen - abhängig ist das immer auch von den Kampagnenzielen im Einzelnen. Wenn es um eine Branding- oder Image-Kampagne geht, wird das Kosten-Nutzen-Verhältnis in der direkten Betrachtung sicherlich schlechter ausfallen, da das primäre Ziel der Kampagne auch gar nicht die direkte Umsatzgewinnung ist.

Eine höhere Markenbekanntheit oder eine Verbesserung des Images erzeugen nicht automatisch und innerhalb kurzer Zeitspannen mehr Umsatz - sie lohnen sich aber häufig langfristig. Aus diesem Grund kann man die KUR nur bedingt auf solche Kampagnenarten anwenden - sie werden besser über das Einbeziehen in den Gesamt-ROI innerhalb einer größeren Zeitspanne beurteilt und bewertet.

Die Cost per Action (CPA) und die Cost per Order (CPO) sind Kennzahlen, um einerseits die Werbekosten sehr direkt zu bewerten und um andererseits einen Überblick über die Wirtschaftlichkeit des Unternehmens zu bekommen.

Bei der CPA werden dabei alle Kosten betrachtet, die notwendig sind, um mit einer bestimmten Kampagne eine Conversion zu erzeugen.

Die CPO betrachtet alle Kosten, die notwendig sind, um eine Bestellung eines Kunden im Online-Shop auszulösen, die CPO ist damit im E-Commerce-Bereich besonders verbreitet. Aus ihr werden auch - unter Einbeziehung weiterer Daten - umfassende Wirtschaftlichkeitsberechnungen erstellt.

Ein Beispiel: Wir testen mehrere unterschiedliche Werbemaßnahmen und vergleichen die Kosten, die wir investieren müssen, um eine neue Mitglieder-Anmeldung bei unserem Verein zu erreichen. Werbemaßnahme A verursacht eine CPA von 15,10 Euro, Werbemaßnahme B eine CPA von 13,20 Euro, Werbemaßnahme C eine CPA von 8,14 Euro.

Da wir nicht viel Geld zur Verfügung haben, konzentrieren wir uns auf Werbemaßnahme C und können nach einer Weile die CR dieser Werbemaßnahme noch verbessern. Die CPA liegt am Ende bei 6,54 Euro, bedingt durch die bessere Conversion bei der Werbemaßnahme also niedriger.

Wir bekommen pro Jahr von jedem Mitglied einen Mitgliedsbeitrag von 30 Euro, davon gehen 60 % in Vereinsaufwendungen. Für das erste Jahr der Mitgliedschaft wird kein Mitgliedsbeitrag verlangt.

Mit den Kosten für die Werbemaßnahme können wir uns die Mitgliedergewinnung knapp leisten. Unser Verein hat derzeit 210 Mitglieder, das heißt für das erste Jahr steht uns ein Budget für die Gewinnung von rund 210 Mitgliedern zur Verfügung. Wir können nun anhand dieses Budgets und der bekannten Kosten für die Mitgliedergewinnung unsere Werbekampagne skalieren.

Wir wissen mit welchen Kosten wir rechnen müssen und können dementsprechend unser Budget geplant einsetzen. Damit wissen wir, wie viele Neumitglieder wir maximal in diesem Jahr erwarten können. Sollte sich die CR bei der Werbemaßnahme verschlechtern, können wir unsere Berechnungen entsprechend anpassen.

In unserem zweiten Beispiel ermitteln wir für unseren Online-Shop eine CPO von 28 Euro. Der durchschnittliche Bestellwert liegt bei 78 Euro, im Durchschnitt haben wir eine Marge von 30 %. Damit verdienen wir an der durchschnittlichen Bestellung abzüglich der Kosten für die Gewinnung der Kundenbestellung 50 Euro Umsatz.

Unsere Marge liegt bei 30 % - das sind 23,40 Euro pro Bestellung. Wir müssen also dringend entweder unsere CR deutlich verbessern oder unsere Kunden dazu bringen, mehr zu bestellen, damit sich diese Werbemaßnahme überhaupt lohnt. Denkbar wären auch Upsales und Querverkäufe, um bei den bereits gewonnenen Kunden den mit ihnen erzielten Umsatz durch eine weitere Bestellung zu erhöhen, ohne dass Kosten für die Gewinnung eines Kunden anfallen.

An ein Skalieren des Geschäfts ist in diesem Fall nicht zu denken, denn das würde unter diesen Gegebenheiten zu Verlusten führen.

19.7 Stornos, Retouren und Orders pro Visitor

In diesem Zusammenhang sind auch noch einige weitere Kennzahlen bedeutsam:

-die Order pro Visitor

-die Stornoquote und

-die Retourenquote

Wenn wir beim obigen Beispiel bleiben und versuchen, bei unseren neu gewonnenen Kunden Upsales zu erreichen, würden wir den Erfolg der Maßnahme an der ZAHL DER ORDERS PRO VISITOR ablesen können.

Wir haben 1.000 Besucher pro Tag, bei einer CR von 5% bedeutet das 50 Bestellungen pro Tag im Wert von durchschnittlich 78 Euro pro Bestellung. Wie wir im obigen Beispiel festgestellt haben, sind die Gewinnungskosten (CPO) für eine Bestellung aber zu hoch. Unser Orderpro-Visitor (OPV) Wert liegt derzeit (analog zur Conversion Rate) bei 5%, also bei 0,05.

Steigt nun die Conversion Rate oder kommen zusätzliche Bestellungen hinzu steigt der OPV-Wert. Wir machen mehr Umsatz, während die CPO aber sinkt. Damit wird das Ganze wirtschaftlich. Das drückt in mathematischen Zusammenhängen das aus, was wir als mögliche Lösungswege bereits im Beispiel in Worten skizziert haben.

Was wir in unserem Beispiel aber noch nicht berücksichtigt haben, sind die (in jedem Handelsgeschäft unvermeidbaren) Stornos und Retouren.

Du musst dir dabei folgendes vor Augen halten: Du musst zunächst einen bestimmten Betrag (CPO) investieren, damit eine Bestellung entsteht. Storniert ein Kunde diese Bestellung danach aber, machst du keinen Umsatz. Die ursprünglichen Kosten für das Erzeugen der Bestellung hast du dennoch. Du machst also bei dieser Bestellung ein sattes Minus: Umsatz (0 Euro) - CPO (28 Euro) = -28 Euro

Das musst du auf die Kosten der gesamten Werbeeinnahmen umlegen - die CPO steigt damit hochgerechnet natürlich an, besonders wenn du viele stornierte Bestellungen hast.

Auch Retouren sind in diesem Zusammenhang problematisch: du bekommst zwar die Ware wieder zurück, musst sie aber aufwendig prüfen, um festzustellen, ob sie wieder verkaufbar sind. Auch das verursacht noch Kosten.

Bei einer Retoure sieht deine Rechnung folgendermaßen aus: Umsatz (0 Euro) - CPO (28 Euro) - Kosten für Prüfung der Ware (8 Euro) = -36 Euro.

Wenn du das wiederum auf die gesamten Kosten umlegst, wirst du erkennen, dass eine hohe Zahl von Retouren deine CPO sogar noch schneller ansteigen lässt als eine hohe Zahl von Stornos.

Alle diese Werte kann man nicht im Kopf berechnen oder grob über den Daumen abschätzen - hier sind immer sorgfältige Berechnungen nötig. Allein auf den Umsatz zu schielen und die Marge zu kennen, reicht nicht. Du musst, um ein wirklich klares Bild zu haben, immer die CPO exakt ausrechnen und dabei Stornos und Retouren unbedingt berücksichtigen. Erst dann kannst du sehen, was dein Geschäft dir tatsächlich am Ende bringt.

19.8 Performance Marketing messbar machen

Betrachtest du die KPIs aus diesen beiden Bereichen - dem grundlegenden Bereich und dem Werbe-Bereich zusammen, erkennst du klar, wie gut deine Seite läuft, ob dein Kosteneinsatz wirtschaftlich und überhaupt zweckmäßig ist, und wo du noch nachbessern musst. Das ist heute für jeden Besitzer einer Webseite welche Umsatz oder auch „nur Kontakte" produzieren soll unverzichtbar.

Ziel sollte es dabei immer sein, die Webseite zu entwickeln und alle wichtigen Kennzahlen im Lauf der Zeit wirksam zu verbessern. Das müssen keine großen Verbesserungen sein - wichtig ist dabei, dass die Zahlenwerte aber kontinuierlich einen Trend nach oben zeigen (außer natürlich die "negativen" Werte wie die Bounce Rate oder die Kostenwerte wie CPA (Cost per Action) und CPO (Cost-per-Order), die sollten eher sinken).

Auf diese Weise kannst du den Erfolg deiner Webseite und deiner Marketing-Aktivitäten immer in klaren Zahlen messen und vergleichen und jede einzelne Maßnahme in ihrer Wirksamkeit immer wieder optimieren und verbessern.

19.9 KPIs bei Display-Werbung und SEA

Wenn wir die Kosten für typische Displaywerbung und SEA (Search Engine Advertising, also im Wesentlichen Google Ad-Strategien) vergleichen, sehen wir von Kampagne zu Kampagne große Unterschiede in den Gesamtkosten. Dafür sind einige Faktoren verantwortlich:

-die Kosten pro Click (CPC)

-die erreichte Click-Trough-Rate (CTR)

-die Cost per Mille (CPM) oder TKP

-die Cost per Lead (CPL)

Bei einer Google Ads Kampagne spielt natürlich der jeweilige Klickpreis für die Anzeigen eine wichtige Rolle für die Gesamtkosten. Wer auf stark umkämpfte Keywords setzt, muss hier mitunter mit hohen bis sehr hohen Klickkosten rechnen (vor allem im B2B Bereich) - bei Keywords mit weniger Konkurrenz liegen die Kosten dagegen meist signifikant niedriger. Das hat natürlich Auswirkungen auf die Gesamtkosten.

Unter Einbeziehung anderer KPIs - etwa der CR - kann man hier gut bewerten, ob teure Kampagnen am Ende ihr Geld tatsächlich wert sind. Eine gut gestaltete Kampagne bei einem geringeren Klickpreis (CPC) kann unter Umständen ein ebenso gutes Ergebnis bringen - das erkennt man, wenn man CPO und CPA sowie den ROI von Kampagnen mit hohem und mit niedrigem Klickpreis vergleicht. Dafür eignen sich diese KPIs sehr gut.

Zudem muss man sich auch immer die CR bei jeder einzelnen Kampagne genau ansehen. Dazu gehört auch die CTR (Click-Through-Rate), die man möglichst optimieren sollte, um ein gutes Ergebnis mit jeder Kampagne zu erreichen. Je höher die CTR, desto besser in der Regel auch die CR. Unter der Click-Through-Rate versteht man den Prozentsatz von Klicks auf ein Ad im Vergleich zur Gesamtzahl der Einblendungen.

Mit eine Rolle spielt hier auch der Google Ads Qualitätsfaktor (ein Wert auf einer Skala zwischen 1 und 10), der von Google je nach voraussichtlicher CTR, Relevanz der verlinkten Seite zum Anzeigentext und den Keywords und der Nutzererfahrung auf der Zielseite vergeben wird. Je höher der Qualitätsfaktor, desto besser in der Regel auch das Ergebnis der Kampagne - CPA und CPO sinken dann meist, die CR steigt. Maßnahmen, um den Google Ads Qualitätsfaktor zu steigern können also ebenfalls Auswirkungen auf die Kosten von SEA-Kampagnen haben.

Bei Bannerwerbung werden die Kampagnenkosten meist entweder durch die CPM (Cost per Mille, der verlangte Preis für 1.000 Einblendungen) oder durch die CPL (Cost per Lead, also die Kosten pro Klick eines Interessenten auf den Werbebanner) bestimmt. Im deutschsprachigen Raum findet man statt CPM oft auch die Bezeichnung TKP, die das gleiche bedeutet.

Es geht hier zwar vordergründig um die Kosten einer Kampagne - über die Qualität des Traffics und den Erfolg der Kampagne sagt das aber noch nichts aus, dessen musst du dir bewusst sein. Es nützt wenig, wenn du einen um 50 % niedrigeren CPM-Preis für einen Banner erreichst, wenn der daraus entstehende Traffic kaum konvertiert.

In der Praxis ist es also immer wichtig, das GESAMTERGEBNIS zu sehen - und das spiegelt sich deutlich besser in KPIs wie CPO, CPA und ROI wieder. Nur wenn du weißt, was dich ein Verkaufsabschluss (oder irgendeine andere Conversion) insgesamt kostet, kannst du richtig planen (abschätzen).

Ob eine Kampagne teuer oder kostengünstiger ist, spielt dabei nicht zwingend eine Rolle: teure gute Kampagnen können immer noch niedrigere CPO verursachen als kostengünstige schlechte.

19.10 Messbarkeit von Content-Marketing

Die vorangegangenen Erklärungen zu den KPIs beziehen sich im Wesentlichen auf klassische Marketing-Strategien wie die Display-Werbung oder Werbung über Google Ads.

Wenn wir versuchen, das Ergebnis von Content Marketing (Inbound Marketing) ganz allgemein zu messen, stoßen wir schnell auf Probleme.

Rufen wir uns in Erinnerung: Beim Inbound Marketing geht es darum, Menschen die unsere Produkte oder Dienstleistungen benötigen möglichst viel echte Information und Unterstützung zu geben. Auch beim Native Advertising fährt der Zug im Wesentlichen in diese Richtung, auch wenn die Sales hier schon etwas mehr im Vordergrund stehen.

Es ist also nicht mehr so, dass ein User - wie bei der klassischen Displaywerbung - auf eine Google Ads Anzeige von uns klickt, sich durch die Seite bewegt und ein Produkt kauft. Das ist der - einfach zu berechnende - Idealfall, die Praxis sieht aber schon beim klassischen Display-Marketing deutlich komplexer und beim Content Marketing völlig anders aus.

Wir können nie sicher sagen, WAS GENAU einen Kunden dazu bewegt, einen Kauf zu tätigen. Erfahrene Marketer sind hier schon längst zu der Einsicht gelangt, dass Kunden IMMER mehrere Impulse benötigen, bis sie eine Kaufabsicht entwickeln und tatsächlich zur Tat (Kauf) schreiten. Wir können aber nie sicher sagen, WELCHER Impuls ausschlaggebend war - und ob es ohne frühere Impulse auch gegangen wäre.

Diese Unsicherheits-Situation verschärft sich beim Content Marketing noch einmal dramatisch: wir bieten dem Kunden nur regelmäßige Informationen an, überzeugen ihn von uns und unseren Werten und unterstützen ihn so gut wir können. Was davon jetzt genau den einzelnen Kunden dazu bringt, zu kaufen, können wir nicht sagen. Wir können also keinen KONKRETEN ZUSAMMENHANG herstellen zwischen einer Handlung, die wir setzen und einem bestimmten Kaufabschluss.

(Aber: im Content-Marketing und somit im Inbound-Marketing habe ich durch die Call to Aktions und bestimmte textliche Bausteine die Möglichkeit Leser und potenzielle Kunden das tun zu lassen was ich Ihnen sage oder besser was ich schreibe, damit der Kunde informiert ist was er tun soll)

19.11 Kausalität, Korrelation und Cargo Kults

Um das Phänomen zu verstehen, müssen wir uns zunächst mit den Begriffen KAUSALITÄT und KORRELATION beschäftigen. Wenn am Freitag und Samstag Feiertage sind, kaufen die Leute am Donnerstag wie verrückt ein. Der Grund dafür sind das lange Wochenende ohne sonst übliche Einkaufsmöglichkeiten und die im Westen scheinbar tiefsitzende Angst, sofort zu verhungern, wenn man an einem Wochentag nicht einkaufen kann.

Hier handelt es sich also um eine eindeutige Kausalität:

LANGES, EINKAUFSFREIES WOCHENENDE => IRRES EINKAUFSVERHALTEN

Umgekehrt gilt das aber nicht:

IRRES EINKAUFSVERHALTEN => FREITAG UND SAMSTAG WERDEN DADURCH FEIERTAGE

Das lange Wochenende ist die Ursache für das irre Einkaufsverhalten am Donnerstag - wenn Menschen wie verrückt einkaufen, macht das aber nicht jeden Freitag und Samstag automatisch zu einem Feiertag, wenn sie vorher keine gewesen wären.

Beide Phänomene treten in diesem Fall lediglich NEBENEINANDER AUF, es handelt sich also nur um eine KORRELATION der beiden Ereignisse.

Bundesweite Einkaufswut am Donnerstag KANN mit einem langen, einkaufsfreien Wochenende einhergehen - das Einkaufsverhalten VERURSACHT aber kein langes Wochenende mit Feiertagen an Freitag und Samstag.

Das ist im ersten Moment etwas knifflig, der Unterschied zwischen beidem ist aber sehr wichtig. Es gibt in unserem Leben deutlich weniger Kausalitäten, als wir gemeinhin annehmen. Wir sehen oft nur welche, wo gar keine sind - schaffen sie uns oft genug selbst, nur um wenigstens das Gefühl zu haben, Dinge kontrollieren zu können.

In Bezug auf Content Marketing bedeutet das nun: ZWISCHEN DEM VERÖFFENTLICHEN VON HILFREICHEN INFORMATIONEN (ETWA EINER EINZELNEN INFOGRAFIK) FÜR NUTZER UND BESTIMMTEN VERKAUFSABSCHLÜSSEN VON NUTZERN GIBT ES KEINE KAUSALITÄT, SONDERN NUR EINE KORRELATION.

Das bedeutet nicht, dass das Veröffentlichen von Infografiken gar keine Bedeutung hat - es gibt aber keinen direkten KAUSALEN Zusammenhang zwischen bestimmten Veröffentlichungen und Kaufabschlüssen von Kunden. Wir können nur den Gesamtzusammenhang sehen: wenn wir REGELMÄSSIG VIELE hilfreichen Informationen zu relevanten Themen veröffentlichen, steigt in Summe die Bereitschaft von Kunden, IRGENDWANN EINMAL etwas bei uns zu kaufen. Dessen müssen wir uns immer bewusst sein, wenn es um Content Marketing geht.

Und noch ein Begriff ist in diesem Zusammenhang wichtig: der Begriff "Cargo-Kult". Ein "Cargo-Kult" ist es dann, wenn wir durch ein ritualisiertes Verhalten versuchen, eine nicht vorhandene Kausalität zu bedienen, um ein gewünschtes Ergebnis zu erhalten. Der Begriff geht ursprünglich auf eine Geschichte mit melanesischen Ureinwohnern zurück, die ebenfalls Kausalitäten falsch einschätzten, da sie Zusammenhänge herstellten, wo es keine gab.

Einen Cargo-Kult zu veranstalten würde in unserem Beispiel bedeuten: Wir beginnen eine bundesweite Verschwörung und kaufen alle am Donnerstag Unmengen von Lebensmitteln ein - in der Erwartung, dass dann auf wundersamerweise Freitag und Samstag sich plötzlich als Feiertage herausstellen. Wenn es diese Woche nicht klappt, probieren wir es mit noch mehr Lebensmitteln und Teilnehmern nächste Woche gleich nochmal.

Das macht natürlich überhaupt keinen Sinn - Vergleichbares passiert aber öfter, als wir glauben, und wir handeln oft so, ohne es zu merken.

Genau diesen Fehler dürfen wir beim Content Marketing aber nicht machen: zu glauben, weil wir dieses und jenes veröffentlichen, die Zahl der Verkaufsabschlüsse DIREKT UND KAUSAL beeinflussen zu können. Das würde unsere Erfolgsbewertung und auch die Ermittlung der Werbekosten beim Content Marketing in eine falsche Richtung lenken. Wir können die DIREKTEN KOSTEN nicht dort verorten, wo es keinen ursächlichen, kausalen Zusammenhang mit dem Ergebnis gibt.

19.12 Erfolgsbewertung und Erfolgsmessung beim Content Marketing

Da wir beim Content Marketing also keinen KAUSALEN Zusammenhang herstellen können zwischen dem was wir tun und dem Ergebnis (Kaufabschlüsse oder anderen Conversions) können wir auch die Kosten für eine Conversion beim Content Marketing nicht so einfach bestimmen.

Wir stehen dabei im Wesentlichen vor dem selben Dilemma, das es schon im Offline-Handel gab: Wir veranstalten durchaus teure und aufwendige Werbemaßnahmen, können am Ende aber nicht sicher sagen, welche davon nun tatsächlich wirksam waren, und welche verschwendetes Geld. Wie beim Offline-Marketing und dem beispielhaften kleinen Laden aus dem Anfang des Kapitels auch können wir nur ganz allgemein einen ROI berechnen und uns pauschal ansehen, wie viel Geld wir investiert haben, und was uns das an Gewinn gebracht hat.

Welchen Umsatz die einzelne Infografik, deren Erstellung uns 350 Euro gekostet hat, nun tatsächlich ausgelöst hat, können wir nicht mit Sicherheit sagen oder berechnen. Es gibt keine Möglichkeit zu bestimmen ob die Investition überhaupt sinnvoll, wirtschaftlich oder effizient war - oder ob wir sie uns vielleicht sogar einfach ersparen hätten können.

Beim Content Marketing wird die Sache mit den KPIs also zunehmend schwieriger und scheint zunächst unlösbar. So ganz ist sie das aber nicht.

19.12.1 Messung von Content Marketing

Hilfreich ist im Allgemeinen nur, was man klar messen kann - Messbares lässt sich immer vergleichen, einmal festgestellte Werte lassen sich dann auch zukünftig verbessern, damit lässt sich die Qualität steigern.

Um Content Marketing Aktivitäten messbar zu machen, haben wir zwei Möglichkeiten:

-seiten- und aktivitätsbezogene KPIs zu verwenden und

-eigene Kennzahlen zu entwickeln, die den Erfolg im Hinblick auf eigene Ziele messbar machen

Dinge, die wir immer messen können sind:

-Traffic (Visits, Unique Visits, Besuche pro User) insgesamt

-Traffic auf einzelnen Unterseiten, die man als wichtig erachtet

-die Conversion Rate auf der Seite (Besucher: Kaufabschlüsse oder andere Conversions)

-die Verweildauer auf der Seite und auf bestimmten wichtigen Unterseiten

-Page Impressions

-Umsatz

-Umsatz pro Order

-Zahl der Käufe pro Besucher und Umsätze pro Besucher in seinem Kundenzyklus

Grundsätzlich gilt also: Je MEHR USER wir auf unsere Seite bekommen und je AKTIVER USER auf unserer Seite sind, desto besser läuft die Seite und unser Geschäft auch.

Ganz schlicht können wir auch auf die Entwicklung der Umsätze, die Zahl der Verkäufe pro User und die Häufigkeit und die Zahl der wiederkehrenden Besuche sehen, um uns zu vergewissern, dass alles gut läuft.

Daneben kann man auch eigene Ziele für die Content Marketing Kampagne festlegen - eine bestimmte Zahl von Abonnenten soll im Blog erreicht werden, ein bestimmter Prozentsatz von Usern soll eine bestimmte Zeit lang sich mit dem Inhalt eines bestimmten Artikels beschäftigen, ...

Mithilfe der allgemeinen KPIs, die man dann verwendet um die Erreichung ganz bestimmter Zielsetzungen zu überprüfen, kann man den individuellen Erfolg seiner Kampagne messen.

Feedback verwerten

In der Regel lohnt es sich auch immer, die Kommentare genauer unter die Lupe zu nehmen, die User auf der Seite hinterlassen. Die Zahl der hinterlassenen Kommentare - egal ob positiv oder negativ - sollte ohnehin eine feste Kennzahl sein, die man laufend beobachtet.

Daneben kann man die Kommentare auch in positiv oder negativ und in weitere Kategorien wie etwa "Verbesserungsvorschlag" "konstruktive Kritik" oder "Ablehnung" oder "Ärger" einteilen und sich so ein recht gutes Bild davon machen, wie User den eigenen Content aufnehmen. Wenn es schon die Möglichkeit gibt, Feedback zu erhalten, sollte man sie auch nutzen - und entsprechend auswerten.

19.13 Conversions für alle wichtigen Aktivitäten berechnen

In einem Online-Shop steht am Ende immer das Ziel, Sales zu erzeugen und hohe Umsätze zu generieren - das ist klar.

Vielfach gibt es aber auch viele andere Aktionen, an denen man das Engagement der User bzw. die Bereitschaft zu interagieren festmachen kann: den Download einer pdf-Datei mit einer Infografik (wie bereits schon erwähnt), das Kundtun der eigenen Meinung, wenn man explizit dazu aufgefordert wird, ...

Für dieses "erwünschte" Userverhalten kann man recht leicht bestimmte Zielfestlegungen auf der entsprechenden Unterseite festlegen und auswerten, wie viele User das erwünschte Verhalten zeigen.

Durch Anpassen des Contents und Verbesserungen in der Usability und generell bei der Qualität der Seite kann man dann versuchen, den Prozentsatz der User, die das erwünschte Verhalten zeigen, zu erhöhen. Auch hier geht es um Conversion Rates - genauso wie beim Abonnieren von Feeds, beim Anfordern eines Newsletters und ähnlichen Aktionen.

Wer diese Conversion Rates einzeln trackt und auswertet, vergleicht und immer wieder zu verbessern versucht wird insgesamt die Performance seiner Seite stark verbessern können - und zudem ein relativ klares Bild davon haben, wo es im Sales Funnel gerade hakt.

Natürlich kann man klassische KPIs und Conversion Rates immer verbinden - etwa: welcher Prozentsatz der User surft zur Unterseite "Detailbeschreibung" und verweilt dort für mindestens 30 Sekunden?

Die Antwort darauf kann sehr aufschlussreich sein, wenn man die Attraktivität eines Produkts und das Interesse der Kunden für das angebotene Produkt einigermaßen messbar machen möchte.

19.13.1 Aktivität außerhalb der Seite messen

Besonders wichtig ist auch, die Aktivität der User AUSSERHALB DER SEITE zu messen - sie ist ein sehr wichtiger Gradmesser dafür, wie gut User sich von den eigenen Inhalten begeistern lassen.

Was gefällt, wird in der Regel geliked und oft auch geteilt. Das ist ein Zeichen dafür, dass User stark mit dem angebotenen Content interagieren. Wichtige Kennzahlen sind also sicherlich auch:

-die Zahl der Likes und Reactions

-die Zahl der Shares

-die Zahl der Retweets

-Einbettungen und Weiterverteilung von Content generell

Wie stark User mit dem Content auch außerhalb der Seite interagieren und wie weit sich Content "von selbst" weiterverteilt ist ein klares Signal dafür, wie bedeutsam der präsentierte Content für User tatsächlich ist.

Wie und in welche Art von Zahlen man das umsetzt, kann man dann selbst bestimmen - ebenso wie die Ziele, welche Werte erreicht werden sollen. Als Messlatte kann man dabei durchaus auch die Werte anderer Seiten verwenden - etwa ähnlicher Mitbewerber in der gleichen Branche. Auch die eigenen, natürlich gewonnenen Backlinks können Aufschluss darüber geben, wie gut die eigenen Marketing-Aktivitäten laufen. Backlinks von seriösen, angesehenen Quellen sind ein "de-facto-Lob" für den eigenen Content.

19.14 Messbarkeit von Social Media Marketing

Auch beim Social Media Marketing kommt man mit den klassischen KPIs nicht wirklich weiter - den Erfolg der eigenen Social Media Aktivitäten in irgendeiner Form messbar machen zu können, wird aber immer wichtiger.

Die einleuchtendsten Kennzahlen für die eigenen Social Media Aktivitäten sind sicherlich

-die Zahl der Follower und Fans

-die Zahl der Erwähnungen des eigenen Social-Media-Accounts

-die Reichweite bzw. die potenzielle Reichweite

-Interaktionen mit Beiträgen

Die Zahl der Follower oder der Fans - je nach Plattform - ist natürlich immer relativ leicht zu ermitteln und zu überprüfen.

Wie oft dein Accountname erwähnt wird, ist schon etwas aufwendiger herauszufinden, in der Regel macht aber auch das kaum Probleme. Die Anzahl der Erwähnungen ist ein brauchbares Signal dafür, wie viel man tatsächlich im Gespräch ist und wie gut man sich mit einzelnen Aktionen ins Gespräch zu bringen vermag.

Die ermittelte Reichweite ist in der Praxis eigentlich immer die potenzielle Reichweite - nicht jeder User innerhalb der eigenen Reichweite bekommt alle deine Posts tatsächlich zu sehen - er könnte aber theoretisch. Es geht dabei also nicht um die Zahl der User, die du tatsächlich erreichen kannst, sondern immer nur um die Zahl der User, die du maximal erreichen könntest. Das solltest du nie aus den Augen verlieren, denn die Annahme, dass alle diese User deine Posts tatsächlich sehen würde das tatsächlich stattfindende Engagement niedriger aussehen lassen, als es tatsächlich ist.

theoretische Reichweite 10.000 User - shared posts: 5 = 0,05 % Engagement tatsächliche Reichweite (Posts gesehen) 100 User - shared posts 5 = 5% Engagement

Der Irrtum hat hier also bereits den Faktor 100.

Damit ist auch schon ein weiterer wichtiger Punkt erwähnt: das ENGA-GEMENT der User.

Neben den oben erwähnten, grundlegenden Kennzahlen sollte das Engagement der User als mindestens ebenso wichtige Kennzahl nicht unterschätzt werden.

Es geht dabei um:

-die Zahl der Likes

-die Zahl an Retweets

-die Zahl der Social Shares

-die Zahl der Kommentare (und Inhalt der Kommentare)

-die Menge an sogenanntem "Referral Traffic" aus den Social Media auf die eigene Seite

Daneben kannst du auch noch einige spezielle KPIs verwenden, um deine Social Media Aktivitäten noch besser messbar zu machen:

-Shares of Voice

-Net Promoter Score (NPS)

-Stimmung

-Influencer-Anzahl

-Reichweite einzelner Beiträge

-Stimmung

-Zahl der positiven Kundenkontakte (zum Beispiel beantwortete Fragen, gelöste Probleme, etc.)

Bei den Shares of Voice geht es um eine Vergleichskennzahl - nämlich wie oft dein Unternehmen oder deine Seite IM VERGLEICH ZU MITBEWERBERN genannt wird. Mitbewerber können in diesem Fall sowohl alle Mitbewerber deiner Branche sein als auch eine bestimmte, von dir festgelegte Anzahl direkter Wettbewerber oder die führenden Unternehmen oder Seiten in deinem Bereich.

Am Verhältnis deiner Erwähnungen zu den Erwähnungen der Branchengrößen kannst du gut die Bedeutung deiner Seite abschätzen, die sie für deine Zielgruppe im Vergleich zu den Mitbewerbern hat.

Der Net Promoter Score ist das Ergebnis einer Frage, die uns allen recht geläufig ist: "Wie wahrscheinlich ist es, dass Sie unser Unternehmen weiterempfehlen werden?" Die Antwort auf diese Frage muss auf einer Skala von 1 - 10 gegeben werden. Für die Berechnung des NPS fasst man alle User, die mit 9 oder 10 geantwortet haben zusammen, ebenso alle, die mit 7 oder 8 geantwortet haben. Die Gruppe derer, die mit 6 oder weniger geantwortet haben, bilden dann die dritte Gruppe. Anschließend rechnet man für jede Gruppe den Prozentsatz aus, den sie im Bereich der eigenen Kunden darstellen. Danach zieht man den Prozentsatz der dritten Gruppe (6 und darunter) vom Prozentsatz der ersten Gruppe (9 und 10) ab - das Ergebnis ist dann der NPS nach offizieller Berechnungsweise.

Ein Beispiel: 100 Kunden gesamt - Gruppe 1 = 30 Kunden = 30%, Gruppe 2 = 10 Kunden = 10% Gruppe 3 = 8 Kunden = 8% NPS = 30% - 8% = 22

Natürlich geben nicht alle Kunden immer eine Bewertung ab - dass macht dieses Spiel mit den Prozentzahlen so interessant, gleichzeitig aber auch immer ein wenig interpretierbar.

Stimmungen zu ermitteln gelingt immer nur eingeschränkt. Besser messbar werden Stimmungen aber durch den Einsatz von Analyse-Tools, die immer gleich arbeiten und gefundene sprachliche Formulierungen immer gleich interpretieren. Dadurch können vergleichbare Ergebnisse geschaffen werden und zumindest die grundlegenden Stimmungen und Meinungen zu eigenen Produkten oder der eigenen Brand ausgelesen werden. Gute Analyse-Tools können dabei auch durchaus klare Stimmungsbilder erheben (Zufriedenheit, Unbehagen, etc.).

"Wer mehr Influencer hat, ist bedeutsamer" - das klingt ein wenig wie eine Binsenweisheit, genau betrachtet steckt darin aber durchaus viel Wahres, wenn es um die Bedeutung einer Marke insgesamt geht. Mit einer wenig bedeutsamen Marke werden sich wahrscheinlich nur wenige Influencer überhaupt abgeben wollen - oder sich damit auseinandersetzen. Um die Top-Marken wird sich dagegen gerissen. Ein wenig verfälschend wirken hier zwar auch die Mengen an Geld die fließen - wer gut bezahlt klettert natürlich recht schnell nach oben, wenn es um das Interesse von Influencern geht - ganz allgemein gesprochen ist das Interesse von möglichst vielen Influencern aber durchaus ein recht probater Hinweis, dass man mit seiner Marke ein solides Maß an Aufmerksamkeit und Wahrgenommenwerden erreicht hat.

Wie häufig man insgesamt mit Kunden, Interessenten oder Fans in direkten Kontakt tritt und wie viele dieser Gespräche positiv verlaufen, ist sicherlich auch ein gutes Signal dafür, wie gut die eigenen Social Media Aktivitäten laufen. Gerade in diesem Bereich lohnt es sich auch, sich selbst Ziele zu setzen und zu versuchen, die Werte laufend zu verbessern.

19.14.1 Kosten-Kennzahlen für die Social Media Arbeit

Wenn es um die Kostenanalyse und vor allem um die Kosten-Nutzen-Analyse der Social Media Aktivitäten geht, steht man im Wesentlichen vor dem gleichen Problem wie auch beim Content Marketing: man kann einzelne Aktionen kaum ursächlich Verkäufen zuordnen.

In der Praxis wird es sich darum wahrscheinlich meist lohnen, die Kosten für die Social Media Aktivitäten in einen allgemeinen ROI einfließen zu lassen und das Verhältnis von Kostenaufwand zu Umsatzsteigerungen in regelmäßigen Zeitabständen zu vergleichen, um sich ein Bild davon zu machen, was der Einsatz der Social Media Aktivitäten wirtschaftlich bringt.

Verbessern sich die Social Media KPIs, bewegt sich aber längerfristig dennoch kaum etwas am Umsatz oder am Traffic der Seite, sollte man seine Social Media Strategie noch einmal auf den Prüfstand stellen und nach Verbesserungspotenzialen suchen, damit auch die Sales und Conversions von der eigenen Social Media Arbeit mehr profitieren.

19.15 Customer Lifetime Value (CLV)

Kunden an sich zu binden, gilt nach gängiger Meinung für jedes Unternehmen als sehr wertvoll. Wie wertvoll (im Sinne des möglicherweise zu verdienenden Geldes) ein bestimmter Kunde für ein Unternehmen tatsächlich ist, kann in der Praxis von Kunde zu Kunde allerdings unterschiedlich sein.

Ein - stark vereinfachtes - Beispiel aus dem Bereich des Lebensmittelhandels:

Wir haben einen Kunden, Herrn Müller, der ein gutes Einkommen hat, 35 Jahre alt ist und etwas höhere Ansprüche hat. Eine andere Kundin, Frau Weiß, ist 72 Jahre alt, bezieht nur eine bescheidene Rente, ist dafür aber sehr dringend auf einen Laden in unmittelbarer Nähe ihrer Wohnung angewiesen, da sie nicht mehr besonders gut zu Fuß ist.

Plausiblen Richtwerten zufolge geben Menschen in der Einkommensklasse von Herrn Müller durchschnittlich rund 340 Euro pro Monat für Lebensmittel aus, Menschen in der Einkommensklasse von Frau Weiß etwa 140 Euro.

Wenn wir Herrn Müller als Kunden gewinnen, der ein Eigenheim in der Nähe unseres Geschäfts gekauft hat, können wir durchaus von einer sehr lange dauernden Geschäftsbeziehung von mindestens 40 Jahren ausgehen. Potenziell können wir also mit diesem Kunden in dieser möglichen Zeitspanne von Umsätzen in der Höhe von 163.200 Euro ausgehen. Bei Frau Weiß ist das deutlich weniger - hier können wir für die Dauer der Kundenbeziehung von rund 10 Jahren ausgehen, der mögliche Gesamtumsatz läge dann lediglich bei 16.800 Euro.

Herrn Müller als (Stamm-)Kunden für unseren Laden zu gewinnen wäre also 10 mal wertvoller als Frau Weiß, die wir wegen der lokalen Nähe unseres Ladens vermutlich ohnehin ohne großen eigenen Aufwand als Stammkundin im Laden haben. Bei Herrn Müller kommt noch dazu, dass er nach seiner Trennung wieder eine neue Familie gründen könnte und mit mehreren Kindern dann möglicherweise noch deutlich höhere Umsätze in unserem Laden hinterlässt.

Betrachtet man diese Überlegungen aus dem Blickwinkel der Kosten, hat der Kunde Herr Müller für unser Unternehmen einen deutlich höheren KUNDENWERT, damit ist es auch gerechtfertigt, für das Gewinnen und Halten dieses Kunden HÖHERE KOSTEN AUFZUWENDEN als bei Frau Weiß.

Unser Beispiel ist stark vereinfacht, bei den tatsächlichen Berechnungen des Customer Lifetime Value fließen sehr viele unterschiedliche Faktoren mit ein - von der Höhe der in der Vergangenheit getätigten

Umsätze bis hin zu einem Vergleich von potenziell möglichen und tatsächlich getätigten Umsätzen und einer Abzinsung der zukünftigen Umsätze auf den heutigen Zeitpunkt (da es sich wirtschaftlich gesehen ja um Kapital handelt). Das Grundprinzip bleibt aber das Gleiche.

Der Zweck der Customer Lifetime Value Berechnung ist, zu ermitteln, bei welchen Kunden es sich lohnt, höhere Kosten für das Gewinnen und Binden an das Unternehmen in Kauf zu nehmen und bei welchen Kunden sich das deutlich weniger lohnt. Dementsprechend entstehen individuelle Kostenvorgaben für die Kundengewinnung - die CPO und CPA werden also an den Wert des Kunden individuell oder nach einem Klassifizierungssystem angepasst.

Der CLV (Customer Lifetime Value) kann dir helfen, bei deinen bestehenden Kunden wertvolle Potenziale zu erkennen und für die Kundenbindung sinnvolle Kunden je nach Kundenwert zu investieren. Bei der Kundengewinnung kann der CLV helfen, je nach Richtwerten für bestimmte Kundenklassen ein individuelles Kostenbudget festzusetzen und die Kosten für die Kundengewinnung gezielt bei solchen Kunden einzusetzen, die für dein Unternehmen auch einen hohen Kundenwert haben. Damit verbesserst du langfristig auch deine Erlösstruktur und förderst sehr nachhaltig das potenzielle Wachstum deines Unternehmens.

Ob deine Prognosen in Bezug auf die Erlöse stimmig sind, kannst du gut nachprüfen, indem du laufend Auswertungen nach Kundenklasse vornimmst und die KUR (Kosten-Umsatz-Relation) überprüfst. Als Optimierungsmaßnahme kannst du bei Kunden mit hohem Kundenwert auch versuchen, verstärkt auf Upsales und eine höhere Zahl von Käufen hinzuarbeiten.

19.16 Zusammenfassung KPIs

Zieht man das Thema KPIs einmal in eine Gesamtbetrachtung, wird schnell klar, dass Performance- und Marketing-Kennzahlen heute ein Thema sind, das kaum jemand mit einer Webseite vermeiden kann - egal ob es sich lediglich um einen monetarisierten Blog oder um einen riesigen Online-Shop handelt.

Bei fast jeder Webseite muss Geld investiert werden, um an Traffic zu kommen und die Webseite hinsichtlich ihrer Conversion Rate und der Umsätze weiterzuentwickeln und nach Möglichkeit auch nach oben zu skalieren.

Dafür ist es aber unabdingbar, die relevanten Kennzahlen immer im Auge zu haben und zu versuchen, sie laufend zu verbessern. Das gilt insbesondere auch für Content Marketing und Social Media Marketing - in diesen Bereichen wird viel Geld und Manpower investiert, damit ist das Risiko, mit zu hohen Kosten zu arbeiten, ebenfalls sehr hoch. Eine direkte KUR ist in diesen Bereichen nicht möglich, deshalb muss man sich mit anderen Erfolgsmessungen begnügen, um zumindest sicherzustellen, dass mit dem eingesetzten Geld wenigstens die selbst formulierten Strategieziele in annehmbarer Zeit erreicht werden können.

Wie viel Geld man wann für Marketing ausgeben sollte, ist immer schwierig zu beantworten. Eine wertvolle Hilfe dafür, sich ein vernünftiges Budget zu setzen, kann auch der Customer Lifetime Value sein. Es lohnt sich, im Vorfeld darüber nachzudenken, was bestimmte Kunden oder Kundenkategorien im Lauf einer langdauernden Kundenbeziehung überhaupt maximal an Umsatz bringen können - und was man sinnvollerweise für diesen Wert investieren sollte.

So oder so kommt man um die Arbeit mit Kennzahlen, die laufende Auswertung und Analyse und die dauerhaft stattfindende Optimierung der Performance heute nicht herum, wenn man mit seiner Webseite oder dem eigenen Online-Unternehmen langfristig erfolgreich sein will. Auch wenn du ein Zahlenmuffel bist und mit abstrakten Statistiken und nicht gerne mit einer großen Menge an Zahlen und Diagrammen arbeitest: sich damit zu beschäftigen, lohnt sich auch immer.

Es ist genau genommen sogar die wichtigste Aufgabe bei der Entwicklung und Weiterentwicklung deiner Seite, denn nur dadurch bekommst du überhaupt einen Hinweis, in welche Richtung die Reise gehen muss.

Zudem versetzt dich das in die Lage, dein Geld so effizient wie möglich einzusetzen und damit immer das größtmögliche Ergebnis zu erzielen.

20 Schlusswort

Damit sind wir am Ende angelangt.

Wie haben dir eine Vielzahl von Möglichkeiten gezeigt, wie du zum großen Teil ohne zusätzliche „Geld Kosten" eine Menge außerordentlichen und teilweise Suchmaschinen unabhängigen Traffic & Backlinks für deine Unternehmenswebseite, deinen Online-Shop oder dein Blog/Magazin erzeugen kannst für mehr Reichweite – Aufmerksamkeit - WACHSTUM – Neukunden und Umsatz.

Traffic ist das Salz in der Suppe des Internets - ohne Besucher kommt eine Webseite nicht voran - und wirft auch keinen Gewinn ab. Traffic zu erzeugen wird also deine Hauptaufgabe sein, wenn es dir als Besitzer oder Manager einer Webseite mit dahinterstehenden Business darum geht, diese voranzubringen.

Arbeite konsequent und konzentriert

Vielleicht stehst du angesichts der Fülle der Möglichkeiten gerade etwas ratlos da - immerhin gibt es, wie wir gezeigt haben, sehr viele verschiedene lohnende und auch nachhaltige Wege, Traffic zu erzeugen und somit aktive & nachhaltige regionale, nationale und internationale online Neukundenakquise zu betreiben.

Natürlich kann niemand alle Taktiken & Strategien auf einmal umsetzen - das ist auch gar nicht nötig. Viel zielführender als 100 Dinge ein bisschen zu machen ist, eine Handvoll Dinge richtig und komplett zu tun. Der Erfolg einer Webseite und somit eines Unternehmens wird gebaut, Stück für Stück und entwickelt sich so über einen kurzfristigen, mittelfristigen und langfristen Zeitraum.

Suche dir für den Anfang 1-2 oder 3 Taktiken heraus, die für deine Seite und dein Unternehmen lohnend erscheinen (nicht alles passt immer für jede Seite und jedes Unternehmen oder Geschäftsmodell) und versuche sie in einem von dir festgesetzten Zeitrahmen konsequent und so gut wie möglich als ganzheitliche Strategie umzusetzen. Je mehr du dich auf wenige Dinge konzentrierst, desto besser wird es dir gelingen, diese Taktiken auch in nutzbringende Strategien umzusetzen. (Nutze dieses Buch immer wieder als Nachschlagewerk & Inspiration.)

Wenn der von dir gesetzte Zeitrahmen verstrichen ist, prüfst du das Ergebnis und suchst dir weitere Taktiken aus, die dir nutzen können. Beschränke dich auch hier auf eine Handvoll, um sie konzentriert und gezielt umsetzen zu können.

Stärke deine Beziehungen

Auch eine Internetseite existiert nicht im luftleeren Raum. Beginne sofort mit deiner "Beziehungsarbeit": analysiere andere Webseiten in deinem Themenbereich, ihre Relevanz und ihre Inhalte und filtere die wichtigen Seiten für dich heraus.

Knüpfe Beziehungen in deiner Nische, kommentiere und werde Teil der Community auf den Seiten, wenn das möglich ist. Durch die vielen entstehenden Inhalte und Backlinks und dem wachsenden Trust als Dienstleister, Hersteller, Lieferant oder Experte in deinem Gebiet, legst du einen wichtigen Grundstein für stetigen, soliden Traffic auf deiner Seite. Suche dir dann die passenden Taktiken aus dem Buch und mache deine Kontakte und Beziehungen noch wertvoller, indem du sie mit diesen Tipps in konstanten Traffic umwandelst.

An diesen beiden Dingen - Strategien nacheinander und konsequent umzusetzen und Beziehungen aufzubauen - hängt eine ganze Menge

Traffic. Somit wertvolle Kontakte und letzten Endes mehr Umsatz für dich.

Mit diesem Wissen über kombinierbare Taktiken und Strategien für den Besucheraufbau von Webseiten wirst du schöpferisch in der Lage sein, dein Unternehmen über das Medium Internet nachhaltig auf & auszubauen. Mach deine Webseite zu einem Mitarbeiter in der Kundenakquise, Kundenbetreuung und im Vertrieb, der nicht krank wird, keinen Urlaub haben möchte, keine Gehaltserhöhung haben will, den du automatisieren & skalieren kannst und mit dem du nicht diskutieren musst. Ein Erfolgreicher Auf & Ausbau einer Firma über das Medium Internet beginnt im Kopf.

Mit diesen Tipps möchten wir dich dann auch entlassen. Wir hoffen, dieses Buch hat dir nicht nur gefallen und auch, „du erkennst", wie viel Potenzial und MACHT es hat. Aktiv werden musst du allerdings selber - das kann dir niemand abnehmen.

Wir wünschen dir viel Erfolg mit deiner Webseite, beim Trafficaufbau und dem Auf und Ausbau deines Unternehmens über das Medium Internet!

PS: dieses Buch ist in Eigenregie entstanden und solltest du Rechtschreibfehler, Grammatikfehler oder Orthografiefehler gefunden haben, so bitten wir dich um Verständnis und Entschuldigung. Einer 5 Sterne Bewertung sollte dies jedoch nicht im Wege stehen für derartiges umfangreichen Wissen zum Thema Traffic-Aufbau. Eine kurze E-Mail mit dem Fehler an: anfrage@the-traffic-guide.de reicht aus.

21 Über den Autor

Danilo Erl arbeitet seit mehr als einem Jahrzehnt im E-Commerce und ist als Vertriebsberater und Autor im Bereich E-Commerce Marketing tätig. Zertifizierter Berater für Marketing Automation & zertifiziert für Content Marketing mit Abschluss des staatlich zertifizierten Fernlehrgangs "Digital Content Marketing Academy" (ZFU).

Den Erfolg seiner Konzepte und seiner Herangehensweise hat er mehrfach selbst in ganz unterschiedlichen Bereichen unter Beweis gestellt: bei Amazon und Ebay, wo er innerhalb kürzester Zeit sechsstellige Jahresumsätze erreichen konnte aber auch in HighTech-Bereichen wie der Auto-ID-Technik und der Elektronik, wo er allein über den Einsatz von Internet-Strategien und rein aus organischen Suchmaschinen-Strategien nachhaltige Zuwächse bei der Neukunden-Akquise erreichte.

Danilo Erl unterstützt mit seiner Beratungs-Agentur **www.the-traffic-guide.de**, mit seinen Büchern und mit seiner Expertise, heute zahlreiche Unternehmen beim digitalen Wandel, mit Taktiken & Strategien welche über das Medium Internet möglich sind, für einen nachhaltigen Aufbau & Ausbau von Unternehmen über das World Wide Web. Ziel ist die Schaffung eines ganzheitlichen, vertriebsorientierten digitalisierten Unternehmens mit einem hohen Grad an Automatisierung bei der Akquise, Kundengewinnung und Kundenbindung.

Sein Grundsatz: "Ein erfolgreicher Auf- und Ausbau eines Unternehmens muss zwingend das Internet berücksichtigen - und der Wandel beginnt immer erst Kopf, durch das Wissen um die gegebenen Möglichkeiten, Zusammenhänge & Prozesse".

Du bist Selbstständig, ein kleines oder Mittelständisches Unternehmen und benötigst Hilfe oder hast Fragen zum Digitalen Vertrieb, zum Content Marketing oder der Marketing Automation was alles über das Medium Internet möglich ist?

Erfahre mehr über den Autor & Vertriebsberater auf seiner Website und nimm jetzt Kontakt zu ihm unter **www.the-traffic-guide.de/kontakt/** auf.

Printed in Poland
by Amazon Fulfillment
Poland Sp. z o.o., Wrocław

31037088R00356